MANUAL DE PESQUISA CLÍNICA APLICADA À SAÚDE

Blucher

Adriana Claudia Lunardi

(Organizadora)

MANUAL DE PESQUISA CLÍNICA APLICADA À SAÚDE

Manual de pesquisa clínica aplicada à saúde
© 2020 Adriana Claudia Lunardi (organizadora)
Editora Edgard Blücher Ltda.

Imagem da capa: iStockphoto

Blucher

Rua Pedroso Alvarenga, 1245, 4º andar
04531-934 – São Paulo – SP – Brasil
Tel.: 55 11 3078-5366
contato@blucher.com.br
www.blucher.com.br

Segundo o Novo Acordo Ortográfico, conforme 5. ed.
do *Vocabulário Ortográfico da Língua Portuguesa*,
Academia Brasileira de Letras, março de 2009.

É proibida a reprodução total ou parcial por quaisquer
meios sem autorização escrita da editora.

Todos os direitos reservados pela Editora
Edgard Blücher Ltda.

Dados Internacionais de Catalogação na Publicação (CIP)
Angélica Ilacqua CRB-8/7057

Manual de pesquisa clínica aplicada à saúde /
Adriana Claudia Lunardi (org.). -- São Paulo:
Blucher, 2020.
450 p. ; il.

ISBN 978-85-212-1014-6 (impresso)
ISBN 978-85-212-1015-3 (e-book)

1. Pesquisa – Metodologia 2. Saúde – Pesquisa
3. Bioestatística I. Lunardi, Adriana

16-0120   CDD 001.42

Índice para catálogo sistemático:
1. Pesquisa – Metodologia

Prefácio

Adriana Claudia Lunardi

Em tempos de valorização crescente da pesquisa com boa qualidade e da prática baseada em evidência, a ideia deste livro é ser um manual completo de consulta e aprendizado para graduandos, pós-graduandos e profissionais da área de saúde que eventualmente tenham alguma dúvida pontual sobre algum assunto, necessitem de embasamento para desenvolver seus estudos ou desejem interpretar melhor algum artigo ou monografia que estejam consultando.

Os colaboradores que viabilizaram a confecção desta obra são especialistas nas suas áreas de atuação, foram cuidadosamente escolhidos e, gentilmente, escreveram capítulos utilizando uma linguagem simples e didática, além de exemplos práticos. A concepção da obra teve como objetivo que cada capítulo fosse autossuficiente para o entendimento do tópico, porém conectados entre si para o aprofundamento das questões.

Os tópicos relacionados à metodologia de pesquisa e bioestatística, por exemplo, foram associados devido à convergência dos assuntos e à necessidade de compreender todos os aspectos envolvidos na elaboração e interpretação de um estudo.

Nosso objetivo é que os leitores entendam que muitos aspectos da metodologia e da bioestatística, apesar de desafiadores, podem ser altamente interessantes e instigantes, se compreendidos e aplicados. Nosso desejo é que este livro o ajude a delinear perguntas de pesquisa mais interessantes, resultando em projetos de pesquisa bem pensados. Também desejamos que obtenha resultados mais confiáveis ao facilitar a interpretação dos resultados e de sua implementação na prática clínica. Que este manual de pesquisa, bem como seu mentor, orientador ou professor — e você — façam um excelente trabalho em conjunto!

Conteúdo

Parte 1 – Aspectos gerais 9
  1. Tradução do conhecimento e prática baseada em evidências 11
  2. Fundamentos da ética em pesquisa clínica 21
  3. Pesquisa em fisioterapia no Brasil: da graduação à pós-graduação 33
  4. Busca em base de dados e ferramentas digitais de auxílio à pesquisa 39
  5. Formatação do texto: regras e dicas 57
  6. Como escrever um projeto de pesquisa 81
  7. Redação científica 91
  8. Vieses sistemáticos em pesquisa: efeitos do desenho experimental e do pesquisador 103
  9. Variáveis: classificação e utilidade 121
  10. Manual de procedimentos (*Manual of Operating Procedures* – MOP) ... 129

Parte 2 – Estudos observacionais 141
  11. Estudos transversais 143
  12. Estudos de coorte 147
  13. Estudos de caso-controle 163
  14. Estudos retrospectivos 169

15. Estudos diagnósticos 177
16. Estudos prognósticos 191

Parte 3 – Estudos de intervenção e de outros tipos 209

17. Ensaios clínicos 211
18. Estudos experimentais em animais 223
19. Análise crítica da literatura: qual a sua utilidade, por onde começar, como proceder? 243
20. Estudos de tradução e adaptação transcultural e avaliação das propriedades de medidas de questionários 251
21. Investigação qualitativa em saúde: pressupostos teóricos e metodológicos 261
22. Revisões sistemáticas 277

Parte 4 – Bioestatística 287

23. Seleção e cálculo de amostra 289
24. Estatística descritiva 301
25. Análise de concordância 315
26. Análise bivariada 333
27. Normalidade dos dados: suposições, transformações e valores atípicos 349
28. Análises multivariadas: ANOVA 365
29. Análises multivariadas: regressões e análise de sobrevivência 379
30. Tamanho do efeito 393
31. Análise discriminante e de agrupamento 407

Sobre os autores 443

Parte 1
Aspectos gerais

Capítulo 1
Tradução do conhecimento e prática baseada em evidências

Elinaldo Conceição dos Santos
Adriana Claudia Lunardi

A tradução do conhecimento (KT, do inglês *knowledge translation*) é um processo complexo e multidimensional que exige uma compreensão abrangente de seus mecanismos, métodos e medidas. É definida pela Organização Mundial da Saúde (OMS) como "a síntese, intercâmbio e aplicação do conhecimento científico produzido para acelerar os benefícios da inovação local e globalmente, objetivando reforçar o sistema de saúde e, principalmente, melhorar a saúde das pessoas".

A sigla KT é cada vez mais utilizada em cuidados de saúde para representar o processo de implementação do que aprendemos por meio da pesquisa na vida real. Nas ciências da saúde, o interesse em KT parece coincidir com a crescente aplicação da Prática Baseada em Evidências (PBE), em que os profissionais tomam decisões práticas com base na integração da evidência de pesquisa de boa qualidade, com sua experiência clínica e preferências do paciente[1]. Esse crescimento comum da KT e da PBE é explicado pela falta de implementação dos resultados das pesquisas na prática clínica, sendo esta uma tentativa de desenvolvimento de estratégia para garantir que os resultados das pesquisas cheguem efetivamente até seu usuário.

1.1 CARACTERÍSTICAS

A principal característica da KT é a interação de todas as etapas, desde a criação de novos conhecimentos até sua aplicação para produzir resultados benéficos à sociedade.

Essencialmente, trata-se de um processo interativo entre os pesquisadores que criam novos conhecimentos e os usuários, os quais podem ser[2]:

- profissionais de saúde em sistemas formais e informais de cuidados;
- sociedade em geral e grupos de pacientes;
- políticos e gestores de cuidados de saúde públicos;
- empresas de serviços de saúde; e
- fabricantes e distribuidores de produtos relacionados aos cuidados de saúde.

Em geral, a KT envolve, de forma não hierárquica:
- criação de perguntas de pesquisa de interesse dos pesquisadores e/ou dos usuários;
- todas as etapas, desde a criação de novos conhecimentos até sua aplicação;
- necessidade de comunicação multidirecional;
- interação e colaboração entre pesquisadores e usuários;
- utilização de conhecimento gerado por pesquisa científica de boa qualidade;
- orientação para o impacto; e
- interdisciplinaridade.

1.2 MODELOS DE TRADUÇÃO DO CONHECIMENTO

Os *Canadian Institutes of Health Research* propuseram um modelo global de KT, baseado num ciclo de pesquisa[3] que acreditamos ser o mais lógico e representativo sobre o conceito (ver Figura 1.1).

- Passo 1: definição da pergunta de pesquisa e dos métodos adequados para respondê-la.
- Passo 2: condução da pesquisa.
- Passo 3: publicação dos resultados da pesquisa em linguagem simples e formatos acessíveis.
- Passo 4: colocar os resultados da pesquisa no contexto de outros conhecimentos e normas socioculturais.
- Passo 5: tomar decisões clínicas com base na informação dos resultados da pesquisa.
- Passo 6: influenciar perguntas de pesquisa subsequentes com base nos impactos da utilização do conhecimento.

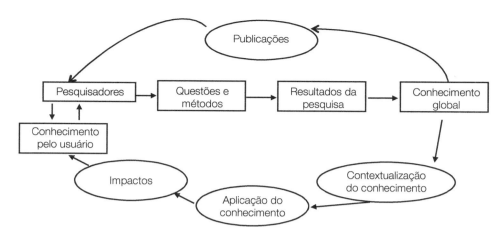

Figura 1.1 Modelo global de KT.

1.3 EFETIVIDADE DAS ESTRATÉGIAS DE TRADUÇÃO DO CONHECIMENTO

A maioria das estratégias de implementação da KT é focada na divulgação e aplicação do conhecimento existente, porém, para que efetivamente ocorra, há necessidade de mudança no comportamento dos profissionais em relação à adoção e ao uso do novo conhecimento resultante de pesquisa.

1.3.1 EFICÁCIA GERAL DE IMPLEMENTAÇÃO

Algumas revisões sistemáticas já foram conduzidas sobre a eficácia da implementação da KT.[4,5] A maioria dos autores concluiu que a difusão passiva dos resultados foi ineficaz em mudar a prática clínica, independentemente da importância da questão e dos métodos de avaliação, e que a combinação de métodos de divulgação dos resultados parece ser mais eficaz do que intervenções individuais.

Bero et al. (1998) categorizaram três níveis de evidência das intervenções específicas para profissionais de saúde e, por meio do KT, implementaram a PBE:

1) *intervenções consistentemente eficazes*: incluíram visitas educacionais de sensibilização; lembretes manuais ou computadorizados e reuniões educativas interativas.

2) *intervenções de eficácia variável*: incluíram auditoria e *feedback*; uso de opiniões de líderes locais; processos de consenso locais e intervenções mediadas pelo paciente.

3) *intervenções que têm pouco ou nenhum efeito*: incluíram materiais e reuniões educativos e didáticos.

1.3.2 EXEMPLO DE INTERVENÇÕES DE IMPLEMENTAÇÃO

Auditoria e feedback: definidas como qualquer relato (escrito, eletrônico ou verbal) do desempenho clínico dos cuidados de saúde por um determinado período. Sua eficácia depende de quatro características:

- atualização (tempo hábil), com a qual os provedores recebem o *feedback;*
- detalhamento do *feedback* recebido pelos provedores;
- natureza punitiva ou não punitiva do *feedback;*
- personalização do *feedback,* para torná-lo significativamente individual.

Intervenções sob medida: definidas como intervenções de planejamento e transferência sob medida para resolver barreiras específicas e identificadas prospectivamente na evolução da implementação da PBE pelos profissionais. Sua eficácia depende das decisões sobre problemas específicos em cada situação e de outras considerações práticas.

Intervenções nas estruturas organizacionais: definidas como mudança nas estruturas organizacionais, objetivam promover a implementação da PBE de alta qualidade. Os estudos mostram que embora resultados positivos sejam relatados, não há qualquer evidência substancial e clara para que esse tipo de intervenção seja elaborada[6].

Intervenções com estratégias interativas: trata-se de um artifício de KT que integra a geração de conhecimento com sua divulgação e utilização. Uma das estratégias possíveis é ver a pesquisa como meio, e não como um fim. Isso une a universidade e os serviços de pesquisa à comunidade, usando uma abordagem de pesquisa participativa. Também envolve pesquisa e interações transdisciplinares, usando conectores para auxiliar os potenciais usuários do conhecimento na identificação das necessidades de conhecimento e, ao mesmo tempo, auxiliar pesquisadores na transferência do conhecimento para os usuários.[7]

1.4 USO DO CONHECIMENTO

A implementação de conhecimentos de pesquisa na prática clínica é certamente o objetivo da KT. O resultado esperado de tal implementação seria um impacto positivo sobre a saúde e o bem-estar dos usuários,[8] porém, a investigação relacionada com a aferição do uso dos conhecimentos (ou a falta dele) tem sido assunto de interesse.[9] O uso do conhecimento identifica três elementos: a avaliação do impacto do uso de evidência no sistema de saúde; o processo dos resultados do cuidado de saúde, e a mudança da prática e a incorporação de evidência através de mudanças no sistema e na organização.[10]

A aceitação completa do conhecimento geralmente é a exceção, e não a regra.[11] Além disso, o conhecimento não pode ser usado se for implementado em sua forma original, mas pode funcionar muito bem se alterado para atender às condições do usuário; porém, sua eficácia é sempre discutível, porque seu foco pode variar.

1.4.1 TIPOS DE USO DO CONHECIMENTO

Há três tipos principais:[12]

- *uso instrumental* – envolve a aplicação concreta de resultados da pesquisa, de maneira específica e direta, e está associado ao processo de tomada de decisão;
- *uso conceitual* – envolve a utilização de resultados da pesquisa para esclarecimento geral e destina-se a resolver problemas claramente predefinidos e
- *uso simbólico* – envolve o uso dos resultados da pesquisa para legitimar e sustentar posições predeterminadas e pode ser usado como instrumento político para legitimar a oposição ou como prática dos resultados.

Diferentes fatores estão associados a cada tipo de uso do conhecimento. O uso instrumental está associado com o avanço do conhecimento acadêmico, a adaptação da pesquisa para a necessidade do usuário, atitude, conscientização e participação na pesquisa. O uso conceitual está associado com produtos de pesquisa qualitativa, indivíduos com pós-graduação e comunicação local. Finalmente, o uso simbólico está associado aos entrevistados de agência do governo, à adaptação do produto de pesquisa às necessidades dos usuários e à comunicação social.

1.4.2 AVALIAÇÃO DO USO DO CONHECIMENTO

O uso do conhecimento não é um simples evento, que ocorre em um ponto específico do tempo, mas um processo constituído de vários eventos.[13] Portanto, avaliar seu uso pode ser complexo e requer uma abordagem multidimensional e sistemática.

Um exemplo de um sistema completo que pode ser usado para orientar a avaliação do uso do conhecimento é o desenvolvido por Conner (1980).[14] Nesse modelo, há ênfase em quatro aspectos gerais: metas, entradas, processos e resultados (ver Figura 1.2). Os benefícios esperados são:

- determinar a eficácia dos esforços de uso usando um processo de revisão crítica;
- aumentar o reconhecimento da importância do processo de difusão do uso como uma atividade distinta em vez de ser apenas o último passo em um projeto de pesquisa;
- aumentar a atenção para as metas e os objetivos do uso, o que ajudará no desenvolvimento de esforços de uso;
- fornecer mais compreensão do processo, incluindo o que facilita e/ou prejudica a pesquisa, o que ajudará no desenvolvimento de modelos conceituais do processo de uso que pode ser empiricamente testado e
- aumentar a interação entre pesquisadores e usuários por meio de uma terceira parte neutra (presumivelmente, as pessoas que conduzem os esforços de uso).

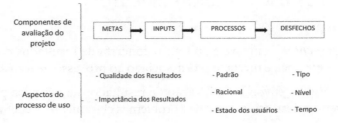

Figura 1.2 Modelo de avaliação de Conner.

O primeiro passo para avaliar o uso do conhecimento é a criação de metas. Sem objetivos, será impossível avaliar o sucesso de tal esforço. A meta deve ser configurada no início da programação da pesquisa. No entanto, esse pode ser um processo dinâmico, em que as mudanças podem ocorrer durante o curso da pesquisa como melhor percepção emergente. Uma das principais razões para a definição de metas é saber os alvos primários e secundários do esforço de uso do conhecimento.

Uma vez que os grupos-alvo sejam identificados, devem ser consultados no início do programa de pesquisa para garantir que a informação seja realista para eles usarem, e aprender sobre o tipo de informação que fornecerá evidência convincente de uso.

Já os resultados da pesquisa precisam ser avaliados em dois aspectos: qualidade e importância. A qualidade refere-se à validade externa e à confiabilidade, o que pode ser verificado pela consulta a outros pesquisadores ou replicando a pesquisa em um cenário semelhante. A determinação da importância também pode ser obtida de vários modos, por exemplo, avaliando as implicações sociais e a clareza da recomendação para a ação, isto é, verificando se os resultados são compreendidos pelos usuários.

Para o componente do processo, Conner (1980) sugeriu que há uma necessidade de monitorizar e documentar o curso de divulgação e valorização dos esforços, particularmente porque o processo poderia mudar a partir do que foi originalmente planejado. Documentar os desvios do plano vai ajudar no ajuste da avaliação para refletir o programa que foi realmente implementado, em vez de um que foi apenas planejado para ser implementado.

A avaliação da informação pode ser determinada em parte através da análise das seguintes informações: nível de uso, tipo/forma de uso e tempos/prazos de uso. A avaliação dos resultados pode incidir sobre um dos dois grupos-alvo: os alvos reais (pessoas que foram o alvo direto dos esforços de uso) e os potenciais (pessoas mais relevantes para o uso dos resultados, embora eles possam não ser os alvos diretos dos esforços de uso).

1.4.2.1 *Método de aferição do uso do conhecimento*

Três dimensões básicas aferem o uso do conhecimento: composição, efeitos esperados e alcance.

1) Composição: uma dimensão que distingue o uso do conhecimento individual (para tomada de decisão) do uso coletivo (para esclarecimento).

2) Efeitos esperados: uma dimensão que contrasta o uso instrumental e conceitual do conhecimento.

3) Alcance: uma dimensão que contrasta processos de utilização em termos de sua generalidade (uso geral do conhecimento) e especificidade (por exemplo, utilização de recomendações específicas de um programa de avaliação).

Existem três métodos principais de aferição: observação naturalística (raramente empregada), análise de conteúdo e questionários (também entrevistas), sendo que nesse último método há três categorias de procedimentos: os relativamente estruturados, os semiestruturados e os relativamente não estruturados.

As aferições de resultados em KT podem ser agrupadas em três categorias principais: nível paciente, nível profissional de saúde e nível organizacional ou processo. Os desfechos no nível paciente foram classificados em: os que medem a mudança real do estado de saúde do paciente (por exemplo, mortalidade, qualidade de vida, mudança do sintoma atual, satisfação, tempo de internação hospitalar etc.). Os desfechos no nível profissional de saúde também seguem o mesmo padrão: os que medem a mudança real na prática de saúde do profissional (por exemplo, cumprimento ou não cumprimento das diretrizes que implementaram, conhecimento teórico-prático, atitude do profissional etc.). Para o nível organizacional ou processual, o foco é medir as mudanças no sistema de saúde (por exemplo, custos, política, processos, tempo gasto pelo profissional etc.). Os métodos de coleta de dados nesses casos incluem auditoria de registro médico, auditoria de registros médicos computadorizados, aplicação de questionário e/ou entrevistas com profissionais de saúde, questionário e/ou entrevista com pacientes, entre outros.

1.4.2.2 Exemplo de aferição do uso do conhecimento

Uma abordagem bastante utilizada é medir não apenas o aspecto comportamental do conhecimento do usuário, mas também outros aspectos relacionados ao uso de conhecimento. A entrevista estruturada pode ser usada para medir a utilização dos dados nas dimensões comportamental, cognitiva e afetiva.

A dimensão comportamental pode ser medida examinando mudanças relatadas nas atividades práticas ou políticas dos profissionais de saúde por meio de perguntas abertas, em que se pede aos entrevistados para descrever circunstâncias específicas de quaisquer atividades empreendidas relacionadas às perguntas que estão sendo avaliadas. Na pergunta estruturada, cada entrevistado lê uma lista das recomendações da avaliação da pesquisa e, em seguida, ele deve citar casos específicos de atividades relevantes para as recomendações. Medidas de confiabilidade (Kappa ou coeficiente de correlação intraclasse) são avaliadas.

A dimensão cognitiva pode ser medida pela classificação de crenças dos entrevistados sobre vários aspectos da questão. Para a dimensão afetiva, os entrevistados devem classificar sua preocupação com o problema ou a questão e a sua satisfação com as soluções da equipe. As comparações de tempo e classificação são as mesmas dos métodos descritos na aferição da mudança cognitiva.

Champion e Leach (1989)[15] desenvolveram uma escala para medir o uso da pesquisa dos enfermeiros. Quatro itens foram medidos: atitude, disponibilidade, apoio e uso da pesquisa. O item atitude mediu os sentimentos sobre a incorporação da pesquisa na prática clínica. O item disponibilidade mensurou a oportunidade de o enfermeiro ter acesso aos resultados da pesquisa em sua instituição. O item apoio mediu o grau em que os gestores administrativos da enfermagem e colegas de profissão os encorajaram a usar os resultados da pesquisa. O item uso da pesquisa mediu o grau em que a enfermagem sente que os resultados foram incorporados na prática. Os entrevistados foram convidados a avaliar cada item usando uma escala de Likert que vai desde "concorda fortemente (= 5)" a "discordo (= 1)". O questionário é composto por 38 itens, em que 21 deles medem a atitude, 7 a disponibilidade, 8 o apoio e 10 o uso. Veja a seguir exemplos de itens que representam cada um dos quatro aspectos:

Atitude

- Gostaria de mudar a minha prática com base em resultados de pesquisas.
- Eu quero basear minha prática em pesquisa.
- Usando a pesquisa, me ajude a cumprir meu objetivo como enfermeira.

Disponibilidade

- Onde eu trabalho, tenho acesso aos resultados de pesquisas.
- Tenho acesso aos resultados da pesquisa no meu andar.
- Tenho tempo para ler sobre a pesquisa enquanto faço plantão.

Apoio

- Outros profissionais na minha área de trabalho.
- Diretor da unidade.
- Presidente.

Uso

- Baseio a minha prática em pesquisa.
- Minhas decisões de assistência são baseadas em pesquisa.
- Não uso a pesquisa na minha prática cotidiana.

Conforme relatado pelos autores, a validade de conteúdo foi avaliada por especialistas. A consistência interna foi medida pelo Alpha de Cronbach, que variou de 0,84 a 0,94.

1.5 CONCLUSÃO

A KT é a estratégia mais atual para implementação da PBE, porém, envolve vários aspectos e processos. Além disso, as barreiras culturais e organizacionais podem dificultar esse processo em todo o mundo. Especialmente no Brasil – já que a maioria das pesquisas de boa qualidade estão disponíveis em inglês –, as barreiras do idioma e da interpretação dos resultados são pontos a serem contornados para se implementar a PBE, pois trata-se de um novo campo de pesquisa e uma preocupação adicional dos pesquisadores clínicos.

REFERÊNCIAS BIBLIOGRÁFICAS

Beyer JM. Research utilization: bridging the gap between communities. J Management Inquiry. 1997;6(1):17-22.

Bero LA, Grilli R, Grimshaw JM, Harvey E, Oxman AD, Thomson MA. Closing the gap between research and practice: an overview of systematic reviews of interventions to promote the implementation of research findings. Br Med J. 1998;317:465-8.

Canadian Institutes of Health Research. Knowledge translation strategy 2004-2009: Innovation in action. Ottawa, Canadá; 2004 [acesso em 19 mai. 2015]. Disponível em: www.cihr-irsc.gc.ca/e/26574.html.

Canadian Institutes of Health Research. About knowledge translation. Ottawa, Canadá; 2005 [acesso em 19 mai. 2015]. Disponível em: www.cihr-irsc.gc.ca/e/29418.html.

Champion VL, Leach A. Variables related to research utilization in nursing: an empirical investigation. J Ad Nursing. 1989;14(9):705-10.

Conner RF. The evaluation of research utilization. Handbook Crim Justice Evaluation 1980;629-53.

Foxcroft DR, Cole N. Organizational infrastructures to promote evidence-based nursing practice. Cochrane Library 2000. 3 Art. No.: CD 002212. DOI: 10.1002/14651858. CD002212.

Grimshaw JM, Shirran L, Thomas R, Mowatt G, Fraser C, Bero LA, et al. Changing provider behavior: An overview of systematic reviews of interventions. Medical Care. 2001;39(8, Suppl 2):112-45.

Larsen JK. Knowledge utilization: What is it? Knowledge: Creation, Diffusion, Utilization 1980;1(3):421-42.

National Institute on Disability and Rehabilitation Research. Long-range plan for fiscal years 2005-2009. 2006 [acesso em 19 mai. 2015]. Disponível em: www2.ed.gov/about/offices/list/osers/nidrr/newsarchive.html.

Paisley W, Lunin LF. Knowledge utilization: introduction and overview. J Am Society Information Sci. 1993;44(4):215-6.

Pearson A, Jordan Z, Munn Z. Translational science and evidence-based healthcare: a clarification and reconceptualization of how knowledge is generated and used in healthcare. Nursing Research and Practice. 2012;792519, DOI:10.1155/2012/792519.

Rich RF. Knowledge creation, diffusion, and utilization: perspectives of the founding editor of knowledge. Knowledge: Creation, Diffusion, Utilization. Science Communication. 1991;12(3):319-37.

Straus SE, Richardson, WS, Glasziou P, Haynes RB. Evidence based medicine: How to practice and teach EBM. 3. ed. Philadelphia: Elsevier-Churchill Livingstone; 2005.

Vingillis E, Hartford K, Schrecker T, Mitchel B, Lent B, Bishop J. Integrating knowledge generation with knowledge diffusion and utilization: a case study analysis of the consortium for applied research and evaluation in mental health. Can J Public Health. 2003;94(6):468-71.

Capítulo 2
Fundamentos da ética em pesquisa clínica

Roberto Gimenez
Sandra Regina Alouche

Ao longo da história, ética, ciência ou pesquisa sempre apresentaram alguma relação, determinada, sobretudo, pelos paradigmas sociais e científicos vigentes, bem como pela estrutura política e econômica da sociedade em que tal relação é analisada.

Ao abordar o tema "ética", curiosamente logo nos remetemos ao termo "moral". Embora os conceitos de ética e moral em muitas ocasiões se sobreponham e possam indicar significados intimamente correlatos, etimologicamente podem ser apontadas distinções. Para Nosella (2008), o conceito de ética tem sua origem na cultura grega clássica, em especial no termo *ethos*. A civilização latina o teria herdado do debate filosófico da Grécia clássica, preservando-lhe o sentido de reflexão teórica. Desse modo, o significado de ética corresponderia ao ramo da filosofia que fundamenta científica e teoricamente a discussão sobre valores, opções (liberdade), consciência, responsabilidade, o bem e o mal, o bom ou o ruim. Outro conceito atribuído ao termo *ethos* seria "o lugar onde todos habitam", o que, obviamente, remete a uma discussão sobre a alteridade (Cortella, 2008), na qual o homem interage e depende do outro, opondo-se assim à identidade.

Em contrapartida, o termo "moral" tem origem latina, em especial no termo romano *mos-moris*, e corresponde principalmente aos hábitos, costumes e modos de viver em geral de um povo. Vale destacar que tais práticas e valores sociais de um povo teriam um forte apelo cultural. Por esse motivo, hábitos e costumes se qualificariam de forma dicotômica ou maniqueísta como "virtuosos ou viciosos"; "certos ou errados" e "morais ou imorais".

Nosella (2008) ilustra essa conotação ao afirmar que

> assim como a antiga filosofia grega acentuou no termo e no conceito de ética a dimensão filosófica-científica, a sociedade romano-cristã acentuou no termo e conceito de moral (imoral) a dimensão pragmática da opção pessoal a favor do bem ou do mal, conforme normas e regras definidas numa determinada organização social (Nosella, 2008, p. 257).

Assim, a ética se ocupa da reflexão filosófica relativa à conduta humana sobre o prisma dos valores humanos essenciais. Ela examina a natureza desses valores e a possibilidade de justificar seu uso na apreciação e orientação das ações, das vidas e das instituições. Em contrapartida, o termo moral é utilizado para fazer referência ao conjunto de códigos, condutas ou costumes de indivíduos ou grupos. Em outras palavras, trata-se de um conceito que sugere uma categorização fortemente influenciada por um crivo relativo e cultural. Nesta acepção, para Figueiredo (2008), a moral representaria um modelo ideal de boa conduta socialmente estabelecida por um grupo.

Em que pese a visão que relaciona o conceito de ética aos chamados "valores universais" que balizariam a ação humana, cumpre destacar que o juízo decorrente dele, bem como os seus critérios balizadores, sofreram grande mudança ao longo da história. Em especial, esses valores impregnados na estrutura política e ideológica da sociedade teriam sido determinantes também na visão de ciência e na condução das pesquisas científicas.

Para Araújo (2003), o termo pesquisa corresponde "a uma classe de atividades cujo objetivo é desenvolver ou contribuir para o conhecimento generalizável" (p. 58), o qual consiste em teorias, princípios ou relações, ou no acúmulo de informações sobre as quais está baseado, que possam ser amparadas por métodos científicos aceitos por observação ou inferência.

As relações entre a ética e a produção do conhecimento foram alvos de grande debate ao longo da história. Pensadores sofistas, por exemplo, negavam explicitamente a existência de qualquer relação entre a virtude, os valores ditos essenciais e a ciência. Por meio da arte retórica, da palavra e da argumentação e às custas de pagamento, os sofistas defendiam não haver nenhuma verdade absoluta e, assim, cada homem tinha a sua forma de ver e conhecer os fatos, interpretando-os a partir das suas sensações e de acordo com os seus interesses. Por outro lado, Sócrates propunha a existência de uma relação imbricada entre a ciência e os valores essenciais, na medida em que defendia que uma ciência capaz de dominar o homem e o abandonar à mercê dos impulsos sensíveis não seria uma ciência. Para tal argumentação, Sócrates identificava o estreitamento entre ciência e virtude, *verum* e *bonum* (Nosella, 2008).

Platão, por outro lado, partiu dessa problemática para propor a existência de um equilíbrio entre o saber e o fazer. Para ele, a razão humana se tornaria um critério para delimitar uma relação entre o ilimitado e o limite. De acordo com o filósofo, o ilimitado corresponde ao conhecimento, ao passo que o limite corresponde ao balizamento ético, à medida certa (Abbgnano, 1970). Assim, caberia aos sábios traçarem os limites éticos da ciência.

Aristóteles, por sua vez, representando a figura de seu patrono político Alexandre Magno, propôs uma forma de institucionalização da produção de conhecimento norteada por normativas do próprio Estado. Para ele, preservar o equilíbrio geral da sociedade e dos indivíduos seria uma competência governamental. Vale ressaltar que é possível identificar nesses pressupostos aristotélicos a marcante dimensão política da ética, que posteriormente viria a se consolidar e legitimar pela normatização do Código de Direito Romano e no subsequente Direito Canônico e Eclesiástico (Nosella, 2008).

Em especial, os dogmas católicos permeavam também a ética da pesquisa, que se curvava aos interesses de ordem religiosa. Sem sombra de dúvida, um dos impactos identificados por esse modelo de cerceamento correspondeu justamente à estagnação dos avanços na compreensão do ser humano, dos recursos e da estrutura do planeta. Outra consequência teriam sido apenas discretos avanços nas discussões ideológicas e políticas.

Para atender a fins de ordem produtiva típicos do regime feudal, as atrocidades cometidas aos seres humanos eram justificadas. Em especial, a subordinação da ética ao modelo dominante pode ser identificada nas palavras de Nosella (2008):

> Ainda que o engessamento autoritário da relação entre ética e pesquisa típico do período medieval também tenha encontrado justificativas na estagnação das forças produtivas: aquela sociedade precisava até mesmo de escravos ou servos da gleba para extrair sua parca sobrevivência (p. 260).

Entretanto, a gradual mudança no cenário político, ocorrida na transição entre a Idade Média e a Moderna, teria sido crucial para a emergência de uma relação diferente entre ética e ciência. As incipientes trocas mercantis entre o Ocidente e parte da Ásia e da África também foram importantes para influenciar as concepções sobre ciência e ética religiosa, já nos séculos XI e XII. Averrois, o maior filósofo muçulmano, exilado por pensar contrariamente à rígida ortodoxia religiosa, defendia a autonomia da ciência – que denominava "pesquisa" – frente à teologia, a qual chamava "revelação". Essas influências teriam contribuído para a crise do monolitismo medieval no Ocidente, marcado pela subordinação da ciência à teologia.

A ruptura definitiva entre Estado laico e Igreja Católica viria a acontecer posteriormente. Esta separação aconteceu porque os novos estudos e pesquisas científicas fortaleceram a hegemonia estatal e permitiram a identificação de novos problemas sociais, amadurecendo as condições técnicas para a sua superação. Um grande impulso para isso viria das necessidades características das políticas expansionistas, que implicaram, inexoravelmente, no desenvolvimento de mão de obra qualificada.

Desse ímpeto para a qualificação de mão de obra, resultaram escolas organizadas pelos Estados com vistas às formações artística, técnica e científica. Questões absolutamente abominadas pelos dogmas do catolicismo foram debatidas, sendo um dos alvos importantes de discussão o "ser humano". Outro conceito bastante discutido foi "deficiência". Para Bianchetti e Freire (1998), esse período correspondeu a um momento histórico de transição do chamado "paradigma teológico de compreensão da deficiência" para um "paradigma científico ou médico". Neste período, razões divinas ou mitológicas passaram a não ser mais aceitas para caracterizar ou explicar deficiências e anomalias. A partir de estudos de anatomia, buscavam-se causas estruturais ou biológicas para os fenômenos observados no ser humano.

Galileu foi um importante marco sobre a moderna relação entre ética e pesquisa. As primeiras tentativas de estruturação do método científico levavam à formulação de hipóteses a respeito dos fatos naturais e à proposição de experimentos para testá-las. De modo geral, percebia-se que a separação entre ciência teológica e filosofia laica não representava apenas uma questão teórica, mas uma condição *sine qua non* para atender aos novos desafios sociais e éticos (Nosella, 2008).

Os avanços na ciência e a criação de técnicas de investigação mais modernas evidenciaram que, finalmente, existiriam condições mais concretas para solucionar problemas como a escravidão e a desigualdade social. Essa responsabilidade pelo pensar ético recaía sobre os cientistas e intelectuais do período, conforme mostra o trecho de Brecht:

> Os homens esclarecidos da modernidade haviam entendido que as máquinas poderiam tornar a terra habitável a tal ponto que o céu pudesse ser abolido. Isto é, se o horizonte ético da cristandade medieval era ganhar o céu, o horizonte ético da modernidade era fazer da terra um céu para os homens, através da ciência e tecnologia (1977, p. 159).

Esse ideal "modernista" seria incentivado pelo pensamento iluminista e por ideais advindos do Renascimento Cultural. Contudo, Kant (2005), embora defendesse a autonomia do pensar e da ciência, apontava a existência de uma restrição no modelo de ciência, ditada pelo modelo dominante. Posteriormente, seria verificado que a ética iluminista representaria a ética industrialista do pesquisador e do inventor, que acreditavam piamente na possibilidade de providenciar as condições técnicas e materiais para a felicidade humana. Esse mesmo problema foi apontado por Rousseau ao criticar as funções do Estado nas delimitações de padrões éticos, e por Marx, que propunha a luta de classes como forma de romper com a ideologia burguesa, que dominava os meios de produção e obtenção do conhecimento, envolvendo a ciência.

Em que pese o viés ideológico que impregnava as concepções teóricas apontadas por esses pensadores, sobretudo a partir do advento da Revolução Industrial, percebeu-se uma grande influência do Estado e de instituições de forte poderio econômico na produção do conhecimento. Contudo, conforme destaca Nosella (2008), os Estados éticos, sejam eles fascistas, nazistas, comunistas e, de modo geral, ditatoriais, também se autodefiniam como representantes legítimos dos interesses comuns e da felicidade universal.

Esta relação carece de uma reflexão, sobretudo no que tange aos estudos na área da saúde. A busca pela compreensão da fisiologia humana e dos mecanismos patológicos depende dos avanços das pesquisas desenvolvidas em laboratório, nos animais, e, em algum momento, nos seres humanos. Vários exemplos ao longo da história possibilitam ilustrar o uso da ciência e da tecnologia em prol de interesses econômicos ou políticos. Assim, a humanidade testemunhou muitos excessos cometidos em nome da ciência (Araújo, 2003). Por exemplo, na Inglaterra, em 1721, o cirurgião inglês Charles Maitland foi acusado de inocular varíola em seis prisioneiros sob a promessa de libertá-los.

No século XIX, nos Estados Unidos, o cirurgião William Beaumont manteve aberta uma ferida de bala no tubo digestivo de um paciente por três anos para testar os processos de cicatrização. Já no século XX, entre 1932 e 1972, em Tuskegee, no Alabama, o Serviço Nacional e Assistência teria selecionado 400 indivíduos negros infectados por sífilis para estudar a história natural dessa doença. Entretanto, em 1950, foi descoberta a penicilina, substância utilizada para tratar a doença ainda hoje. Esses homens negros não foram tratados nem informados sobre a possibilidade de tratamento (Caplan, 1992).

Araújo (2003) ainda destaca que na Universidade de Vanderbilt, no Tennessee, mulheres grávidas foram expostas a procedimentos que envolviam radiação com dosagem 30 vezes maior que a dose considerada inócua. Em meados da década de 1950, teriam sido ministradas, sem consentimento, doses de dietilestibestrol para evitar abortos em 1.000 gestantes. Na década de 1970, os bebês nascidos a partir desse procedimento começaram a apresentar taxas incomuns de câncer, motivo pelo qual veio à tona essa informação.

Entre os vários exemplos, no entanto, destacam-se as pesquisas desenvolvidas por médicos nazistas durante a Segunda Guerra Mundial, as quais tornaram os campos de concentração verdadeiros laboratórios de experimentação científica com seres humanos. Inspiradas por princípios xenófobos ou classistas que propunham a "melhoria" da raça, foram propagadas práticas de esterilização e eutanásia, mortes justificadas para a realização de medidas antropométricas e infecções propositais, causadas para testes de medicamentos. Tais práticas configuraram a total desconsideração pelo ser humano.

Enfim, cabe destacar uma série de condutas inapropriadas, praticadas em nome da ciência e que vigoram ainda hoje, mesmo após documentos relatarem aspectos éticos da pesquisa. A lógica industrial e econômica que permeia a ciência não deixa de influenciar desde a formulação dos problemas de pesquisa até mesmo os modelos experimentais utilizados para a busca de resultados. O sistema impulsiona a realização de novas descobertas, uma vez que elas implicariam um retorno financeiro para buscar novos fármacos, procedimentos de intervenção cirúrgica ou equipamentos de reabilitação. Essa é uma discussão especialmente tratada por Dantas e Manoel (2005), em seu trabalho sobre crianças com dificuldades motoras. Segundo os autores, diante da lógica econômica que norteia as pesquisas na área da saúde, prevalece uma busca incessante pela identificação de novos problemas, tendo em vista a proposição de novos rumos para intervenção ou tratamento.

Nesse contexto, não poderia deixar de ser discutido que os maiores financiamentos obtidos a partir das pesquisas sobre câncer e problemas cardiovasculares no mundo advêm justamente de grandes laboratórios e indústrias farmacêuticas. Tal modelo de produção também permeia a articulação de pesquisadores em grandes grupos, que em muitos casos estão além do debate e estudo sobre grandes temas, mas visam a maximização da produção por meio de trabalhos em conjunto.

No Brasil, essa lógica produtiva interfere de forma preponderante na definição dos critérios de valoração de pesquisas, projetos e pesquisadores. Um exemplo é a pontuação atribuída pela Coordenação de Aperfeiçoamento de Pessoa de Nível Superior (Capes), bem como os instrumentos de controle e acompanhamento utilizados para a pontuação de docentes, periódicos e programas de pós-graduação. Um dos principais argumentos é assegurar a competitividade e a representatividade internacional.

Em meio a essa esteira produtiva, merece atenção o debate em torno das interações que se estabelecem entre qualidade e quantidade de pesquisa, bem como dos casos crescentes de plágio praticados por pesquisadores brasileiros. Particularmente, a Fundação de Amparo à Pesquisa do Estado de São Paulo (Fapesp) tem demonstrado interesse em promover a discussão sobre os rumos das pesquisas desenvolvidas no Estado à luz de parâmetros éticos (Fapesp, 2002).

Sumariamente, deve haver uma reflexão sobre os pressupostos éticos levantados por Aristóteles em torno da essência que identifica o termo ética, associada ao que é melhor para todos, o que implica numa orientação dos rumos das pesquisas aos seus efetivos fins, em detrimento de um olhar guiado, quase que exclusivamente, para os meios de produção típicos do sistema. Vale destacar que essa necessidade de revisitar o modelo implicaria também em um olhar diferente sobre as palavras de origem latina *qualis* e *lattes* em favor da origem do tema "moris". Neste caso, a origem seria identificada nos propósitos, e não mera e isoladamente na forma.

No bojo dessa discussão, os parâmetros éticos serviriam ao propósito de guiar o olhar para os efetivos fins da pesquisa e, embora existam grandes avanços, está muito longe do ideal. Se a lógica é produtiva e se não existe imparcialidade propriamente na ciência, a importância cada vez maior está relacionada à ética individual de cada pesquisador, bem como à institucionalização e à organização de mecanismos por parte do Estado para acompanhar a produção de conhecimento, zelando pela preservação de aspectos éticos.

Sob a luz desse panorama, avanços e normatizações associadas à Institucionalização dos Comitês de Ética foram desenvolvidos nos âmbitos internacional e nacional, apresentados a seguir. Cabe ressaltar que tais princípios se aplicam à pesquisa de qualquer natureza que envolva seres humanos. Assim, a pesquisa clínica em fisioterapia, cuja finalidade é a promoção da saúde, a prevenção e a reabilitação de disfunções físicas, deve ser regida pelos mesmos princípios éticos gerais, independentemente do método de pesquisa delineado pelo pesquisador. Desta forma, estudos observacionais e experimentais, transversais e longitudinais, prospectivos e retrospectivos envolvendo individual ou coletivamente o ser humano, seja de forma direta ou indireta, requerem um planejamento norteado pelos marcos regulatórios éticos em pesquisa vigentes.

2.1 PRINCÍPIOS DA ÉTICA EM PESQUISAS COM SERES HUMANOS

Apesar da existência prévia de regulamentações relativas às terapias e experimentação com seres humanos, foi em 1947, a partir do julgamento das barbaridades cometidas durante a Segunda Guerra Mundial, que o primeiro documento internacional sobre ética aplicada à pesquisa com seres humanos foi elaborado. O Código de Nuremberg (1947) elenca dez princípios éticos para executar pesquisas com seres humanos:

1. Obter o consentimento voluntário do participante.
2. Produzir resultados vantajosos.
3. Basear a pesquisa em resultados de experimentação com animais e estudos anteriores.
4. Evitar sofrimento e danos.
5. Ser conduzida por pessoas cientificamente qualificadas.
6. Ser suspensa caso seja constatado que poderá causar danos, invalidez ou morte.
7. Ser suspensa se houver risco de morte ou invalidez permanente.
8. Apresentar grau de risco aceitável, limitado pela importância do problema que se propõe a resolver.
9. Proteger o paciente de qualquer possibilidade de dano, invalidez ou morte.
10. Permitir que o paciente se sinta livre para se retirar em qualquer fase da pesquisa.

Mesmo com a elaboração e divulgação do Código de Nuremberg, muitas pesquisas continuaram fora de padrões éticos mínimos. Assim, a Associação Médica Mundial desenvolveu, em 1964, a primeira versão da Declaração de Helsinque, que definiu princípios éticos para os projetos de pesquisa a serem apreciados e aprovados sob a responsabilidade de um Comitê de Ética independente. A base comum das inúmeras revisões que sofreu preconiza os seguintes itens (Araújo, 2012):

1. O consentimento do participante deve ser obtido após ter sido totalmente esclarecido sobre os objetivos do estudo.
2. A pesquisa deve ser baseada em experiências laboratoriais *in vitro*, em animais e no conhecimento da literatura médica.
3. A pesquisa deve ter protocolo aprovado por comitê de ética independente.
4. Ser conduzida apenas por pessoas cientificamente qualificadas.
5. O risco ao participante deve ser proporcional à importância do objetivo.
6. A avaliação dos riscos deve ser comparada aos benefícios previstos e a integridade do participante, assegurada e respeitada.

Outros documentos surgiram ao ampliar-se o entendimento da pesquisa em seres humanos, inclusive nas ciências humanas e sociais. O relatório Belmont, de 1978, apresenta três princípios éticos das pesquisas com seres humanos: o respeito pelas pessoas, garantindo-lhes autonomia; a beneficência, ou seja, não causar dano, maximizar os benefícios e minimizar os riscos; e a justiça, garantindo a imparcialidade na distribuição dos riscos e benefícios.

A pressão da indústria farmacêutica e a necessidade de novos medicamentos e vacinas pressionaram a Declaração de Helsinque, e o Brasil teve papel preponderante para a manutenção de dois princípios básicos do documento original: o uso do placebo, o qual deve ser utilizado exclusivamente na ausência de um método eficaz comprovado – em todos os outros casos, a nova intervenção deve ser comparada aos melhores cuidados comprovados; e o acesso aos benefícios dos resultados do estudo, garantindo que todos os participantes tenham acesso à nova intervenção, caso se mostre benéfica (Grecco; Sardinha, 2012).

2.1.1 A RESOLUÇÃO 196/96 DO CONSELHO NACIONAL DE SAÚDE

No Brasil, o Conselho Nacional de Saúde (CNS), a partir da Resolução nº 196 de 1996, implementou normas e diretrizes reguladoras de pesquisas envolvendo seres humanos e constituiu o principal marco regulatório nacional da ética aplicada à pesquisa. Esta resolução criou o Sistema de Comitês de Ética em Pesquisa (CEP) e a Comissão Nacional de Ética em Pesquisa (Conep), que regulamenta os seguintes princípios éticos:

1. O respeito à pessoa, englobando autonomia, expresso no consentimento livre e esclarecido dos indivíduos e na proteção de vulneráveis e incapazes.
2. A beneficência, com a ponderação entre riscos e benefícios.
3. A não maleficência, garantindo que danos previsíveis sejam evitados.
4. A justiça e equidade, demonstrando relevância social do estudo e igual consideração de todos os envolvidos.
(Marodin; França; Tannous, 2012)

De acordo com essa resolução, o CEP é um colegiado interdisciplinar e independente, criado para defender os interesses dos participantes das pesquisas em sua integridade e dignidade, favorecendo o desenvolvimento do estudo dentro de padrões éticos (Brasil, 2005). Assim, é papel dos CEP avaliar e acompanhar os aspectos éticos das pesquisas com seres humanos de acordo com as diretrizes éticas internacionais e brasileiras. O CEP tem como missão garantir a preservação dos direitos e da dignidade dos participantes, contribuindo para sua qualidade e para a discussão do papel da pesquisa nos contextos institucional e social. Além disso, o CEP tem um papel consultivo e educativo, assegurando a discussão de aspectos éticos da pesquisa na comunidade.

A partir de normatização por Regimento Interno Institucional, o CEP aprecia os projetos de pesquisa da sua própria instituição ou, quando designado pelo Conep, de outras instituições ou quando há instituições coparticipantes e estudos multicêntricos. O CEP é constituído por um colegiado multidisciplinar com pelo menos sete membros das diferentes áreas do conhecimento (saúde, exatas, humanas) e, pelo menos, um membro representante dos usuários da instituição (comunidade), devendo ter distribuição balanceada entre ambos os gêneros em sua composição, de participação voluntária. Todos os membros do CEP recebem um treinamento inicial e formação continuada e o coordenador é escolhido por critérios internos predefinidos pelo grupo, cujo papel é conduzir os trabalhos do CEP e atuar como moderador das discussões, assegurando as exigências da Conep e do Ministério da Saúde conforme as resoluções documentais. Ao relator do CEP cabe analisar o protocolo de pesquisa e apresentá-lo aos demais membros, permitindo a discussão dos aspectos éticos pertinentes. Quando necessário, um consultor *ad hoc* com alguma competência técnica específica pode ser designado para assessorar o CEP.

A Conep, vinculada ao Conselho Nacional de Saúde do Ministério da Saúde, atua como uma instância independente de influências corporativas e institucionais, que coordena a rede de CEP institucionais. Sua principal função é a análise de projetos de pesquisa envolvendo seres humanos em áreas temáticas especiais, sejam elas: genética humana; reprodução humana; novos equipamentos e dispositivos para a saúde; novos procedimentos ainda não consagrados pela literatura médica; população indígena; projetos associados à biossegurança e projetos com participação estrangeira. Cabe ao CEP, após análise, encaminhar o protocolo de pesquisa ao Conep.

2.1.2 QUAIS PROJETOS DE PESQUISA DEVEM SER ENCAMINHADOS AO COMITE DE ÉTICA EM PESQUISA?

Devem ser encaminhadas para apreciação do CEP todas as pesquisas que envolvem seres humanos "realizadas em qualquer área do conhecimento e que, de modo direto ou indireto, envolvam indivíduos ou coletividades, em sua totalidade ou em partes, incluindo o manejo de informações e materiais". Desta forma, pesquisas que envolvem entrevistas, questionários, utilização de banco de dados e prontuários também devem ser encaminhadas para o CEP. Projetos nos diferentes níveis de pesquisa, sejam de conclusão de curso, iniciação científica ou de doutorado, devem ser encaminhados. Recomenda-se que, havendo dúvida, o projeto seja encaminhado e o CEP verifique a pertinência dessa submissão.

2.1.3 COMO SUBMETER O PROJETO DE PESQUISA?

A Plataforma Brasil, implantada a partir de 2011, é uma base nacional e unificada de registros de pesquisas com seres humanos, que permite o acesso a todas as pesquisas em andamento. A plataforma objetiva uma "maior interação com agências regulatórias e de fomento à pesquisa, instituições internacionais e editores científicos" (Greco; Sardinha, 2012). A apresentação de documentos de forma digital permite o acesso público dos dados da pesquisa e sua avaliação em todos os níveis necessários.[1]

Quatro módulos constam da Plataforma Brasil: o do Conep, o do CEP, o do Pesquisador e o módulo público. Há uma sinalização para que, futuramente, os participantes do estudo também sejam cadastrados no sistema.

Todo projeto deve ter um pesquisador responsável, mesmo quando desenvolvido por uma equipe, a qual deve ser qualificada para esse fim. Recomenda-se, dessa forma, que quando houver a participação de um professor orientador, ele apresente-se como responsável.

Para submissão de um projeto de pesquisa, o pesquisador responsável deverá cadastrar-se na Plataforma Brasil, bem como o projeto sob sua responsabilidade. Entre os documentos que devem compor o protocolo de pesquisa a ser analisado pelo CEP estão alguns a seguir.

1. Folha de rosto: é o Termo de Compromisso do pesquisador e da instituição para cumprir a Resolução CNS 196/96. Identifica a pesquisa, o pesquisador responsável e a instituição envolvida, com suas respectivas assinaturas se comprometendo ao cumprimento de todas as normas. É um documento gerado na própria Plataforma Brasil, a partir do preenchimento pelo pesquisador responsável e que deve, após devidamente firmado, ser escaneado e incluído no processo.

2. Projeto de pesquisa: deve estar em português e requer a demonstração de sua solidez metodológica para que seja avaliado pelo CEP.

3. Termo de Consentimento Livre e Esclarecido (TCLE): deve ser elaborado em linguagem acessível ao participante do estudo, deixando explícitos todos os procedimentos aos quais ele será submetido, inclusive se poderá ser incluído em grupo controle ou placebo, se for o caso. Deve explicitar a autonomia do participante para decisões, os possíveis riscos e benefícios dos procedimentos, a garantia de sigilo dos dados pessoais e a possibilidade de desistência em qualquer fase do estudo, sem que isso traga qualquer consequência indevida. Para que o participante possa esclarecer qualquer dúvida sobre a pesquisa, deve constar do TCLE vias de acesso ao pesquisador responsável (como telefone e endereço).

4. Currículo Lattes do pesquisador responsável e demais pesquisadores participantes: a partir do cadastro do pesquisador na plataforma, o currículo ficará vinculado ao projeto de pesquisa.

5. Realização do estudo em centros externos e colaboradores: o responsável técnico pelo local deve estar ciente e permitir a execução da pesquisa.

6. Estudos multicêntricos: incluída a lista de centros e pesquisadores participantes.

---

1 Acesse o portal do Datasus: <http://aplicacao.saude.gov.br/plataformabrasil/login.jsf>.

7. Pesquisa conduzida no exterior: documento de aprovação do estudo pelo CEP ou equivalente, no país de origem, comprovando a aceitação naquele país.

8. Outros documentos podem ser solicitados pelo CEP da instituição, se assim for pertinente.

2.1.4 A MÁ CONDUTA NA PESQUISA

Entende-se como desvio de conduta acadêmica a intenção de levar outros a acreditarem que um resultado ou dado é verdadeiro, quando não é (Coury, 2012). Entre as práticas antiéticas mais comuns em pesquisa envolvendo seres humanos, a fabricação, a falsificação e o plágio (FFP) têm sido o foco principal da investigação em vários países e deveriam ser rechaçadas pela academia (Vasconcelos, 2012). Por fabricação, entende-se a invenção, a construção, o registro ou a informação de dados; falsificação refere-se à reprodução ou à adulteração de dados e materiais de pesquisa, incluindo-se a omissão de resultados de forma a induzir um raciocínio; e plágio refere-se ao ato de copiar, em parte ou na sua totalidade, ideias, dados, resultados de outra pessoa ou um projeto, atribuindo-se a si próprio. Ainda em relação ao plágio, cabe definir o autoplágio como sendo "a reprodução do texto do próprio autor de uma publicação anterior em uma nova publicação" (Harriman; Patel, 2014), cujos limites também têm sido amplamente debatidos.

Além da FFP, outras práticas questionáveis em pesquisa são o gerenciamento irresponsável dos dados, como uma "maquiagem" que torna os resultados mais atraentes ao leitor (e editores!) e as publicações fatiadas (mais conhecidas como "salame"), nas quais a publicação dos dados é feita "em porções" a fim de garantir um maior número de publicações. Entende-se ainda como desvio de conduta acadêmica a intenção de levar outros a crerem que um resultado ou dado é verdadeiro, quando ele não é. Considera-se que 1 em cada 100 mil pesquisadores cometem FFP, mas para outras práticas esse número pode chegar a cerca de 40% (Vasconcelos, 2012; Steneck, 2000).

Coury (2012) aponta a dificuldade em definir de forma independente esses domínios, visto haver certa sobreposição entre eles. A autora aponta ainda para a importância de uma ampla discussão sobre o assunto, por ações educativas, favorecendo uma pesquisa íntegra que "irá fortalecer a sociedade como um todo, a comunidade acadêmica e o próprio pesquisador".

REFERÊNCIAS BIBLIOGRÁFICAS

Abbagnano N. História da filosofia. Lisboa: Editorial Presença; 1970.

Araújo LZ. Aspectos éticos da pesquisa científica. São Paulo: Pesquisa Odontológica Brasileira; 2003. p. 17, 57-63.

_____. Breve história da bioética: da ética em pesquisa à bioética. In: Rego S, Palácios M (orgs.) Comitês de Ética em Pesquisa: teoria e prática. Rio de Janeiro: Fiocruz; 2012. p. 71-84.

Bianchetti L, Freire IM. Um olhar sobre a diferença: interação, trabalho e cidadania. Campinas: Papirus; 1998.

Brasil. Ministério da Saúde. Conselho Nacional de Saúde. Comissão Nacional de Ética em Pesquisa. Manual Operacional para Comitês de Ética em Pesquisa. 2. ed. Brasília, DF; 2005.

Brecht B. A vida de Galileu. São Paulo: Abril Cultural; 1977.

Caplan AC. Twenty years after: a legacy of Tuskegee syphilis study: when evil intrudes. Hasting Center Reports. 1992;22:6-15.

Código de Nuremberg 1947. BMJ. 1996;313(1448).

Cortella MS. Qual é a tua obra?: inquietações propositivas sobre gestão, liderança e ética. Rio de Janeiro: Vozes; 2008.

Coury HJCG. Integridade na pesquisa e publicação científica. Revista Brasileira de Fisioterapia. 2012;16(1):5-6.

Dantas LE, Manoel EJ. Crianças com dificuldades motoras: questões para a conceituação do Transtorno do Desenvolvimento da Coordenação. Porto Alegre: Movimento; 2009. p. 293-313.

Diniz D, Guilhem DB, Garrafa V. Bioethics in Brazil. Bioethics. 1999;13(3).

Fapesp. Ética: a crítica da razão pura. Pesquisa Fapesp. 2002;(79):81-3.

Figueiredo AM. Ética: origens e distinção moral. Saúde, Ética e Justiça. 2008;13(1):1-9.

Grecco D, Sardinha I. Regulação ética internacional. In: Rego S, Palácios M (orgs.). Comitês de Ética em Pesquisa: teoria e prática. Rio de Janeiro: Fiocruz; 2012. p. 101-19.

Harriman S, Patel J. Text recycling: acceptable or misconduct? BMC Medicine. 2014;12:148.

Kant E. Resposta à pergunta que é esclarecimento? Textos seletos. Trad. Floriano de Souza Fernandes. Petrópolis: Vozes; 2005.

Marodin G, França PH, Tannous GS. A Resolução do Conselho Nacional de Saúde n. 196/96. In: Rego S, Palácios M (orgs.) Comitês de Ética em Pesquisa: teoria e prática. Rio de Janeiro: Fiocruz; 2012. p. 121-37.

Nosella P. Ética e pesquisa. Educação e Sociedade. 2008;29(102):255-73.

Steneck N. Assessing the integrity of publicly funded research: a background report for the November 2000 ORI Research Conference on Research Integrity. 2000 [acesso em 28 set. 2015]. Disponível em: http://ori.hhs.gov/documents/proceedings_rri.pdf.

Vasconcelos S. Integridade na pesquisa e ética na publicação. In: Rego S, Palácios M (orgs.) Comitês de Ética em Pesquisa: teoria e prática. Rio de Janeiro: Fiocruz; 2012. p. 261-79.

Capítulo 3
Pesquisa em fisioterapia no Brasil: da graduação à pós-graduação

Amélia Pasqual Marques

3.1 HISTÓRICO DA GRADUAÇÃO

A prática de fisioterapia no Brasil iniciou-se no começo do século passado, em 1919, quando foi fundado o Departamento de Eletricidade Médica pelo professor Raphael de Barros, da Faculdade de Medicina da Universidade de São Paulo (FMUSP). Dez anos mais tarde, em 1929, o médico Dr. Waldo Rolim de Moraes instalou o serviço de fisioterapia do Instituto do Radium Arnaldo Vieira de Carvalho no Hospital Central da Santa Casa de Misericórdia de São Paulo. Ele ainda planejou e instalou, no Hospital das Clínicas da FMUSP, o serviço de fisioterapia do Hospital das Clínicas de São Paulo (Marques, 1994).

Foi também o Dr. Rolim quem, em 1951, planejou o primeiro curso de fisioterapia do Brasil, patrocinado pelo centro de estudos Raphael de Barros, cujo objetivo era formar técnicos em fisioterapia. Apesar das controvérsias sobre qual seria o primeiro curso de fisioterapia no Brasil, somente em 1956 foi criada a Escola de Reabilitação do Rio de Janeiro, proposta pela Associação Brasileira Beneficente de Reabilitação (ABBR), sugerindo a criação de um curso de fisioterapia (Barros, 2008).

Em 1958, a Lei 5.029 criou o Instituto de Reabilitação (IR), anexo à Cadeira de Ortopedia e Traumatologia da FMUSP. Esse instituto surgiu do esforço de alguns médicos brasileiros, entre eles o professor Godoy Moreira (catedrático de Ortopedia e Traumatologia da FMUSP), por meio de entendimentos com a Organização Panamericana de Saúde (OPAS), a Organização Mundial de Saúde (OMS) e a *World Confederation for Physical Therapy* (WCPT).

A criação desse Instituto em São Paulo fazia parte de um projeto mais amplo de criação de vários institutos na América Latina. Foi nele que se iniciou entre nós o primeiro curso de fisioterapia com padrão internacional mínimo, com duração de dois anos, para atender aos programas de reabilitação que a OPAS estava interessada em desenvolver na América Latina. Entende-se então que, por estar vinculado a um instituto, em uma Cadeira da FMUSP, o curso de fisioterapia também era um curso da USP. Contudo, esse aspecto confirmou-se somente em 7 de abril de 1967, através da portaria GR n. 347, em que a USP baixou o Regulamento dos Cursos de Fisioterapia e Terapia Ocupacional do Instituto de Reabilitação da Faculdade de Medicina (Marques, 1994).

A união dos profissionais foi dando amparo legal à profissão. O Parecer 388/63 do Conselho Federal de Educação, aprovado em 10 de dezembro de 1963 pelo Ministério de Educação e Cultura (MEC), reconhecia os cursos de fisioterapia e, a partir de então, deveriam ter a duração de três com um currículo mínimo. Porém, somente em 13 de outubro de 1969, com o Decreto-Lei 938, a fisioterapia se legitimou como profissão com grande repercussão até a atualidade. Nesse decreto, o art. 2º define que os fisioterapeutas diplomados por escolas e cursos reconhecidos são profissionais de nível superior, e o art. 3º como sendo atividade privativa do fisioterapeuta executar métodos e técnicas fisioterapêuticas (Marques, 1994).

No início da década de 1980, os cursos de fisioterapia já tinham a duração de quatro anos, porém continuavam com o mesmo currículo de 1967, e após um longo trabalho empreendido pelos órgãos representativos da classe desses cursos e vários fisioterapeutas, a resolução nº 4 de 28 de fevereiro de 1983 fixou o currículo mínimo e sua duração.

Esse currículo abordava aspectos antes esquecidos, como as matérias de formação geral: sociologia, antropologia, psicologia, saúde pública, metodologia de pesquisa, além de enfatizar os conteúdos específicos da área e os de fundamentação.

Acredito que a disciplina metodologia de pesquisa foi um marco importante para a pesquisa no Brasil: pela primeira vez, tínhamos uma disciplina que dava aos alunos uma visão do que era a pesquisa, e o trabalho de conclusão do curso (TCC) passou a ser obrigatório.

Em 2002, o Conselho Nacional de Educação, através da Resolução CNE/CES 4, de 19 de fevereiro de 2002, aprovou as diretrizes curriculares dos cursos de fisioterapia. O artigo 1º afirma:

> As Diretrizes Curriculares Nacionais para o Ensino de Graduação em Fisioterapia definem os princípios, fundamentos, condições e procedimentos da formação de fisioterapeutas, estabelecidas pela Câmara de Educação Superior do Conselho Nacional de Educação, para aplicação em âmbito nacional na organização, desenvolvimento e avaliação dos projetos pedagógicos dos Cursos de Graduação em Fisioterapia das Instituições do Sistema de Ensino Superior.

Nas diretrizes curriculares, não foi atendida a solicitação de definir a carga horária mínima dos cursos de fisioterapia, o que só ocorreu em 2008, na resolução CNE 213/2008, que estabeleceu a carga horária mínima de 4.000 horas para os cursos de fisioterapia no Brasil.

Atualmente, muitos cursos de fisioterapia já tem a duração de cinco anos, alguns em período integral e outros em meio período.

3.2 HISTÓRICO DA PÓS-GRADUAÇÃO

A procura dos fisioterapeutas pela pós-graduação no Brasil é recente. Os primeiros doutores obtiveram seu título no início da década de 1990, e realizaram sua formação em áreas correlatas: anatomia, fisiologia, psicologia, educação etc. Nesses anos, os fisioterapeutas iniciaram o processo de formação de massa crítica para começar a próxima caminhada, que seria criar a pós-graduação na área.

Em 1996, o Ministério da Educação e Cultura, por meio da Coordenação de Aperfeiçoamento de Pessoal de Nível Superior (Capes), autorizou a Universidade de São Carlos (UFSCar) a abrir o primeiro mestrado no Brasil. A criação do primeiro mestrado em fisioterapia facilitou a qualificação *stricto sensu* dos fisioterapeutas na própria área, que já era feita no Brasil em outras, como anatomia, educação, morfologia, psicologia ou mesmo no exterior (Costa, 2007).

No início de 1997, houve o processo de seleção dos primeiros mestrandos em fisioterapia no país. A partir dessa data, a fisioterapia brasileira passou a integrar formalmente a comunidade científica brasileira.

A pós-graduação *stricto sensu* no país é regulamentada pela Capes, que mantém um rigoroso processo de avaliação, com regras muito bem estabelecidas pela comunidade científica mundial e em constante aprimoramento, tornando, portanto, a competitividade multidisciplinar e universal. Além disso, a pós-graduação *stricto sensu* passa por uma rígida avaliação continuada anual e trienal. Essas avaliações pontuam os cursos existentes de acordo com o seu desempenho, com notas de 0 a 7, podendo interromper a continuidade de seu funcionamento caso seja avaliado como insuficiente. O processo de avaliação também avalia o desempenho e a dedicação dos docentes, incluindo os aspectos de formação de recursos humanos e publicações, critérios importantes para estar inserido como orientador em um programa de pós-graduação.

O crescimento da pós-graduação em Fisioterapia vem sendo lento, porém consistente: em 2007, 10 anos após a criação do primeiro programa, tínhamos apenas seis e, atualmente, a Fisioterapia brasileira conta com 14 programas de pós-graduação específicos da área, sendo seis apenas mestrado e oito mestrado e doutorado. Desses, sete estão no estado de São Paulo e os demais com um programa por estado: Pernambuco, Rio Grande do Norte, Rio de Janeiro, Minas Gerais, Paraná, Santa Catarina e Rio Grande do Sul.

A pós-graduação trouxe uma grande contribuição para a formação de mestres e doutores e também para a produção científica brasileira, que aumentou substancialmente tanto em quantidade quanto em qualidade. Esses dados podem ser constatados nos eventos científicos nacionais e internacionais, onde a presença do Brasil é cada vez mais destacada. Só como exemplo, no Congresso da WCPT em 2011, o Brasil foi o quarto país em número de participantes.

O estudo de Coury (2009) mostra o expressivo crescimento do número de pesquisadores doutores fisioterapeutas na última década, saltando de 57 em 1998 para 573 em 2008. Segundo Cavalcanti (2011), na grande área da saúde, havia 28.111 doutores e 43.060 mestres. Desses, 1.145 são doutores fisioterapeutas ou terapeutas ocupacionais e 4.675 são mestres (CNPq, 2010). Mesmo que os números ainda sejam discretos, este resultado mostra o grande esforço da comunidade, que procurou a capacitação científica, inicialmente em áreas correlatas e depois na área específica da fisioterapia.

3.3 PRODUÇÃO CIENTÍFICA NO BRASIL

No Brasil, a prática baseada em evidências é muito recente e cresce paralelamente ao número de mestres e doutores. Está cada vez mais consolidada e vem sendo praticada pela integração de experiências individuais vivenciadas na prática com evidências científicas de qualidade disponíveis na literatura (Maher, 2004; Warden, 2008). Hoje, as evidências científicas produzidas pelos pesquisadores de uma determinada área são publicadas em periódicos de qualidade editorial reconhecida nacional e internacionalmente e, geralmente, são indexadas em bases de dados de grande relevância (Coury, 2009). Por outro lado, a necessidade da comunidade científica dispor de indicadores capazes de auxiliar na definição de diretrizes para a alocação de investimentos e recursos, formulação de programas e avaliação de atividades relacionadas ao desenvolvimento científico e tecnológico no país vem tornando imprescindível a produção de indicadores quantitativos em ciência, tecnologia e inovação (Mugnaini, 2008).

Nos últimos anos, a produção científica brasileira não apenas aumentou substancialmente, a exemplo do que se tem visto na maioria dos eventos científicos da área, mas melhorou muito seu nível e qualidade. Cabe registrar a concomitante evolução ocorrida em nossos periódicos científicos. É importante salientar a importância das revistas brasileiras: hoje temos três na base de dados Scielo (Revista Brasileira de Fisioterapia, Fisioterapia e Pesquisa e Fisioterapia em Movimento), sendo que a Revista Brasileira de Fisioterapia está também indexada nas bases de dados Medline e ISI.

O estudo de Coury (2009) mostra o número de artigos totais, de circulação nacional e internacional, acumulados por cada subárea da fisioterapia e por tempo de formação dos pesquisadores. A fisioterapia musculoesquelética apresentou 190 pesquisadores (33,2% do total), seguida pela fisioterapia cardiorrespiratória, com 158 (27,6% do total de pesquisadores), tendo o segundo maior número total de artigos publicados. As áreas de neurologia adulta e infantil ficaram com 107 pesquisadores, 18,7% do total de publicações.

O crescimento da produção brasileira é uma realidade, e ela certamente deve-se aos programas de pós-graduação. O Brasil é o único país da América Latina que tem programas específicos na área. Esse crescimento fica muito claro no estudo de Pinzón (2011), uma revisão sobre a produção de pesquisa da fisioterapia na América Latina, durante o período de 2000 a 2007, na base de dados Scielo e Lilacs. Esse estudo encontrou 12.305 artigos, e os dados mostram que o Brasil lidera a produção científica na América Latina com 70,1%, seguido pelo Chile (13,4%), Colômbia e Venezuela (6%), Argentina (3,4%) e Cuba e Peru (com menos de 1%). Não há produção nas bases de dados utilizadas de: Bolívia, Equador, Paraguai e Uruguai. Os autores salientam o crescimento exponencial do Brasil.

Os autores apontam que as pesquisas descritivas ainda são as mais realizadas na área e correspondem a 77,7% das publicações; apenas 22,2% são ensaios clínicos. Quando o assunto é temático, 17,68% dos estudos descritivos são da área de reabilitação baseada na comunidade e 3,82% dos estudos experimentais são de movimento corporal humano. Os assuntos de maior produção são: reabilitação baseada na comunidade, movimento corporal humano, cardiovascular, atividade física, respiratório, metabólico, educação, neurologia, osteomuscular, saúde mental, saúde pública, oncologia e obstetrícia.

3.4 CONCLUSÃO

Podemos prever o futuro da fisioterapia no Brasil, em especial a pós-graduação e a pesquisa? Pelo trabalho desenvolvido nos últimos anos, acreditamos que o seu crescimento deve continuar e sua visibilidade nacional e internacional, aumentar consideravelmente. A fisioterapia baseada em evidências é uma realidade no Brasil e no mundo, e a pesquisa de qualidade muito contribuirá para sua consolidação.

REFERÊNCIAS BIBLIOGRÁFICAS

Barros FB. Poliomielite, filantropia e fisioterapia: o nascimento da profissão de fisioterapeuta no Rio de Janeiro dos anos 1950. Ciencia & Saúde. 2008.

Capes. Dados do SNPG. Brasília, DF; 2014 [acesso em 8 jul. 2014]. Disponível em: www.capes.gov.br/component/content/article?id=7041.

CNPq. Plataforma Lattes. Brasília, DF; 2010 [acesso em 4 jun. 2010]. Disponível em: http://lattes.cnpq.br/.

Costa D. Dez anos de pós-graduação stricto sensu em fisioterapia no Brasil: o que mudou? Rev Bras Fisioterapia 2007;11(1):1-89.

Coury HJ, Vilella I. Perfil do pesquisador fisioterapeuta brasileiro. Profile of the brazilian physical therapy researcher. Rev Bras Fisioterapia. 2009;13(4):356-63.

Maher CG, Sherrington C, Elkins M, Herbert RD, Moseley AM. Challenges for evidence-based physical therapy: accessing and interpreting high-quality evidence on therapy. Phys Ther 2004;84(7):644-54.

Marques AP, Sanches ES. Origem e evolução da fisioterapia: aspectos históricos e legais. Rev Fisioterapia Universidade de São Paulo. 1994;1(1):5-10.

Mugnaini R, Packer AL, Meneghini R. Comparison of scientists of the Brazilian Academy of Sciences and of the National Academy of Sciences of the USA on the basis of the h-index. Braz J Med Biol Res. 2008;41(4):258-62.

Vernaza-Pinzón P, Álvarez-Bravo G. Producción científica latinoamericana de fisioterapia/kinesiología 2011;11(1):94-107.

Sturmer G, Viero CC, Silveira MN, Lukrafka JL, Plentz RD. Profile and scientific output analysis of physical therapy researchers with research productivity fellowship from the Brazilian National Council for Scientific and Technological Development. Braz J Phys Ther. 2013;17(1):41-4.

Warden SJ. Letter to the editor. Phys Ther. 2008;88(3):376-86.

Capítulo 4
Busca em base de dados e ferramentas digitais de auxílio à pesquisa

Tiê Parma Yamato
Bruno Tirotti Saragiotto
Alexandre Dias Lopes

Este capítulo pretende abordar técnicas para realizar uma busca em bases de dados, traçar estratégias que possam colaborar nesta procura e apresentar algumas ferramentas digitais que poderão auxiliar as pesquisas.

A busca por evidência envolve uma ampla pesquisa computadorizada em base de dados relacionada com a literatura da área da saúde. Existem diversas bases de dados, cada uma com suas próprias características e algumas mais acessíveis do que outras em termos de acessibilidade *online*. Por esse motivo, serão abordadas neste capítulo as principais bases de dados da área da saúde e da fisioterapia, além dos caminhos para acessar não apenas as bases de dados como também os textos completos dos respectivos artigos encontrados.

O primeiro passo para buscar evidência é estabelecer uma estratégia de busca. Uma busca eficiente significa uma estratégia ao mesmo tempo sensível e específica: sensível porque se espera encontrar a maioria dos estudos relevantes, e específica por esperar não obter muitos estudos irrelevantes nessa busca. Cada base de dados apresenta especificidades, e melhorar a habilidade em fazer tais buscas só se adquire com a prática. Certos questionamentos têm buscas mais fáceis e alguns temas são mais estudados que outros. Algumas bibliotecas brasileiras contam com profissionais especializados em buscas em bases de dados, o que pode ser fundamental no auxílio da elaboração de uma estratégia de busca para uma revisão sistemática, por exemplo.

É importante lembrar também que a internet é um instrumento facilitador para se encontrar praticamente tudo o que se busca. Quando fazemos uma busca no Google, por exemplo, provavelmente não temos resultados de boa qualidade em termos de pesquisa clínica, portanto tais achados não responderão adequadamente às nossas dúvidas. O Google Acadêmico é uma subcategoria do Google com foco em literatura científica, entretanto, abrange tudo aquilo que tenha sido publicado e esteja relacionado ao tema, particularmente com vínculo a jornais, revistas, livros, comentários e publicações feitas por agências, governamentais ou não. Desta forma, uma pesquisa no Google Acadêmico é a mais indicada quando há a necessidade de se aprender melhor sobre o tema de base ou ainda para uma compreensão rápida sobre o tema em questão, porém sem o aprofundamento necessário a uma pesquisa científica.

Podemos dizer então que o Google pode ser útil em diversas buscas, mas não desempenha a função de responder às perguntas de ordem clínica. Por isso, é importante buscar respostas relacionadas à prática clínica em bases de dados especializadas em estudos que se propõem a responder esse tipo de pergunta.

Por fim, é preciso saber que a maioria das principais bases de dados está na língua inglesa, portanto a busca por termos e/ou palavras-chave terá de ser feita em inglês. Isso pode ser considerado uma barreira para a busca por evidência, pois a vasta literatura disponível passa a ser restrita àqueles que não têm conhecimento de tal língua. Como forma de minimizar essa barreira, podemos considerar as ferramentas de tradução simultânea *online* para identificar os termos e/ou palavras-chave e tornar a busca viável.

4.1 PRINCIPAIS BASES DE DADOS

Há diversas bases de dados relacionadas à área da saúde e à fisioterapia. Neste capítulo abordaremos com mais profundidade as principais, ou seja, as bases de dados mais acessadas e com o maior número de artigos indexados. Uma busca ampla e completa nelas diminui a possibilidade da sua busca não incluir artigos importantes que possam não estar indexados em outras bases de dados de menor relevância científica.

4.1.1 BIREME

A BIREME (Biblioteca Regional de Medicina) é uma biblioteca brasileira que inclui algumas bases de dados e indexa revistas e jornais das regiões da América Latina e do Caribe. Suas bases de dados são: LILACS (*Latin American and Caribbean Centre on Health Sciences Information*), IBECS, MEDLINE, Biblioteca da Cochrane e a SciELO (Scientific Electronic Library Online).

4.1.2 LILACS E SciELO

A LILACS e a SciELO são as bases de dados mais comuns na área da saúde em âmbito nacional, acessíveis gratuitamente (lilacs.bvsalud.org; www.scielo.org) e relativamente pequenas se comparadas às bases de dados internacionais, contando com cerca de 500 mil estudos e entre 800 e 1.000 periódicos indexados, respectivamente.

4.1.3 PEDro

A PEDro (*Physiotherapy Evidence Database*) é uma base de dados gratuita, que indexa apenas ensaios clínicos, revisões sistemáticas e diretrizes de prática clínica (www.pedro.org.au). Talvez seja a melhor para pesquisar sobre fisioterapia clínica, quando o objetivo é a busca por evidência dos efeitos de intervenções fisioterapêuticas. A base de dados contém mais de 30 mil ensaios clínicos, revisões sistemáticas ou diretrizes para a prática clínica, publicados desde 1929. Trata-se de uma base de dados em inglês, mas a grande maioria das páginas *online* está traduzida para os idiomas chinês, português, francês e alemão.

4.1.4 THE COCHRANE LIBRARY

A The Cochrane Library é um instrumento muito eficiente por se tratar de uma biblioteca com diversas bases de dados incluídas (CDSR – *Cochrane Database of Systematic Reviews*; DARE – *Database of Abstracts of Reviews of Effects*; CENTRAL – *Cochrane Central Register of Controlled Trials*, que é a maior base de dados de ensaios clínicos; e HTA – *Health Technology Assessment Database*), promovendo acesso ao texto completo de todas as revisões sistemáticas realizadas através do *Cochrane Collaboration*. Além disso, divulga as atualizações mensais das revisões sistemáticas (www.thecochranelibrary.com).

4.1.5 MEDLINE/PubMed

Trata-se de uma grande base de dados de medicina e biomedicina, com mais de 21 milhões de estudos em mais de 5 mil periódicos científicos, com publicações registradas desde 1946. Dos cinco melhores jornais de fisioterapia, quatro deles estão indexados na MEDLINE (Maher, 2001). Essa base de dados possui acesso limitado (apenas para assinantes), porém existe uma versão gratuita, conhecida como PubMed (www.pubmed.com). A PubMed abarca mais de 23 milhões de citações da literatura biomédica, incluindo a MEDLINE.

4.1.6 EMBASE

É a maior base de dados de literatura de medicina, com mais de 28 milhões de estudos em mais de 6 mil periódicos científicos, publicados desde 1947. Assim como a MEDLINE, possui quatro dos cinco melhores jornais da área indexados. Entretanto, sua grande limitação é estar disponível apenas para assinantes.

4.1.7 CINAHL

Trata-se de uma base de dados um pouco menor, com cerca de 3,8 milhões de estudos publicados desde 1937, com foco em enfermagem e saúde. Contém algumas vantagens, como o acesso ao texto completo dos estudos, assim como a outros materiais, por exemplo, diretrizes para prática clínica. Porém, trata-se de uma base de dados com acesso restrito apenas a assinantes.

Considerando as principais bases de dados da área da saúde, podemos dividi-las de acordo com a busca realizada. Em outras palavras, quando se busca por questões relacionadas aos efeitos da fisioterapia, as bases de dados mais recomendadas são a PEDro e a Cochrane Library. Por outro lado, buscas relacionadas a mecanismos de lesão, diagnóstico e prognóstico são mais indicadas de serem feitas na CINAHL e no PubMed.

4.1.8 SPORTDISCUS

É a maior base de dados da área de esporte, atividade física e ciências do movimento. Inclui mais de 1,7 milhão de registros desde 1800, com mais de 22 mil teses e dissertações, além de capítulos de livro, resumos de conferências e artigos científicos. Entretanto, trata-se de uma base de dados com acesso restrito a assinantes.

4.1.9 WEB OF SCIENCE

A Web of Science é uma base de dados mantida pelo grupo Thomson Reuters, que contém múltiplas bases de dados e inclui mais de 46 milhões de registros desde 1900, com mais de 12 mil jornais em mais de 250 áreas diferenciadas entre ciências da saúde, ciências sociais e artes. Ela também funciona como um meio de conexão entre publicações e pesquisadores, através de um controle de citações. Dessa forma, além de pesquisar artigos, é possível pesquisar também o quanto um pesquisador já foi citado durante sua experiência profissional ou quantas citações os artigos possuem. Também é possível fazer um levantamento sobre os pesquisadores e calcular o Índice H, que busca quantificar a produtividade do pesquisador e o impacto científico de seus artigos publicados. Está disponível apenas para assinantes.

4.1.10 PSYCINFO

Trata-se de uma base de dados sobre psicologia, com mais de 3 milhões de publicações em mais de 2.500 revistas, livros e dissertações. Apesar de abordar dados da psicologia, seu arco de publicações inclui também estudos relacionados com áreas afins, como medicina, direito, trabalho social, neurociências, negócios, enfermagem, criminalística, engenharia, entre outras. Está disponível apenas para assinantes.

4.1.11 AMED (ALLIED AND COMPLEMENTARY MEDICINE)

A AMED é uma base de dados que abrange três subáreas diferentes: relacionadas à medicina (fisioterapia, terapia ocupacional, reabilitação, fonoaudiologia e podologia), à medicina complementar e aos cuidados paliativos. Há mais de 500 revistas, desde 1995, e está disponível apenas para assinantes.

4.1.12 SCIVERSE SCOPUS

Esta base de dados inclui cerca de 19,5 mil publicações em mais de 16 mil revistas de áreas diferentes, dentro das áreas de ciências médicas e sociais. É mantida pela Elsevier e está disponível apenas para assinantes. Também oferece um serviço em que é possível acompanhar o perfil de pesquisadores, com informações relacionadas às instituições e ao número de publicações. É possível que, para assinantes, tenha que preencher um cadastro e ele receba alertas sobre qualquer alteração no perfil de quem se segue.

Para uma busca eficaz, é importante considerar tanto as grandes bases de dados como as menores, relacionadas especificamente ao tópico de interesse. Por exemplo, para uma busca sobre os efeitos da eletroterapia na reabilitação de jogadores de futebol, é recomendado uma busca nas grandes bases de dados (PubMed, PEDro, The Cochrane Library), mas também em uma específica da área do esporte (SPORTDiscus). A Tabela 4.1 apresenta uma lista com as principais bases de dados disponíveis na área da saúde, identificadas pela área específica.

Tabela 4.1 Principais bases de dados na área da saúde e suas respectivas subáreas

Base de dados	Área relacionada
EMBASE	Medicina e biomedicina
MEDLINE	Medicina e biomedicina
PubMed	Medicina e biomedicina
PEDro	Fisioterapia
CINAHL - *Cumulative Index to Nursing and Allied Health Literature*	Enfermagem e saúde
Cochrane Library	Área da saúde em geral
Web of Science	Área da saúde em geral
Web of Knowledge	Área da saúde em geral
BIREME – Biblioteca Regional de Medicina	Área da saúde em geral
LILACS – Literatura Latino-Americana en Ciencias de la Salud	Área da saúde em geral
SCIELO - Scientific Electronic Library Online	Área da saúde em geral
PsycInfo	Psicologia e literatura relacionada
SPORTDiscus	Esporte e exercício
AMED – *Allied and Complementary Medicine*	Área da saúde em geral
Scopus	Ciências médicas e sociais

*restrita à literatura latino-americana

4.2 ESTRATÉGIA DE BUSCA

4.2.1 PERGUNTA DE PESQUISA

A pergunta de pesquisa refere-se ao ponto de partida para uma busca. Mais importante que a resposta a ser encontrada é a pergunta a ser feita. Formulá-la de forma clara e específica para o problema em questão é a chave para encontrar uma resposta científica ideal para sua prática clínica e seu paciente.

É comum durante a prática clínica surgirem inúmeras perguntas relacionadas aos pacientes. Algumas conseguem ser respondidas após questionar o paciente, outras necessitam de uma base de conhecimento prático e ainda outras necessitam ser respondidas com base na melhor qualidade da pesquisa clínica. Há algumas mais frequentes e muito importantes para a prática clínica, geralmente baseadas no efeito das intervenções, na experiência do paciente, no prognóstico ou caminho que a doença pode levar e na acurácia dos testes realizados para se obter o diagnóstico. Entretanto, a forma como uma pergunta é estruturada deverá facilitar o encontro de respostas, e uma das formas de estruturá-la é separar a pergunta/problema em partes.

Para investigar o efeito das intervenções, por exemplo, podemos utilizar quatro subitens para formular nossa pergunta clínica: (1) paciente, (2) intervenção, (3) intervenção a ser comparada e (4) o desfecho principal (exemplo: pacientes – idosos com doença pulmonar obstrutiva crônica; intervenção – treino aeróbio; intervenção a ser comparada – programa de exercício para casa; desfecho principal – função respiratória). Para perguntas relacionadas às experiências dos pacientes, o ideal é ser bastante específico. Recomenda-se que, quando as questões sobre experiências forem formuladas, já seja incluído e especificado o fenômeno de interesse (por exemplo, principais queixas encontradas).

Para elaborar uma pergunta clínica sobre o prognóstico de um determinado tipo de paciente ou patologia, é preciso entender que existem dois tipos de perguntas relacionadas ao prognóstico: (1) sobre a história natural da doença, ou seja, o prognóstico de pacientes que não recebem tratamento; e (2) sobre o curso clínico da doença, ou seja, o prognóstico de pacientes que recebem algum tipo de intervenção. As perguntas sobre prognóstico estarão sempre relacionadas ao que irá acontecer (mudanças no desfecho de interesse), portanto não trará respostas sobre a causa da doença ou a condição clínica (por exemplo, a chance do meu paciente se recuperar de uma dor proveniente de ombro congelado nos próximos seis meses, de forma natural ou sob efeito de uma intervenção).

Para perguntas relacionadas à acurácia de testes diagnósticos, é necessário especificar o tipo de paciente ou problema, o teste diagnóstico e o próprio diagnóstico do que se pretende testar. Através de uma pergunta sobre um teste diagnóstico, podemos encontrar respostas relacionadas à probabilidade de acerto para um determinado teste, ou seja, o quão certo nós podemos estar quando baseamos o diagnóstico de um paciente nesses testes específicos (por exemplo, teste de Lachman; diagnóstico – lesão do ligamento cruzado anterior).

4.2.2 SELEÇÃO DOS TERMOS PARA A BUSCA

Depois de escolher o tipo de pergunta a ser pesquisada (por exemplo, o efeito de uma intervenção, prognóstico ou teste diagnóstico) e a base de dados que será utilizada, será preciso escolher os termos apropriados para elaborar sua busca. Esses termos são palavras-chave para que a base de dados encontre os estudos relacionados a sua pergunta, esse é o segredo de uma busca eficiente. É importante que a seleção dos termos seja feita de maneira criteriosa, para que um número relevante de estudos sejam encontrados, ou seja, os termos devem representar plenamente a sua pergunta clínica. Dessa forma, você evitará encontrar estudos menos relevantes ou até mesmo irrelevantes para a pergunta de pesquisa.

O primeiro passo para identificar termos relevantes à busca é determinar os elementos-chave da sua pergunta. Por exemplo, para a pergunta: "Em idosas com incontinência urinária de esforço, qual é o efeito adicional do uso do *biofeedback* aos exercícios do assoalho pélvico na quantidade de perda urinária comparado com apenas exercícios do assoalho pélvico?". Os elementos-chave serão: idosos, incontinência urinária, exercícios do assoalho pélvico, *biofeedback* e perda urinária (em inglês, *elderly, urinary incontinence, pelvic floor exercises, biofeedback e urinary loss*).

Em seguida, é importante identificar quão abrangente esses elementos são, se poderão ser respondidos pelos estudos e se identificarão um número relevante de estudos. Por exemplo, é possível que os termos "idosos" e "incontinência urinária" resultem em inúmeros estudos, mas isso pode não acontecer para o termo "*biofeedback*". Portanto, no caso de *biofeedback*, a pesquisa será mais específica que abrangente se considerássemos apenas "idosos" e "incontinência urinária". É importante levar em conta os possíveis sinônimos, que também poderão ser utilizados na busca para descrever cada elemento-chave selecionado. Por exemplo, a expressão "exercícios do assoalho pélvico" pode ser encontrada também como "exercícios perineais" ou "fortalecimento/treinamento dos músculos da pelve".

Existem algumas formas para encontrar sinônimos dos elementos-chave de uma estratégia de busca. A primeira delas pode ser a consulta a dicionários médicos ou na enciclopédia eletrônica *Wikipedia* (http://en.wikipedia.org/). Entretanto, um dos métodos mais eficientes são os descritores de assunto. Esses são vocabulários estruturados para uso na indexação de artigos nas bases de dados. A partir dessa técnica, é possível executar pesquisas de forma mais eficiente, uma vez que esses descritores incluem sinônimos e termos relacionados, facilitando a busca pelo verdadeiro sentido de uma palavra, já que ela pode ser utilizada em mais de um contexto, além de ajudar a lidar com problemas de escrita, variações de palavras e erros de digitação. Vale lembrar que essa busca por sinônimos para os elementos-chave deve ser feita em inglês, portanto para aqueles que não têm domínio do idioma, é necessário utilizar as ferramentas de tradução simultânea.

4.2.3 DESCRITORES DE ASSUNTO

São o que chamamos até agora de "elementos-chave" ou "termos escolhidos para a busca". Geralmente, cada base de dados fornecerá a sua própria lista de descritores de assunto, na qual será possível pesquisar e combiná-los para uma busca mais eficiente. Neste capítulo serão abordados dois exemplos, um deles em uma base de dados nacional (BIREME) e outro em uma internacional (PubMed).

DeCS – Descritores em Ciências da Saúde. Na base de dados BIREME, é possível encontrar os descritores de assunto em um vocabulário estruturado, denominado DeCS. Esse índice de termos foi criado com base no *Mesh* (veja explicação adiante) e promove o uso de uma terminologia comum em três idiomas diferentes. O sistema DeCS está disponível gratuitamente na base BIREME (decs.bvs.br – Consulta ao DeCS). Sua grande vantagem é exatamente ajudar indivíduos sem domínio da língua inglesa. Isso porque é possível fazer a busca dos descritores de assunto em português, e o sistema gera o mesmo termo em inglês e espanhol.

Mesh – Medical Subject Headings. Trata-se de um índice de termos médicos (conhecidos como *subject headings* ou descritores de assunto), organizado em ordem alfabética e com estrutura hierárquica. Cada termo tem uma definição e, além disso, uma lista de sinônimos e de formas variadas para escrever o termo em questão. O sistema Mesh está disponível gratuitamente na base PubMed (www.ncbi.nlm.nih.gov/mesh). Vale lembrar que ele está em inglês, portanto os elementos-chave da busca deverão estar em inglês. Sendo assim, será necessário utilizar ferramentas de tradução simultânea.

4.2.4 O QUE SÃO BOLEANOS E COMO UTILIZÁ-LOS? (AND/OR/ NOT, WILD CARDS ETC.)

4.2.4.1 *AND/OR*

A maioria das bases de dados permite que se faça uma busca combinando mais de um termo na pesquisa, sejam eles termos sinônimos ou adicionais ao tema. Porém, para que essa combinação seja eficiente, será necessário especificá-la, ou seja, se forem utilizados dois ou mais termos, será necessário esclarecer se o que se deseja é uma busca que contenha qualquer um desses termos ou uma em que se incluam todos juntos. Sendo assim, para que haja uma combinação dos termos escolhidos, é preciso utilizar o boleano *OR* (exemplo: em uma busca sobre dor lombar, podemos empregar "dor lombar *OR* lombalgia"). Por outro lado, com o intuito de especificar a busca e então incluir todos os termos especificados, a combinação deles deve ser feita com o boleano *AND* (exemplo: em uma busca sobre os efeitos da terapia manual para dor cervical, podemos utilizar "terapia manual *AND* dor cervical"). Dessa forma, o *OR* será mais utilizado para encontrar variações de palavras ou sinônimos e o *AND* para unir diferentes elementos-chave escolhidos.

4.2.4.2 NOT

Além de combinar termos em sua estratégia de busca a partir dos boleanos *AND* ou *OR*, também é possível excluir termos indesejados utilizando o boleano *NOT*. Ele pode diminuir o número de resultados desnecessários. Recorrendo ao exemplo anterior, para uma busca sobre os efeitos do ultrassom na entorse de tornozelo, em que não se pretende incluir estudos da população de crianças, pode-se construir a seguinte estratégia de busca: ultrassom *AND* tornozelo *NOT* crianças (em inglês: *ultrasonic therapy AND ankle NOT child*). Neste caso, a base de dados incluirá todos os resultados para ultrassom combinado com tornozelo, porém sem considerar a população de crianças.

4.2.4.3 *Wildcard e truncagem*

Existem alguns operadores que aumentam a relevância da estratégia de busca, conhecidos como *wildcards* e truncagem. Seu uso correto pode melhorar significativamente os resultados. Geralmente, esses operadores são utilizados a partir da combinação de palavras ou trechos de palavras com símbolos (*, ?, @, #, $), que variam de acordo com a base de dados. *Wildcards* comumente são utilizados para encontrar o número de variações de uma mesma palavra e são representados pelo asterisco (*). Por exemplo, em uma busca para termos esportivos para corrida, em inglês *running*, pode-se utilizar o operador *wildcard* (*) junto ao termo *run*, ou seja: *run**. Assim, a base de dados irá incluir na busca termos como *run, running, runner* ou *runners*. Em algumas bases de dados, os *wildcards* também podem ser utilizados no início da palavra. Por exemplo, em uma busca para artigos sobre *edema*, pode-se utilizar a estratégia **edema*, para que a busca inclua termos como *edema, lymphedema* ou *lymphoedema*.

A truncagem funciona um pouco diferente do *wildcard*. Representada geralmente pelo símbolo de interrogação (?), é utilizada para investigar variações de uma única letra. Por exemplo, em uma busca apenas pela população de mulheres, a truncagem pode incluir as palavras *woman* e *women* utilizando *wom?n*. Porém, esses operadores possuem definições e variações diferentes, de acordo com a base de dados. A Tabela 4.2 apresenta os principais símbolos para *wildcards* e truncagem nas principais bases de dados.

Tabela 4.2 Símbolos de *wildcards* e truncagem para as principais bases de dados

Base de dados	Wildcard	Truncagem
PubMed	*	Não possui
EMBASE (via Ovid SP)	$ $n (para limitar o número de caracteres)	# (1 caractere) ? (0 ou 1 caractere)
MEDLINE (via Ovid SP)	$ $n (para limitar o número de caracteres)	# (1 caractere) ? (0 ou 1 caractere)
PsycInfo (via Ovid SP)	$ $n (para limitar o número de caracteres)	# (1 caractere) ? (0 ou 1 caractere)
CINAHL	*	? (1 caractere) # (0 ou 1 caractere)
The Cochrane Library	*	? (1 caractere)
PEDro	*	@
Web of Science	*	? (1 caractere) $ (0 ou 1 caractere)
LILACS	$	Não possui

4.2.4.4 *Limites*

Um recurso útil e disponível em praticamente todas as bases de dados é a função "limites" (ou *limits*, em inglês). Este recurso possibilita o uso de limites para a estratégia de busca, possibilitando a delimitação da pesquisa para determinado tipo de estudo, ano de publicação, tipo de participantes, idioma, artigos com o texto completo disponível, entre outros. Pode ser muito útil se utilizado corretamente. Por exemplo, em uma revisão sistemática em que pretendemos incluir apenas estudos controlados aleatórios publicados nos últimos 10 anos, devemos adicionar dois limites para a busca: (1) estudos controlados aleatorizados e (2) data de publicação entre 2004 e 2014. Sendo assim, a estratégia de busca estará muito mais sensível para o objetivo da busca (estudos controlados aleatorizados publicados nos últimos 10 anos).

4.2.4.5 *Busca simples e busca avançada*

Geralmente, as bases de dados possuem dois tipos de busca, a simples e a avançada. A busca simples possui menos recursos e é utilizada para perguntas de pesquisa mais simples, já a avançada é a mais utilizada, uma vez que permite maior especificidade para responder a pergunta de pesquisa, podendo-se adicionar um maior número de combinações, limites e outras ferramentas para refinar a busca. Um exemplo de estratégia de busca utilizando a busca simples e a avançada nas bases de dados PEDro e PubMed está descrito a seguir.

4.2.4.5.1 Busca simples e busca avançada – PubMed

Para realizar uma busca simples na base PubMed, deve-se, primeiramente, identificar os termos dessa pesquisa. Por exemplo, para a pergunta de pesquisa "efeitos do treino de marcha na doença de Parkinson", os termos-chave serão: "treino de marcha" e "Parkinson". Em seguida, será necessário traduzir para o inglês, o que pode ser feito, novamente, com o o auxílio das ferramentas de tradução simultânea. Sendo assim, nesse caso teríamos *"gait training"* e *"Parkinson"*. Em seguida, devem-se inserir os termos da busca no campo de busca e clicar no botão *search* ou *enter*. Efetuada a pesquisa, uma tela com os títulos relevantes deverá aparecer. A Figura 4.1 ilustra o exemplo da busca simples na base PubMed.

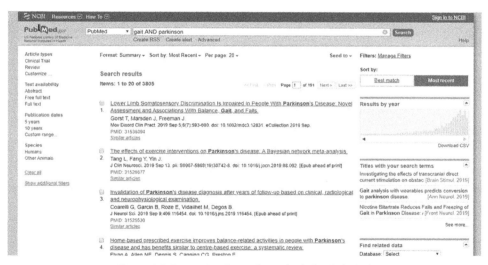

Figura 4.1 Busca simples na base de dados PubMed.

Fonte: www.ncbi.nlm.nih.gov/pubmed.

Para a busca avançada, será utilizado o mesmo exemplo anterior, porém acrescentando-se um limite para artigos publicados nos últimos 10 anos. Para iniciar a busca avançada, deve-se clicar no item *Advanced,* logo abaixo da barra de busca simples, na página inicial da base de dados. Em seguida, inserir os termos relevantes nas barras de busca avançada, clicando-se no botão *search* ou pressionando-se a tecla *enter*. As Figuras 4.2 e 4.3 ilustram o exemplo da busca avançada na base de dados PubMed.

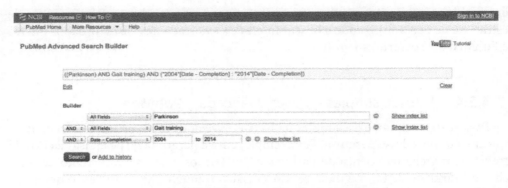

Figura 4.2 Busca avançada na base de dados PubMed.

Fonte: www.ncbi.nlm.nih.gov/pubmed.

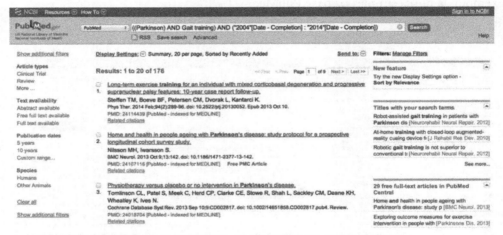

Figura 4.3 Exemplo de busca avançada na base de dados PubMed.

Fonte: www.ncbi.nlm.nih.gov/pubmed/advanced.

4.2.4.5.2 Busca simples e busca avançada – PEDro

Para iniciar uma busca simples na base de dados PEDro, basta clicar no link *Simple Search*, na barra de navegação à esquerda, e em seguida inserir os termos relevantes da busca, clicando em *search* ou *enter*. Utilizando o mesmo exemplo anterior, a Figura 4.4 apresenta o *layout* de uma busca simples na base de dados PEDro. Um diferencial dessa base de dados está justamente na forma de se fazer uma busca avançada, pois ela proporciona diversos recursos para limitar e direcionar uma busca. Utilizando o mesmo exemplo anterior, porém para os estudos clínicos dos últimos 10 anos, podem ser aplicados os filtros *Method* e *Published since* para restringir a busca.

A busca avançada na base de dados PEDro permitirá, então, a escolha do tipo de estudo a ser encontrado (estudos controlados aleatorizados, revisões sistemáticas e diretrizes para a prática clínica), por isso o filtro *Method* pode ser selecionado como *clinical trial, systematic review* ou *guideline*. A Figura 4.5 apresenta o *layout* de uma busca avançada na base PEDro.

Além disso, é possível especificar alguns itens da sua busca através dos campos *therapy, problem, body part, subdiscipline* e *topic* (Figura 4.5). Por exemplo, na pergunta clínica: "Qual é o efeito do fortalecimento muscular dos membros inferiores em pacientes com osteoartrite de joelho?", o campo "terapia" pode ser preenchido como "treino de força"; o campo "problema" como "dor"; "parte do corpo" como "membros inferiores ou joelho"; "subdisciplina" como "musculoesquelética" e o "tópico" como "dor crônica". Novamente, será necessário traduzir para o inglês (isso pode ser feito com o auxílio das ferramentas de tradução simultânea). Sendo assim, o campo *therapy* seria preenchido como *strength training*; *problem* como *pain*; *body part* como *lower leg or knee*; *subdiscipline* como *musculoskeletal* e *topic* como *chronic pain*.

Para estudos controlados aleatorizados, a base de dados possui uma classificação de acordo com uma escala da própria base de dados para avaliação da qualidade metodológica, conhecida como Escala PEDro. A Escala PEDro contém 12 itens e sua classificação pode variar de 0 (zero) a 10, sendo 0 (zero) baixa qualidade metodológica e 10 ótima qualidade metodológica. Detalhes específicos de cada item da escala PEDro podem ser encontrados no próprio *website* da base de dados (www.pedro.org.au).

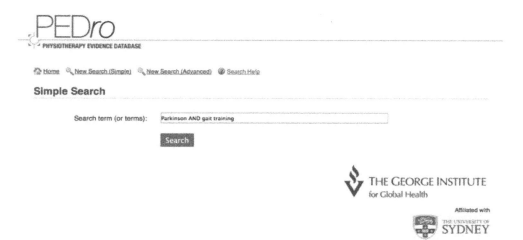

Figura 4.4 Busca simples na base de dados PEDro.

Fonte: www.pedro.org.au.

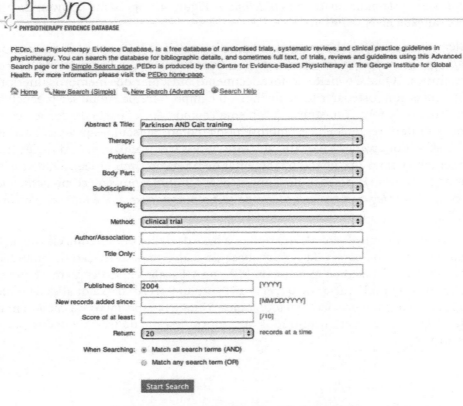

Figura 4.5 Busca avançada na base de dados PEDro.

Fonte: www.pedro.org.au.

4.3 ACESSO AO TEXTO COMPLETO DOS ESTUDOS

Após realizar a busca nas bases de dados, espera-se que algumas informações dos estudos sejam encontradas, como título, informações bibliográficas como o nome da revista em que o estudo foi publicado, ano de publicação, número e volume da revista, e, ainda, o resumo dos estudos. Entretanto, essas informações não são suficientes para responder sua pergunta de pesquisa. Portanto, é necessário que você tenha acesso ao texto completo desses estudos, e isso pode não ser fácil, inclusive talvez essa seja a maior barreira para que fisioterapeutas consigam implementar a prática baseada em evidências.

4.3.1 ONDE BUSCAR?

Algumas bases de dados são acessíveis gratuitamente e pode-se acessar o texto completo diretamente, na própria base de dados. Entretanto, algumas não estão disponíveis para não assinantes, portanto é necessário encontrar outras formas de acesso aos textos completos, sendo o meio eletrônico o melhor caminho. Por exemplo, grande parte das instituições (universidades públicas e algumas privadas) possui acesso a revistas indexadas em base de dados e estão disponíveis apenas para assinantes, através do acesso *online*, sendo possível fazer o *download* dos artigos. Entretanto, quando não houver qualquer tipo de vínculo com tais instituições, ainda assim será possível acessar os artigos de algumas revistas pelos respectivos *sites*. Atualmente, diversas revistas têm se tornado disponível *online* e, embora algumas não permitam acesso aos artigos mais recentes, possibilitam ainda o acesso às publicações anteriores.

No Brasil, instituições públicas oferecem acesso livre em suas bibliotecas e às respectivas bases de dados, não sendo necessário ter vínculo com as universidades para ter acesso ao sistema *online*.

4.4 FERRAMENTAS DIGITAIS

A tecnologia está presente cada vez mais em nosso cotidiano e na pesquisa científica não é diferente. Há diversas ferramentas digitais para auxiliar o pesquisador nas variadas tarefas durante o processo de desenvolvimento de um estudo científico. Neste tópico, serão apresentadas as principais ferramentas digitais de auxílio à pesquisa disponíveis.

4.4.1 COMO ARQUIVAR E ADMINISTRAR MINHAS REFERÊNCIAS (ENDNOTE, REFERENCE MANAGER, MENDELEY, PROCITE, ZOTERO)?

Durante o processo do desenvolvimento de uma pesquisa científica, o gerenciamento adequado das referências bibliográficas é de suma importância. Existem programas desenvolvidos com esse propósito. Como exemplo podemos citar os seguintes: Endnote, Mendeley, ProCite e Reference Manager. Eles geralmente funcionam com uma interface própria, além de serem compatíveis com programas de edição de texto, como o Microsoft Word e o Pages.

O Endnote é uma das ferramentas para gerenciar referências bibliográficas mais populares no mundo. Suas principais características são: (1) funciona como uma ferramenta de pesquisa *online*, permitindo a importação de referências diretamente das bases de dados e a importação de arquivos em PDF, quando disponíveis; (2) gera bibliografias em diversos estilos de normas (ABNT, Vancouver, ACS, Harvard) e periódicos científicos (Physical Reviews, IEEE) – possui mais de 600 estilos de normas; (3) possibilita a opção de detectar registros duplicados em uma biblioteca (função mais utilizada para revisões sistemáticas); e (4) compartilha grupos de registros com outros usuários via Endnote Web.

Em relação ao Mendeley, sua principal vantagem em relação às demais ferramentas é o fato de ser gratuito. O Mendeley ficou mais conhecido como um compartilhador de referências entre grupos, porém o programa conta uma série de ferramentas semelhantes às disponíveis no Endnote para organização e gerenciamento de referências.

Outra ferramenta que tem se tornado popular é o Zotero (www.zotero.org). Trata-se de uma ferramenta gratuita para auxiliar na organização de material bibliográfico através do seu navegador de internet. Com o Zotero é possível organizar todas as referências por data, autor, título ou até por *"tags"* que o programa cria automaticamente, desde que as informações estejam inseridas na plataforma que você visitou. Também é possível armazenar PDFs, arquivos, imagens e links acessados. Assim como o Endnote e o Mendeley, o Zotero também funciona como um gerenciador de referências, sendo possível utilizá-lo para escrever artigos e textos. Sua grande vantagem é o fato de ser gratuito, assim como o Mendeley.

4.4.2 COMO EXPORTAR A MINHA BUSCA PARA O ENDNOTE?

No decorrer do processo de uma revisão sistemática, é necessário exportar o resultado da busca feita nas bases de dados para uma ferramenta de pesquisa. Esse processo pode ser realizado de diferentes formas. Neste tópico você acompanhará um passo a passo para exportar uma busca da base PubMed para o Endnote.

No PubMed (Figura 4.6):

1. após efetuar a busca, clique no ícone *send to*, no canto superior direito da página de resultados da busca;

2. selecione a opção *file* e, em seguida, no campo *format*, escolha o formato MEDLINE;

3. clique em *create file* e o PubMed criará um arquivo com extensão *.txt* para ser exportado no Endnote.

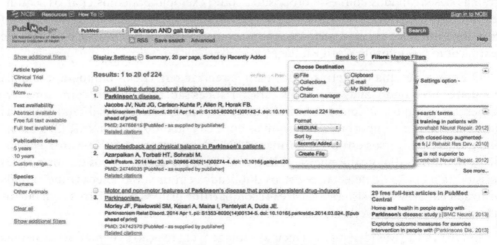

Figura 4.6 Exportação de busca do PubMed para o Endnote.

Fonte: www.ncbi.nlm.nih.gov/pubmed.

No Endnote (Figura 4.7):

1. inicie a biblioteca pessoal;
2. clique na opção *file*, e em seguida, em *import*;
3. nesta tela, adicione o formato da base PubMed no campo *Import option*: se essa opção não estiver disponível, selecione a opção *other filters* e depois *PubMed (NLM)*, para que a opção se torne disponível como alternativa de importação de arquivo.
4. escolha o arquivo gerado pelo PubMed (.*txt*) e clique em *import* para finalizar o processo. O resultado da busca será adicionado ao Endnote.

Figura 4.7 Importação de arquivo do PubMed para o Endnote.

Fonte: Endnote versão X7.

4.4.3 COMO CRIAR FLUXOGRAMAS E FIGURAS EXPLICATIVAS (CMAP TOOLS, DIA E OMNI GRAFFLE)?

Em revisões sistemáticas ou ensaios clínicos, geralmente é necessário criar fluxogramas. Por exemplo, um fluxograma do processo de seleção de artigos para inclusão em uma revisão sistemática ou, no caso de ensaios clínicos, um fluxograma com o processo de inclusão e alocação dos participantes. Há diversas ferramentas para criar esse tipo de gráfico, porém as duas mais utilizadas na pesquisa são a CMAP Tools e a Omni Graffle. A CMAP Tools é uma ferramenta exclusivamente destinada à criação de fluxogramas e mapas conceituais. Sua principal vantagem é ser totalmente gratuita e muito simples de ser utilizada. A Dia também é uma boa opção gratuita e fácil para criar fluxogramas, diagramas e gráficos esquematizados.

Existem outros programas mais elaborados, que permitem a criação de fluxogramas como o Edraw Flowchart e o Omni Graffeou, ou até mesmo programas com recursos gráficos avançados, nos quais podem ser criados esse tipo de gráfico, porém, a maioria é restrita aos assinantes.

4.6.4 COMPARTILHAMENTO DE ARQUIVOS (GOOGLE DRIVE, DROPBOX, MENDELEY)

Compartilhar arquivos é essencial na elaboração de uma pesquisa científica ou para se comunicar com o grupo de pesquisa. Algumas ferramentas estão disponíveis para facilitar essa tarefa. Para o compartilhamento de artigos científicos (ou documentos em PDF) entre um grupo de pesquisa e colaboradores, o Mendeley (citado como gerenciador de referências) é ótimo, ele organiza arquivos entre grupos. É possível fazer edições, como anotar ou marcar o texto, em sincronia com todos os usuários do grupo. O Google Drive e o Dropbox também são ferramentas especialmente úteis para o compartilhamento de arquivos (qualquer formato) entre grupos, principalmente para arquivos pesados, que não podem ser enviados por e-mail, por exemplo.

REFERÊNCIAS BIBLIOGRÁFICAS

Deville WL, Bezemer PD, Bouter LM. Publications on diagnostic test evaluation in family medicine journals: an optimal search strategy. J Clin Epidemiol. 2000;53:65-9.

Glasziou P, Del Mar C, Salisbury J. Evidence-based medicine workbook. London: BMJ Publishing; 2003.

Haynes RB, Wilczynski NL. Optimal search strategies for retrieving scientifically strong studies of diagnosis from Medline: analytical survey. BMJ. 2004;328:1040.

Haynes RB, Sackett DL, Guyatt G et al. Clinical epidemiology: how to do clinical practice research. 3. ed. Lippincott: Willians and Wilkins; 2006.

Herbert R, Jantvedt G, Hagen KB et al. Practical evidence-based physiotherapy. Churchill Livingstone: Elsevier, 2. ed; 2012.

Maher C, Moseley A, Sherrington C et al. Core journals of evidence-based physiotherapy practice. Physiother Theory Pract. 2001;17:143-51.

Maher CG, Moseley A, Sherrington C et al. A description of the trials, reviews and practice guidelines indexed on the PEDro database. Physical Therapy. 2008;88:1068-77.

McKibbon A. PDQ Evidence-based principles and practice. 2. ed. Hamilton: Decker BC; 1999.

Wilczynski NL, Haynes RB. Developing optimal search strategies for detecting clinically sound prognostic studies in Medline: an analytic survey. BMC Med. 2004;2:23.

Wilczynski NL, McKibbon KA, Haynes RB. Search filter precision can be improved by NOTing out irrelevant content. AMIA Annu Symp Proc. 2011;1506-13.

Capítulo 5
Formatação do texto: regras e dicas

Maria do Socorro Simões
Cibele Berto Marques da Silva

5.1 INTRODUÇÃO

O conhecimento e a utilização adequada das regras de formatação de texto são determinantes para a boa qualidade de qualquer escrita, seja uma dissertação/tese, um resumo para congresso ou artigos científicos. A formatação será a primeira impressão do leitor sobre o trabalho. Ao lançar o olhar sobre o texto a ser lido, a apresentação inicial fornece ideias sobre a organização dele. Textos desorganizados podem ser cansativos à leitura e, consequentemente, dificultar o entendimento das informações ali contidas.

Muitas instituições de ensino elaboram suas próprias recomendações em diretrizes específicas, os chamados manuais ou guias, para a redação de dissertações e teses universitárias. O objetivo desses guias é padronizar o formato – organização – dos trabalhos produzidos. Algumas universidades que disponibilizam suas diretrizes são: Universidade de São Paulo/USP (www.teses.usp.br); Universidade Estadual Paulista "Júlio de Mesquita Filho"/UNESP (www.unesp.br); Universidade Estadual do Rio de Janeiro/UERJ (www.bdtd.uerj.br); e Universidade Federal do Rio Grande do Sul/UFRGS (www.lume.ufrgs.br/instrucoes). Da mesma maneira, revistas científicas e eventos que apresentam trabalhos científicos disponibilizam suas normas para publicação aos autores, que devem ser consultadas e rigorosamente seguidas.

Embora diversas instituições estabeleçam suas diretrizes para formatação dos textos, de uma forma geral elas também seguem outras normas, como as normas da Associação Brasileira de Normas Técnicas (ABNT); da International Organization for Standardization (ISO); o método Vancouver e a American Psychological Association (APA).

Neste capítulo, organizamos as principais regras de formatação por tópicos de texto e incluímos dicas para ajudá-lo a construir um texto com a qualidade exigida para os principais tipos de escrita: dissertações/teses, artigos científicos e resumos para eventos científicos.

5.2 DISSERTAÇÕES E TESES

5.2.1 ESTRUTURA GERAL DO DOCUMENTO

A seguir, apresentamos uma compilação das recomendações ABNT, Vancouver, APA e ISO, conforme diretrizes das principais universidades nacionais.

1. **Papel:** tamanho A4, preferencialmente branco, com a impressão do texto na cor preta e apenas em um lado da folha, exceto na folha de rosto, onde no verso será impressa a ficha catalográfica. As ilustrações podem ser impressas em outras cores.

2. **Fonte:** a fonte recomendada para todo o texto é tamanho 12, sendo menor nas citações com mais de três linhas, paginação, legendas e notas de rodapé. O mesmo tamanho é recomendado pela APA para texto, paginação, legendas e notas de rodapé, porém nas citações com mais de 40 palavras a fonte deve ser menor que 12.

3. **Margens:** superior e esquerda: 3 cm; inferior e direita: 2 cm.

4. **Espaço entre linhas:** 1,5 cm em todo o texto. Nas citações com mais de três linhas, notas de rodapé, legendas, informações de capa e folha de rosto (como nome da instituição, natureza do trabalho e grau pretendido), deve-se adotar espaço simples entre as linhas. Nas referências, o espaço entrelinhas também será simples, mas com dois espaços simples entre elas.

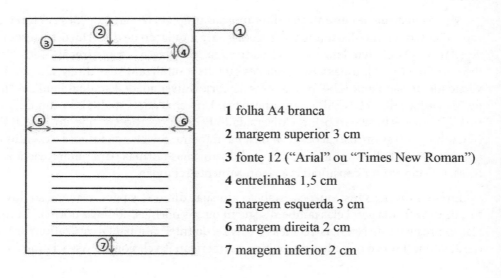

1 folha A4 branca

2 margem superior 3 cm

3 fonte 12 ("Arial" ou "Times New Roman")

4 entrelinhas 1,5 cm

5 margem esquerda 3 cm

6 margem direita 2 cm

7 margem inferior 2 cm

5. **Numeração das seções:** as seções devem ser numeradas sequencialmente, com algarismos arábicos. Os títulos das seções primárias devem ser apresentados em página separada. Todas devem ser destacadas da mesma maneira em todo o texto, inclusive no sumário (seja negrito, itálico, sublinhado ou outros).
   O número da seção deve anteceder o título, separado por um espaço e alinhado à esquerda. Os títulos que não possuem indicação numérica, como os elementos pré e pós-textuais, devem ser apresentados em páginas separadas e centralizados.

6. **Paginação:** a partir da folha de rosto, todas as páginas do trabalho devem ser contadas, mas nem todas numeradas. A numeração deve ser inserida a partir dos elementos textuais, ou seja, da introdução.
   Esteja atento, páginas divisórias também são contadas, mas não numeradas.
   A partir do início da numeração, todas as páginas seguintes também serão numeradas, inclusive anexos e apêndices, quando houver, referências e abertura de capítulos. Caso o trabalho esteja dividido em mais de um volume, a numeração seguirá a sequência normalmente, sem interrupção.
   A numeração deve ser inserida em algarismos arábicos (1, 2, 3...), no canto superior direito das folhas.
   Se houver subseções, devem ser numeradas adotando-se a numeração progressiva. Exemplo: 1. Introdução; 1.1 Objetivos. As subseções podem ou não ter títulos, ficará a critério do autor, que deve manter a coerência da opção escolhida ao longo do texto.

7. **Siglas:** sempre que for utilizada pela primeira vez no texto, deve-se escrever o nome por extenso, seguido da sigla entre parênteses. Exemplo: Sistema Único de Saúde (SUS).

8. **Equações e fórmulas:** devem ser destacadas no texto, sendo necessário maior espaço entrelinhas quando houver sub ou sobrescritos. Quando as equações ou fórmulas forem inseridas separadamente do texto, centralizá-las. Se necessário, podem ser numeradas, como figuras e tabelas.

   Caso toda a equação ou fórmula não caiba em uma linha, a separação deve ocorrer antes do sinal de igualdade ou após os sinais de operação matemática (adição, subtração, divisão e multiplicação).

9. **Ilustrações:** são todas as imagens que podem ser incluídas no documento, como fotografias, gráficos, desenhos, entre outros. Devem ser identificadas na parte inferior da seguinte maneira: tipo de ilustração e número em algarismos arábicos (na ordem em que aparecem no texto) e título e/ou legenda clara e breve, que permita ao leitor compreendê-la sem necessidade de consultar o texto. Caso a ilustração seja do próprio autor do trabalho, é necessário fornecer a fonte na legenda.
   As ilustrações devem ser posicionadas no texto preferencialmente próximas ao trecho referido, de modo a facilitar a consulta à imagem.

Exemplo:

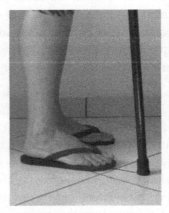

Figura 5.1 Distância ideal entre a bengala e o pé.

10. **Tabelas:** as tabelas são elementos que reúnem dados estatísticos da pesquisa, com a finalidade de resumir e apresentar os dados. De acordo com as recomendações para tabulação do Instituto Brasileiro de Geografia e Estatística (IBGE), as tabelas devem preferencialmente ser apresentadas em apenas uma página. Atente-se para:

   a) Assim como as ilustrações, as tabelas devem ser numeradas consecutivamente no título delas, posicionado no espaço superior da tabela e separado da numeração por hífen.

   b) A formatação do texto deve ser a mesma em todas as tabelas (tamanho e tipo de fonte e alinhamento do texto).

   c) Quando um dado for apresentado com a classificação "outros", o valor proporcional desses dados não deve ser superior ao dos demais dados classificados.

   d) Todas as tabelas devem ter um título que indique com clareza a natureza dos dados.

Caso a tabela necessite ser apresentada em mais de uma página, o conteúdo do cabeçalho deve ser repetido em todas as páginas, de modo que os dados se mantenham organizados para o leitor. Ao final da página de "quebra" da tabela, deve constar a informação "continua" e, ao início das demais, "continuação". Na última página, deve constar a informação "conclusão". O rodapé será apresentado na página de conclusão.

As tabelas deverão ter três traços horizontais para separar o topo, o cabeçalho e o rodapé, sem qualquer traço vertical.

Exemplo:

Tabela 5.1 Características sociodemográficas e espirométricas da amostra ao início do estudo, por grupo de intervenção

	Grupo X	Grupo Y	Grupo Z
Gênero	0	0	0
Renda familiar	0	0	0
VEF_1	0	0	0
CVF	0	0	0

Notas, fontes e legendas de siglas e abreviações utilizadas na tabela. Exemplo: VEF_1 – volume expiratório forçado no primeiro segundo; CVF – capacidade vital forçada.

5.2.2 ELEMENTOS DO PRÉ-TEXTO

Os elementos pré-textuais devem ser apresentados na seguinte ordem:

1. **Capa:** elemento obrigatório, para proteção externa do trabalho, em que constam as informações indispensáveis à sua identificação, as quais devem ser apresentadas centralizadas e na seguinte ordem:

    a) Nome da instituição (opcional).

    b) Nome completo do autor.

    c) Título: em letras minúsculas, com exceção da primeira letra e de nomes próprios e/ou científicos (nomes em língua estrangeira devem estar em itálico).

    d) Subtítulo (se houver): deve ser separado por dois pontos.

    e) Número de volumes (se houver mais de um).

    f) Local (cidade).

    g) Ano de depósito (da entrega).

Modelo de capa:

> CIBELE CRISTINE DE OLIVEIRA BERTO
>
> Criação, implementação e avaliação de um recurso didático multimídia como suporte para o ensino presencial de fisioterapia respiratória
>
> Dissertação apresentada à Faculdade de Medicina da Universidade de São Paulo para a obtenção do título de Mestre em Ciências
>
> Área de concentração: Movimento, Postura e Ação Humana
> Orientador: Prof. Dr. Celso Ricardo Fernandes de Carvalho
>
> São Paulo
> 2006

2. **Lombada:** elemento em que as informações, <u>opcionalmente</u>, são impressas na seguinte ordem:

   a) Nome do autor: impresso longitudinalmente e legível <u>do alto para o pé da lombada.</u>

   b) Título: impresso da mesma forma que o nome do autor (quando necessário abreviado pelas cinco primeiras palavras significativas seguidas de reticências; elementos alfanuméricos de identificação, por exemplo, v. 2.).

Modelos de lombada:

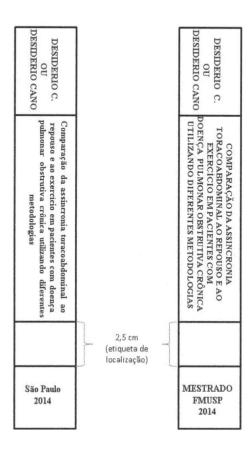

3. **Folha de rosto:** elemento <u>obrigatório</u>, que contém as informações essenciais à identificação do trabalho. A folha de rosto deve conter:

   a) nome completo do autor;
   b) título;
   c) subtítulo (se houver);
   d) número de volumes (se houver mais de um);
   e) natureza do trabalho (dissertação ou tese);
   f) nome do departamento/unidade/instituição a que é submetido o trabalho;
   g) grau pretendido (aprovação em disciplina);
   h) área de concentração;
   i) nome do orientador, co-orientador (se houver);

j) local (cidade);
k) ano de depósito (da entrega).

> Os elementos natureza do trabalho, grau pretendido, nome da instituição a que é submetido e área de concentração devem ser alinhados <u>a partir do meio da parte impressa da página para a margem direita</u>, na folha de rosto e na folha de aprovação.

Modelo de folha de rosto:

> Recomenda-se <u>não usar</u> o nome da instituição encabeçando a folha de rosto, para favorecer a correta identificação da autoria intelectual.

4. **Verso da folha de rosto:** elemento <u>obrigatório</u>, em que devem constar:
   a) Autorização para reprodução: declaração textual de concordância ou não da reprodução do trabalho.

b) Ficha catalográfica: conjunto de elementos de descrição técnica do documento, a ser elaborada pela biblioteca da instituição. A ficha catalográfica tem como objetivo facilitar a identificação e indexação do trabalho.

5. **Errata:** elemento que corresponde à lista das folhas e linhas com as devidas correções, quando houver.

Modelo de errata:

> PORRAS, D. C. **Comparação da assincronia toracoabdominal ao repouso e ao exercício em pacientes com doença pulmonar obstrutiva crônica utilizando diferentes metodologias.** Dissertação (Mestrado em Ciências da Reabilitação) – Faculdade de Medicina, Universidade de São Paulo, São Paulo, 2014.
>
> **ERRATA**
>
> | Folha | Linha | Onde se lê | Leia-se |
> |-------|-------|------------|---------|
> | 28 | 8 | asincronia | assincronia |
> | 73 | 35 | os paciente | os pacientes |

6. **Folha de aprovação:** elemento <u>obrigatório</u>, que deve apresentar as seguintes informações:

   a) nome completo do autor;

   b) título e, se houver, subtítulo;

   c) natureza do trabalho (dissertação ou tese);

d) nome da instituição a que é submetido o trabalho;

e) grau pretendido (mestre ou doutor);

f) área de concentração;

g) data de aprovação;

h) nome, titulação, instituição a que pertence e assinatura dos componentes da banca examinadora (campos em branco, para preenchimento).

Modelos de folha de aprovação:

> PORRAS, D. C. Comparação da assincronia toracoabdominal ao repouso e ao exercício em pacientes com doença pulmonar obstrutiva crônica utilizando diferentes metodologias. Dissertação (Mestrado em Ciências da Reabilitação) – Faculdade de Medicina, Universidade de São Paulo, São Paulo, 2014.
>
> Dissertação apresentada à Faculdade de Medicina da Universidade de São Paulo para obtenção do título de Mestre em Ciências da Reabilitação.
>
> Aprovado em:
>
> BANCA EXAMINADORA
>
> Prof. Dr. _____ Instituição _____
> Julgamento: _____ Assinatura _____
>
> Prof. Dr. _____ Instituição _____
> Julgamento: _____ Assinatura _____
>
> Prof. Dr. _____ Instituição _____
> Julgamento: _____ Assinatura _____

ou

> PORRAS, D. C. Comparação da assincronia toracoabdominal ao repouso e ao exercício em pacientes com doença pulmonar obstrutiva crônica utilizando diferentes metodologias. Dissertação apresentada à Faculdade de Medicina da Universidade de São Paulo para obtenção do título de Mestre em Ciências da Reabilitação.
>
> Aprovado em:
>
> Banca Examinadora
>
> Prof. Dr. _____ Instituição: _____
> Julgamento: _____ Assinatura: _____
>
> Prof. Dr. _____ Instituição: _____
> Julgamento: _____ Assinatura: _____
>
> Prof. Dr. _____ Instituição: _____
> Julgamento: _____ Assinatura: _____

A seguir, apresentamos os elementos: dedicatória, agradecimentos e epígrafe. Por serem de elementos opcionais, **não estão sujeitos a** regras de apresentação e, portanto, sua formatação fica a critério do autor.

7. **Dedicatória:** elemento em que o autor homenageia ou dedica o trabalho a alguém.

    Modelo de dedicatória:

    > **Dedicatória**
    >
    > *"Admiramos o mundo através do que amamos"*
    >
    > Aos meus familiares e amigos, cada um de vocês, em meu coração, torna minha caminhada mais fácil.

8. **Agradecimentos:** elemento em que o autor agradece àqueles que efetivamente contribuíram na elaboração de seu trabalho.

    Modelo de agradecimentos:

    > **AGRADECIMENTOS**
    >
    > **Ao Estúdio Multimeios do Centro de Computação Eletrônica – EMM-CCE-USP**
    > *Marta Macedo, Gustavo Faria, Rodrigo Moreira*, pelo suporte para a elaboração do material deste projeto.
    >
    > **À Disciplina de Informática Médica e Telemedicina da FMUSP**
    > *Prof. Dr. Paulo S. P. Silveira, Cíntia Ferreira e Ethel Queiroz*, pela disponibilização e suporte dos recursos necessários para a realização da avaliação *on line*.
    >
    > *Aos amigos, alunos e pacientes voluntários* que participaram desse projeto.

    > Uma folha a parte pode ser incluída para os agradecimentos às agências de fomento.

9. **Epígrafe:** elemento em que o autor adota uma citação de autoria de outrem para introduzir seu trabalho. Deve aparecer entre aspas, seguida da autoria.

    Modelo de epígrafe:

    > **EPÍGRAFE**
    >
    > *"Have the courage to follow your heart and intuition. They somehow already know what you truly want to become. Everything else is secondary."*
    >
    > **Steve Jobs**

10. Normalização adotada: elemento <u>recomendado</u> para informar o modelo seguido no trabalho.

Modelo da normalização:

> **NORMALIZAÇÃO ADOTADA**
>
> Esta dissertação está de acordo com as seguintes normas, em vigor no momento desta publicação.
>
> Referências: adaptado de *International Committee of Medical Journals Editors* (Vancouver).
>
> Universidade de São Paulo. Faculdade de Medicina. Divisão de Biblioteca e Documentação. *Guia de apresentação de dissertações, teses e monografias*. Elaborado por Anneliese Carneiro da Cunha, Maria Julia de A. L. Freddi, Maria F. Crestana, Marinalva de Souza Aragão, Suely Campos Cardoso, Valéria Vilhena. 3ª. ed. São Paulo: Divisão de Biblioteca e Documentação: 2011.
>
> Abreviaturas dos títulos dos periódicos de acordo com *List of Journals Indexed in Index Medicus*.

11. Sumário: elemento <u>obrigatório</u>, em que as seções do trabalho são enumeradas na sequência em que aparecem, com indicação da página inicial. <u>Listas, resumos e anexos não são numerados</u>. O sumário completo do trabalho deve constar em todos os volumes, quando houver mais de um.

> O sumário <u>não</u> é um índice.

Modelo de sumário:

Sumário

Lista de abreviaturas

Lista de figuras

Lista de tabelas

RESUMO

ABSTRACT

INTRODUÇÃO 1

   Mecânica respiratória 1

   Doença pulmonar obstrutiva crônica e assincronia toracoabdominal (ATA) 2

   Modelos de análise da estrutura toracoabdominal 3

   Ferramentas de mensuração da cinemática toracoabdominal 4

  Métodos de estimativa da ATA 6

  Ângulo e relação de fase 9

JUSTIFICATIVA 11

OBJETIVOS... 12

CASUÍSTICA E MÉTODOS 13

 Sujeitos 13

 Delineamento do estudo... 15

 Técnicas de avaliação 16

  Questionário de avaliação da DPOC.. 16

  Função pulmonar completa 16

  Teste de ergoespirometria 17

  Pletismografia optoeletrônica... 19

 Métodos de Estimativa da ATA... 23

  Ângulo de fase.. 26

  Relação de fase... 28

 Índice de ineficiência ventilatória.. 31

 Análise dos dados.. 31

 Análise estatística.. 32

RESULTADOS 34

DISCUSSÃO 53

 Conclusão 61

REFERÊNCIAS BIBLIOGRÁFICAS 62

12. **Listas:** elementos <u>opcionais</u> que enumeram figuras, tabelas, abreviaturas, símbolos e siglas, na sequência em que aparecem no texto. Geralmente, são utilizadas as seguintes listas:
 a) Lista de figuras – compreendem gráficos, ilustrações, imagens, fotografias etc., que devem ser listadas com número, legenda e página.

Modelo de lista de figuras:

Lista de figuras

		Página
FIGURA 1	Divisão da estrutura toracoabdominal em três compartimentos utilizando OEP	6
FIGURA 2	Sistema de pletismografia optoeletrônica	20
FIGURA 3	Fluxograma das coletas com OEP	21
FIGURA 4	Figura representativa da estrutura toracoabdominal e compartimentos	24
FIGURA 5	Processo de obtenção do ciclo respiratório médio	25
FIGURA 6	Ângulo de fase	27
FIGURA 7	Relação de fase	29
FIGURA 8	Ineficiência ventilatória	32
FIGURA 9	Comparação do ângulo de fase e da relação de fase no repouso entre caixa torácica superior e inferior	40
FIGURA 10	Comparação do ângulo de fase e da relação de fase no repouso entre caixa torácica superior e abdome	41
FIGURA 11	Comparação do ângulo de fase e da relação de fase no repouso entre caixa torácica inferior e abdome	42
FIGURA 12	Comparação do ângulo de fase e da relação de fase no exercício sem carga entre caixa torácica superior e inferior	43

b) Lista de tabelas – as tabelas devem ser listadas com número, título e página.

Modelo de lista de tabelas:

Lista de tabelas

		Página
TABELA 1	Características antropométricas, de função pulmonar e capacidade de exercício dos sujeitos	35
TABELA 2	Intervalos de normalidade para os métodos de estimativa da ATA (AF e RF) obtidos com o grupo controle e número de pacientes DPOC fora da normalidade	37
TABELA 3	Caraterísticas basais dos pacientes DPOC com assincronia (grupo AT) e sem assincronia (grupo NA) avaliados pelos métodos de ângulo e relação de fase	38

c) Lista de abreviaturas, símbolos e siglas – as abreviaturas, símbolos e siglas devem ser listadas em ordem alfabética, com seus respectivos significados, de acordo com um dos modelos recomendados pela ISO, ABNT, *American Medical Association* (AMA), entre outros.

Modelo de lista de abreviaturas:

Lista de abreviaturas	
ABD	Abdome
AF	Ângulo de fase
AT	Grupo de pacientes DPOC com assincronia
ATA	Assincronia toracoabdominal
CAT	*COPD Assessment Test*
CC_{ABD}	Contribuição compartimental do abdome
CC_{CTI}	Contribuição compartimental da caixa torácica inferior
CC_{CTS}	Contribuição compartimental da caixa torácica superior
CI	Capacidade inspiratória
CPT	Capacidade pulmonar total
CTI	Caixa torácica inferior
CTS	Caixa torácica superior
CVF	Capacidade vital forçada
C1	Coleta no momento de avaliação ao repouso
C2	Coleta no momento de avaliação ao exercício sem carga
C3	Coleta no momento de avaliação ao exercício com carga
DPOC	Doença pulmonar obstrutiva crônica
ETA	Estrutura toracoabdominal
FC	Frequência cardíaca
Fi	Fluxo inspiratório
Fe	Fluxo expiratório
FR	Frequência respiratória
GC	Grupo controle
IMC	Índice de massa corpórea

(continua)

Lista de abreviaturas

IV	Ineficiência ventilatória
NA	Grupo de pacientes DPOC sem assincronia
OEP	Pletismografia optoeletrônica
PRI	Pletismografia respiratória por indutância
RF	Relação de fase
rpm	Rotações por minuto
Te	Tempo expiratório
Ti	Tempo inspiratório
Ttot	Tempo total
V_{ABD}	Volume abdominal
V_{CTI}	Volume da caixa torácica inferior
V_{CTS}	Volume da caixa torácica superior
VEF_1	Volume expiratório forçado no primeiro segundo
VE	Ventilação minuto
VO_{2max}	Consumo de oxigênio máximo
VR	Volume residual
V_T	Volume total

Modelo de lista de símbolos:

Lista de símbolos

°C	Graus Celsius
°	Graus
>	Maior
<	Menor
m/s	Metro por segundo

Modelo de lista de siglas:

Lista de siglas	
GOLD	Global Initiative for Chronic Obstructive Lung Disease
CAPPesq	Comissão de Ética para Análise de Projetos de Pesquisa
FAPESP	Fundação de Amparo à Pesquisa do Estado de São Paulo
FMUSP	Faculdade de Medicina da Universidade de São Paulo
HCFMUSP	Hospital das Clínicas da Faculdade de Medicina da Universidade de São Paulo

13. Resumo: elemento <u>obrigatório</u>, cujo texto conciso deve apresentar os objetivos, os métodos utilizados, os resultados e as conclusões. O texto deve ser precedido da referência do trabalho e redigido em parágrafo único (máximo de 500 palavras), seguido dos termos representativos do conteúdo do trabalho (palavras-chave ou descritores). Geralmente, o resumo deve ser apresentado em português e em outro idioma, na maioria das vezes em inglês, seguindo as mesmas características do resumo em português.

Modelo de resumo:

RESUMO

Porras DC. *Comparação da assincronia toracoabdominal ao repouso e ao exercício em pacientes com doença pulmonar obstrutiva crônica utilizando diferentes metodologias* [dissertação]. São Paulo: Faculdade de Medicina, Universidade de São Paulo; 2014.

Pacientes portadores de doença pulmonar obstrutiva crônica (DPOC) podem apresentar assincronia toracoabdominal (ATA). Existem diversos métodos de estimativa da ATA, porém, não há um consenso sobre qual é o mais adequado. O objetivo deste estudo foi comparar dois métodos de estimativa da assincronia toracoabdominal e avaliar a ineficiência ventilatória em pacientes DPOC no repouso e durante o exercício. Foram avaliados 22 pacientes com DPOC (VEF_1 40,2±10,5% predito) e 13 indivíduos controle (GC) pareados por idade, gênero e índice de massa corpórea. A cinemática toracoabdominal foi avaliada utilizando pletismografia optoeletrônica no repouso e durante o exercício leve e moderado (70% da carga máxima) no ciclo ergômetro. A ATA foi calculada entre a caixa torácica superior (CTS) e inferior (CTI) e o abdome (ABD) utilizando os métodos de ângulo de fase (AF) e relação de fase (RF). A ineficiência ventilatória foi calculada em cada compartimento como a diferença entre o volume máximo (V_M) e o volume calculado (V_C) de acordo com o ciclo respiratório (determinado pela soma de volume dos três compartimentos) dividida pelo volume máximo (V_M-V_C)/V_M. Os pacientes DPOC foram classificados como assíncronos (grupo AT) ou não assíncronos (grupo NA) utilizando como referência os valores do GC. Foi utilizado o teste qui-quadrado ou de Fisher para avaliar a discriminação de pacientes entre os métodos e o ANOVA de dois fatores para comparações entre os grupos. O nível de significância foi ajustado para 5%. O método AF determinou maior número de pacientes no grupo AT quando comparado com RF no repouso (respectivamente, 15 vs. 7) e no exercício leve (11 vs. 3) e moderado (14 vs. 8). Os valores de assincronia no grupo AT entre CTS-CTI e CTI-ABD foram maiores no repouso (AF: 35,7±45,4° e -42,2±42,5° e RF: 61,8±29,1° e -66,9±27,4°, respectivamente) e no exercício leve (AF: 53,3±35,6° e -55,8±40,4°; RF: 106,1±40,3° e -124,8±17,2°) e moderado (AF: 61,6±55,1° e -75,9±44,8°; RF: 85,9±23,6° e -81,8±42,2°) quando comparados com os grupos NA (p<0,05) e GC (p<0,05). Na análise entre CTS-ABD não houve diferença entre os grupos. Observou-se que o grupo AT apresentou menor contribuição e maior ineficiência ventilatória da CTI em todos os momentos de avaliação e, durante o exercício moderado, menor volume corrente quando comparado com os grupos NA e GC. Os nossos resultados sugerem que o ângulo de fase apresenta maior detecção de ATA nos pacientes com DPOC. A presença de assincronia parece ocorrer principalmente na caixa torácica inferior e associada com menor contribuição e maior ineficiência ventilatória deste compartimento.

Descritores: Doença pulmonar obstrutiva crônica; Mecânica respiratória; Parede torácica; Engenharia biomédica; Processamento de sinais assistido por computador; Fenômenos biomecânicos; Diafragma; Abdome; Ventilação pulmonar; Medidas de volume pulmonar; Pletismografia; Algoritmos.

SUMMARY

Porras DC. *Comparison of thoracoabdominal asynchrony at rest and during exercise in chronic obstructive pulmonary disease patients by applying different methodologies* [dissertation]. São Paulo: Faculdade de Medicina, Universidade de São Paulo; 2014.

Chronic obstructive pulmonary disease (COPD) patients can present thoracoabdominal asynchrony (TAA). There are several TAA estimation techniques, however, there is no consensus about which is the most appropriate. The aim of this study was to compare two thoracoabdominal asynchrony quantification techniques and to assess chest wall ventilatory inefficiency in COPD patients at rest and during exercise. We evaluated 22 COPD patients (FEV_1 40,2±10,5% predicted) and 13 healthy controls (CG) matched by age, gender and body mass index. Thoracoabdominal kinematics was assessed via optoelectronic plethysmography at rest and during mild and moderate exercise (70 % maximum workload) in a cycle ergometer. TAA was calculated among upper (URC) and lower ribcage (LRC) and abdomen (ABD) by using the phase angle (PA) and phase relation (PR) approaches. Ventilatory Inefficiency was estimated in each compartment as the difference between the maximal volume (V_M) and the volume (V_C) calculated according to respiratory timing (sum of volume in the 3 compartments) divided by the maximal volume (V_M-V_C)/V_M. COPD patients were classified as asynchronous (AT group) or not (NA group) by using as reference the values on the controls. Chi-square or Fisher's exact test was used for assessing the patients differentiation between the two TAA quantification approaches and two-way ANOVA was used to compare respiratory parameters among groups (CG, AT and NA). Statistical significance was set at 5% level. PA approach determined more patients as asynchronous when compared to RF at rest (respectively, 15 vs. 7) and during mild (11 vs. 3) and moderate (14 vs. 8) exercise. Asynchrony values in AT group among URC-LRC and LRC-ABD were greater at rest (respectively, 35,7±45,4° and -42,2±42,5° with PA and 61,8±29,1° and -66,9±27,4° with PR) and during mild (PA: 53,3±35,6° and -55,8±40,4°; PR: 106,1±40,3° and -124,8±17,2°) and moderate exercise (PA: 61,6±55,1° and -75,9±44,8°; PR: 85,9±23,6° and -81,8±42,2°) when compared to NA (p<0.05) and CG (p<0.05). Analysis among URC-ABD presented no difference between groups. It was observed that AT group presented a smaller LRC contribution and greater ventilatory inefficiency during all assessing moments and, during moderate exercise, had a lower tidal volume when compared to NA and CG. Our results suggest that phase angle approach presents larger TAA detection in COPD patients. This asynchrony seems to occur mainly in the lower ribcage and be associated with decreased contribution and increased ventilatory inefficiency of this compartment.

Descriptors: Pulmonary disease, chronic obstructive; Respiratory mechanics; Thoracic wall; Biomedical engineering; Signal processing, computer-assisted; Biomechanical phenomena; Diaphragm; Abdomen; Pulmonary ventilation; Lung volume measurement; Plethysmography; Algorithms.

5.2.3 ELEMENTOS DO TEXTO

1. **Títulos:** os títulos das seções e subseções devem ser separados do início do texto por <u>dois espaços de 1,5 cm</u>. Nas subseções, esse espaço também deve ser adotado entre o final do texto e a subseção seguinte. Os títulos das seções devem ser apresentados na margem superior de uma página nova.

2. **Citações:** sempre que forem inseridas citações no texto, a autoria deve ser mencionada, obrigatoriamente, seguindo a mesma regra de formatação das referências, ao final do trabalho ou em notas de rodapé.

    2.1 **Citações indiretas:** devem ser indicadas as autorias das ideias ao final de cada sentença, entre parênteses e com o último nome do(s) autor(es) em letras maiúsculas, seguido pelo ano de publicação, ou com o sobrenome do(s) autor(es) com a primeira letra maiúscula, tanto no texto como ao final, entre parênteses, de acordo com as normas para referências utilizadas no trabalho (ver *Referências* em "Elementos Pós-Texto").

    2.2 **Citações diretas:** a citação direta é a transcrição de um trecho de documento, exatamente como no original. Quando a citação direta ocupar no máximo três linhas e não tiver mais de um parágrafo, deve permanecer no parágrafo do texto, entre aspas duplas. Quando ocorrer outra citação dentro da citação, utilizam-se então as aspas simples.

    De acordo com as normas da ABNT, no caso de citações diretas com mais de três linhas, ela deve ser posicionada abaixo do texto, em fonte menor, sem aspas e com recuo de 4 cm da margem esquerda. Já nas recomendações da APA, será necessário recuo de um parágrafo da margem esquerda quando tiver mais de 40 palavras. No caso de erros de linguagem na citação, pertencentes ao texto original, a transcrição mantém-se exatamente como a original seguida pela palavra "sic" em itálico e entre colchetes, *[sic]*, logo após o erro, que pode ser de ortografia, pontuação ou gramática. A referência deve ser indicada com o sobrenome do autor, ano de publicação e página ao final do texto.

    Nas citações diretas, deve-se informar, além do nome do autor e data de publicação, as páginas de texto de onde foram extraídas.

    2.3 **Citações de citações:** quando não temos acesso a uma fonte necessária ao desenvolvimento do trabalho, mas a um outro trabalho que utilizou a mesma citação, é possível citar o trabalho original através do consultado. Chamamos isso "citação de citação".

    No texto, a citação de citação será apresentada da seguinte maneira: nome do autor do original (que não se teve acesso) e ano de publicação + *apud* + nome do autor e ano do trabalho ao qual se teve acesso. De acordo com as normas da APA, em vez de *apud*, utiliza-se a expressão 'citado por'.

    Apud é uma expressão latina que significa "citado por", daí sua colocação entre os autores não consultados e consultados no texto. <u>A referência completa do texto não consultado deve ser informada em nota de rodapé, enquanto o texto consultado deve constar nas referências ao final do trabalho.</u>

2.4 Citações informais: é possível utilizar informações obtidas em aulas de congressos ou outros eventos, entrevistas e afins. Para tanto, logo após a citação, deve-se indicar, entre parênteses, que se trata de uma <u>informação verbal</u>. Nas notas de rodapé, devem constar o máximo de informações possível acerca das informações citadas.

2.5 Citações pessoais: são informações pessoais, obtidas a partir de mensagens, correspondências, e-mails e afins. Da mesma maneira que as citações informais, deve-se informar, ao final da frase e entre parênteses, que se trata de <u>informação pessoal</u>. Também é necessário indicar, nas notas de rodapé, de onde tais informações foram obtidas.

2.6 Citações de trabalhos em fase de elaboração: quando a citação for de trabalhos em fase de elaboração, tal informação deve constar, entre parênteses, ao final da sentença. A referência deve ser feita nas notas de rodapé, indicando inclusive local e ano de edição.

2.7 Citações de trabalhos em fase de impressão: trabalhos em fase de impressão serão citados no texto como as citações diretas e deverão constar nas referências.

2.8 Citações de páginas eletrônicas: quando a fonte da informação de apoio for um site da internet, por exemplo, a citação no texto deverá ser feita através do nome do autor, apresentando-se a página da web nas referências.

3. **Destaques, acréscimos e supressões no texto:** se o autor julgar necessário destacar alguma palavra ou sentença em uma citação (que não seja igual no original), poderá utilizar os recursos itálico, negrito ou sublinhado, por exemplo. Ao final da citação do autor e entre parênteses no texto, deve constar a expressão "grifo nosso". De acordo com a APA, deve-se utilizar itálico e indicar, entre colchetes, "itálicos nossos". Caso o destaque pertença originalmente à citação, deve-se explicitar "grifo do autor". Acréscimos ou supressões devem ser feitos <u>entre colchetes</u>. No caso da supressão, o trecho suprimido será substituído por reticências. De acordo com a APA, as supressões devem ser feitas com reticências, <u>sem</u> colchetes.

Explicações, comentários ou acréscimo de informações feitos pelo autor também devem ser feitos entre colchetes, no meio ou ao final da sentença.

4. **Tradução:** o autor do trabalho poderá traduzir uma citação para o seu idioma, sendo necessário constar, assim como no caso do destaque, a informação "tradução nossa" ao final da referência, no corpo do texto.

5. **Notas de rodapé:** devem estar dentro dos limites das margens, em fonte menor que a utilizada no texto, com espaço simples entrelinhas e com uma linha de aproximadamente 3 cm acima da nota, a partir da margem esquerda.

As notas de rodapé são classificadas em explicativas (quando o autor deseja explicar informações, incluir traduções ou comentários relacionados ao texto) e notas de referência (quando o autor indica a referência consultada ou outro ponto do trabalho que aborda o assunto). <u>Notas de referência não excluem a necessidade da referência completa ao final do trabalho.</u>

Caso as referências no texto sejam apresentadas com o nome do autor, a nota de rodapé deverá ser indicada com número sobrescrito, sequencial em cada capítulo. No caso de referências numéricas no texto, as notas devem ser indicadas através de símbolos.

6. **Apresentação dos autores no texto:** há duas maneiras de citar autores no texto: sistema numérico – a citação remete às referências através de números – e sistema autor-data – a citação remete às referências através do sobrenome do autor e ano de publicação. As normas da APA preveem apenas o sistema autor-data. O mesmo sistema deve ser adotado em todo o trabalho.

Quando se utiliza o sistema numérico, a numeração deve ser consecutiva por todo o trabalho, indicada por algarismos arábicos. A numeração pode ser apresentada de maneira sobrescrita ou entre parênteses.

A lista de referências ao final do trabalho deve ser elaborada no mesmo sistema, seguindo exatamente a mesma numeração do texto.

No sistema autor-data, deve-se atentar ao seguinte:

a) Quando a citação ocorrer no corpo do texto, o sobrenome do autor se inicia com letra maiúscula e as demais letras por minúsculas, seguido pelo ano entre parênteses. Exemplo: "de acordo com Lunardi (2014), exercícios respiratórios são benéficos".

b) Quando a citação ocorrer ao final do parágrafo, o sobrenome do autor aparece com todas as letras maiúsculas, separado do ano por vírgula. Exemplo: "exercícios respiratórios são benéficos (LUNARDI, 2014)".

c) De acordo com as recomendações ISO e Vancouver, apenas a primeira letra do sobrenome do autor deve estar com letra maiúscula, independentemente de ser apresentado no texto ou entre parênteses.

d) De acordo com as recomendações da APA, dois autores devem ser ligados no texto pela conjunção "e", como no exemplo acima e, entre parênteses, pelo símbolo "&". Exemplo: "exercícios respiratórios são benéficos (LUNARDI & BERTO, 2014)".

e) Até três autores, todos devem ser apresentados. Os sobrenomes devem constar separados por vírgulas quando citados no texto (exceto entre o segundo e terceiro autores, quando devem ser separados pela conjunção "e") e por ponto e vírgula quando citados entre parênteses. Exemplo: "Lunardi, Berto e Simões (2014) afirmam que exercícios respiratórios são benéficos/exercícios respiratórios são benéficos (LUNARDI; BERTO; SIMÕES, 2014)".

f) A partir de quatro autores, apresenta-se o sobrenome do primeiro seguido da expressão "et al.". Exemplo: "Lunardi et al. (2014) afirmam que exercícios respiratórios são benéficos/exercícios respiratórios são benéficos (LUNARDI et al., 2014)".

g) A expressão "et al.", de acordo com as normas Vancouver, deve ser utilizada a partir de três autores.

h) De acordo com recomendações da APA: em citações com três a cinco autores, na primeira vez em que aparecem no texto, devem ser apresentados todos os autores, separados por vírgula e pela conjunção "e" entre o penúltimo e último autor, e pelo símbolo "&" quando entre parênteses. A partir da segunda citação, apresenta-se o sobrenome do primeiro autor seguido pela expressão "et al.", sem itálico.

i) Ainda de acordo com a APA, a partir de seis autores, deve-se indicar o sobrenome do primeiro seguido pela expressão "et al.". Caso haja coincidências de sobrenomes de autores, devem ser citados quantos forem necessários para que seja feita a diferenciação.

j) Quando houver referências do mesmo autor em trabalhos publicados no mesmo ano, os trabalhos serão diferenciados nas referências pela adição de letras minúsculas junto ao ano de publicação, sem espaços entre o ano e a letra que diferencia a referência. Exemplo: LUNARDI, 2014a; LUNARDI, 2014b.

k) No caso de autores diferentes com o mesmo sobrenome e mesmo ano de publicação, a diferenciação deve ser feita indicando a inicial do primeiro nome após vírgula. Se ainda assim a inicial do primeiro nome continuar a mesma, deve-se apresentar o primeiro nome por extenso. Exemplo: Lunardi, a (2014) e Lunardi, e (2014) / Lunardi, Adriana (2014) e Lunardi, Angela (2014).

l) Para a mesma situação, mas de acordo com as normas APA, a diferenciação será feita acrescentando a inicial do primeiro nome e ponto <u>antes</u> do sobrenome, sem vírgula. Exemplo: A. Lunardi (2014) e C. Lunardi (2014).

m) Quando o autor for uma instituição ou quando se referir a um evento, a referência será feita pelo nome da instituição ou do evento. Exemplo: Universidade de São Paulo (2014).

n) O mesmo vale em relação às normas da APA, mas nas citações subsequentes apresenta-se apenas a sigla da instituição.

5.2.4 ELEMENTOS PÓS-TEXTO

Os elementos pós-textuais referem-se aos seguintes itens: referências, glossário, apêndice, anexos e índice.

1. **Referências:** podem ser apresentadas de duas maneiras – ordem alfabética e ordem numérica. O mesmo padrão de referências utilizado ao final do trabalho deverá ser utilizado nas citações. Indique apenas referências citadas no texto. Caso haja materiais consultados, mas não citados, pode-se adicionar o item "Bibliografia Consultada" após as referências.

   A ordem numérica deve seguir rigorosamente a numeração utilizada no texto, também consecutiva. Já a ordem alfabética se organizará pela inicial do sobrenome do autor principal.

   No estilo Vancouver, o(s) prenome(s) do(s) autor(es) pode(m) ser abreviado(s) pela letra inicial ou redigido(s) por extenso.

   O estilo de apresentação dos autores seguirá o da citação, porém nas referências devem ser apresentados, além dos nomes dos autores, o título e subtítulo do trabalho, título do periódico, ano de publicação, mês, volume e número do fascículo e páginas. Exemplos:

Vancouver: Kumar SJ, Vendhan GV, Sachin A, Tiwari M, Sharma VP. Relationship between fear of falling, balance impairment and functional mobility in community dwelling elderly. Indian J Phys Med Rehabil. 2008;19(2):48-52.

ABNT: KUMAR, S. J. et al. Relationship between fear of falling, balance impairment and functional mobility in community dwelling elderly. **Indian J Phys Med Rehabil.**, India, v. 19, n. 2, p. 48-52, 2008.

APA: Kumar, S. J., Vendhan, G. V., Sachin, A., Tiwari, M., Sharma, V. P. (2008). Relationship between fear of falling, balance impairment and functional mobility in community dwelling elderly. *Indian J Phys Med Rehabil.*, 19(2), 48-52.

ISO: KUMAR, SJ et al. Relationship between fear of falling, balance impairment and functional mobility in community dwelling elderly. *Indian J Phys Med Rehabil.*, 2008, vol. 19, nº 2, p. 48-52.

2. **Glossário:** é opcional no trabalho, e consiste em uma lista de definição dos termos, geralmente técnicos, utilizados no trabalho e pouco conhecidos. A listagem deve ser apresentada em ordem alfabética.

3. **Apêndices:** também opcional, tratam-se de textos ou documentos que o autor do trabalho pode juntar a fim de complementar informações. Importante destacar que os apêndices são documentos elaborados pelo próprio autor. A identificação dos apêndices deve se dar de maneira alfabética consecutiva, com letras maiúsculas, separando a indicação de apêndice do título por hífen. Exemplo: APÊNDICE A – título; APÊNDICE B – título.

4. **Anexos:** do mesmo modo que os apêndices, são opcionais e referem-se a documentos ou textos que complementam o trabalho, mas não são elaborados pelo autor. Devem ser identificados da mesma maneira que os apêndices.

5. **Índice:** opcional, refere-se à lista de termos classificados em ordem alfabética ou em categorias, que remetem o leitor às páginas onde tais termos são abordados no trabalho.

Artigos científicos

Ao redigir um artigo científico, é interessante ter em mente a qual revista ele será submetido, de modo que sua redação já seja feita na formatação recomendada.

O ajuste de margens e o limite de caracteres são adaptados facilmente com as ferramentas disponíveis nos *softwares*, mas o ajuste das referências pode demandar mais tempo, apesar de já existirem programas que fazem esse trabalho.

As recomendações de formatação da revista científica devem ser rigorosamente seguidas.

Eventos científicos

A formatação de um <u>resumo</u> para eventos científicos segue as mesmas normas para os demais tipos de redação (dissertações/teses, artigos científicos).

As recomendações do evento para formatação <u>devem ser rigorosamente respeitadas</u>.

Se a modalidade de apresentação for <u>oral</u>, deve-se atentar ao limite de tempo para apresentação e ao conteúdo dos *slides*.

Slides com muito texto são cansativos, dispersam a plateia e dispensam a presença do apresentador. O design deve facilitar a leitura, e não possuir elementos que disputem a atenção do espectador com os conteúdos apresentados.

Em relação à utilização de figuras nos *slides*, opte por imagens que tenham relação com o assunto, que possam de alguma forma explicar o que está sendo dito, para facilitar a compreensão do espectador. Não se esqueça de apresentar a fonte da imagem.

Se optar por apresentar tópicos nos *slides*, como apoio para recordar as informações, será interessante que as linhas surjam individualmente, evitando que o espectador divida a atenção entre ouvi-lo e ler todo o conteúdo do *slide* de uma vez.

Tenha cautela ao formatar a apresentação de *slides*, para que as animações não tornem a apresentação poluída.

Quando incluir figuras/tabelas na apresentação, tenha a certeza de que estão legíveis. Se for necessário, divida a informação em mais slides e destaque as informações ao passo que as apresenta.

Em relação ao <u>pôster</u>, a comissão organizadora do evento também fornecerá as normas para sua elaboração, como tamanho do pôster e da fonte. O pôster deve ser visualmente atraente e bem organizado.

Texto em excesso e com pouco espaço entrelinhas pode tornar a leitura cansativa.

Em relação à cor da fonte, deve ser como na apresentação de *slides*, ou seja, permitir a leitura do texto com facilidade, especialmente quando o design do pôster tiver imagens de fundo.

É interessante utilizar figuras, organogramas, setas, formas e tabelas. Mas note que as imagens, no caso do pôster, devem ser autoexplicativas.

REFERÊNCIAS BIBLIOGRÁFICAS

Volpato GL. Ciência: da filosofia à publicação. São Paulo: Cultura Acadêmica; 2013. 377 p.

Instituto Brasileiro de Geografia e Estatística (IBGE). Normas de apresentação tabular. 3. ed. Rio de Janeiro; 1993 [acesso em: 23 jun. 2014]. Disponível em: http://biblioteca.ibge.gov.br/visualizacao/monografias/GEBIS%20-%20RJ/normastabular.pdf.

Universidade de São Paulo (USP). Sistema Integrado de Bibliotecas da USP (SIBI). Diretrizes para apresentação de dissertações e teses da USP: documento eletrônico e impresso Parte I (ABNT)/SIBI, Vânia Martins Bueno de Oliveira Funaro, coord. [et al.]. 2. ed. rev. ampl. São Paulo; SIBI,

2009 [acesso em: 23 jun. 2014]. (Cadernos de Estudos; 9) Disponível em: www.teses.usp.br/index.php?option=com_content&view=article&id=52&Itemid=67.

_____. Diretrizes para apresentação de dissertações e teses da USP: documento eletrônico e impresso Parte II (APA)/SIBI; Vânia Martins Bueno de Oliveira Funaro, coord. [et al.]. 2. ed. rev. ampl. São Paulo; SIBI, 2009 [acesso em: 23 jun. 2014]. (Cadernos de Estudos; 9). Disponível em: www.teses.usp.br/index.php?option=com_content&view=article&id=52&Itemid=67.

_____. Diretrizes para apresentação de dissertações e teses da USP: documento eletrônico e impresso Parte III (ISO)/SIBI; Vânia Martins Bueno de Oliveira Funaro, coord. [et al.]. 2. ed. rev. ampl. São Paulo: SIBI, 2009 [acesso em: 23 jun. 2014]. (Cadernos de Estudos; 9). Disponível em: www.teses.usp.br/index.php?option=com_content&view=article&id=52&Itemid=67.

_____. Diretrizes para apresentação de dissertações e teses da USP: documento eletrônico e impresso Parte IV (Vancouver)/SIBI; Vânia Martins Bueno de Oliveira Funaro, coord. [et al.]. 2. ed. rev. ampl. São Paulo: SIBI, 2009 [acesso em: 23 jun 2014]. (Cadernos de Estudos; 9). Disponível em: www.teses.usp.br/index.php?option=com_content&view=article&id=52&Itemid=67.

Universidade do Estado do Rio de Janeiro (UERJ). Roteiro para apresentação das teses e dissertações. Simone Faury Dib; Neusa Cardim da Silva (Orgs.); Kalina Rita Oliveira da Silva, Rosane Lopes Machado (colab.) 2. ed. rev. atual. e ampl. Rio de Janeiro: UERJ, Rede Sirius; 2012 [acesso em: 23 jun. 2014]. Disponível em: www.bdtd.uerj.br/roteiro_uerj_web.pdf.

Universidade Estadual Paulista (UNESP). Coordenadoria Geral de Bibliotecas. Grupo de Trabalho Normalização Documentária da UNESP. Normalização documentária para a produção científica da UNESP: normas para apresentação de referências segundo a NBR 6023:2002 da ABNT. São Paulo; 2003 [acesso em: 23 jun. 2014]. Disponível em: http://unesp.br/cgb/mostra_arq_multi.php?arquivo=4631.

Capítulo 6
Como escrever um projeto de pesquisa

Celso Ricardo Fernandes de Carvalho

O projeto de pesquisa é o planejamento detalhado de uma pesquisa que se pretende realizar. Além de facilitar o trabalho e antecipar dificuldades, o projeto proporciona ao pesquisador a chance de ver a sua pesquisa como um todo antes mesmo de começá-la. Além disso, o projeto de pesquisa indica ao pesquisador e seus colaboradores quais são os aspectos e questões em relação à investigação científica que serão realizados.

Portanto, é sempre útil, para quem se inicia na prática da ciência, uma reflexão sobre aquilo que se costuma considerar como científico. Ciência, palavra que vem do latim *Scientia*, é o conjunto do conhecimento, e o projeto de pesquisa pretende contribuir de forma efetiva para ele. A qualidade da pesquisa científica está diretamente ligada à relevância dessa contribuição. Portanto, é equivocado se ater ao conceito de que a pesquisa é, obrigatoriamente, aquilo que pode ser provado do ponto de vista estatístico. Obviamente que a inferência estatística foi um grande avanço nas ciências, especialmente na área da saúde. Entretanto, o pesquisador não pode esquecer que algumas informações para compreender fenômenos devem utilizar a análise qualitativa. Portanto, a pesquisa científica pode adotar tanto o método quantitativo quanto o método qualitativo e, em algumas pesquisas, ambos se complementam.

Quem elabora um projeto de pesquisa deve ter em mente que ele será analisado e julgado por especialista(s), portanto o primeiro requisito a ser avaliado é a qualidade da pesquisa proposta. Além disso, todas as informações avaliadas pelo outro pesquisador (ou revisor) têm de ficar claras e explícitas; portanto, o texto tem de ser claro e objetivo. Um projeto científico não é uma criação literária em que o pesquisador mostra sua erudição ou seus devaneios científicos (divagação), porque isso pode confundir quem o avalia.

Independentemente do tipo de pesquisa, as finalidades do projeto são:

- mapear o caminho a ser seguido durante toda a investigação;
- orientar o pesquisador e seus colaboradores durante o percurso de investigação;
- informar os propósitos da pesquisa para a comunidade científica.

Há vários itens que devem compor um projeto de pesquisa, porém os essenciais são:

1. Título
2. Resumo (em português e inglês)
3. Introdução
4. Objetivos
5. Metodologia
6. Referências bibliográficas
7. Anexos
8. Cronograma
9. Orçamento
10. Contrapartida institucional
11. Resultados esperados

6.1 TÍTULO

O título é o primeiro contato que o leitor terá com a pesquisa e, por isso, ele deve despertar o interesse do avaliador em ler o projeto. Deve ser o mais curto e esclarecedor possível sobre os propósitos da pesquisa. Existem diversas maneiras de se escrever um título.

   a) <u>Geral</u>. Por exemplo: "A importância da fisioterapia na qualidade de vida de pessoas em doentes neurológicos". Vejam que esse título tem uma característica que leva o leitor a entender que a intervenção será "a fisioterapia" e a população-alvo, os "doentes neurológicos". Esse tipo de título tende a fazer o leitor ter uma ideia mais genérica (ou ampla) sobre a intervenção (fisioterapia), que não se destinará a pacientes com doença neurológica específica, mas sim a qualquer paciente que tenha doença neurológica. Trata-se de um título vago tanto da intervenção, da população-alvo e do tipo de análise que será feita (qualitativa ou quantitativa). Dá ao leitor a ideia de que o projeto de pesquisa abordará vários tipos de intervenções de fisioterapia e estudará pacientes com várias doenças neurológicas.

   b) <u>Demonstrando o rigor científico</u>. "O papel do exercício físico de alta intensidade no controle clínico de pacientes asmáticos obesos: um estudo controlado, aleatorizado e de avaliador cego". Esse título é bem específico, porque tanto a intervenção como a população-alvo ficam claras ao leitor. Mostra ao leitor o rigor metodológico que será utilizado; portanto, fica evidente se tratar de uma análise quantitativa.

6.2 RESUMO EM PORTUGUÊS E INGLÊS

Embora não haja uma regra, os resumos devem ter entre 250 e 300 palavras e conter a essência do projeto. Deve constar do resumo: o histórico do tema e a apresentação da pergunta que torna seu projeto relevante, o objetivo da pesquisa, o delineamento metodológico, a parte essencial dos métodos científicos, a população que será estudada e o tipo de análise estatística.

A versão em inglês deve ser sempre revisada por pessoas experientes, para evitar o erro mais comum encontrado, que é a tradução literal do texto. Caso você não saiba inglês, faça uma revisão nos sites disponíveis na internet e peça a uma pessoa mais experiente que o revise.

6.3 INTRODUÇÃO

A introdução deve ter aproximadamente quatro a cinco páginas. Ela apresenta o tema do estudo e fundamenta o problema a ser respondido.

A primeira coisa para se fazer uma boa introdução é realizar uma revisão da literatura específica para o seu projeto. Ela não necessita ser exaustiva, mas precisa conter informação suficiente para demonstrar aos revisores que analisarão o projeto que o pesquisador domina o entendimento do "estado da arte" (condição atual do conhecimento) sobre o assunto, e também deve demonstrar que o problema ainda não foi resolvido, ou não foi resolvido de forma satisfatória ou ainda, se foi, os resultados não podem ser acessíveis por outros meios. Portanto, esta revisão é a apresentação de forma sistemática do conhecimento científico acumulado até o momento sobre o tema específico do projeto. É comum que as pessoas se percam durante um levantamento bibliográfico em base de dados (nacionais e internacionais) porque aparecem tantas coisas interessantes que ela acaba lendo tudo. Isto é muito interessante e traz conhecimento, mas é pouco produtivo para o andamento (rapidez) do seu projeto.

As informações na introdução devem convencer o leitor da relevância do projeto, portanto a argumentação apresentada deve ser precisa, mas não exagerada. Os dados introdutórios devem justificar o objetivo do estudo. Quem avalia um projeto, precisa decidir se a ideia do projeto é interessante (se tem relevância), inédita (se nunca foi feita ou o desenho metodológico apresentado é melhor que os anteriores) e viável (exequível). Portanto, a redação deve estar ortograficamente correta (com pouco ou nenhum erro). Além disso, o estilo da escrita deve ser impessoal e a apresentação gráfica agradável à leitura.

Na introdução, o texto tem de ser bem articulado e concentrado no tema específico do projeto. Apenas como exemplo, voltemos ao título apresentado anteriormente: "O papel do exercício físico de alta intensidade no controle clínico de pacientes asmáticos obesos: um estudo controlado, aleatorizado e de avaliador cego". Se esse fosse o tema, a introdução teria de explicar o que é a asma (fisiopatologia, epidemiologia e aspectos clínicos com enfoque em controle clínico); discorrer sobre o motivo de a asma em pacientes asmáticos obesos ser diferente dos não obesos; discorrer sobre a prevalência da asma no mundo e no Brasil; discorrer sobre o tratamento e o papel do exercício físico em pacientes asmáticos; discorrer sobre o histórico do papel do exercício físico em pacientes asmáticos e por que o exercício de alta intensidade seria relevante para eles.

Ao final, o pesquisador deve levantar a sua hipótese. Hipótese é uma reposta provisória à questão central da pesquisa, a qual o pesquisador acredita baseado nos resultados anteriores levantados na literatura. E é por isso que se diz que as hipóteses funcionam, que são como aquilo que o pesquisador acredita e que, às vezes, por acreditar tanto ele tende a fazer (mesmo que não conscientemente) os resultados obtidos tenderem a demonstrar aquilo que ele acreditava ser correto antes da pesquisa. Sendo assim, o desafio do pesquisador durante a execução da pesquisa será verificar a validade de sua hipótese, seja para confirmá-la ou para refutá-la. A(s) hipótese(s) deve(m) ser formulada(s) de forma afirmativa. Voltando ao projeto que utilizamos como exemplo, uma possível hipótese poderia ser que o exercício físico de alta intensidade faria o paciente asmático obeso perder mais peso, e isso melhoraria o controle clínico dele (claro, isso é somente um exemplo).

6.4 OBJETIVOS

Os objetivos do projeto devem enunciar em termos os desafios científicos e técnicos a serem superados e os resultados finais almejados. Embora não exista uma única maneira de se escrever os objetivos, as agências de fomento, como a Fundação de Amparo à Pesquisa do Estado de São Paulo (FAPESP), sugerem que o projeto de pesquisa tenha:

a) objetivo geral – são apresentados de forma global os objetivos pretendidos na pesquisa;

b) objetivos específicos – correspondem aos desdobramentos do objetivo geral, de forma a traduzir, em suas diferentes especificidades, o que se pretende alcançar.

6.5 METODOLOGIA

A metodologia é o estudo dos métodos, considerada uma forma de conduzir a pesquisa ou um conjunto de regras para ensino de ciência e arte. Portanto, ela deve conter de maneira descritiva, minuciosa, detalhada e rigorosa, as etapas a serem seguidas durante todo o projeto de pesquisa. Também deve ser maior em tamanho do que a introdução, porque descreverá todos os procedimentos em detalhes. Porém, ela deve ser equilibrada (dividir de maneira similar os instrumentos) e também não deve ser cansativa, ou seja, não deve ser muito detalhada com aspectos sem relevância para o projeto de pesquisa.

Mais uma vez, embora não exista uma maneira de se escrever a metodologia, podemos dividi-la em etapas.

1ª etapa

Classificação da pesquisa e opção metodológica para o estudo.

A classificação serve para que o revisor reconheça as características do trabalho a ser realizado, isso permite que ele planeje de maneira mais acertada e eficaz a sua pesquisa. A classificação pode ser feita pelo:

- objetivo: exploratória, descritiva e explicativa;
- objeto: revisão bibliográfica, experimental e clínica.

Além disso, é importante determinar a opção metodológica do estudo. Existem várias opções metodológicas, as mais comuns são:

- estudos de coorte: em que um grupo de sujeitos é seguido por um tempo;
- estudos transversais: em que as medições em um grupo de sujeitos serão feitas em um único momento e durante um curto período;
- estudos observacionais: em que os indivíduos serão acompanhados sem uma intervenção;
- estudos clínicos aleatorizados: em que o objetivo é comparar a efetividade das intervenções.

2ª etapa

Descrever a população e fazer o delineamento do estudo.

População: quem são os indivíduos que você estudará? Isso deve incluir o número de indivíduos, os critérios de inclusão e de exclusão. Os critérios de inclusão definem a homogeneidade da amostra e descrevem as características principais da população que será estudada, estando diretamente relacionados à questão do projeto de pesquisa. Nesse ponto, idade, sexo, peso ou índice de massa corpórea, raça e comorbidades são, normalmente, os fatores mais importantes. Além disto, também é importante estabelecer os critérios de exclusão, que são indivíduos que, se não fossem por essas características, também poderiam se beneficiar da pesquisa.

Delineamento experimental: deve-se estabelecer de maneira resumida como será feito todo recrutamento, avaliações, intervenção, reavaliações e, se houver, acompanhamento dos pacientes. No recrutamento, deve-se incluir de onde os pacientes provêm e como serão abordados. As avaliações devem conter, de preferência, quantos dias os pacientes serão avaliados e o que será avaliado em cada dia. Na intervenção, quando houver, deve constar de maneira resumida o que será realizado, incluindo a duração do programa e sua frequência (diária, semanal ou mensal). Nas reavaliações devem constar os mesmos itens da avaliação. Caso haja acompanhamento, é importante que conste o tipo (por telefone, pessoalmente etc.) e o que será avaliado durante tais momentos.

3ª etapa

Descrever cada um dos instrumentos de avaliação e a estatística a ser realizada.

Avaliação: deve ser descrito o essencial de cada variável a ser avaliada. Esses são os instrumentos práticos que lhes fornecerão dados e informações para documentar os resultados da pesquisa. É importante ressaltar que os instrumentos não devem ser incluídos na metodologia, mas deixados na seção "Anexos".

Detalhes a serem relatados para cada instrumento: é muito difícil incluir todos os possíveis instrumentos a serem utilizados, porém, a grosso modo, podemos dividi-los em clínicos e questionários. Os instrumentos clínicos são aqueles em que o paciente é submetido a algum tipo de avaliação; já os questionários (ou entrevistas) são avaliações obtidas por meio de perguntas e respostas.

Questionários (ou entrevistas)

- Características: esse instrumento é amplamente utilizado na literatura, e pode ser desenvolvido especificamente para o seu estudo. Se já é amplamente utilizado, ele foi validado para o idioma português e foi utilizado para uma população-alvo (tipo de doença e faixa etária).

- Realização: como o instrumento será avaliado. Por exemplo, se for um questionário, ele será respondido pelo paciente ou por um entrevistado. Se for por entrevista, ela será estruturada (quando a relação de perguntas é construída e seguida sem variação), semiestruturada (lista de perguntas não objetivas, que dão vazão a desdobramentos) ou aberta (caracterizada pela preparação de um roteiro de temas a serem abordados, cujas respostas são espontâneas, não seguem uma linha). Além disso, é importante especificar a duração média desse questionário (entrevista), para que seja avaliada a sua exequibilidade. Por último, o questionário (entrevista) será respondido pelo sujeito da pesquisa ou por algum cuidador (ou familiar).

- Classificação dos resultados: o instrumento estabelece alguma categorização, ou seja, nota de corte que classifique os resultados obtidos na população (por exemplo, leve, moderado e grave).

- Relevância clínica: o instrumento tem algum tipo de valor que estabelece a ocorrência de melhora (ou piora) dos pacientes.

- Aspectos éticos: o questionário (entrevista) será feito em público ou na frente de outra pessoa.

Instrumentos clínicos

- Característica: tipo de instrumento clínico (teste físico, funcional etc.), relatar qual a sua marca, modelo e procedência.

- Realização: como o instrumento será avaliado. Por exemplo, se for uma avaliação de força, será realizada de maneira estática ou dinâmica;

- Classificação: qual informação é obtida pelo instrumento e se estabelece alguma categorização. Por exemplo, diversos tipos de avaliações que indicam curvas de normalidade de acordo com os dados antropométricos dos indivíduos. Relatar qual informação obtida será utilizada para as análises estatísticas (se for o caso).
- Relevância clínica: o instrumento será aquele considerado padrão-ouro, ou seja, aquele mais preciso para a medida a ser realizada.
- Aspectos éticos: se a avaliação coloca em risco a vida do paciente, por exemplo um teste cardiopulmonar, informar quem fará o exame, quais os aspectos de segurança que serão tomados para que o sujeito da pesquisa seja preservado e como será realizada a avaliação.

Análise estatística

A análise estatística deve incluir tanto como foi calculado o número de pacientes como qual(is) teste(s) estatístico(s) será(ão) realizado(s). Embora nem todos os estudos requeiram análise estatística, este é um item muito relevante para aqueles que o fazem. A maioria das pessoas acredita que a análise estatística tem apenas um papel de estabelecer se o estudo mostra ou não diferença estatística. Porém, é importante lembrar que a determinação do número de indivíduos pela análise estatística envolve outros aspectos, como ética da pesquisa, custo e exequibilidade. Eticamente, não se deve avaliar um número maior ou menor de indivíduos para que os resultados da pesquisa atinjam o resultado esperado. Isso porque o sujeito da pesquisa está se disponibilizando a participar de maneira cooperativa, e incluir um número maior do que aquele estabelecido pela análise estatística significa que há mais sujeitos do que o necessário, o que não é ético. Da mesma maneira, a inclusão de um menor número de indivíduos também não responderá à pergunta do estudo, e isso também significa submetê-los de maneira desnecessária. Com relação ao custo, um grande número de indivíduos pode demonstrar que dificilmente os pesquisadores atingirão o seu objetivo e, portanto, significa que a pesquisa não é exequível.

Escolher corretamente o teste estatístico é importante porque estabelece se os resultados obtidos têm ou não significância, demonstrando se o pesquisador que elaborou o projeto tem conhecimento adequado para encontrar relevância em seus achados.

6.6 REFERÊNCIAS BIBLIOGRÁFICAS

Aqui, o pesquisador deve tomar cuidado para equilibrar alguns fatores: I) precisão da informação – a citação informada deve ser autêntica; II) inovação – deve haver um equilíbrio de aproximadamente 50% entre as citações antigas (< 5 anos) e as recentes (> 5 anos); III) padronização – independentemente de qual modelo de citação seja utilizado, garanta que todas estejam no mesmo formato; IV) origem – buscar informações nacionais e internacionais para incluir a regionalização sobre o tema; V) cientificismo: prestar atenção na hora de citar livros e referências da internet.

6.7 ANEXOS

Nesta seção do projeto, o pesquisador deve incluir todos os anexos citados: questionários, avaliações clínicas, termo de consentimento livre e esclarecido e outros detalhes. É importante que eles estejam no mesmo idioma, numerados na ordem em que são citados no projeto e que ocupem o menor espaço possível.

6.8 CRONOGRAMA

Aqui se deve tomar alguns cuidados:

a) Adequação: ter a certeza de que o cronograma mostra ao revisor a exequibilidade do projeto. A grande maioria dos revisores é obrigada a estabelecer se o projeto é exequível, e o cronograma é um dos pontos mais utilizados para determinar isso.

b) Ser realista: deve-se lembrar que o início do projeto, normalmente, anda mais lentamente porque o treinamento da equipe está sendo realizado, o fluxo de pacientes está sendo estabelecido e os equipamentos que serão usados comprados e adaptados ao local onde as coletas serão realizadas.

c) Incluir todas as variáveis: embora não haja uma regra, alguns itens são mais comumente citados no cronograma, como número de indivíduos (ou fase do projeto), elaboração de artigos e resumos para congressos (se for para pós-graduação, incluir a qualificação e a defesa do mestrado e/ou doutorado), relatórios a serem apresentados, levantamento bibliográfico e período para análise estatística. O ideal é apresentar isso por bimestre e/ou trimestre, porque auxilia o pesquisador a se manter dentro dos prazos.

6.9 ORÇAMENTO

Por menor que seja, toda pesquisa tem um custo. Quando é muito reduzido, o pesquisador pode descrever os itens e informar que será financiado com "recursos próprios". Por exemplo, se eu vou fazer uma pesquisa cujos sujeitos da pesquisa terão de responder a questionários, o custo seria: papel, *toner* de impressora, custo com transporte e a mão de obra do pesquisador ou de uma equipe. Entendendo que a grande maioria das pessoas tem impressora e papel, o próprio pesquisador pode financiar a pesquisa.

Porém, muitas vezes não é isso que acontece, e toda pesquisa tem um custo nada pequeno. Nesse caso, devem ser incluídos alguns itens, e os mais comuns são: material permanente e equipamentos de vida útil média (> 5 anos). Alguns exemplos são: mobiliário de escritório, computadores, macas, bicicletas ergométricas, televisores, entre outros; material de consumo, equipamentos ou material renovados a cada novo sujeito, cuja duração é muito curta como papel, *toner* de impressora, gaze, algodão, álcool, entre outros. Aqui, é importante fazer uma ressalva: algumas agências de fomento solicitam a descrição do que será comprado no exterior (material importado) e do que será comprado no Brasil (material nacional). Pagamentos de terceiros: incluindo o pagamento de serviços requeridos a profissionais que prestam serviço ao projeto de pesquisa, como empresas que consertam equipamentos, pagamento de encadernações de teses, serviços de engenharia, entre outros. Transporte: tanto o pagamento de transporte dos pacientes como o dos pesquisadores que irão realizar a pesquisa, como pagamento de ônibus para pacientes irem e voltarem do local onde será realizada a pesquisa, pagamento de passagens aéreas de pesquisadores para irem a outros centros de pesquisa ou a congressos.

6.10 CONTRAPARTIDA INSTITUCIONAL

A grande maioria das pesquisas tende a realizar-se em universidades, e as agências de fomento requerem uma contrapartida, ou seja, que se estabeleça como a instituição de ensino também contribuirá para o andamento da pesquisa. Assim, é importante listar tudo que será utilizado para a pesquisa e que pertence às universidades, tais como equipe de trabalho, materiais clínicos e de escritório, entre outros.

6.11 RESULTADOS ESPERADOS

Informar qual a repercussão estimada e/ou os impactos na saúde, educacionais, culturais, socioeconômicos, técnico-científicos e ambientais dos resultados esperados. Declarar quantas apresentações em congresso e publicações se espera realizar. De preferência, sugerir o possível nome desses trabalhos e publicações. Além disso, informar a repercussão e como o pesquisador dimensiona o potencial de incorporação dos seus resultados para a ciência.

Capítulo 7
Redação científica

Frederico Leon Arrabal Fernandes

Não há maior agonia do que ter uma história não contada dentro de você.
Maya Angelou

7.1 PRIMEIRAS CONSIDERAÇÕES: QUE BARREIRAS DEVO SUPERAR PARA COMEÇAR A ESCREVER?

Comunicar os resultados de suas observações e experimentos é, sem dúvida, parte crucial da vida de um pesquisador. Atrevo-me a dizer que é a parte mais importante. Para muitos, é o passo mais difícil. São inúmeros os relatos de anos de trabalho e resultados espetaculares nunca publicados devido à dificuldade daqueles que executaram o projeto em transformá-lo em um artigo.

Escrita científica pode ser um desafio, às vezes intransponível, por diversas razões. Exige tempo. Exige dedicação. Exige prática e conhecimento. E, principalmente, é uma atividade solitária. Desenhar um estudo, conhecer os desfechos, aplicar questionários e testes, tudo isso pode ser feito a quatro mãos, ensinado e aprendido na prática. Escrever, no entanto, carece de uma pitada de introspecção, de uma vontade e determinação que podem, à primeira vista, parecer inalcançáveis.

O ensino de técnicas de redação científica não é priorizado nos cursos de graduação e pós-graduação. Muitas vezes, o pesquisador pensa que não tem talento ou habilidade para escrever.

A primeira barreira é superar o medo. Redação científica não é um talento. É uma habilidade que pode ser aprendida, treinada e se desenvolver mesmo em quem nunca a praticou. Todos os pesquisadores devem aprender seus fundamentos. Redigir um artigo de forma sistemática ajuda, e muito, a organizar as ideias e os dados de um projeto.

A segunda barreira é a língua. Nem todos os pesquisadores têm domínio da língua inglesa suficiente para produzir um texto científico em inglês. A principal recomendação é primeiro escrever em português e depois traduzir, com a ajuda de um colega, professor ou de um serviço profissional de tradução.

A terceira barreira é o tempo. A estratégia de redigir um artigo em intervalos durante o dia ou nas horas vagas raramente funciona. É preciso separar um tempo para se dedicar à escrita. Geralmente, é preciso um aquecimento de 30 a 60 minutos para que as ideias comecem a fluir e se transformem em um texto coeso. É muito comum, também, que a redação precise de revisão de dados do projeto ou da literatura, que consomem tempo e precisam de concentração. A sugestão é separar um período de cinco horas trabalhando sem distrações, divididas em 45 minutos cada, com intervalos de 15 minutos para relaxar ou fazer um lanche.

Superando o medo, decidindo em que língua vai ser escrita a primeira versão e separando um período para trabalhar sem distrações, estamos prontos para começar.

7.2 DIVIDIR PARA CONQUISTAR

Vou descrever, ao longo deste capítulo, um método de planejamento e escrita que tenho utilizado com sucesso. Existem outros métodos, que podem ser mais adequados às particularidades de cada um. No entanto, o mais importante é ter um método. Começar a escrever sem planejamento geralmente resulta em um artigo com lacunas e falhas no encadeamento de ideias.[1]

O primeiro passo é organizar um plano, ou esqueleto, e preenchê-lo de forma sistemática. Os artigos científicos são tradicionalmente divididos em quatro partes principais: introdução, metodologia, resultados e discussão. Cada uma dessas partes deve ter seu conteúdo definido e planejado antes de se começar a escrever o corpo do texto. O resumo (ou *abstract*), as referências bibliográficas e a página de título devem ser confeccionados depois do corpo do artigo estar pronto.

A preparação para a escrita também depende de um levantamento bibliográfico bem executado. Os artigos que embasam seu trabalho devem ser conhecidos, impressos e lidos antes de você começar a escrever.

Em um arquivo de texto, ou em um caderno, comece listando cada uma das quatro partes do artigo e os pontos que devem conter os parágrafos e as subdivisões de cada parte, conforme a descrição adiante. Anote ao lado de cada parágrafo, ou em forma de comentário no arquivo de texto, os artigos que sustentam as informações colocadas.

---

1 <www.escritacientifica.com/pt-BR/>.

Depois de pronto o esqueleto, comece a escrever parágrafo por parágrafo. A ordem da escrita pode variar, mas eu sugiro começar pelos métodos e resultados mais objetivos e bem documentados e depois escrever a introdução e discussão (Rosenfeld et al., 2009). Essa ordem tem a vantagem de permitir ao pesquisador organizar seus dados e rever os achados antes de interpretá-los (Sterk; Rabe, 2008).

Vou utilizar como exemplo um estudo fictício, que aborda DPOC e atividade física, mas o delineamento serve para todo tipo de artigo.

7.3 INTRODUÇÃO

A introdução deve ser breve, no máximo duas páginas. O objetivo da introdução de um artigo original não é esgotar toda a revisão da literatura do tópico em questão. É apresentar uma visão geral do problema e deixar muito claro qual a pergunta a se responder, a lacuna na literatura a ser preenchida e a hipótese a ser testada.

Pense na introdução como a história do seu artigo. Deve ser apresentado ao leitor qual foi a observação clínica que originou a pergunta, por que ela é relevante e qual a sua proposta para responder o problema levantado. Também deve convencer o leitor de que a pergunta merece ser respondida e que o problema deve ter uma solução. Um leitor que se convence estará entusiasmado para ler o restante do seu artigo (Elefteriades, 2002).

No esqueleto do artigo, a introdução deve ser dividida em cinco parágrafos.

PARÁGRAFO 1. Qual é o panorama geral da doença ou condição estudada? Aqui cabem os dados epidemiológicos ou clínicos que mostram por que essa doença merece ser estudada.

Exemplo: No caso da DPOC, deve ser comentado que é uma importante causa de mortalidade, que a morbidade é elevada e que o custo individual e social do seu tratamento é alto.

PARÁGRAFO 2. Foco específico do artigo. Em que parte específica do problema esse artigo estará focado e por que essa particularidade é importante? Nesse parágrafo cabe mencionar qual é a observação clínica que motivou o projeto.

Exemplo: Deve ser colocado que portadores de DPOC têm a atividade física limitada, isso é um marcador de mal prognóstico e de pior qualidade de vida e que a reabilitação cardiopulmonar é um importante tratamento nesse contexto.

PARÁGRAFO 3. Quais são as lacunas na literatura? O que falta na definição ou caracterização do foco específico do artigo? Como a literatura já abordou esse problema e que pergunta ainda precisa ser respondida?

Exemplo: DPOC e insuficiência cardíaca (IC) são comorbidades frequentes. Será que existe relação entre IC e resposta à reabilitação na DPOC? Aqui cabe mencionar a alta prevalência de IC em portadores de DPOC e que não foi estudado se a presença de IC diminui o benefício da reabilitação nesses pacientes.

PARÁGRAFO 4. Por que é importante resolver este problema? Nesse parágrafo o leitor deve ser convencido de que essa lacuna na literatura deve ser preenchida. Qual é a possível implicação de se estudar o tópico na prática clínica? Como o seu estudo se propõe a solucionar os pontos em aberto mencionados anteriormente?

Exemplo: Deve ser mencionado que reabilitação é um tratamento que consome recursos e tempo, e que conhecer fatores que limitam seu benefício é importante. Se a IC diminuir a resposta à reabilitação, isso implica em diagnosticar e tratar essa condição de forma mais ativa em pacientes encaminhados à reabilitação.

PARÁGRAFO 5. No parágrafo final da introdução sua hipótese deve ser colocada de forma clara. Quais os objetivos e desfechos primários do seu estudo? Quais as implicações da hipótese ser confirmada ou rejeitada?

Exemplo: A hipótese é que pacientes com DPOC e IC têm menor resposta à reabilitação. O objetivo do estudo é medir o ganho de capacidade de exercício em portadores de DPOC e IC após a reabilitação e comparar com pacientes com DPOC sem IC. Como objetivo secundário, vamos comparar a diferença de qualidade de vida após a reabilitação entre os grupos.

7.4 METODOLOGIA

A seção de metodologia varia muito em tamanho, mas sua estrutura é a mais rígida. Devem ser descritos os participantes do estudo e o processo de inclusão, o desenho ou tipo de estudo, as intervenções e os desfechos.

Participantes: nessa parte deve ser descrito o método para recrutamento e qual a população acessível. Os critérios de inclusão e exclusão devem ser explicitados de forma clara. Se existirem subgrupos, adicionar quais os parâmetros usados para dividir a população do estudo. Também é importante mencionar os critérios para excluir participantes durante as fases do estudo.

Exemplo: os participantes eram portadores de DPOC com ou sem IC. Deve ficar claro como foi definida a presença de DPOC e IC. Quais os critérios utilizados (revisão de prontuário, diagnóstico prévio ou espirometria)? Qual o local onde foi feita a seleção (unidade básica de saúde ou hospital terciário)? Quais os critérios de exclusão (doença ortopédica que impeça a realização de reabilitação etc.)?

Deve ser informado se o estudo foi avaliado pelo comitê de ética institucional e qual o número de registro, e se os participantes concordaram e assinaram o TCLE.

Desenho do estudo: existem orientações sobre como apresentar o desenho do estudo, seja para ensaios clínicos ou para estudos epidemiológicos (The Consort Statement, 2010; The Stobe Statement, 2014). O uso de um fluxograma ou linha do tempo desde o recrutamento até as fases de desfecho do estudo é uma forma elegante e simples de familiarizar o leitor com a metodologia empregada.

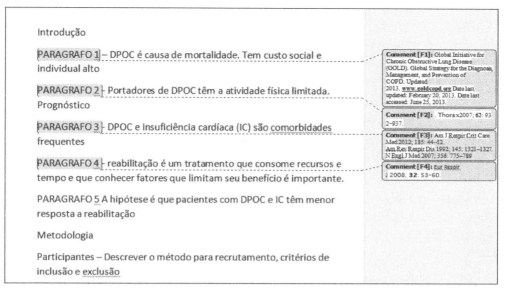

Figura 7.1 Esqueleto do artigo. O primeiro passo na redação do artigo é pensar no conteúdo e montar um esqueleto com as principais ideias que cada parágrafo deve conter e os artigos que dão sustentação a essas ideias anotados como comentário. Depois de pronto o esqueleto podemos começa a preencher as seções. Uma boa prática é escrever metodologia e resultados primeiro para depois escrever a introdução e discussão.

Figura 7.2 Exemplo de fluxograma do desenho do estudo. Em geral é apresentado horizontalmente e permite ao leitor ter uma ideia do processo pelo qual passou cada indivíduo incluso. Se for um prospectivo (Coorte ou ensaio clínico) pode ser apresentado em forma de linha do tempo.

O tipo de estudo deve ficar muito claro para o leitor. É um ensaio clínico ou estudo epidemiológico? Se for um ensaio clínico, é randomizado, cego, controlado? No caso de estudo epidemiológico, é uma coorte, caso controle ou transversal? Um dos principais erros ao se comunicar um trabalho científico é não deixar claro o desenho do estudo. Um estudo só é relevante quando pode ser comparado com outros estudos semelhantes para adicionar ao conjunto do conhecimento científico. Sem uma ideia bem definida do tipo de estudo sendo relatado, ele certamente não será incorporado a revisões sistemáticas ou meta-análises. Não somará, portanto, ao conhecimento científico vigente.

As intervenções e os desfechos avaliados devem ser descritos um por um. Muito cuidado para não transformar o artigo em um manual de procedimentos. Se o teste foi padronizado em outro estudo, pode ser apenas referenciado (ex.: a espirometria foi realizada conforme a diretriz de 2005 da ATS/ERS). É mais importante explicitar o racional para a realização do teste, a técnica utilizada e as variáveis obtidas em cada teste.

Exemplo 1: Os participantes do estudo foram submetidos à reabilitação cardiopulmonar de acordo com as diretrizes internacionais (não se esquecer de referenciar), com três sessões semanais por 12 semanas de treinamento de força e resistência em membros inferiores.

Exemplo 2: A capacidade de exercício foi medida pelo teste de caminhada de seis minutos, validado para portadores de DPOC (não se esquecer de referenciar), realizado de acordo com as diretrizes da ATS (novamente inserir a referência). O número de metros caminhados foi a variável obtida. Para a comparação entre os grupos, a diferença clinicamente significativa foi de 54 m, conforme padronizado previamente (e mais uma vez inserir a referência).

Se o estudo foi monitorado ou passou por algum tipo de análise interina, isso deve ser descrito nessa seção. Se foi cadastrado em algum registro de ensaios clínicos (por ex. em www.clinicaltrials.gov), isso deve ser explicitado.

Análise: a seção de análise deve conter as informações necessárias para que o leitor entenda como os dados obtidos foram trabalhados e permite dar suporte às conclusões do estudo. Um dos principais componentes dessa seção, frequentemente negligenciado, é o controle de qualidade. Quais os protocolos usados para evitar erros na coleta, na digitação e no manejo do banco de dados.

O número estimado de participantes, baseado no cálculo amostral, deve ser relatado. Atenção: o número final de participantes incluídos no estudo faz parte dos resultados (ver seção seguinte). O poder do estudo pode ser usado se a amostra for fixa ou de conveniência. O efeito ou diferença clinicamente significativo ajuda a fazer o leitor entender o cálculo da amostra.

Exemplo: A fim de obter 80% de poder e detectar uma diferença de 54 m no TC6M considerando um alfa de 0,05%, foi calculado que a amostra deveria ser de 42 pacientes por grupo. O recrutamento foi estimado em 50 pacientes por grupo, levando em conta possíveis perdas.

O teste estatístico para cada hipótese a ser testada deve ser descrito, assim como qual o pacote ou programa estatístico utilizado. Explicite se a análise foi feita entre os grupos ou dentro de cada grupo.

Outros pormenores de análise podem ser descritos nesta seção. Foi feita análise por intenção de tratar ou por protocolo? Como foram considerados os pacientes excluídos?

7.5 RESULTADOS

A seção de resultados é onde seus achados são comunicados. Deve ser objetiva, clara e ressaltar os achados mais relevantes. Tabelas, figuras e gráficos devem ser usados com frequência. Todos os dados não precisam ser repetidos no texto, mas ao ler a seção o leitor deve saber em qual tabela ou gráfico pode encontrar os resultados que procura. Os achados mais importantes podem ser repetidos no texto. Isso ajuda a fixar a mensagem.

Muito cuidado para não começar a discussão nesta seção. Não discuta os achados. Também não é necessário repetir os detalhes metodológicos.

Tenha bastante dedicação ao confeccionar as tabelas e os gráficos. Pense em qual imagem você quer que os leitores gravem. Se alguém for apresentar seu estudo em uma aula, qual figura vai levar? Dar ao leitor uma figura que resuma os achados mais importantes aumenta a chance do seu artigo repercutir.

Geralmente, começa com um fluxograma vertical demonstrando como a amostra final foi obtida. Inicia-se com quantos indivíduos foram rastreados, quantos preenchiam os critérios de inclusão, quantos foram excluídos, alocados em cada grupo, saíram do estudo e completaram todo o protocolo.

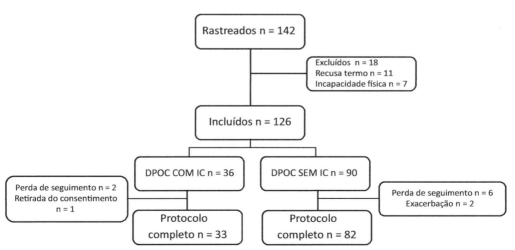

Figura 7.3 Exemplo de fluxograma do processo de seleção da população do estudo. Começa com a quantidade de pacientes rastreados. Classicamente é vertical e apresenta todas as perdas durante as fases do estudo.

As medidas basais de cada grupo, os dados antropométricos e outros dados relevantes são organizados em forma de tabela. Essa deve ser a Tabela 1 do artigo. Os dados ou comparações mais importantes podem ser mencionados no texto para dar ênfase.

Apresente os resultados de forma progressiva, começando pela hipótese principal. Foi confirmada? Qual é o achado e tamanho do efeito? Apresente as figuras e tabelas relevantes e repita os dados mais significativos no texto. Repita o processo para cada hipótese com o cuidado de ser conciso, especialmente para resultados redundantes e negativos.

Exemplo: o grupo de pacientes com IC apresentou desempenho inferior no TC6M. Em comparação com o grupo sem IC, a distância caminhada foi 71 m menor em média (p<0,001). O ganho em metros caminhados após reabilitação do grupo com IC foi de 22 m contra 78 m do grupo sem IC (p<0,05).

Achados surpreendentes, inesperados ou análises não planejadas de subgrupos devem ser relatados aqui de forma muito breve.[7] Cuidado para não montar os resultados ou basear a sua discussão em torno de um achado desse tipo. Isso é considerado "pescar" dados e geralmente não agrada os revisores.

Exemplo: resuma achados não esperados em uma frase – "Surpreendentemente, pacientes com IC apresentaram menor grau de dessaturação ao exercício que o grupo sem IC".

7.6 DISCUSSÃO

A discussão é onde a mensagem do artigo fica clara. Integra os resultados naquela lacuna da literatura levantada na introdução. Uma boa estratégia é escrever a introdução e a discussão na sequência, depois de completas as seções de metodologia e resultados. Montar o esqueleto do artigo separando a discussão em parágrafos para serem preenchidos também ajuda, e muito, a organizar esta seção.[8]

Lembre-se de que o esqueleto do artigo deve conter a ideia central de cada parágrafo e, ao lado ou em uma caixa de comentário, as referências que suportam essa ideia. Deixar os artigos relevantes separados auxilia a escrever a versão final e a montar a seção de referências bibliográficas.

PARÁGRAFO 1: comece a discussão com a mensagem do artigo. Qual o ponto mais importante e o que o leitor deve tirar do artigo para sua prática diária? Faça um *link* com os resultados, mostrando como os achados se traduzem na sua mensagem. Termine o parágrafo sugerindo a implicação prática dos achados.

Exemplo: Os resultados mostram que portadores de DPOC e IC têm menor resposta à reabilitação. Tanto o ganho de distância caminhada quanto de qualidade de vida após 12 semanas de treinamento foi menor nesses pacientes. Diagnosticar e tratar a IC na DPOC é importante para a prescrição adequada e eficaz da reabilitação.

PARÁGRAFO 2: compare os achados com outros estudos anteriores. Deixe claro qual a principal novidade do seu estudo e como expande os achados anteriores. Inicie o parágrafo com os seus achados e compare com artigos prévios. Qual a diferença? Seus achados são novos, diferentes, confirmatórios, mais detalhados?

PARÁGRAFO 3: neste parágrafo, aponte quais os pontos fortes e limitações do seu estudo. Comece ressaltando quais os pontos fortes na metodologia. Não existe estudo sem limitações ou algum detalhe metodológico que pode resultar em um viés ou erro aleatório. Aponte esses pormenores. Se você não levantar as limitações, certamente os revisores irão fazer esse papel. Tente explicar por que as decisões que levaram às limitações foram tomadas. Se os resultados foram negativos, mostre que não foram elas que levaram a isso. Muitos autores terminam a discussão com isso. Não caia nesse erro. Se terminar com as limitações, o leitor vai acabar com uma mensagem negativa do seu estudo.

PARÁGRAFO 4: neste parágrafo, os achados do estudo devem ser interpretados. Ele pode ser dividido em dois ou três, de acordo com a quantidade de informação levantada no artigo. Tente, de forma objetiva, explicar os possíveis mecanismos fisiopatológicos que explicam seus resultados. Se for preciso, especule possíveis explicações, mas deixe claro que está especulando. Mencione as questões ainda em aberto ou as oportunidades para futuras pesquisas em seu campo.

PARÁGRAFO 5: neste parágrafo, deve ser reforçada a mensagem e a implicação clínica do seu estudo. Não repita o primeiro parágrafo, use uma ênfase diferente. É importante ser conciso e claro.

Ao preencher os parágrafos, é muito importante encadear as ideias, criando pontes entre elas na discussão. Digamos que existam quatro pontos a discutir (A, B, C e D). Tente montar uma ordem hierárquica entre os pontos e montar os parágrafos e frases de forma que esses pontos apareçam estruturados: primeiro os pontos A e B, depois os pontos B e C e, finalmente, os pontos C e D.

Exemplo: Retomando a introdução e os resultados – De acordo com achados na literatura IC é uma comorbidade frequente na DPOC e pode limitar a atividade física (Ponto A). Os pacientes com IC tiveram menor ganho de distância caminhada (Ponto B), pior desempenho após a reabilitação (Ponto C) e menor ganho em qualidade de vida (Ponto D).

Uma forma ruim de colocar é incluir todos esses dados sem encadeamento em um parágrafo: IC é frequente na DPOC (PONTO A). Pacientes com IC tiveram pior desempenho no TC6M após a reabilitação (PONTO B) e menor ganho de distância caminhada (PONTO C). Tiveram, também, menor ganho na qualidade de vida (PONTO D).

Para tornar o texto mais agradável e transmitir melhor a mensagem, devemos montá-lo da seguinte forma:

Conforme já demonstrado por Jones et al., a IC está presente em 28% de portadores de DPOC grave (não esqueça a referência). IC pode ser uma causa de limitação ao desempenho aeróbico (Ponto A). Com o desempenho reduzido, a resposta à reabilitação foi menor nesse grupo (Ponto B). Menor ganho após a reabilitação (Ponto B) refletiu na menor distância caminhada em relação ao grupo sem IC, com diferença clinicamente significativa (Ponto C). Menor desempenho aeróbio após a reabilitação (Ponto C) impediu que o grupo com IC mostrasse benefício do condicionamento na qualidade vida (Ponto D).

Leia e releia os parágrafos de forma crítica. Sempre questione se as ideias estão encadeadas e se existem pontes entre os principais conceitos.

7.7 RESUMO (*ABSTRACT*)

Depois de pronto o esqueleto do texto, dividido em seções e parágrafos, preenchidos todos os parágrafos e o texto lido e revisado, é hora de fazer o resumo, ou *abstract*. Trata-se de uma miniatura do seu artigo. Cada revista tem suas regras para montá-lo, no entanto, o mais comum é dividi-lo em quatro partes, assim como o artigo: introdução, metodologia, resultados e conclusão.

Comece mencionando a observação clínica que levantou o problema do projeto. Depois, coloque a hipótese principal a ser testada. Nos métodos, coloque a população estudada, o tipo de estudo e o desfecho principal estudado. Evite detalhes técnicos. O resultado deve mencionar o desfecho principal. É importante escolher os resultados quantitativos mais importantes e mencioná-los com intervalo de confiança e p. Finalize com a mensagem principal e a implicação clínica do seu estudo.

7.8 COMO CITAR AS REFERÊNCIAS

As referências bibliográficas já formam o pesadelo dos autores. Em artigos ou capítulos de livros grandes, as referências podem somar centenas. Garantir que a ordem e a grafia de cada uma delas estejam corretas é trabalhoso e tedioso. Felizmente, existem gerenciadores de referências eletrônicos, que podem ser usados em conjunto com o editor de texto para organizar e preencher as referências automaticamente.

Cada revista tem sua norma própria, mas a maioria das revistas da área da saúde usa a norma Vancouver. Os gerenciadores conseguem formatar as referências de acordo com as exigências de cada revista. Minha sugestão é: familiarize-se com um gerenciador de referências e reduza muito o trabalho para escrever esta seção.

7.9 CONSIDERAÇÕES FINAIS: AGORA SÓ É PRECISO TER CORAGEM

Como tudo em ciência, com organização, método e muito suor, é possível superar qualquer barreira. A melhor maneira de aprender é fazer. Arrisque-se e escreva. Peça para colegas ou tutores criticarem seu texto de forma construtiva.

Escolha um título que chame a atenção e ajude a reforçar a sua mensagem e as implicações práticas de seu artigo. Um título inteligente pode fazer a diferença para o artigo ser lido ou não.

Não se esqueça das regras básicas de estilística, mantendo as sentenças curtas e simples, encadeando as ideias e, ao final, tenha certeza de que contou a sua história e transmitiu a sua mensagem!

REFERÊNCIAS BIBLIOGRÁFICAS

Elefteriades J. Twelve tips on writing a good scientific paper. Int J Angiol. 2002;11(1):53-5.

Rosenfeldt FL; Dowling JT, Pepe S, Fullerton MJ. How to write a paper for publication. Heart Lung Circ. 2000;9(2):82-87.

Jha KN. How to write articles that get published. JCDR 2014;8(9):XG01-XG03.

Sterk PJ, Rabe KF. The joy of writing a paper. Breathe. 2008;4(3):9.

The Consort Statement. 2010; [cited 1 dez. 23014]. Disponível em: www.consort-statement.org/.

The Stobe Statement. [cited 1 dez. 2014]. Disponível em: www.strobe-statement.org.

Wang R, Lagakos SW, Ware JH, Hunter DJ, Drazen JM. Statistics in Medicine: Reporting of Subgroup Analyses in Clinical Trials. New England J Med. 2007;357(21):2189-94.

Capítulo 8
Vieses sistemáticos em pesquisa: efeitos do desenho experimental e do pesquisador

Altay Lino de Souza
João Paulo Pereira Rosa

8.1 INTRODUÇÃO

O presente capítulo busca trazer conceitos importantes para a pesquisa clínica (mas sem se limitar a ela), fundamentais para serem pensados antes e durante a execução de uma pesquisa. Normalmente, durante a elaboração da pergunta de pesquisa e a escolha do desenho experimental, muitas vezes, o pesquisador pode esquecer algum detalhe importante. Essas "fontes de viés" podem aparecer no momento de definir quais variáveis serão coletadas para responder nossa pergunta de pesquisa, no momento de escolher como será o processo de coleta de dados ou mesmo durante a coleta de dados (dependendo de possíveis eventualidades que fazem parte de todo procedimento experimental).

Muito mais importante do que uma pesquisa apresentar vieses que podem comprometer a completa resposta para a pergunta de pesquisa, é atentar para a possibilidade de certo viés comprometer a pesquisa antes mesmo de sua ocorrência. Todo desenho experimental apresenta potenciais vieses que podem comprometer seus resultados, e este capítulo buscará ser o mais completo possível na apresentação da totalidade de vieses que podem acontecer dentro dos principais desenhos experimentais em pesquisa clínica.

Além disso, apresentaremos um novo prisma dentro desta temática, que é a discussão sobre os principais vieses da tomada de decisão sob condições de incerteza. Em geral, pesquisas são feitas buscando respostas com base em experimentos ou desenhos metodológicos específicos, e as vantagens e desvantagens desses procedimentos metodológicos já possuem vasta literatura a respeito (e neste livro também serão retomados de forma mais completa). Porém, ainda foi pouco discutido na área clínica sobre como funcionam os principais vieses de julgamento do pesquisador a respeito dos resultados de seu experimento.

Um experimento feito corretamente, com todos os cuidados necessários respeitados, pode ter seus achados discutidos de forma duvidosa por conta de "heurísticas" de julgamento do próprio pesquisador que conduziu a pesquisa. Independentemente de possíveis intenções ideológicas do pesquisador, em geral esses possíveis vieses de interpretação podem ser fruto de heurísticas de julgamento presentes em processos decisórios sob condições de incerteza.

Este capítulo apresentará inicialmente uma descrição de como funciona o processo decisório em condições de incerteza e mostrará a importância dessa temática para os pesquisadores da área clínica, tanto no conhecimento como no controle de seus próprios vieses de julgamento. Posteriormente, serão apresentados e discutidos os principais vieses dentro do escopo da pesquisa clínica em si. Pretendemos apresentar o maior número de vieses possível (agrupando-os em grupos maiores), em função dos tipos de desenho experimental e do momento de execução da pesquisa e coleta de dados. Além disso, este capítulo servirá como um preâmbulo para os próximos, que tratarão os principais tipos de estudo e desenhos experimentais de forma mais detalhada. Espera-se, assim, que este capítulo seja fonte de referência e consulta constante por parte do pesquisador em sua atividade acadêmica ou profissional. Vamos lá!

8.2 VIESES NA TOMADA DE DECISÃO SOB CONDIÇÕES DE INCERTEZA: ASPECTOS DO PESQUISADOR

Imagine um jogador de futebol que teve seu passado profissional analisado e com base em seu histórico foi constatado que, dos últimos 100 pênaltis que chutou, acertou 95. Provavelmente, se parar para pensar um segundo sobre esse jogador hipotético, possivelmente o que virá em sua cabeça é uma boa avaliação sobre o passado desse jogador, certo? Pelo menos ele é um jogador eficiente, ou deve ser habilidoso, dada sua taxa de acerto tão alta.

Agora imagine um cirurgião cardíaco. Ele também teve seu histórico profissional avaliado e constatou-se que, das últimas 100 cirurgias realizadas por ele, cinco pacientes morreram por conta do procedimento e 95 sobreviveram. Provavelmente, neste caso, você se sentiria menos confiante sobre a capacidade ou habilidade desse médico, se comparado com o nosso jogador de futebol, não é? Apesar da taxa de acerto ser a mesma nos dois casos, porque no caso do jogador de futebol a percepção de qualidade é tão diferente da percepção de qualidade do médico?

Todos os profissionais (de saúde, esporte ou qualquer outra atividade) estão sujeitos ao erro sistemático durante seus procedimentos. Apesar dos inúmeros estudos científicos que propiciaram o desenvolvimento, aperfeiçoamento e progresso dos procedimentos médicos, como será visto nos capítulos sobre análise estatística, todos os estudos científicos (que se baseiam em testes de hipóteses e abordagem quantitativa) apresentam um nível de significância que representa, de forma simplificada, o nível máximo de erro que aceitamos assumir de forma a considerar nossa hipótese de pesquisa válida.

Dessa forma, mesmo apesar de seguir todos os procedimentos esperados de forma adequada, ainda assim poderemos cometer erros inerentes ao método. Logo, o grande desafio do profissional clínico é – além de reduzir o erro subjacente ao experimento (escolhendo o tipo de desenho experimental adequadamente e também verificando quais tipos de vieses podem ocorrer durante a coleta e análise dos resultados) – estar atento aos processos frente à tomada de decisão sob condições de incerteza.

Como serão discutidas nesta parte do capítulo, as decisões são tomadas com base em evidências limitadas ou incompletas e, além disso, as pessoas frequentemente não percebem que informações relevantes estão faltando quando tomam decisões. Essa insensibilidade as leva a tratar uma pequena quantidade de informação como se fosse altamente significante e, sob certas circunstâncias, conduzem a julgamentos equivocados.

Embora todas as pessoas estejam sujeitas a esses tipos de vieses de julgamento, essa fascinante observação tem implicações sérias nas áreas de julgamento e tomada de decisão. O processo decisório é um componente fundamental do comportamento humano. Tomar decisões é como falar em prosa; as pessoas fazem isso o tempo todo, conscientemente ou não. Por isso, não causa surpresa que o assunto "processo decisório" seja compartilhado por diversas disciplinas, desde matemática e estatística, passando pela economia e as ciências políticas, até a sociologia e a psicologia.

Focar a pesquisa em julgamento e tomada de decisão implica como as pessoas combinam desejos (utilidades, valores pessoais, objetivos etc.) e crenças (expectativas, conhecimento etc.) na escolha de um curso de ação. Assim, o que chamamos "tomada de decisão" se refere ao processo completo da escolha de um curso de ação, e "julgamento" se refere aos componentes do processo de tomada de decisão que se ocupam da avaliação, estima e dedução dos eventos que podem ocorrer e das reações do tomador de decisão quanto aos possíveis resultados desses eventos. Quer dizer, julgamento e tomada de decisão são processos cognitivos pelos quais uma pessoa pode avaliar opções e selecionar a opção mais adequada, dentre várias alternativas.

Tradicionalmente, as *decisões tomadas sob incerteza* são definidas por informações ou conhecimento incompleto sobre uma situação, isto é, as possíveis alternativas, ou suas probabilidades de ocorrência ou seus resultados, não são conhecidos pelos tomadores de decisão. Um aspecto intrínseco do processo de tomada de decisão sob incerteza é o "julgamento".

Julgamento significa a avaliação, estima e dedução de uma ou mais possibilidades referentes a um conjunto específico de evidências e metas. Basicamente, diz respeito ao processo de fazer inferências. Intuição é baseada em experiência acumulada e concerne a compreensão rápida de uma situação sem um pensamento analítico consciente. Portanto, julgamentos intuitivos podem ser considerados como um processo de tomada de decisão sem um raciocínio intencional. Essa era a abordagem mais comum até os anos 1950.

Uma perspectiva mais realista é a da "racionalidade limitada" (*bounded rationality*). Um de seus estudiosos, Simon, argumentava que os tomadores de decisão têm limitações em suas habilidades no processamento de informações. Consequentemente, os tomadores de decisão não podem ser perfeitamente racionais da maneira descrita anteriormente. Em vez disso, tentam fazer o melhor que podem, dadas as limitações a que estão sujeitos. A maior contribuição conceitual de Simon é a noção de que as considerações do processamento de informação representam um importante papel no entendimento do processo decisório humano. Deste modo, como nossa capacidade é limitada no processamento de informações em condições de incerteza, usamos "regras práticas" ou *heurísticas* para tomar decisões.

Nesse contexto, no final dos anos 1960 e início dos anos 1970, uma série de artigos escritos por Amos Tversky e Daniel Kahneman revolucionou a pesquisa acadêmica sobre julgamento humano. A ideia central do programa *Heuristics and Biases* é que julgamentos em situações de incerteza frequentemente baseiam-se em um número limitado de heurísticas simplificadoras, em vez de um processamento algorítmico mais formal e extensivo, e este conceito influenciou diversas teorias e pesquisas.

A mensagem deste programa era revolucionária, pois questionava simultaneamente a adequação dos modelos ideais de julgamento e oferecia uma alternativa cognitiva que explicava o erro humano sem o enfoque tradicional da irracionalidade.

Em 1974, Tversky e Kahneman publicaram uma pesquisa seminal na área de julgamento sob condições de incerteza. Esta pesquisa indicou que as pessoas utilizam um número limitado de heurísticas para transformar tarefas complexas em processos mais simples para a tomada de decisão. Essas heurísticas produzem tipicamente julgamentos corretos, mas podem ocasionar erros sistemáticos. Eles identificaram as três principais meta-heurísticas comumente utilizadas pelas pessoas nos processos de julgamento, respectivamente: representatividade, disponibilidade e ancoragem e ajustamento.

Os indivíduos utilizam a **heurística da representatividade** para avaliar a probabilidade de um item pertencer a uma população com base no grau em que é similar a outros elementos ou propriedades dessa população. Essa heurística pode ser usada para explicar certos vieses, como a desconsideração do tamanho da amostra e a insensibilidade à confiabilidade e a habilidade preditiva dos dados de uma amostra.

A **heurística da disponibilidade** se refere à facilidade com que as pessoas podem recordar exemplos de um evento ou produto, afetando o julgamento da frequência com que um evento ocorre na realidade. Assim, as pessoas estimam a frequência de uma classe ou a probabilidade da ocorrência de um determinado evento pela facilidade com que as ocorrências ou circunstâncias desse evento estão "disponíveis" na memória.

A terceira heurística identificada por Tversky e Kahneman foi a da **ancoragem e ajustamento,** e a explicação original dessa heurística foi baseada na ideia de que os tomadores de decisão, no desenvolvimento de suas estimativas finais, ajustavam o valor da âncora considerada, mas tendiam a ajustar insuficientemente a partir desse ponto. Tradicionalmente, no modelo experimental padrão utilizado para se obter os efeitos da ancoragem, os participantes têm de realizar duas tarefas consecutivas: um julgamento comparativo e um julgamento estimativo ou absoluto. Assim, esperamos que os julgadores avaliem se a quantidade incerta que se deseja estimar é maior ou menor que um valor arbitrário (âncora) e se ajustam suas estimativas na direção apropriada, até que um valor aceitável seja encontrado.

Desde que o processo de ajustamento termina no limite superior ou inferior mais próximo de uma grande faixa de valores aceitáveis, os ajustamentos tendem a ser insuficientes. Os pesquisadores Epley e Gilovich fornecem evidências adicionais para esta explicação, porém indicam que os efeitos da ancoragem serão gerados pelo ajustamento insuficiente somente para "âncoras auto geradas". Esses autores propõem que as pessoas constroem um modelo mental que aumenta seletivamente a acessibilidade de informações consistentes com o valor da âncora. Como a âncora é considerada uma candidata à resposta da quantidade incerta que se quer estimar, pelo menos como uma convicção passageira, ela influencia o julgamento dos indivíduos quanto à estimativa dessa quantidade.

Os efeitos da ancoragem serão gerados por esse modelo somente quando as âncoras forem fornecidas pelo pesquisador ou por outra fonte externa. No texto, serão detalhados estes dois processos e em quais condições cada um vai ocorrer.

O processo tradicional sobre tomada de decisões é baseado no modelo clássico da escolha racional, que segue uma estrutura normativa. A teoria normativa investiga como fazemos escolhas sob condições ideais e estabelece que costumamos escolher a opção mais útil. De acordo com esse modelo, o tomador de decisão racional escolhe uma opção avaliando as probabilidades de cada possível resultado, julga a utilidade que obterá com cada resultado e escolhe a opção que oferece a combinação ótima.

Entretanto, é normal tomarmos decisões sob condições de incerteza e não termos informações completas ou conhecimento sobre a situação, isto é, não sabermos quais são as possíveis alternativas, ou as probabilidades de ocorrência ou mesmo quais os resultados que serão obtidos.

Desse modo, é importante considerarmos dois aspectos nos estudos de julgamento e tomada de decisão. Primeiro, sabemos que indivíduos usualmente não são nem racionais nem consistentes quando fazem julgamentos sob incerteza. Segundo, essa estrutura normativa provê um fundamento para ilustrar os desvios sistemáticos em relação à racionalidade a que estamos propensos quando tomamos decisões sob condições incertas. A seguir, será discutido o modelo normativo de julgamento e tomada de decisão racional sob condições de incerteza.

Para um evento incerto ser representativo, não é suficiente que ele seja similar à população de origem, ele também deverá refletir as propriedades dos processos incertos dos quais foram gerados, isto é, deverão parecer aleatórios, e a maior característica da aparente aleatoriedade é a falta de padrões sistemáticos. Uma sequência de lançamentos de uma moeda que contém uma regularidade óbvia não é representativa. Assim, os participantes rotineiramente acharam que a sequência de caras (Ca) ou coroas (Co), "Ca-Co-Ca-Co-Co-Ca", era mais provável do que, "Ca-Ca-Ca-Co-Co-Co", que não "parece" aleatória e mais provável do que a sequência "Ca-Ca-Ca-Ca-Co-Ca", que não representa a mesma probabilidade para caras ou coroas. Porém, o que a probabilidade simples nos ensina é que cada uma das sequências é igualmente provável por causa da independência de eventos aleatórios múltiplos.

A segunda heurística a ser apresentada é a da disponibilidade. Há situações em que as pessoas avaliam a frequência, a probabilidade ou as prováveis causas de ocorrência de um determinado evento pela facilidade com que exemplos ou ocorrências desse evento estão "disponíveis" na memória. Eventos são julgados mais prováveis de ocorrer se são fáceis de imaginar ou recordar.

Assim, por exemplo, a ocorrência de infartos em pessoas de meia-idade pode ser estimada por alguém devido à lembrança de pessoas conhecidas que sofreram infartos. De maneira semelhante, um gerente pode avaliar o sucesso ou fracasso do lançamento de um produto devido à lembrança que tem de outros lançamentos em situações similares.

Uma vida de experiência nos levou a acreditar que eventos prováveis serão mais fáceis de recordar do que eventos improváveis. Para responder a esse aprendizado, os seres humanos têm desenvolvido um procedimento para estimar a probabilidade de eventos: a heurística da disponibilidade. Em muitos casos, essa heurística nos levará a julgamentos corretos porque, em geral, exemplos de eventos de maior frequência se revelam mais rapidamente em nossa mente do que os menos frequentes.

É extremamente importante, entretanto, perceber que o uso incorreto da heurística da disponibilidade pode levar a erros sistemáticos, porque a disponibilidade de informações é afetada por outros fatores não relacionados à frequência do evento julgado. Esses outros fatores, tais como a vividez da lembrança, a familiaridade e a facilidade com que é imaginado, podem influenciar inapropriadamente o julgamento desse evento e levar a vieses previsíveis.

Como na heurística da representatividade, Tversky e Kahneman realizaram uma série de experimentos para identificar alguns vieses que emanam da heurística da disponibilidade, a "facilidade de lembrança" (*easy to recall*) e a "recuperabilidade" (*retrievability*).

A terceira heurística do julgamento apresentada por esses autores é a "ancoragem e ajustamento". Ambos são os primeiros pesquisadores a apresentarem resultados empíricos dessa heurística. A ancoragem ocorre quando uma pessoa utiliza um ponto inicial, ou "âncora", por exemplo, um preço apresentado, estimado ou subentendido, e então usa essa informação como base para avaliar uma dada opção ou para escolher um curso de ação. O ajustamento ocorre quando a pessoa toma esta "âncora" como ponto de partida e adiciona ou subtrai valores desse valor para estimar as probabilidades dos resultados potenciais.

O risco mais significativo para a ocorrência de ancoragem e ajustamento no julgamento das pessoas é o modo como a âncora original é gerada e, como será visto, existem diferenças nos mecanismos que geram a ancoragem, e o ajustamento insuficiente não é a única causa. Um exemplo do dia a dia é a automedicação. Aquela história, "se este remédio funciona para mim, vai funcionar para você também", é um grande exemplo da heurística da ancoragem que pode ser aplicada a vários contextos.

A maneira como um diagnóstico pode ser apresentado, ou mesmo como a redação da discussão dos resultados de um artigo científico é redigida, pode aumentar a chance de aceitação, sobretudo em função da presença de elementos que sirvam de âncora para o processo decisório do pesquisador que julga o trabalho, e mesmo do profissional responsável pela divulgação da pesquisa (em blogs ou jornais, por exemplo).

Com a explanação sobre o papel do processo decisório humano no momento de tomar decisões sobre condições de incerteza, vamos agora aos vieses presentes nos estudos clínicos propriamente ditos. Vamos explorar os problemas e cuidados a serem tomados durante a elaboração e coleta de dados dos desenhos experimentais abordados neste livro.

8.3 VIESES DOS ESTUDOS CLÍNICOS

Para entender melhor os vieses presentes nos estudos clínicos, é muito importante ter em mente os conceitos de validades interna e externa. Inicialmente, vale a pena deixar claro que não existe validade externa sem interna, mas a presença do segundo não garante o primeiro.

Vamos ilustrar esses conceitos com um exemplo. Em um estudo que visa testar a seguinte questão, "O excesso de sacarina pode causar câncer de bexiga em ratos?", vamos considerar dois pontos importantes sobre o processo de coleta de dados e seleção dos sujeitos de pesquisa para este estudo:

I) Normalmente, em estudos laboratoriais, utilizam-se ratos Wistar brancos (geneticamente mais similares entre si do que as demais espécies de ratos encontradas na natureza). Dessa forma, podemos ter uma amostra mais homogênea para verificar o efeito que tenho interesse em investigar (sacarina sobre a ocorrência de câncer de pulmão).

II) Mas, por outro lado, eu poderia utilizar ratos de rua em minha pesquisa. Eles possuem uma alta variabilidade genética e grande heterogeneidade, sendo assim mais representativos do que a população de ratos existentes na natureza. Caso o efeito da sacarina sobre a ocorrência de câncer seja verificado neste grupo, posso afirmar de forma mais confiável sobre essa relação hipotética.

Baseando-se nas considerações I e II, qual delas está mais relacionada com validades interna e externa? Vamos definir o que são cada um desses conceitos de forma didática, para facilitar a construção da sua resposta.

- Validade interna: representa a capacidade do meu conjunto de dados (amostra) para mostrar adequadamente o efeito que espero obter entre minha variável de interesse e o desfecho observado.

Em outras palavras: "Será que a relação entre exposição (sacarina) e desfecho (câncer de bexiga em ratos) existe, pelo menos em minha amostra?"

- Validade externa: Representa a capacidade de minha amostra para detectar uma diferença que eu espero obter na população, caso ela de fato exista.

Em outras palavras: "Será que a relação entre exposição (sacarina) e desfecho (câncer de bexiga em ratos) encontrada em minha amostra pode ser generalizada para a população como um todo?"

Quero verificar se minha amostra é capaz de detectar de forma adequada o que espero obter em meu estudo (validade interna). No exemplo da pesquisa com os ratos e câncer de bexiga, caso o pesquisador opte por selecionar seus sujeitos de pesquisa com base na consideração II, seus ratos teriam muita variação nos resultados, o que poderia gerar resultados inconclusivos ou apresentar vieses de amostragem. Uma solução para isso seria aumentar o tamanho da amostra, de forma a torná-la representativa da população dos ratos de rua estudados. Porém, isso esbarraria em outros dois problemas: custo e tempo. O tamanho da amostra deveria ser muito grande e também seria necessário muito tempo para executar o experimento em um número alto de ratos.

Assim sendo, em boa parte dos estudos, acabamos optando por escolher ratos de laboratório (geneticamente mais homogêneos), para aumentar a certeza de que a relação entre o desfecho (câncer de bexiga) e a exposição (sacarina) exista, mesmo que seja em uma subpopulação restrita do meu universo amostral. Caso seja encontrada alguma evidência significativa, pode-se seguir para um estudo em uma fase subsequente, com uma maior heterogeneidade amostral.

O que deve ficar claro, para o pesquisador que pretende começar a delinear um projeto de pesquisa ou um experimento, é que um bom estudo apresenta um <u>equilíbrio adequado entre validades interna e externa</u>, respeitando os aspectos normativos adequados para execução de uma pesquisa (escolha adequada das variáveis, revisão da literatura, cálculo da amostra necessária, escolha do tipo de delineamento experimental adequado para responder a pergunta de pesquisa) e também os aspectos logísticos (tempo para realização do estudo e custo da pesquisa). Mesmo atualmente, é muito improvável conseguir elaborar um estudo com o máximo de validade interna e externa necessária para a afirmação categórica e completa de uma pergunta de pesquisa. De forma geral, os <u>estudos acabam priorizando a validade interna</u>, com maior homogeneidade amostral e consequentemente maior tamanho do efeito esperado das diferenças entre os grupos, necessitando-se assim de um tamanho de amostra menor; reduzindo o custo e o tempo de execução da pesquisa.

No entanto, temos um problema: com estudos baseados em amostras muito homogêneas (ratos de laboratório), o pesquisador até pode encontrar uma grande diferença entre os grupos ou medidas observadas (sacarina aumenta a chance de câncer de bexiga em ratos). Mas será que, se esses resultados fossem aplicados em uma população mais heterogênea (ratos de rua), esta diferença ainda existiria?

Até mesmo as indústrias farmacêuticas e os grandes centros de pesquisa sofrem com os problemas da falta de validade externa nos estudos. Em um estudo publicado na revista Nature em 2010 (*Sex bias in trials and treatment must end*), temos uma revisão de estudos clínicos que utilizavam apenas participantes homens como forma de testar o efeito de alguns medicamentos. Isso levava a uma maior ocorrência de efeitos colaterais em mulheres quando o medicamento era lançado no mercado. Para garantir a validade interna, apenas homens são recrutados, pois possuem mais homogeneidade amostral, logo temos um tamanho mais significativo do efeito esperado para esta amostra, necessitando assim de uma menor amostra para buscar a diferença esperada pela hipótese de pesquisa.

No entanto, quando o remédio é lançado no mercado, ele entra em contato com uma população muito mais heterogênea (incluindo homens com características diferentes daqueles convocados para o estudo clínico, além das mulheres). Logo, o efeito do medicamento acaba sendo diluído na heterogeneidade populacional, gerando efeitos adversos: desde a maior presença de contraindicações em mulheres ou mesmo a redução do efeito esperado na população como um todo, aproximando-se do efeito esperado para um placebo, evidenciando assim uma falta de validade externa.

Essas são apenas algumas questões que circundam os conceitos de validade interna e externa em estudos clínicos. Refletir sobre essas questões e desafios antes de iniciar o delineamento de um estudo clínico pode ser de grande valia para dimensionar custos pessoais e financeiros, além de prever problemas. No entanto, mesmo com a escolha do delineamento experimental adequado (cada um deles será melhor desenvolvido nos capítulos a seguir), uma série de vieses poderão surgir – não apenas devido às limitações de um certo método, mas também durante o andamento da coleta de dados. Com a coleta de dados, deparamo-nos com uma série de problemas que podem comprometer os resultados da pesquisa, bem como a validade interna e externa de nosso estudo. Vamos agora apresentar os vieses mais comuns em função dos tipos de desenho experimental que serão abordados neste livro. Esperamos que o leitor os tenha em mente durante a elaboração e execução de seu projeto de pesquisa, como forma de evitar (ou contornar) problemas no momento de analisar ou discutir os resultados.

1. **Vieses de seleção (*selection bias*)**

    Basicamente, os vieses de seleção ocorrem quando a população de estudo não representa de fato a população-alvo em uma pesquisa. As formas de controle dos vieses de seleção devem ser consideradas para todos os participantes do estudo e levadas em conta *a priori*. Logo, durante o delineamento do estudo, possíveis fatores que levam a um possível viés de seleção dentro dos tipos descritos a seguir devem ser considerados. Dessa forma, certos cuidados, como a coleta de dados adicionais ou mais critério com a seleção dos participantes, podem ser realizados de forma a evitar o comprometimento das possíveis explicações das hipóteses propostas pelo estudo.

    1.1 **Delimitação inapropriada da população-alvo.** Os vieses deste tópico são variações de problemas resultantes do fato da amostra coletada não ser representativa da população esperada como alvo do fenômeno observado de interesse. Esses vieses ocorrem geralmente em estudos de caso-controle, pois geralmente os "controles" não possuem o mesmo cuidado em sua seleção que os "casos". Muitas vezes o "paciente controle" é aquele que não possui o desfecho observado no grupo caso; porém outras condições podem estar presentes no grupo, o que pode gerar fatores de viés na interpretação dos resultados.

1.1.1 Viés de acesso a instituições. Acesso a dados sobre uma doença específica, mesmo que prevalente (glaucoma, por exemplo), em diferentes hospitais brasileiros, com exceção dos centros de referência no diagnóstico e tratamento de glaucoma, pode gerar dados de prevalência subestimados.

1.1.2 Viés de Neyman. Quando uma série de sobreviventes é selecionado, a exposição pode estar relacionada a fatores de prognóstico, ou a exposição em si é um prognóstico de melhora. Este viés pode ocorrer tanto em estudos transversais como em casos-controle. Exemplo: vamos supor que um estudo de caso-controle é realizado para estudar a relação entre tabaco e infarto do miocárdio (IAM), sendo os casos observados uma semana após o ataque coronário. Se fumantes com IAM morrem com mais frequência, isso pode ser um viés que subestima a associação entre tabagismo e AMI.

1.1.3 Viés de tratamento do sobrevivente. Em um estudo observacional, pacientes sobreviventes de uma doença não mais recebem tratamento (dependendo da etiologia da doença). Por conta disso, uma análise retrospectiva pode gerar uma excessiva associação positiva entre o tratamento e a sobrevivência à doença. Para mitigar esse efeito, cuidados com a seleção da população-alvo e fatores de exclusão podem ser utilizados.

1.1.4 Caso-controle – viés de Berkson. Primeiramente descrita por Berkson em 1946 para estudos de caso-controle. Ocorre quando a probabilidade de casos e controles hospitalizados é diferente, e é também influenciado pela exposição. Uma variação desse viés é o "efeito do trabalhador saudável", em que a menor mortalidade observada em uma população empregada é comparada com a geral. Além disso, aqueles que continuam empregados tendem a ser mais saudáveis do que os desempregados.

1.1.5 Caso-controle – viés de exclusão. Ocorre quando os controles com condições relacionadas à exposição estão excluídos, enquanto os casos com esta comorbidade são mantidos no estudo. Essa foi a explicação dada para a associação entre um certo medicamento e câncer de mama: controles com doença cardiovascular (a comorbidade comum e relacionada com o uso do medicamento) foram excluídos, mas este critério não foi aplicado nos casos, produzindo assim uma associação espúria entre medicamento e câncer de mama.

1.1.6 Caso-controle – viés de amizade. Geralmente, pessoas que participaram de um estudo e recrutados novamente em novos estudos semelhantes tendem a exibir estimativas tendenciosas da associação entre exposição e desfecho. Em um estudo combinado, com pareamento no processo de seleção dos participantes, não se espera desvio nos resultados se os riscos de exposição são constantes ao longo do tempo e os participantes do estudo não possuem comportamento gregário devido à participação prévia em mais de um protocolo no mesmo centro.

1.1.7 Caso-controle – viés de pareamento. É bem sabido que a seleção de atributos (como idade) de forma diferencial entre grupos introduz um viés de seleção, que pode ser controlado pela análise estatística adequada. Porém, esse processo pode ser evitado pela seleção de indivíduos com as mesmas características em ambos os grupos analisados, passo importante sobretudo para a redução do tamanho amostral.

1.1.8 Meta-análise – viés de linguagem. Em revisões sistemáticas e meta-análises, podemos encontrar uma espécie de definição inadequada da população elegível, sobretudo pelo fato de serem excluídos artigos em outros idiomas diferentes do inglês. Egger e colaboradores (1997) mostraram que houve uma tendência a publicar em inglês se comparado com o alemão, quando os resultados alcançaram significância estatística.

1.2 Falta de acurácia da amostra. Os vieses comuns neste grupo se referem aos processos de amostragem não aleatória, que geram, obviamente, uma amostra não representativa, em que a estimativa do parâmetro é diferente da existente na população-alvo. Um caso particular desse problema é o viés de amostragem aleatória por telefone, em que pessoas que possuem atividades fora de casa nos horários de consulta, ou mesmo que não possuem telefone fixo, implicam um viés amostral.

1.2.1 Viés de não representatividade. Ocorre quando existe alta correlação do nível da exposição entre os casos e os seus "pares" dentro do grupo controle. Isso pode produzir estimativas tendenciosas da associação entre exposição e desfecho. Num estudo combinado, com uma análise de pareamento, não existe nenhum efeito deste viés se os riscos de exposição induzida de doença são constantes ao longo do tempo.

1.2.2 Meta-análise – viés de citação. Artigos mais citados são mais facilmente encontrados e incluídos em revisões sistemáticas e meta-análises. O número de citações está ligado com o fator de impacto do periódico de publicação, criando-se um círculo vicioso. Em certas áreas, o número de citações de um artigo está relacionado com o nível de significância estatística observado no estudo.

1.2.3 Meta-análise – viés de disseminação. Todos os problemas associados com o processo de publicação a partir de desvios na tradução dos dados coletados até a versão final da publicação (incluindo o viés de linguagem).

1.2.4 Meta-análise – viés *post hoc*. Por exemplo, dados sobre o número de espécies de peixe coletadas a partir de dados obtidos por meio de redes de pesca é um exemplo de viés por análise *post hoc*, ocasionando análises subsequentes entre subgrupos com resultados enganosos. Isso ocorre levando-se em conta que os dados obtidos com base em análise *post hoc* são frequentemente não representativos (pois apenas temos acesso àquilo que foi obtido) e podem gerar resultados significativos quando são observados. Em estudos de meta-análise, este é um viés também muito comum, associado ao viés de publicação (pois só temos acesso aos artigos publicados).

 1.2.5 Meta-análise – viés de publicação. Refere-se a uma associação produzida quando os artigos publicados não representam a totalidade dos estudos realizados sobre essa associação. Vários fatores têm sido encontrados como condicionantes para o viés de publicação – a presença de significância estatística, o tamanho amostral do estudo, o viés de financiamento, entre outros.

1.3 Viés de detecção. Tipos específicos desse viés ocorrem quando a exposição pode ser tomada como um dos critérios de diagnóstico (1.3.1 Caso-controle – viés de diagnóstico suspeito). A exposição em si pode desencadear a pesquisa para a doença; por exemplo, lesões de pele benignas aumentam o diagnóstico de câncer de pele. A exposição pode produzir um sintoma/sinal que favorece o diagnóstico (1.3.2 Caso-controle – viés de detecção para a doença) ou uma condição clínica benigna que já é muito semelhante à etiologia da doença (1.3.3 Caso-controle – viés de mímese).

1.4 Vieses durante a implementação do estudo

 1.4.1 Vieses por *drop-outs*. Em estudos de coorte e estudos experimentais (*cross-sectional*), quando perdas de dados são irregulares tanto na exposição quanto no desfecho, a validade dos resultados estatísticos pode ser afetada.

 1.4.2 Vieses por dados perdidos (*missing*). A perda de dados durante a pesquisa ou na recuperação de dados por fontes secundárias, em estudos retrospectivos, pode ser um problema considerável, pois introduz diversos vieses na representatividade dos dados frente à população-alvo de interesse.

 1.4.3 Viés de não resposta. Quando os participantes diferem dos não participantes. Um caso particular deste viés é o efeito do voluntário saudável – quando os participantes do estudo (sobretudo os controles) são mais saudáveis do que a população em geral. Isso é particularmente relevante quando um *screening test* (teste de rastreio) é aplicado na população em geral. Algumas vezes, por conta da participação de pessoas mais saudáveis do que o esperado na população-alvo, o efeito benéfico da intervenção pode ser falsamente aumentado.

2. Vieses de informação. Os três principais tipos de viés de informação são: erro de classificação, falácia ecológica e regressão à média. Outros tipos de vieses de informação também são descritos a seguir.

 2.1 Vieses de classificação. Originam-se quando a sensibilidade e (ou) especificidade do método diagnóstico para detectar a exposição e (ou) efeito não é ideal, gerando falsos-negativos e positivos. Dado que as ferramentas perfeitas para coletar dados são muito raras, a maioria dos estudos deve assumir um certo grau de erro de classificação. Outra fonte de viés é o próprio erro aleatório produzido durante a execução da pesquisa. Isso implica que erros aleatórios na entrada de dados ou sua eventual falta, ou o arredondamento de números em variáveis contínuas (procedimento inevitável), também introduzem erros de classificação.

2.1.2 Vieses por erros de classificação. Existem dois principais tipos de viés de classificação incorreta. Viés de classificação diferencial: quando o erro de classificação é diferente nos grupos a serem comparados; por exemplo, em um estudo caso-controle, a lembrança da exposição não é a mesma para casos e controles (espera-se que pessoas com histórico infantil de asma lembrem muito mais de episódios de exacerbação do que pessoas que não tiveram tal histórico clínico). Viés de erro de classificação não diferencial: quando o erro de classificação é o mesmo em todos os grupos a serem comparados; neste caso, a exposição pode ser igualmente má classificada tanto em casos quanto em controles (por problemas de preenchimento ou incerteza do pesquisador no momento de lidar com dados retrospectivos). Para variáveis binárias, a estimativa é inclinada para o valor nulo; no entanto, para as variáveis com mais de duas categorias (politômicas), esta regra pode não ser aplicada, e pode ser obtido um viés de preenchimento em favor de um certo grupo.

2.1.3 Coorte ou *clinical trials* – viés de detecção. Quando a exposição influencia o diagnóstico da doença diretamente, ocorre o viés de detecção.

2.1.4 Viés de expectativa. O conhecimento da hipótese diagnóstica, o estado da doença, ou o padrão de exposição ou tratamento podem influenciar o registro de dados. Os meios pelos quais os entrevistadores podem introduzir erros num questionário se referem à administração da entrevista, ajudando os entrevistados de diferentes maneiras (mesmo com gestos), colocando ênfase em questões diferentes, e assim por diante. Um caso em particular desse viés é quando a apresentação do teste diagnóstico pode influenciar o resultado do teste (por exemplo, em uma medida de pressão arterial – chamado "viés de apreensão").

2.1.5 Caso-controle – viés de rememoração (memória). A presença da doença influencia a percepção de suas causas (viés de rememoração) ou a busca por exposição à causa putativa ("viés da suspeita de exposição").

2.1.6 Coorte – viés de rememoração. Outra variação do viés de rememoração pode ser encontrada quando o paciente sabe que sua sabedoria pode influenciar as respostas e a expectativa do pesquisador (viés de expectativa do participante). Este último viés, em particular, é mais comum em estudos de caso-controle, em que os participantes conhecem suas doenças, embora também possa ocorrer em estudos de coorte (por exemplo, os trabalhadores expostos a substâncias perigosas podem mostrar uma tendência a relatar mais os efeitos relacionados a eles) e em ensaios clínicos sem cegamento dos participantes.

2.1.7 Viés de declaração. Os participantes podem "colaborar" com os pesquisadores e fornecer respostas na direção de seu interesse (viés de subserviência), ou a existência de um caso desencadeia informações da família (viés de agregação familiar). Vieses de subnotificação são comuns com comportamentos socialmente indesejáveis, tais como o consumo de álcool e drogas. Questionários da frequência de quantidade de uso de álcool, por exemplo, são utilizados para avaliar o consumo de álcool e de alimentos. Nesses protocolos, os indivíduos tendem a relatar um consumo menor. Para evitar os tipos de vieses que fazem parte dos vieses de rememoração (2.1.5 até 2.1.7), podemos utilizar perguntas ou procedimentos que podem desviar ou fazer os sujeitos ignorarem alguns aspectos importantes de uma pesquisa para evitar subnotificações. Além disso, há possibilidade de fazer estudos cegos, em que nem o participante nem o pesquisador sabem o grupo de alocação, sendo tais procedimentos indispensáveis.

2.2 Viés da falácia ecológica. É um viés produzido quando as análises realizadas em nível de grupo são usadas para fazer inferências a cada indivíduo. Por exemplo, se a exposição e a doença são medidas apenas no grupo (prevalência ou risco de doença em um certo país), o risco atribuível para um indivíduo específico não é necessariamente o mesmo (chance de exposição em cada residência de um país).

2.3 Viés da regressão à média. É o fenômeno relacionado com a possibilidade de uma variável que mostra um valor extremo em sua primeira avaliação (por acaso) tender a ser mais próximo do centro da sua distribuição em uma medição posterior. Este viés é relevante quando a eficácia de um tratamento para reduzir os elevados níveis de uma variável (por exemplo, colesterol) é avaliada. Ocorre quando os investigadores estão interessados na relação entre o valor inicial de uma variável e a mudança desta medida ao longo do tempo, ou quando dois métodos de medição são comparados. As duas formas usuais de neutralizar o viés de regressão à média são: a existência de um grupo de referência adequado e uma seleção de participantes (ou do efeito que se espera obter) com base em mais de uma medição padronizada. O viés de diluição também é relacionado com a regressão à média. É produzido em estudos longitudinais que analisam as medidas posteriores frente à linha de base de uma variável contínua (tais como pressão arterial diastólica/PAD) em relação a um resultado (por exemplo, acidente vascular cerebral). Quantificações da PAD flutuam aleatoriamente entre os indivíduos, por causa de duas razões: variações no processo de medição e desvios temporários na determinação da linha de base a partir do nível de PAD habitual dos participantes. O viés de diluição pode ocorrer neste tipo de desenho experimental, subestimando a real associação entre exposição e desfecho, porque categorias extremas podem incluir mais pessoas do que deveriam, ou seja, a categoria inferior da linha de base de PAD tem mais pessoas cujo nível de PAD é um pouco menor do que a sua PAD habitual, enquanto a categoria de participantes com nível de PAD mais alto inclui mais indivíduos com maior PAD inicial do que sua PAD habitual.

2.4 Casos particulares de vieses de informação

2.4.1 Efeito Hawthorne. Foi descrito na década de 1920 na fábrica Hawthorne, da Western Electric Company (Chicago, IL). É um aumento da produtividade dos participantes ou outro tipo de avaliação quando eles estão cientes de que estão sendo observados. Por exemplo, os médicos laboratoriais ou patologistas costumam aumentar a sua taxa de concordância depois de saber que eles participam de uma pesquisa sobre a confiabilidade dos testes de diagnóstico.

2.4.2 Viés prototípico. É quando a avaliação do efeito da exposição é influenciada por estágios iniciais (subclínicos) da doença. Por exemplo, o câncer pancreático pré-clínico pode produzir diabetes *mellitus*, portanto a associação entre diabetes e câncer de pâncreas pode ocorrer. Este viés também pode ser produzido quando um agente farmacêutico é prescrito para uma manifestação precoce de uma doença ainda não diagnosticada. Uma outra variação desse viés ocorre em pessoas com comportamentos de risco (como o consumo excessivo de álcool), que param seu hábito como consequência da doença. Estudos que analisam o comportamento atual como um fator de risco para a doença acabam avaliando esses participantes como não expostos, subestimando assim a verdadeira associação.

2.4.3 Viés de incubação (*lead time bias*). Doenças que possuem período de latência mais longo geram maior tempo para seu diagnóstico. Isso pode comprometer a avaliação dos indicadores de incidência da doença ou afetar estudos sobre a eficácia do processo de triagem, no qual os casos detectados no grupo examinado têm maior duração da doença do que aqueles diagnosticados por meio de rastreamentos (*screenings*).

2.4.4 Viés temporal (*cross-sectional*). Ocorre quando não é possível estabelecer que a exposição precede o efeito. É comum em estudos transversais e ecológicos cruzados.

2.4.5 Viés rogeriano (Will Rogers). Nomeado em honra ao filósofo Will Rogers. A melhora nos testes de diagnóstico refina o estadiamento da enfermidade em doenças como câncer. Isso produz uma migração do estágio clínico do participante de forma prematura para estágios mais avançados, gerando estimativas de sobrevida maior. Este viés é especialmente importante quando se comparam as taxas de sobrevivência de câncer ao longo do tempo ou até mesmo entre centros com diferentes capacidades de diagnóstico (por exemplo, em hospitais de referência em comparação com os hospitais de cuidados primários).

2.4.6 Viés *work up*. Este viés se refere à falta de informações na análise multivariada. Para a execução de análises multivariadas, são selecionados apenas registros com informações completas sobre as variáveis incluídas no modelo. Se os participantes com informações completas não representam a população-alvo, pode-se introduzir um viés. Este problema é mais comum em estudos retrospectivos, utilizando os dados da ficha clínica, em que os pacientes com dados mais completos têm doenças mais graves ou ficam mais tempo no hospital, ou ambos.

3. **Confundidores (*confounders*).** Este conjunto de vieses ocorre, por exemplo, na comparação da eficácia de um novo teste diagnóstico com o teste padrão-ouro (em geral quando o padrão-ouro é um procedimento clínico). Esse viés aparece quando as características clínicas de uma doença (padrão-ouro) influenciam nos resultados do próprio teste diagnóstico. Espera-se que uma variável confundidora (ou de confusão) esteja relacionada tanto com o desfecho quanto com a exposição. Por conta disso, observamos a associação entre exposição e desfecho (doença) de forma espúria. É importante discriminar um efeito de confusão de um mediador, quando uma certa variável é uma etapa intermediária na via causal entre a exposição e o desfecho (doença).

   3.1 **Viés de suscetibilidade.** Ocorre quando as pessoas que são particularmente suscetíveis ao desenvolvimento de um resultado também são propensas a serem expostas. Por exemplo, mulheres com risco de aborto têm uma probabilidade elevada de transportar um feto mal formado, mas também tem uma alta probabilidade de receber tratamento hormonal. Isso pode render uma associação espúria entre hormônios e malformações congênitas. Esse problema pode ser neutralizado na fase do projeto de pesquisa (por meio de aleatorização) e durante o processo de análise de dados (desde que as variáveis de confusão tenham sido coletadas adequadamente).

   3.2 **Estudos ecológicos – viés de grupo.** Em geral, ocorre em estudos ecológicos, quando a prevalência de exposição de cada grupo está correlacionada com o risco da doença nos não expostos em uma mesma comunidade. Ele pode ser um mecanismo para a produção de falácia ecológica. Por exemplo, vamos supor que três comunidades (A, B, C) com exposições de prevalência de 10%, 20% e 30%, taxas de doenças em pessoas não expostas de 2%, 3% e 4%, e as taxas de doenças nos expostos também de 2%, 3% e 4%, respectivamente. Não há associação entre a exposição e a doença, pois os três riscos relativos são os mesmos. Porém, em uma análise ecológica, não temos acesso ao cálculo dos riscos (apenas as prevalências), e isso pode indicar erroneamente uma maior exposição na comunidade C, gerando uma associação positiva que não é real.

   3.3 **Estudos observacionais – vieses de indicação.** Este é produzido quando uma intervenção (tratamento) é indicada por uma percepção de risco elevado, prognóstico ruim, ou simplesmente pela presença de alguns sintomas. Aqui o confundidor é a indicação, tal como ela está relacionada com a intervenção e é um indicador de risco para a doença. Por exemplo, no estudo da associação entre cimetidina e câncer gástrico, a indicação da presença de úlceras pépticas é considerada o fator de confusão em potencial. Logo, dado a gravidade do câncer gástrico e a necessidade de tratamento imediato, a mera presença de úlceras pépticas causadas pela cimetidina pode levar a uma expectativa de associação entre cimetidina e câncer gástrico. Esse tipo de viés ocorre em estudos observacionais (principalmente retrospectivos).

4. **Vieses em ensaios clínicos**
   4.1 **Viés de alocação da intervenção.** Ele ocorre quando a intervenção é diferencialmente atribuída entre os grupos. Em ensaios clínicos randomizados é evitável com ocultação da sequência de alocação da intervenção. Se a sequência é conhecida de antemão, pode produzir viés de seleção. Tem sido demonstrado que o ensaio em que a ocultação da sequência de alocação era pouco clara ou inadequada, em comparação com ensaios com ocultação adequada, observaram-se maiores estimativas dos efeitos dos tratamentos.
   4.2 **Viés de *compliance*.** Nos ensaios que exijam a adesão à intervenção, o grau de aderência (*compliance*) influencia a avaliação da eficácia da intervenção. Por exemplo, quando apenas os pacientes de alto risco saem de programas de exercícios, pois é dada sua condição clínica mais delicada, a chance de eles serem *drop-outs* aumenta consideravelmente.
   4.3 **Viés de contaminação.** Ocorre quando as atividades de intervenção (tratamento) podem fazer os indivíduos reduzirem sua exposição, migrando para o grupo controle. Este tipo de viés ocorre por conta das relações entre membros de diferentes comunidades e da interferência de meios de comunicação (divulgação de informações de prevenção) ou pela ação de profissionais de saúde na comunidade.
   4.4 **Viés de falta de intenção de tratar (*intention to treat*).** Em estudos randomizados, a análise deve ser feita mantendo os participantes no grupo, mesmo quando estes são *drop-outs*. As metas de aleatorização devem evitar viés de confusão e seleção. Se os participantes desistentes ou aqueles que não seguiram a indicação adequadamente são apenas excluídos da análise, os ramos de um estudo randomizado podem não ser comparáveis. O principal método de intenção de tratar é o LOCF (*Last Observation Carried Forward*), em que os dados da última coleta são adicionados nos seguimentos posteriores para evitar perda amostral. Outra possibilidade é realizar análises separadamente com os grupos de aderentes, não seguidores do protocolo estrito e *drop-outs*.
   4.5 **Viés de maturação diferencial.** No grupo randomizado de uma pesquisa, ao longo do seguimento do estudo, o amadurecimento do grupo pode reduzir ou mitigar certos comportamentos seculares na comunidade, tais como hábitos de higiene ou mudança de hábitos religiosos ou comunitários, favorecendo (ou não) uma certa condição de exposição nesta comunidade ao longo do tempo.

8.4 CONSIDERAÇÕES FINAIS

O número de vieses apresentados neste capítulo é de fato extenso, e mostra a complexidade necessária no planejamento e na execução de um protocolo de pesquisa. Com certeza, a leitura pode gerar certa apreensão e preocupações excessivas nos alunos e pesquisadores que entram em contato com este material, mas isso não é o objetivo deste trabalho. Como forma de organizar melhor o pensamento sobre este capítulo e a apresentação dos diferentes tipos de estudos nos capítulos subsequentes, faremos uma sugestão final.

Esperamos que os leitores utilizem este capítulo como um glossário dos principais tipos de vieses de pesquisa – não só em relação ao desenho experimental escolhido, mas também esperamos que o pesquisador/aluno aumente sua percepção sobre os tipos de vieses presentes no próprio julgamento clínico e metodológico frente aos resultados encontrados em sua pesquisa. Além disso, este capítulo pode ser consultado em diferentes períodos da execução de um protocolo de pesquisa, desde o planejamento e escolha do desenho experimental (precavendo-se sobre possíveis problemas e vieses intrínsecos ao desenho de estudo escolhido) e também durante a execução da pesquisa, no contato com outros profissionais (técnicos e outros pesquisadores), de forma a garantir o bom andamento do estudo e resultados confiáveis.

REFERÊNCIAS BIBLIOGRÁFICAS

Delgado-Rodrigues M, Llorca JB. J Epidemiol Community Health. 2004;58:635-41.

Egger M, Zellweger-Zähner Schneider M et al. Language bias in randomised controlled trials published in English and German. Lancet. 1997;350:326-9.

Kahneman D. Rápido e devagar: duas formas de pensar. Rio de Janeiro: Objetiva; 2011.

Kim AM, Tingen CM, Woodruff TK. Sex bias in trials and treatment must end. Nature. 2010;465:688-9.

Capítulo 9
Variáveis: classificação e utilidade

Cristina dos Santos Cardoso de Sá
Liria Yuri Yamauchi

9.1 INTRODUÇÃO

Uma pesquisa tem início a partir de uma ideia fantástica. Após um momento de certa euforia, torna-se necessário organizar objetivamente a tal ideia. Na fase de desenvolvimento do projeto de pesquisa, é fundamental que o pesquisador selecione criteriosamente as variáveis, pois sua ausência poderá acarretar em uma análise insuficiente e uma sucessão de eventos indesejados. Na maioria das vezes, a recuperação de um dado não coletado poderá não ser possível, portanto mãos à obra.

Uma definição interessante de Volpato (2011) é a de variável operacional e variável teórica. Segundo o autor, as variáveis operacionais são as coletadas diretamente e as variáveis teóricas derivam das operacionais, geradas a partir das inferências. Exemplos: consumo de oxigênio (operacional) tem como variável teórica o metabolismo; peso (operacional) tem como variável teórica o crescimento.

9.2 AFINAL, O QUE SÃO VARIÁVEIS?

Variável é qualquer característica, ou atributo, que possa ser organizada em categorias e valores em cada elemento da amostra ou população.

Exemplo: se um fisioterapeuta avaliar o índice de massa corpórea (IMC) de 50 indivíduos com doença pulmonar obstrutiva crônica (DPOC), ele terá três variáveis (peso, altura e IMC).

Existem diferentes tipos de variáveis, que podem ser classificadas conforme Figura 9.1:

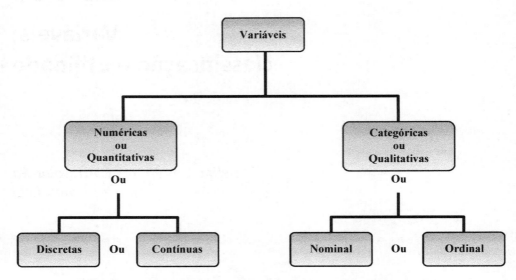

Figura 9.1 Classificação dos tipos de variáveis (adaptado de Vieira, 2010).

9.3 VARIÁVEIS CATEGÓRICAS OU QUALITATIVAS

As variáveis categóricas ou qualitativas são características ou atributos cujos valores são distribuídos em categorias mutuamente exclusivas, ou seja, não possuem valores quantitativos e possuem várias categorias, que representam uma classificação dos indivíduos. Esse tipo de variável pode ser classificado em: nominal e ordinal (Figura 9.1).

A variável nominal ocorre quando seus valores se distribuem em categorias mutuamente exclusivas, sem ordem determinada. Exemplos: sexo, cor dos olhos, fumantes e não fumantes, sadio e doente. Nesses exemplos, os valores se distribuem em duas categorias, que podem ser nomeadas em qualquer ordem, ou seja, sadio e doente ou doente e sadio.

A variável ordinal é quando seus valores são distribuídos em categorias mutuamente exclusivas, possuindo ordem. Exemplos: estágio da doença (inicial, intermediário, terminal), mês de observação (janeiro, fevereiro, dezembro), escolaridade (analfabeto, fundamental, médio, superior) e classe social (A, B, C, D e E).

Uma característica das variáveis ordinais é o fato de as diferenças entre categorias não serem iguais nem apresentarem significado numérico, mesmo se forem relatadas numericamente.

Essa situação pode ser exemplificada medindo-se o nível de atividade física regular em crianças, que pode ser medido pelo PAQ-C, um questionário traduzido por Silva e Malina (2000). Esse instrumento de trabalho consiste de 13 questões, das quais nove abordam a prática de esportes e jogos, atividades físicas na escola ou de lazer aos finais de semana, e o restante das questões são sobre o nível comparado de atividades, sobre a média diária do tempo que assistem TV e sobre a presença de alguma doença que impeça a atividade física regular na semana avaliada. Cada questão tem valor de 1 a 5 e a pontuação final é obtida pela média das questões, assim podemos classificá-las em: 1 = muito sedentária; 2 e 3 = sedentárias; 4 = ativas e 5 = muito ativas.

9.4 VARIÁVEIS NUMÉRICAS OU QUANTITATIVAS

As variáveis numéricas ou quantitativas são características ou atributos cujos valores são expressos numericamente. Podem ser classificadas em dois tipos: contínua e discreta (Figura 9.1).

As variáveis contínuas são aquelas que teoricamente podem assumir todos os valores possíveis dentro de um *continuum* de um intervalo específico. Vários parâmetros clínicos são contínuos, tais como altura, peso, níveis de colesterol no sangue e pressão arterial.

As variáveis numéricas discretas têm uma escala com número finito de intervalos. Exemplo: número de cigarros por dia, número de episódios de angina em um período. São denominadas "discretas" porque os valores, embora numéricos, não podem ter qualquer nível intermediário. Por exemplo, não é possível ter "metade" de uma angina (Hennekens et al., 1987; Hulley et al., 2001).

A classificação das variáveis oferece uma base conveniente para a apresentação e análise de dados (Quadro 9.1).

Quadro 9.1 Variáveis: classificação e análise (adaptado de Hulley et al., 1987)

Tipos de variáveis	Características	Exemplos	Estatísticas descritivas
Categórica ou qualitativa			
Nominal	Categorias não ordenadas	Sexo; tipo sanguíneo	Contagens; proporções
Ordinal	Categorias ordenadas com intervalos não quantificáveis	Intensidade de dor	Contagens; proporções e medianas
Numérica ou quantitativa			
Contínua ou discreta	Espectro ordenado com intervalos quantificáveis	Peso; número de cigarros por dia	Contagens; proporções; medianas; médias e desvio padrão

9.5 TRANSFORMAÇÃO DE VARIÁVEIS?

Embora as variáveis sejam classificadas essencialmente como citado, é possível transformar variáveis contínuas em categóricas. Por exemplo, em uma amostra de indivíduos adultos, com intervalo de idade entre 18 e 99 anos, é possível classificar a amostra em indivíduos adultos idosos e não idosos se definirmos como idosos os indivíduos com mais de 60 anos. Exemplo: variável contínua = idade em anos; variável categórica = idoso (sim, isto é, idade maior ou igual a 60 anos; ou não, idade menor que 60 anos).

Outra possibilidade é a transformação de uma variável numérica em mais categorias. Exemplo: classificação da adequação do peso corporal de acordo com o índice de massa corpórea (IMC) segundo a Organização Mundial da Saúde (Quadro 9.2).

Quadro 9.2 Definição de obesidade de acordo com a Organização Mundial de Saúde (adaptado de: www.sbcb.org.br/obesidade.php?menu=2)

IMC	Classificação
Menor que 18,5	Baixo peso
Entre 18,6 e 24,9	Normal
Entre 25 e 29,9	Pré-obeso
Entre 30 e 34,9	Obesidade classe I
Entre 35 e 39,9	Obesidade classe II
Maior que 40	Obesidade classe III

9.6 QUAIS SÃO AS VARIÁVEIS NECESSÁRIAS PARA O DESENVOLVIMENTO DE UMA PESQUISA CLÍNICA?

Espera-se que até este ponto fique claro ao leitor a definição e a classificação de variáveis, porém surge uma questão inevitável: como selecionar as variáveis do estudo? A resposta para esta questão tem como principal base a hipótese da pesquisa e o tipo de estudo que o pesquisador pretende realizar.

Para norteá-lo durante a organização das variáveis no decorrer da elaboração do projeto, algumas questões podem ser utilizadas:

9.6.1 QUAL A PERGUNTA DA PESQUISA?

Ao identificar objetivamente a questão a ser respondida pelo estudo, o pesquisador define as principais variáveis. Exemplo: o desenvolvimento motor de bebês filhos de mães soropositivas é diferente do de bebês de mães soronegativas? Neste caso, a principal variável é uma escala de desenvolvimento motor.

9.6.2 QUAL A AMOSTRA?

A seleção do tipo de indivíduos para a composição da população de estudo é feita para que a amostra seja ideal para responder à questão e para evitar vieses de seleção entre os grupos estudados.

Como visto no exemplo anterior, para o estudo de desenvolvimento motor, selecionaram-se bebês de zero a 18 meses, de ambos os gêneros (sexo) e que receberam tratamento com antirretrovirais durante a gestação e por seis semanas após o nascimento, admitidos de modo consecutivo em um serviço de referência.

9.6.3 QUAIS AS CARACTERÍSTICAS INERENTES À AMOSTRA?

Além das características básicas da amostra escolhida, outras variáveis importantes relacionadas à população de estudo devem ser consideradas. Por exemplo, no estudo de bebês filhos de mães soropositivas, as variáveis importantes são: condição socioeconômica (classe A, B, C, D ou E), pontuação (escore) de *Apgar*, peso ao nascimento, ocorrência de internação hospitalar após o nascimento e uso de antirretroviral durante a gestação e após o nascimento (pelo bebê).

9.6.4 QUAIS AS RESPOSTAS QUE ESPERO ENCONTRAR?

As variáveis que respondem à questão principal do estudo são chamadas de variáveis de desfecho ou dependentes. No estudo sobre desenvolvimento, o desfecho principal é o escore de desenvolvimento motor, que possui um intervalo de normalidade. Pode-se inferir, a partir destes valores, se houve ou não alguma alteração do desenvolvimento.

É importante que a definição das variáveis de desfecho seja muito bem fundamentada em dados de literatura. No exemplo dado, o pesquisador deverá investigar quais os limites definidores de normalidade considerados no momento da pesquisa. As variáveis dependentes ou de desfecho serão reconsideradas na questão 6, a seguir.

9.6.5 QUAIS CARACTERÍSTICAS PODEM AFETAR A RESPOSTA? VARIÁVEIS INDEPENDENTES E VARIÁVEIS DE CONFUSÃO

As variáveis preditoras, ou independentes, devem ser cuidadosamente selecionadas. As relações entre elas e as variáveis de desfecho podem ser mais complexas e, muitas vezes, a relação pode ser influenciada por outras variáveis. Exemplo: ao avaliar o desenvolvimento motor de bebês filhos de mães soropositivas, é preciso identificar se o lactente recebe a estimulação adequada para a sua idade. Se o bebê for negligenciado, poderá apresentar um atraso no desenvolvimento devido à falta de estimulação. Neste caso, a causa do atraso seria a hipoestimulação, e não algum fator intrínseco definido pelo pesquisador. Portanto, a escolha adequada das variáveis preditoras deve ser fundamentada por exaustiva pesquisa.

Algumas variáveis independentes ou preditoras podem apresentar relação com o desfecho, porém se faz necessário investigar se esta relação tem a fundamentação necessária para definir causalidade (um assunto muito complexo, que demanda estudo à parte). As variáveis de confusão são aquelas que se relacionam com o desfecho, mas não são causadoras dele. Um exemplo clássico para tal situação é a associação entre o consumo de café e a ocorrência de infarto agudo do miocárdio. É sabido que o fumo é associado ao maior risco de infarto e sabe-se também que tabagistas geralmente possuem o hábito de consumir café. Portanto, ao se realizar uma pesquisa sobre o consumo de café com indivíduos infartados, a prevalência será alta, mas o café não é necessariamente a causa do infarto. Na verdade, esse hábito coexiste com o tabagismo (Hulley et al., 2001). Outro exemplo é a presença de um micro-organismo não causador de uma determinada doença concomitantemente à presença do agente causal, levando à confusão quanto ao real agente (Fletcher et al., 1996).

9.6.6 QUAIS AS RESPOSTAS QUE A PESQUISA QUER RESPONDER? VARIÁVEIS DEPENDENTES

O conceito de dependência e independência é definido pela relação de interferência que as variáveis exercem umas sobre as outras. Segundo Volpato (2010), as variáveis dependentes (ou de desfecho) "dependem" das independentes. Por exemplo: o peso (variável dependente) depende da ingestão de alimentos (variável independente). A situação de dependência ou independência é definida pelos pesquisadores. Por exemplo, a ingestão de alimentos pode depender do peso, invertendo-se a relação. Ela será definida a partir da hipótese a ser testada.

9.7 CONSIDERAÇÕES FINAIS

Segundo Castro (2001), quatro questões são essenciais para a escolha e o uso das variáveis:

1. O que é?
2. Como quantificar?
3. Quando quantificar?
4. Quem vai quantificar?

O estudo da avaliação do desenvolvimento motor pode exemplificar este processo:

1. O que é? Avaliação do desenvolvimento motor.
2. Como quantificar? Escore de aquisições motoras.
3. Quando quantificar? Mensalmente, nos primeiros 18 meses de vida.
4. Quem vai quantificar? Avaliador único.

Esse processo será importante para a elaboração da metodologia, do banco de dados, da análise estatística, dos resultados, da discussão e das conclusões. Portanto, a escolha e definição das variáveis de um estudo deverão ser feitas com critério, de forma a evitar problemas na etapa final. Na pesquisa e na saúde, a prevenção é a melhor estratégia. Portanto, a organização das variáveis na fase de elaboração do projeto pode reduzir ou evitar problemas na fase de execução da pesquisa.

9.8 SUGESTÃO DE ATIVIDADE

1. Identifique em um artigo científico as variáveis preditoras (ou independentes) e as de desfecho (ou dependentes).

2. Quais as variáveis usadas para a seleção e caracterização dos indivíduos?

3. Quais as variáveis usadas para a definição dos critérios de exclusão?

4. Alguma variável foi apresentada em mais de uma forma, isto é, transformada?

5. Caso o estudo tenha explicitado alguma limitação na conclusão, quais variáveis deixaram de ser incluídas no estudo?

6. Faça o mesmo com o seu projeto de pesquisa.

Bom trabalho!

REFERÊNCIAS BIBLIOGRÁFICAS

Castro AA. Projeto da pesquisa, parte VII – Variáveis. In: Castro AA (ed.). Planejamento da pesquisa. São Paulo; 2001 [acesso em 26 ago. 2015]. Disponível em: www.evidencias.com/planejamento.

Fletcher RH, Fletcher WF, Wagner EH. Epidemiologia clínica: elementos essenciais. 3. ed. Porto Alegre: Artmed; 1996.

Hennekens CH, Buring JE. Epidemiology in medicine. Boston: Little, Brown and Company; 1987.

Hulley SB, Cummings SR, Warren SB, Grady D, Hearst N, Newman TB. Delineando a pesquisa clínica. Uma abordagem epidemiológica. 2. ed., Porto Alegre: Artmed; 2003.

Silva RC, Malina RM. Nível de atividade física em adolescentes do município de Niterói, Rio de Janeiro, Brasil. Cad Saúde Pública. 2000;16(4):1091-997.

Vieira S. Bioestatística: tópicos avançados. 3. ed. Rio de Janeiro: Elsevier; 2010.

Volpato GL. Método lógico para redação científica. Botucatu: Best Writing; 2011.

Capítulo 10
Manual de procedimentos
(*Manual of Operating Procedures* – MOP)

Juliana Carvalho Ferreira
David Gonzalez-Chica

Para a correta execução de um projeto de pesquisa, existem diversos procedimentos logísticos e técnicos que precisam ser adequadamente planejados e detalhados antes da execução do estudo, para garantir a qualidade dos resultados (validade interna) e facilitar a extrapolação dos dados e a comparabilidade com outros estudos (validade externa).

Para tal finalidade, é extremamente recomendado que os pesquisadores elaborem o Manual de Procedimentos Operacionais (*Manual of Operating Procedures* – MOP), também conhecido como manual de instruções ou manual de operações. Ele tem como principal objetivo garantir a consistência na aplicação dos procedimentos de coleta de dados em todos os participantes do estudo, mesmo que os dados sejam obtidos em diferentes locais e por diferentes investigadores, como acontece, por exemplo, em estudos multicêntricos. A utilização do MOP aumenta a probabilidade de os resultados serem cientificamente confiáveis e, dependendo do tipo do estudo, permitirá garantir que a segurança dos participantes e a integridade científica sejam monitoradas de perto. Mesmo assim, os investigadores precisam estar cientes de que o MOP não é inteiramente responsável pela validade interna do estudo, pois ela depende de outros fatores, como a escolha adequada do desenho do estudo, do instrumento e dos procedimentos analíticos, assim como o treinamento da equipe e calibração de equipamentos, o tamanho de amostra e percentual de perdas, entre outros.

Para aqueles menos familiarizados com o tema, o MOP deve ser considerado um "livro de receitas", ou um manual para operar um novo equipamento. É claro que intuitivamente uma pessoa com conhecimento mínimo pode preparar um novo prato sem receita, ou até operar um novo equipamento sem um manual. Mas, em relação às pesquisas, precisam ser organizadas, metódicas e com alto padrão de qualidade. Assim, o MOP é justamente o manual que detalhará todos os procedimentos a serem aplicados nas diferentes etapas do estudo, transformando o projeto de pesquisa em uma diretriz que descreve a organização do estudo, as definições operacionais dos dados, o processo de recrutamento e seleção dos participantes, a randomização (em ensaios clínicos randomizados), os procedimentos de acompanhamento (no caso de estudos longitudinais), as fichas clínicas para coleta de dados (*case report forms* ou CRF) e os procedimentos de controle de qualidade, análise de dados, segurança de dados, entre outros.

É importante fazer a distinção entre o projeto de pesquisa (ou protocolo de pesquisa) e o MOP. O projeto de pesquisa é o plano de estudo, geralmente inclui um resumo, introdução e justificativa, pergunta e hipótese, métodos, considerações éticas e implicações. É submetido ao Comitê de Ética em Pesquisa (CEP) e para pedir financiamento a agências de fomento à pesquisa, podendo ser publicado em revistas científicas dedicadas ao tema. O MOP se assemelha em alguns aspectos à seção "métodos do protocolo de pesquisa", mas com maior detalhamento e focando nos procedimentos necessários para implementar o estudo.

10.1 ELABORANDO O MOP

O MOP deve ser elaborado pelo coordenador do estudo e pela equipe de colaboradores ainda na fase do planejamento. Também deverá ser elaborado depois que o projeto de pesquisa e o Termo de Consentimento Livre e Esclarecido (TCLE) tenham sido finalizados e submetidos ao CEP, assim como ao comitê (ou comitês) interno da instituição onde o estudo será desenvolvido (*Institutional Review Boards,* ou IRB). Apesar da necessidade do MOP ser elaborado antes do início da coleta de dados, deve ser visto como um documento dinâmico, uma vez que se durante a execução do estudo os pesquisadores perceberem a necessidade de alterações ou adequações no protocolo de pesquisa ou no CRF, elas deverão também ser incorporadas ao MOP. Por outro lado, modificações nos procedimentos após o início da pesquisa devem ser feitas com cautela, e apenas quando bem justificadas e discutidas pela equipe, visto que podem comprometer a validade interna e externa do estudo. Além disso, devem ser bem documentadas, geralmente a partir da criação de um MOP modificado (versão 1.2, jan. 2015), e disseminadas para todos os centros envolvidos na pesquisa, sendo ainda necessário o retreinamento da equipe responsável pela coleta de dados.

Em relação à estrutura do MOP, conforme apresentado no Quadro 10.1, deve ser constituído de uma diversidade de elementos, mas podem ser adaptados, dependendo do tipo de estudo e das necessidades da pesquisa. Frequentemente, o projeto de pesquisa é o primeiro item do MOP. Há, entretanto, MOPs que incluem apenas instruções para a coleta dos dados, desenvolvidos primariamente para auxiliar o investigador e/ou o supervisor/monitor da pesquisa que coletará os dados dos participantes.

Quadro 10.1 Elementos constitutivos do Manual de Procedimentos

Elemento	Observações
• Projeto de pesquisa	Também pode ser um resumo do projeto.
• Detalhamento da equipe de pesquisa	Especificar funções e contatos de todos os membros da equipe (telefone e e-mail).
• Treinamento da equipe	Procedimentos a serem seguidos para treinar os diferentes membros da equipe do estudo.
• Plano de comunicação	Detalhamento sobre como ocorrerá a comunicação entre os pesquisadores, para avaliar o andamento do estudo e identificar problemas ao longo de sua implementação.
• Intervenção do estudo	Descrição da intervenção que está sendo testada no estudo, como a posologia e a duração do tratamento com uma nova droga.
• Recrutamento dos participantes	Estratégias para recrutar potenciais participantes.
• Retenção dos participantes	Estratégias para evitar a evasão dos participantes em estudos longitudinais (observacionais ou experimentais).
• Fluxo do estudo	Resumos dos passos para a execução da pesquisa.
• Triagem e elegibilidade	Lista de características que os participantes devem apresentar para serem incluídos no estudo.
• Termo de consentimento	Instruções específias para obter o consentimento informado dos participantes.
• Randomização/amostragem	Processo de alocação dos participantes no grupo intervenção ou grupo controle (randomização em estudos experimentais) ou de seleção da amostra na população-alvo (amostragem em estudos observacionais).
• Cegamento	Detalhamento das estratégias para evitar que os participantes e/ou os investigadores identifiquem quem pertence ao grupo intervenção e controle.
• Procedimentos para coleta de dados e formulários	Descrição dos procedimentos para coleta das informações e mensuração das variáveis do estudo.
• Medidas de segurança	Monitoramento e registro dos eventos adversos do estudo.
• Fluxo das informações	Procedimentos para garantir que as CRFs estejam completas e sejam entregues ao responsável dos dados.
• Bancos de dados	Detalhes para inserção, edição e correção do banco de dados do estudo.
• Controle de qualidade	Estratégias usadas para avaliar a qualidade das informações.
• Procedimentos de conclusão do estudo	Verificação final da completude e consistência dos dados.
• Anexos	Aprovação do comitê de ética. Aprovação do IRB.

10.2 PROJETO DE PESQUISA

Apesar de o projeto ser a parte essencial, que orientará toda a execução do estudo, não abordaremos neste capítulo os detalhes sobre seus componentes. Mesmo assim, a equipe de pesquisa deverá estruturar todo o conteúdo do MOP norteado pela pergunta do estudo, pelos objetivos e pelo tipo de estudo escolhido. Uma vez que vários dos elementos constituintes do MOP são avaliados em diferentes capítulos do presente livro, apresentamos a seguir maiores detalhes sobre alguns dos elementos mencionados no Quadro 10.1.

10.2.1 DETALHAMENTO DA EQUIPE DE PESQUISA

É importante definir quem são as pessoas envolvidas no estudo e qual o papel de cada uma, em especial quando o estudo pretende incluir muitos participantes. Em estudos simples, a equipe pode ser o pesquisador principal e alguns poucos colaboradores, mas, em estudos multicêntricos, a equipe poderá envolver uma lista de pesquisadores, monitores de pesquisa, estatísticos etc. Será importante que nessa lista estejam incluídos os contatos da equipe para facilitar a comunicação entre todos.

10.2.2 TREINAMENTO DA EQUIPE

Este item envolve a descrição dos procedimentos para treinamento da equipe, detalhando o planejamento de quem administrará o treinamento, quantas sessões de treinamento serão administradas e como o treinamento será padronizado nos diversos centros. Quando necessário, o treinamento poderá envolver também um processo de calibração dos coletores de dados (comparação com um avaliador experiente), em especial quando o projeto envolve a aferição de medidas biológicas como peso, altura, circunferência de cintura etc.

10.2.3 PLANO DE COMUNICAÇÃO

O cronograma de comunicação periódica e efetiva entre os investigadores do estudo do centro coordenador e dos demais centros de coleta é essencial para o monitoramento do progresso do estudo, para a identificação precoce de problemas e para manter as equipes de diferentes centros informadas e motivadas. O centro coordenador deve documentar essas comunicações, que podem ser por e-mail, reuniões presenciais, telefone ou mediante alguma outra ferramenta *online*.

10.2.4 INTERVENÇÃO DO ESTUDO

Em estudos de intervenção (experimentais), a intervenção pode ser um medicamento, modificação de hábitos de vida (como dieta específica ou programa de atividades físicas), psicoterapia, capacitação, ou qualquer outro procedimento que vise modificar a história natural da doença ou prevenir uma doença em pacientes sob risco. Todos os detalhes devem estar corretamente explicados. No caso de medicamentos, devem ser detalhadas a dose, a frequência de administração e a duração. Se for um programa para modificação de hábitos, como um programa de atividade física, precisarão ser incluídas as informações sobre quais exercícios serão oferecidos, periodicidade, duração etc. Esse detalhamento será fundamental para que a intervenção seja aplicada da mesma maneira para todos os participantes em todos os centros.

10.2.5 RECRUTAMENTO DE PARTICIPANTES

Esta seção deve detalhar como potenciais participantes serão identificados e convidados a participar do estudo, e como todos os centros poderão aumentar as chances de encontrar potenciais participantes, incluindo estratégias de disseminação do estudo entre centros e envio de cartas para potenciais pacientes na população-alvo.

10.2.6 RETENÇÃO DE PARTICIPANTES

Envolve estratégias para evitar a evasão de pacientes incluídos no estudo, fundamental em estudos longitudinais, como os ensaios clínicos e as coortes. Na fase de inclusão no estudo, é recomendado obter os contatos não apenas dos pacientes, mas também de familiares e amigos. Nessa seção deve-se detalhar a estratégia que será utilizada para reter os participantes, como telefonemas mensais, lembretes de consultas e datas de exames. As instruções devem ser claras e precisas, para que cada centro se organize na execução do plano de retenção dos participantes. Pode ser muito útil um calendário compartilhado entre os investigadores, com as consultas dos participantes e datas de exames marcados, lembretes para que os investigadores convoquem os sujeitos. Atualmente, calendários compartilhados são bastante acessíveis, fáceis de usar e existem diferentes opções gratuitas na internet.

10.2.7 FLUXO DO ESTUDO

É útil para fornecer uma visão geral das etapas principais do estudo na forma de um diagrama de fluxo, o fluxograma. Esse fluxograma deve ser adaptado para o estudo, sendo muito útil para uma melhor compreensão de novos monitores/supervisores e/ou investigadores.

10.2.8 TRIAGEM E CRITÉRIOS DE ELEGIBILIDADE

Para ajudar a garantir que os centros de estudo recrutem participantes da população-alvo com as características exigidas para inclusão no estudo, esta seção fornece uma discussão detalhada sobre os procedimentos de triagem utilizados para determinar a elegibilidade dos participantes. Em estudos que precisem de uma janela de tempo rigorosa entre a conclusão da triagem e a inclusão definitiva do participante no estudo, instruções específicas deverão ser detalhadas para o investigador que irá recrutar os pacientes. Seria o caso, por exemplo, de um ensaio clínico em pronto-socorro cuja população-alvo seja pacientes com sepse (que devem ser incluídos nas primeiras duas horas após a sua internação). Esses procedimentos irão garantir que apenas pacientes com as características desejadas da população-alvo sejam incluídos no estudo.

Para seguir as diretrizes de documentos que especificam como devem-se reportar os resultados dos estudos, como o CONSORT (para estudos randomizados) e o STROBE (para estudos observacionais), é importante documentar quantos indivíduos da população-alvo foram considerados elegíveis com base nos critérios de inclusão, quantos desses foram de fato incluídos, quantos foram excluídos, assim como os motivos dessas exclusões. Essa descrição detalhada é fundamental para identificar se a amostra é representativa da população-alvo, critério fundamental para garantir a extrapolação dos dados e a validade externa do estudo.

A elegibilidade de um indivíduo para o estudo é determinada por um conjunto de critérios de inclusão e exclusão específicos, descritos no protocolo de estudo e no MOP. Os indivíduos devem atender a todos os critérios de inclusão antes da atribuição de tratamento, de serem incluídos no estudo ou fazerem qualquer procedimento exclusivo do estudo. Esta seção do MOP deverá definir todos esses critérios, os métodos para a determinação de que os critérios de inclusão estejam realmente presentes (por exemplo, a pressão arterial medida na posição sentada após cinco minutos de descanso) e o formulário para documentar a elegibilidade.

Para tal finalidade, utiliza-se uma ficha de triagem, que registrará os dados básicos de todos os avaliados para a elegibilidade (Figura 10.1) e, posteriormente, um fluxograma de recrutamento do estudo (Figura 10.2). A ficha de triagem fornece a documentação de todos os indivíduos da população-alvo que serão avaliados para determinar a sua elegibilidade ao estudo. Normalmente, essa ficha contém um número de identificação (ID) e as iniciais dos indivíduos, idade, gênero, raça/cor da pele/etnia, data de triagem e *status* de elegibilidade.

O MOP deve descrever o conteúdo da ficha de triagem e procedimentos de manutenção, incluindo a frequência de atualizações e processos para o armazenamento seguro. É importante também detalhar no MOP o treinamento, para que os investigadores façam essa triagem de maneira sistemática e padronizada.

Modelo de ficha de triagem

Estudo: _____
Centro: _____
Investigador: _____

Número de triagem	Data de nascimento	Sexo	Data da triagem	*Status* da triagem (use códigos abaixo)	Incluídos (se excluído, use códigos abaixo)	Data de inclusão
	/ / dd/mm/aaaa	M F	/ / dd/mm/aaaa		Sim Não	/ / dd/mm/aaaa
	/ / dd/mm/aaaa	M F	/ / dd/mm/aaaa		Sim Não	/ / dd/mm/aaaa
	/ / dd/mm/aaaa	M F	/ / dd/mm/aaaa		Sim Não	/ / dd/mm/aaaa
	/ / dd/mm/aaaa	M F	/ / dd/mm/aaaa		Sim Não	/ / dd/mm/aaaa
	/ / dd/mm/aaaa	M F	/ / dd/mm/aaaa		Sim Não	/ / dd/mm/aaaa

Figura 10.1 Modelo de ficha de triagem.

[*modelos*] Códigos:

Status da triagem

    1 - Elegível
    2 - Elegível, recusou participar
    3 - Inelegível
    4 - Elegível, perdido seguimento

Se não incluído, razão(ões):

    1 - Falta de critério de inclusão (especifique).
    2 - Presença de critério de exclusão (especifique).

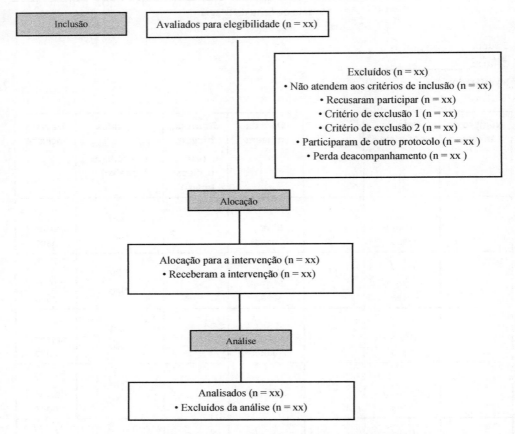

Figura 10.2 Fluxograma de recrutamento de participantes do CONSORT.

10.2.9 CONSENTIMENTO INFORMADO

Esta seção do MOP descreve as instruções específicas para obter o consentimento informado. Um modelo do TCLE deve ser incluído no MOP. Deverá ser especificado, ainda, quem receberá uma cópia do TCLE e onde o original será armazenado.

10.2.10 RANDOMIZAÇÃO E AMOSTRAGEM

Em estudos randomizados (também chamados aleatorizados ou ensaios clínicos controlados), os participantes são alocados a um dos "braços" (ou grupos) do estudo (grupo intervenção e grupo controle). Esse processo, chamado "randomização", baseia-se em um esquema de randomização predeterminado, desenvolvido pelo estatístico do estudo ou elaborado pelos pesquisadores em programas de randomização específicos.

Esta seção do MOP descreve a abordagem e os procedimentos de randomização a seguir:

1. **Plano de randomização:** o método usado para a geração de códigos de aleatorização para alocar os participantes em grupos de tratamento ou braços do estudo devem ser descritos em detalhe.

2. **Responsabilidades do processo:** identificação do indivíduo que mantém a lista mestre de randomização. Essa pessoa é responsável pela atribuição de códigos de randomização e por armazenar seguramente todos os arquivos de randomização.

3. **Procedimentos para randomizar um participante:** uma vez identificado um participante elegível, o investigador de cada centro deverá saber quem contatar para randomizar o participante. Em caso de estudos multicêntricos com randomização centralizada, esse contato pode ser via telefone ou internet, e em estudos menores pode envolver a abertura de envelopes selados, opacos e pré-numerados.

O processo de randomização de cada participante deverá ser documentado, para que, se caso necessário, possam ser revistos durante uma revisão de dados ou de auditoria, por exemplo.

Em estudos observacionais de base populacional (transversais e coortes) em que uma amostra aleatória de indivíduos será selecionada, a estratégia a ser utilizada deverá ser detalhada, para identificar potenciais participantes na população geral, depois selecionar uma amostra aleatória deles e, em seguida, os procedimentos usados para contatá-los para participar do estudo.

10.2.11 CEGAMENTO

Na maioria dos estudos com randomização, os participantes e a equipe de investigadores são "cegados" para evitar que identifiquem se o participante está recebendo a intervenção do estudo ou se faz parte do grupo placebo/controle. O estatístico do estudo e/ou um membro designado da equipe deverão manter os códigos de randomização em segredo. As estratégias usadas para garantir que os participantes e investigadores não descubram sua alocação serão descritas nesta seção, como o uso de pílulas de placebo idênticas ao medicamento testado.

A perda do cegamento deve ser evitada, mas pode ser necessária por motivos de segurança do participante. Nesse caso, os passos a serem seguidos para quebrar o cegamento devem ser detalhados, devendo essa estratégia evitar que o cegamento de todos os outros participantes do estudo seja comprometido. O MOP deve também detalhar quais informações devem ser registradas, como número do paciente para o qual o cegamento foi necessário, motivo e quais pessoas tiveram acesso à quebra do cegamento.

10.2.12 PROCEDIMENTOS PARA COLETA DE DADOS E FORMULÁRIOS

Esta é uma das seções mais importantes do MOP e, em alguns casos, o MOP pode ser quase que exclusivamente composto por ela. Aqui são descritos procedimentos para coleta de dados e mensuração das variáveis do estudo, principalmente das variáveis de exposição (intervenção) e do desfecho, mas também outras informações necessárias para o estudo, como outros fatores de risco, possíveis variáveis de confusão e modificadores de efeito. Por exemplo, em um estudo que avalia um medicamento para redução da pressão arterial, esta seção deverá descrever como a pressão arterial (desfecho do estudo) deverá ser medida e como quantificar a aderência ao tratamento. Essa aderência pode ser avaliada pela contagem do número de pílulas do medicamento que o paciente deve ter tomado no último mês (a intervenção). A descrição detalhada desta seção será fundamental para garantir que todas as avaliações e medidas sejam realizadas de forma consistente em todos os participantes do estudo, independentemente do centro de pesquisa e/ou do membro da equipe que está realizando a medição.

Além disso, é importante detalhar quais dados devem ser coletados em cada visita (num estudo longitudinal em que há varias medidas que nem sempre são repetidas). Por exemplo, num estudo que testa um novo medicamento para redução da pressão arterial com acompanhamento de um ano e visitas bimestrais, esta será medida em todas as visitas, mas a medida de colesterol pode ser feita apenas na visita inicial, na visita de seis meses e na visita final. Uma ferramenta útil é utilizar um formulário de visita que liste todos os procedimentos que devem ser feitos em cada visita, com referência a como realizar cada um deles. Todos os resultados e avaliações de segurança (por exemplo, análise química do sangue) devem ser delineados nesta seção.

Por esse motivo, muitos MOPs incluem um formulário específico para cada um dos diversos procedimentos relacionados na coleta de dados. Por exemplo, pode haver um formulário para o questionário sobre qualidade de vida, outro para coleta de pressão arterial e ainda um terceiro para determinação do colesterol na segunda visita. Outra ferramenta útil que pode ser incluída nesta seção do MOP é um cronograma de visitas e avaliações para especificar o que deve ser feito em cada fase de estudo e a cada contato com os participantes.

10.2.13 SEGURANÇA DO PARTICIPANTE

Esta seção detalha procedimentos para monitorar e registrar eventos adversos (EA), incluindo a criação de uma lista dos EA mais prováveis, procedimento que deve ser adotado pelo investigador e pelo participante que acredita estar diante de um EA. Deverão ser detalhados ainda os procedimentos para detectar frequências elevadas de EA que possam requerer uma investigação externa, ou até a suspensão do estudo para proteção dos participantes.

10.2.14 ADERÊNCIA AOS PROCEDIMENTOS DO ESTUDO

Um protocolo de estudo bem desenhado é essencial para gerar um estudo de alta qualidade, mas se a implementação não ocorre conforme planejado, a validade interna do estudo pode ficar comprometida. Nesses casos, as conclusões do estudo podem ser irreais, não devendo ser generalizadas, pois haveria também compromisso da validade externa.

Entre as estratégias para garantir a aderência de investigadores e participantes ao protocolo do estudo, estão o treinamento da equipe sobre o protocolo; a análise periódica e precoce dos dados quanto a sua qualidade, presença de valores impossíveis ou inconsistentes (por exemplo, medidas acima ou abaixo do que a escala permite, ou data de menstruação em um paciente do sexo masculino); fichas incompletas e comunicações de rotina com centros do estudo para ajudar a minimizar desvios de protocolo. O MOP deve incluir a descrição dos mecanismos para rastrear desvios e quebra dos procedimentos do protocolo, para assim notificar as partes responsáveis sobre sua ocorrência e corrigir as falhas precocemente. O centro coordenador do estudo deverá também ser informado sobre os desvios do protocolo e manterá um registro de todos os desvios dele.

10.2.15 FLUXO DAS INFORMAÇÕES

Esta seção descreve os procedimentos para garantir que todas as CRFs estejam completas, intactas e que sejam entregues ao responsável pela gestão de dados. Mais recentemente, alguns estudos têm utilizado CRFs eletrônicas, que alimentam diretamente o banco de dados.

10.2.16 GESTÃO DO BANCO DE DADOS

Neste item, serão detalhados os procedimentos para gestão do banco de dados do estudo, assim como a forma como os dados devem ser coletados, inseridos nele (por exemplo, se CRFs eletrônicas serão usadas), editados e corrigidos. Para os estudos que envolvem um grande número de centros e/ou participantes, é recomendável suporte técnico especializado e inserção automatizada dos dados com CRF eletrônica.

Seja usando uma abordagem informatizada ou procedimentos manuais, deve incluir o detalhamento da estratégia para inserção dos dados no banco e edição de dados que envolva a identificação de informações com valores fora dos limites esperados e outras faltantes, erros de datas e inconsistências lógicas (por exemplo, primeira data de tratamento precede a data de inclusão no estudo). Também deve incluir estratégia de registro de atualizações do banco de dados, para manter um histórico de versões e mudanças feitas. Por fim, deve também detalhar o plano de análise estatística e pacotes de análise estatística a serem utilizados.

10.2.17 CONTROLE DE QUALIDADE

A credibilidade do estudo e a integridade dos dados dependem de fatores, tais como: a garantia da adesão ao protocolo, a obtenção de acompanhamento completo em todos os participantes, e o planejamento e a implementação de medidas de controle de qualidade para estabelecer e manter altos padrões de qualidade dos dados. O plano de controle de qualidade deve ser desenvolvido antes do estudo começar a ser implementado até a sua conclusão. Pode incluir procedimentos operacionais padronizados (POPs), checagem de dados e formulários, monitoração dos centros de estudo, relatórios periódicos e procedimentos de correção de desvios. Esta seção deve detalhar os vários aspectos do plano e descrever todos os procedimentos de certificação de investigadores, se houver.

10.2.18 PROCEDIMENTOS DE CONCLUSÃO DO ESTUDO

Os procedimentos de verificação do fechamento do estudo são realizados para confirmar que as tarefas delegadas aos diferentes centros do estudo foram cumpridas. Esta seção do MOP deve descrever procedimentos de fechamento e conclusão do estudo. Exemplos de atividades de encerramento são: a verificação de que todas as CRFs foram inseridas no banco de dados, de que todas as pendências de dados inconsistentes ou faltantes foram resolvidas e a garantia de que documentos e fontes foram armazenados e disponibilizados.

10.3 CONSIDERAÇÕES FINAIS

Neste capítulo revisamos os diferentes componentes do MOP, que em outras palavras constitui uma versão ampliada da seção "Métodos do projeto de pesquisa". Ele é fundamental na execução da pesquisa, para garantir a qualidade das informações nos diferentes níveis que envolvem seleção, coleta, processamento e análise dos dados. Quando o estudo envolve diferentes centros e/ou diversos investigadores/pesquisadores, o MOP ajudará a padronizar o processo de coleta das informações, na tentativa de garantir a validade interna e externa do estudo, assim como a comparabilidade com outras pesquisas. Mas, mesmo que o trabalho seja realizado por um único investigador, o MOP ajudará a reduzir a variação aleatória e as alterações nas técnicas de medição durante todo o estudo.

REFERÊNCIAS BIBLIOGRÁFICAS

Enarson D, Kennedy S, Miller D, Bakke P. Research methods for the promotion of lung health: A guide to protocol development for low-income countries; 2001 [acesso: 26 ago. 2015]. Disponível em: www.theunion.org/what-we-do/publications/technical/research-methods-for-the-promotion-of-lung-health-a-guide-to-protocol-development-for-low-income-countries.

Gil AC. Como elaborar projetos de pesquisa. 5. ed. São Paulo: Atlas; 2010.

Streiner D, Souraya S. When research goes off the rails. Why it happens and what you can do about it. New York: The Guilford Press; 2010.

Hulley SB, et al. Designing clinical research: an epidemiologic approach. 3. ed. Philadelphia: Lippincott Williams & Wilkins; 2007.

Peat JK. Health science research: a handbook of quantitative methods. Crows Nest: Allen & Unwin; 2001.

Parte 2
Estudos observacionais

Capítulo 11
Estudos transversais

Luciana Dias Chiavegato
Rosimeire Simprini Padula

Estudos de coorte, transversais e casos-controle são definidos como estudos observacionais simplesmente por não ocorrer nenhuma intervenção terapêutica: o investigador apenas observa e registra as informações coletadas no tempo presente (hoje). Apesar de algumas ressalvas, esses estudos são importantes por serem capazes de responder diversas questões, além de, frequentemente, serem os únicos métodos disponíveis. A Tabela 11.1 mostra os tipos de estudos e seus objetivos.

Tabela 11.1 Tipos de estudos e seus objetivos

Tipo de estudo	Objetivo
Transversal	Prevalência
Incidência	Coorte
Causa	Coorte, caso-controle, transversal
Prognóstico	Coorte
Efeito de tratamento	Ensaio clínico

Os estudos transversais ou seccionais (*cross-sectional*) são definidos como estudos de prevalência, por fornecerem informações sobre a frequência da ocorrência de um evento, ou doença, em uma população específica. A prevalência mede o número de casos presentes num dado período de tempo (meses, semanas, dias, horas) e todas as mensurações são realizadas num único momento. É um método muito utilizado em

Saúde Pública e Coletiva, pois as investigações produzem cortes instantâneos, como se fossem uma fotografia (*snapshot*), sobre a situação de saúde de uma população ou comunidade, fornecendo informações sobre distribuição e características do evento estudado, o que produz indicadores globais de saúde para o grupo investigado. Por esse motivo, podem ser úteis para a avaliação e o planejamento das necessidades de serviços de saúde, ao mapeamento de uma população para melhor caracterizá-la, ou para criação de programas de promoção de saúde.

Os estudos transversais podem ser aplicados com o intuito de inferir causa e investigar a associação entre fatores de risco e efeito, contudo, devido à exposição e ao desfecho serem avaliados simultaneamente, isso não é possível. Em um ponto no tempo, os sujeitos são avaliados para determinar se foram expostos ao agente a ser estudado e se apresentam o desfecho de interesse. Além disso, caracteriza-se por ser um estudo rápido e de baixo custo, potencialmente descritivo e de simples análise, porém com baixo poder de evidência científica e muito vulnerável a vieses.

Os vieses, ou *biases*, são decorrentes de erros sistemáticos que ocorrem durante o planejamento e/ou a execução do estudo. No caso dos estudos transversais, um exemplo de viés durante o planejamento é não ter clara a definição dos parâmetros de diferenciação de uma população, o que a torna igual, mesmo esta não sendo. O viés de execução pode ocorrer quando um grupo de indivíduos deixa de responder ao questionamento, seja por medo de exposição ou por possuir opinião diferente. Nesse caso, apenas o grupo que compactua com as ideias irá responder, não sendo possível ter uma amostra representativa, assim haverá um mesmo padrão de respostas. O viés de seleção prejudica a validade interna do estudo; o viés de resposta, a validade externa.

Os estudos transversais têm como principais vantagens: poderem citar sua contribuição aos estudos de etiologia de doenças, principalmente doenças de início insidioso e de longa duração; serem capazes de estimar a proporção de expostos na população e não apresentarem perda de acompanhamento. Apenas um grupo é observado, as mensurações são realizadas apenas uma vez, entretanto, múltiplas exposições e desfechos podem ser analisados. Esses estudos podem fornecer subsídios para estudos mais complexos, auxiliando a "geração de hipóteses". Porém, como todo estudo, também apresenta algumas desvantagens, tais como a dificuldade de estabelecer relação causal ou relação temporal entre exposição e efeito e ter baixa utilidade em eventos raros.

Em situações de emergência em Saúde Pública, como nos casos mais recentes da pandemia do vírus influenza H1N1, ou da epidemia do Ebola em países africanos, a tomada de decisão deve ser rápida e certeira para evitar a morte, seu pior desfecho. Depois sim, poderão ser realizados novos estudos a fim de se estabelecer a melhor conduta terapêutica e até mesmo para esclarecer a evolução da doença.

Além do rigor em que se deve estabelecer a amostra para que ela seja representativa, é necessário que sejam definidos claramente os limites da sua população, e recomenda-se o emprego de instrumentos simplificados, equipes bem treinadas, a fim da coleta de dados ser realizada o mais rápido possível, pois se por dificuldades operacionais o tempo de coleta for muito estendido, o pesquisador poderá se deparar com problemas metodológicos graves.

Questionários são comumente utilizados, entretanto deve-se maximizar o número da amostra que responde ao questionário para não perder diferenças significativas entre respondedores e não respondedores e ocasionar um viés de seleção. Para entendermos a linha de raciocínio, podemos citar as pesquisas de opinião realizadas por organizações de pesquisa de mercado, as quais em geral são estudos transversais pouco rigorosos quanto à seleção da amostra, visto que na maioria das vezes somente sujeitos disponíveis para responder os questionários são selecionados. Uma forma de evitar esse viés é selecionar a amostra de forma aleatória e convidá-los a responder as questões de interesse.

11.1 PASSOS PARA UM BOM DELINEAMENTO DE ESTUDO

É necessária uma definição precisa e concisa do objetivo do estudo. Quanto mais simples for, mais fácil será realizar o estudo, e com menos possibilidades de erros. Algumas vezes, os pesquisadores querem aproveitar o estudo e realizar uma série de outras perguntas e exames, as quais tendem a fugir do objetivo inicial do estudo e propiciará uma chance maior de recusa por parte dos participantes. A definição da população-alvo, dos dados a serem coletados, dos critérios para classificação dos indivíduos e dos critérios diagnósticos – além da definição dos critérios para medir a exposição, dos instrumentos de medida e da padronização dos métodos e do processo de amostragem – deve ser determinada antes do início do estudo. Outros fatores que devem ser estipulados são a organização do trabalho de campo da supervisão e controle, bem como a descrição dos métodos de análise estatística. A comparação será feita entre a população de doentes, entre os expostos e a proporção de doentes, entre os não expostos – o que poderá ser realizado pelo teste do qui-quadrado.

Resumindo, como características fundamentais do estudo transversal, deve-se ter uma população bem definida, uma correta seleção de amostra e clareza daquilo que se quer observar (desfecho). Tendo como base essa premissa, teremos ao final quatro situações que podem auxiliar o pesquisador se expostas em uma tabela de contingência, como mostra a Tabela 11.2.

A prevalência global será igual a: (a + c / a + b + c + d). A partir disso, podemos obter outras informações, como prevalência de expostos e não expostos. Também se calcula a razão das prevalências, que estima quantas vezes mais os indivíduos expostos têm chance de apresentar a doença se comparados aos não expostos na população estudada. Quando esse resultado for igual a 1, significa que a prevalência entre expostos e não expostos é a mesma. Sendo maior que 1, significa que a prevalência entre os expostos sobrepuja tantas vezes a prevalência entre os não expostos.

Reportar um estudo epidemiológico adequadamente garante a qualidade das informações e a interpretação dos resultados. Há guias de recomendação para se estruturar diferentes desenhos de estudo, sendo o Strobe (*Strengthening the Reporting of Observational Studies in Epidemiology*) o *statement* indicado para informar estudos epidemiológicos. Ele apresenta um *checklist* para cada tipo de estudo observacional (estudos de coorte, transversais e casos-controle: www.strobe-statement.org/) e tem sido indicado cada vez mais por periódicos científicos para instruir autores, na tentativa de manter a qualidade textual e a clareza das informações.

Tabela 11.2 Tabela de contingência

Exposição	Desfecho	
	Sim	Não
Sim	A = indivíduos expostos que apresentam desfecho	B = indivíduos expostos que não apresentam desfecho
Não	C = indivíduos não expostos que apresentam desfecho	D = indivíduos não expostos que não apresentam desfecho

11.2 CONSIDERAÇÕES FINAIS

Os estudos transversais são estudos rápidos, de baixo custo e extremamente valiosos para auxiliar na compreensão de diagnósticos clínicos. Podem ser utilizados tanto para descrever como para identificar populações de risco e auxiliar na tomada de diversas decisões na área da Saúde, bem como para contribuir com o avanço científico.

Há também que se ressaltar que, em muitas populações, é extremamente complexo o acompanhamento por longos períodos, devido a características específicas, como mobilidade, demissões em estudos com trabalhadores, morte para grupos vulneráveis, o que levaria a perdas amostrais que inviabilizam outros desenhos de estudo.

REFERÊNCIAS BIBLIOGRÁFICAS

Almeida Filho N, Rouquayrol MZ. Introdução à epidemiologia. 4. ed. Rio de Janeiro: Guanabara Koogan; 2006.

Bastos JL, Duquia RP. Um dos delineamentos mais empregados em epidemiologia: estudo transversal. Scientia Medica. 2007;17(4):229-32.

Haddad N. Metodologia de estudos em ciências da saúde. São Paulo: Roca; 2004.

Kate AL. Study design III: Cross-sectional studies. Evidence-Based Dentistry. 2006;7:24-5.

Lilienfeld DE, Stolley PD. Foundations of epidemiology. 3. ed. New York: Oxford University Press; 1994.

Mann CJ. Observational research methods. Research design II: cohort, cross sectional, and case-control studies. Emerg Med J. 2003;20:54-60.

Strengthening the Reporting of Observational Studies in Epidemiology (STROBE): Explanation and elaboration. Int J Surg. 2014.

Thiese MS. Observational and interventional study design types; an overview. Biochem Med. 2014;24(2):199-210.

Capítulo 12
Estudos de coorte

Luciana Correia Alves

12.1 DEFINIÇÃO E UTILIDADE

Uma coorte é formada por um conjunto de pessoas que têm em comum a ocorrência de um evento num mesmo período. Assim, temos a coorte de pessoas que nasceram em 2010, coorte de pessoas admitidas para hemodiálise em uma unidade hospitalar, coorte de idosos residentes no município de São Paulo em 2000, coorte de funcionários de seis instituições públicas de ensino superior e pesquisa das regiões Nordeste, Sul e Sudeste do Brasil, entre outros.

Os estudos de coorte são classificados na epidemiologia como observacionais. Os estudos observacionais podem ser divididos em *descritivos* e *analíticos*. Os *estudos analíticos* são aqueles delineados para examinar a existência de associação entre uma exposição e uma doença, ou condição, relacionada à saúde. Assim, se o objetivo for testar hipóteses a respeito da associação entre determinantes e um agravo à saúde, os estudos analíticos devem ser empregados.

Os estudos de coorte são, portanto, um tipo de estudo epidemiológico observacional e analítico (Figura 12.1) no qual a situação dos indivíduos quanto à exposição ou aos fatores de risco de interesse determina a sua seleção para o estudo ou a sua classificação após a inclusão no estudo. Em outras palavras, os indivíduos são classificados (ou selecionados) segundo o *status* de exposição (expostos e não expostos), sendo acompanhados para avaliar a incidência da doença, ou de uma condição relacionada à saúde, ou ainda de um outro desfecho de interesse, em determinado período de tempo (Figura 12.2). Vamos imaginar um exemplo em que gostaríamos de acompanhar um grupo de idosos de uma determinada comunidade a fim de observarmos se a incapacidade funcional, mensurada pela dificuldade em pelo menos uma das Atividades de Vida Diária, influencia no risco de internação hospitalar em um período de 12 meses. A Figura 12.3 apresenta esse exemplo de maneira esquemática.

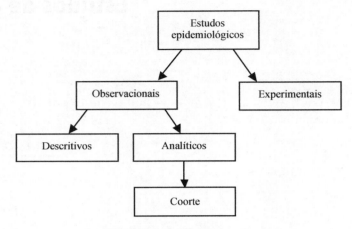

Figura 12.1 Estudos de coorte.

Figura 12.2 Desenho do estudo de coorte.

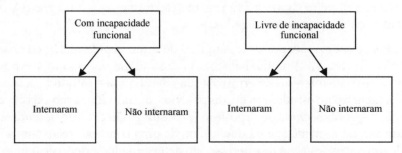

Figura 12.3 Desenho do estudo de coorte para observar a relação entre capacidade funcional e internação hospitalar.

Os estudos de coorte também são classicamente conhecidos como estudos longitudinais, e podem ser do tipo prospectivo (concorrente) ou retrospectivo (não concorrente). Os prospectivos podem ser denominados como estudo de coorte concorrente, prospectivo concorrente, ou estudo longitudinal. Os retrospectivos também podem ser chamados de estudo de coorte retrospectivo, ou coorte histórico. Nos estudos prospectivos, a ocorrência do desfecho se situa no futuro, enquanto nos estudos retrospectivos, a exposição e o desfecho já aconteceram em algum momento do passado (Figura 12.4). No caso desses últimos, a informação deve ser suficientemente consistente para, retrospectivamente, medir a incidência do evento em um grupo de expostos e de não expostos ao fator de risco. Em desenhos retrospectivos, uma vez que os dados se encontram no passado, devemos ter cuidado com o fato de que o ponto de partida do delineamento é a possível causa em direção ao desfecho.

Figura 12.4 Estudos prospectivo e retrospectivo.

Ao contrário dos estudos ecológicos, que utilizam os dados agregados, nos estudos de coorte ou longitudinais, as unidades de análises ou observação são os indivíduos. Como a informação obtida ocorre no nível de indivíduo, torna-se possível acompanhar a mesma pessoa ao longo do tempo e observar a ocorrência do desfecho de interesse. Sendo assim, as grandes vantagens deste tipo de estudo são: I) identificar os fatores causais ou etiológicos, ou os fatores de risco de uma doença, de um agravo ou de uma condição, estabelecendo as relações causais; II) conhecer a história natural das doenças ou agravos e III) determinar a incidência[1] das condições relacionadas à saúde. Os estudos de coorte também são muito adequados para investigar as doenças frequentes.

12.2 DESENHO DOS ESTUDOS DE COORTE

Em outros delineamentos de estudo, tanto a exposição quanto a ocorrência da doença ou do evento de interesse são determinados para o indivíduo, permitindo inferências de associações nesse nível.

---

[1] A incidência é definida como o número de casos novos de uma determinada condição que ocorrem durante um período específico de tempo em uma população de risco para o seu desenvolvimento.

Já nos estudos de coorte, é fundamental definir *a priori* o objetivo do estudo e, a partir disso, identificar a população que irá satisfazer esse objetivo. O próximo passo é classificar os indivíduos quanto ao nível de exposição de um determinado fator. Nessa etapa de classificação, o investigador deve apresentar um razoável conhecimento sobre o problema que pretende estudar. Isso permite uma seleção mais adequada dos fatores que devem pertencer ao estudo e da distribuição dos indivíduos a cada nível de exposição. Em seguida, os indivíduos dos dois grupos são acompanhados para verificar a ocorrência do desfecho entre o grupo dos expostos (a/a+b) e não expostos (c/c+d). Ou seja, a principal característica no desenho dos estudos de coorte é comparar os resultados entre expostos e não expostos.

Tanto a classificação ou operacionalização da(s) variável(is) exposição quanto do desfecho devem ser capazes de determinar objetivamente o que é ou não exposição ou conclusão. Portanto, a utilização de instrumentos válidos e confiáveis se torna um elemento importante para garantir uma maior utilidade dos resultados.

A Tabela 12.1 apresenta de uma forma esquemática a observação do desfecho entre os dois grupos de comparação (expostos e não expostos). Se existe uma associação positiva entre exposição e desfecho, podemos esperar que a incidência entre os expostos seja maior comparativamente aos não expostos.

Consideremos agora os dados de um estudo de coorte hipotético (Tabela 12.2), em que selecionamos 1.080 idosos de uma determinada cidade com a finalidade de investigar a associação entre alteração de equilíbrio e episódio de quedas nos últimos 12 meses. Esses idosos são classificados em: *sem alteração de equilíbrio* e *com alteração de equilíbrio* no início do estudo. Dos 1.080 idosos selecionados para o estudo, 900 apresentavam alteração de equilíbrio. Após a seleção e classificação dos grupos, os idosos foram acompanhados por um período de tempo e observados quanto ao desenvolvimento do desfecho (episódios de quedas). Os episódios de queda ocorreram em 100 idosos com alteração de equilíbrio e em 15 sem alteração. Verifica-se que a incidência entre os idosos com alteração de equilíbrio (100/900 x 1.000) é maior do que entre os idosos sem (15/180 x 1.000).

A definição do tempo de acompanhamento é algo importante na fase de delineamento dos estudos de coorte. A forma como o tempo se faz presente no estudo deve ser criteriosamente demarcada. Se, por exemplo, os indivíduos forem seguidos por t (período de tempo), deve-se necessariamente delimitar uma data de entrada e uma data de saída do acompanhamento. Em outras circunstâncias, a depender da pergunta de pesquisa e do fenômeno de interesse estudado, estabelece-se uma data para o início da entrada no estudo e os indivíduos são seguidos por um longo e indeterminado período de tempo t. Um exemplo é o *Nurse's Health Study*. Esse estudo de coorte foi iniciado em 1976, nos Estados Unidos, para investigar as associações entre uso de contraceptivos orais e o desenvolvimento de doenças crônicas em mulheres enfermeiras casadas.

Os desenhos dos estudos podem ser com coortes abertas ou fechadas. Nas coortes abertas, o momento de entrada dos indivíduos no estudo varia (Figura 12.5).

Estudos de coorte

Nas coortes fechadas, todos os indivíduos que serão acompanhados estão presentes no início do estudo. Não há entradas durante o período de acompanhamento (Figura 12.6).

Tabela 12.1 Desenvolvimento do desfecho segundo nível de exposição

Nível de exposição	Desfecho se desenvolve	Desfecho não se desenvolve	Total
Expostos	a	b	a+b
Não expostos	c	d	c+d

Tabela 12.2 Exemplo hipotético de um estudo de coorte

	Presença de queda	Ausência de queda	Total	Incidência/1.000
Com alteração de equilíbrio	100	800	900	111,1
Sem alteração de equilíbrio	15	165	180	83,3

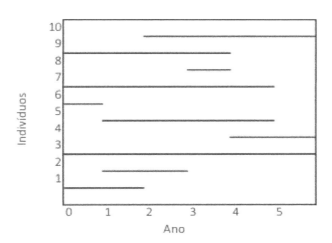

Figura 12.5 Coorte aberta.

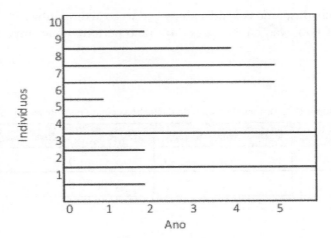

Figura 12.6 Coorte fechada.

12.3 SELEÇÃO DA POPULAÇÃO

A população nos estudos de coortes pode ser selecionada basicamente de duas maneiras. Na primeira, selecionamos grupos para inclusão no estudo com base na identificação de expostos e não expostos e os acompanhamos por um período de tempo predefinido, a fim de observar o desfecho. Como exemplo, podemos citar uma coorte de trabalhadores industriais expostos ou não ao amianto, acompanhados com a proposta de observar a ocorrência de câncer de pulmão. Na segunda forma de seleção, uma população de uma determinada localidade é escolhida e, a partir dessa seleção, são coletadas informações a respeito de várias características dos indivíduos (por meio de questionários ou medidas objetivas) e separados os grupos quanto ao nível de exposição aos desfechos pretendidos. Ou seja, nesse caso, os indivíduos são selecionados antes de se identificar a exposição, ou antes deles se tornarem expostos a um determinado fator. Podemos exemplificar isso mencionando uma situação na qual pretendemos investigar as condições de saúde da população de um determinado município em um ano específico. Elegemos alguns desfechos que gostaríamos de observar ao longo do desenvolvimento do estudo, como por exemplo presença de diabetes, hipertensão, óbito, internação hospitalar, declínio funcional, entre outros. Selecionamos os indivíduos na população total que não apresentam o desfecho que pretendemos analisar, por meio de um processo de amostragem, e aplicamos instrumentos adequados para coletar informações sobre fatores demográficos, socioeconômicos, de estilo de vida, de condições de saúde, de história de vida, de exposições ambientais etc. A partir dessas informações coletadas, somos capazes de classificar os indivíduos em expostos e não expostos aos fatores de risco. Então os acompanhamos com a intenção de verificar a ocorrência ou não do desfecho. Por fim, mensuramos e comparamos a incidência entre os dois grupos.

12.4 EXEMPLOS DE ESTUDOS DE COORTE

Já vimos que os estudos de coorte ou longitudinais são um tipo de estudo em que um grupo de pessoas com alguma característica em comum (nascimento, exposição a um agente, trabalhadores de uma indústria, pessoas com 60 anos ou mais etc.) é acompanhado ao longo de um período de tempo para se observar a ocorrência de um desfecho.

Existem diversos estudos de coorte sendo conduzidos em todo o mundo. Os mais conhecidos são o *Framingham Heart Study*, iniciado em 1948 com o objetivo de identificar fatores de risco para doenças cardíacas; o *Nurse's Health Study*, descrito em uma das seções anteriores; o *National Long-Term Care Survey*; o *Cardiovascular Health Study*; o *Canadian Cohort Study*; o *Baltimore Longitudinal Study on Aging* (BLSA); entre outros. Entretanto, ainda são muito escassos estudos de coorte desenvolvidos no Brasil.

A Universidade Federal de Pelotas (UFPel) mantém um dos maiores programas de estudos de coorte do mundo e o principal entre os países em desenvolvimento. Denominados *Coortes de Nascimento de Pelotas*, os estudos desse programa abrangem o acompanhamento de todos os nascidos nos anos de 1982 (5.914 pessoas), 1993 (5.249 pessoas) e 2004 (4.231 pessoas) até os dias atuais, com a finalidade de investigar a influência dos fatores inerentes ao período do nascimento e dos primeiros anos de vida sobre a saúde do indivíduo durante toda a sua existência. Ao todo, são cerca de 15 mil pessoas acompanhadas. Nas três fases do estudo, foram realizadas visitas no 3º e 12º mês de idade. Foram aplicados questionários às mães, além de medidas e avaliações do desenvolvimento das crianças. Os participantes continuam sendo acompanhados até o presente, e questões como mortalidade infantil, desnutrição, crescimento, sexualidade, gravidez na adolescência e hipertensão têm sido exploradas na pesquisa.

Podemos destacar que, apesar de existirem poucos estudos longitudinais no país, alguns estudos de base populacional e de grande expressão no cenário nacional têm sido realizados. O estudo EPIDOSO (Epidemiologia do Idoso) foi o primeiro estudo epidemiológico longitudinal feito no Brasil com idosos residentes na comunidade. O projeto EPIDOSO se iniciou em 1991 e acompanhou 1.667 idosos (de 65 anos ou mais), residentes na cidade de São Paulo. O Estudo de Coorte de Idosos de Bambuí, que está sendo desenvolvido na cidade de Bambuí, em Minas Gerais, iniciou-se em 1997 para examinar a incidência e os determinantes de eventos na área da saúde em uma população idosa com baixo nível socioeconômico. Todos os 1.742 residentes na cidade com idade igual ou superior a 60 anos foram elegíveis para o estudo (1.606 participaram).

Um outro estudo de coorte importante no Brasil é o Estudo SABE (Saúde, Bem-Estar e Envelhecimento), iniciado em 2000 sob a coordenação da Organização Pan-Americana da Saúde (OPAS). Caracterizava-se como um estudo epidemiológico transversal, de base populacional domiciliar. Seu objetivo era investigar os diversos aspectos referentes à saúde da população idosa residente em área urbana de sete países da América Latina e Caribe: Argentina, Barbados, Brasil, Chile, Cuba, México e Uruguai. No Brasil, o

Estudo SABE circunscreveu-se aos limites territoriais do Município de São Paulo. Foram entrevistados 2.143 idosos (indivíduos com 60 anos ou mais), não institucionalizados, de ambos os sexos, no período entre janeiro de 2000 e março de 2001. O processo de amostragem foi realizado em dois estágios: no primeiro, selecionaram-se os setores censitários e, no segundo, foram selecionados os domicílios dentro de cada setor. Em cada domicílio foram entrevistadas todas as pessoas residentes com 60 anos ou mais, independentemente do seu estado conjugal ou grau de parentesco. Devido à baixa densidade da população, ampliaram-se as amostras dos grupos etários para 75 anos ou mais. Ainda, para compensar o excesso de mortalidade em relação à população feminina, as amostras do sexo masculino foram ajustadas para um número igual às do sexo feminino. O segundo estágio da amostragem corresponde ao acréscimo efetuado para compensar a mortalidade na população de maiores de 75 anos e completar o número desejado de entrevistas nessa faixa etária.

No Brasil, em 2006, o Estudo SABE passou a ser longitudinal. A coorte de 2000 foi localizada e 1.115 idosos foram entrevistados novamente. As perdas no período corresponderam aos óbitos (22,9%), às recusas (9,6%), mudanças (2,5%) e institucionalizações (0,4%). Essa coorte foi denominada A06. No mesmo momento, foi realizado um novo sorteio probabilístico para a entrada de uma coorte com 299 indivíduos com idade entre 60 a 64 anos (coorte B06).

Para o ano 2000, utilizaram-se instrumentos padronizados para todos os países. O próprio idoso ou um informante elegível (familiar ou cuidador) responderam o questionário aplicado por entrevistadores previamente treinados. Em 2006, esse instrumento foi revisado. Alguns blocos foram modificados e outros incorporados. Além disso, também foram coletados dados antropométricos.

Em 2010, uma nova onda do Estudo SABE foi realizada. As coortes A06 e B06 foram identificadas e entrevistadas novamente. Em 2011, uma amostra probabilística, constituída de 355 idosos entre 60 e 64 anos (coorte C10), foi selecionada e incorporada ao estudo.

O Estudo Longitudinal de Saúde do Adulto (ELSA Brasil) é uma investigação multicêntrica de coorte composta por 15 mil funcionários de seis instituições públicas de ensino superior e pesquisa das regiões Nordeste, Sul e Sudeste do Brasil. A pesquisa tem o propósito de investigar a incidência e os fatores de risco (biológicos, comportamentais, ambientais, ocupacionais e sociais) para doenças crônicas, em particular as cardiovasculares e o diabetes. Com Centros de Investigação distribuídos em seis estados – Fundação Oswaldo Cruz (Rio de Janeiro), Universidade de São Paulo (USP), e as universidades federais da Bahia (UFBA), Espírito Santo (Ufes), Minas Gerais (UFMG) e Rio Grande do Sul (UFRGS) –, objetiva-se também a análise de possíveis variações regionais relacionadas a essas enfermidades no país.

Em cada centro integrante do estudo, os sujeitos da pesquisa – com idade entre 35 e 74 anos – fazem exames e entrevistas, nas quais são avaliados aspectos como condições de vida, diferenças sociais, relação com o trabalho, gênero e especificidades da dieta da população brasileira.

12.4.1 MEDIDAS DE ASSOCIAÇÃO EM ESTUDOS DE COORTE

A taxa de incidência é uma medida obtida a partir dos estudos de coorte. Pode ser calculada por meio da incidência cumulativa (IC) e densidade de incidência (DI).

$$IC = \frac{\text{número de casos novos de determinada condição}}{\text{número de pessoas em risco para desenvolver a condição (população inicial)}} \times 1.000 \quad (1)$$

$$DI = \frac{\text{número de casos novos de determinada condição}}{\text{Idade} - \text{pessoas da população em risco}} \times 1.000 \quad (2)$$

A DI é uma medida mais robusta pelo fato de incluir no seu denominador o tempo de contribuição de cada indivíduo no acompanhamento. Em outras palavras, contabiliza o tempo de permanência do indivíduo na coorte. O tempo pode ser descrito em anos-pessoas, meses-pessoas, dias-pessoas, entre outros. Em ambas as medidas, o resultado pode ser expresso em 1.000, 100.000 etc. A escolha vai depender da prevalência do evento na população. Para cada caso caberá uma análise e decisão por parte do investigador.

Considerando o nosso exemplo apresentado na Tabela 12.2, observa-se que foi calculada a incidência cumulativa entre os expostos e não expostos. A taxa de incidência nos expostos foi de 111,1/1.000, que se interpreta como 111,1 casos novos de quedas para cada 1.000 idosos com alteração de equilíbrio.

Para exemplificar a densidade de incidência, vamos imaginar uma coorte hipotética composta por 5 indivíduos e que o indivíduo 1 foi acompanhado por 1 ano, o 2º por 2 anos, o 3º por 3 anos, o 4º por 4 anos e o 5º por 5 anos. Dos 5 indivíduos, somente 2 evoluíram para o desfecho. Utilizando a fórmula 2, podemos escrever o cálculo da seguinte forma:

$$DI = \frac{2}{(1 \, ano \times ind. \, 1)+(2 \, anos \times ind. \, 2)+(3 \, anos \times ind. \, 3)+(4 \, anos \times ind. \, 4)+(5 \, anos \times ind. \, 5)}$$

$$DI = \frac{2}{15} \times 1.000 = 133,3/1.000$$

onde, ind = indivíduo; o denominador é anos-pessoas.

Interpreta-se: 133,3 casos novos da condição para cada 1.000 pessoas.

A medida de associação ou efeito no estudo de coorte é a razão de taxa de incidência, comumente referida como risco relativo (RR). O RR é a razão do risco (incidência) entre os expostos e não expostos. Considerando a Tabela 12.1, podemos escrever a fórmula do RR como:

$$RR = \frac{\dfrac{a}{a+b}}{\dfrac{c}{c+d}}$$

O RR pode ser interpretado como a magnitude do risco ou o quão maior ou menor é o risco entre os expostos se comparados aos não expostos. O RR não tem unidades de medida. Um RR igual a 1 significa que não há associação; RR > 1 indica um risco maior entre os expostos; RR < 1 indica um efeito protetor entre os expostos. Um RR de 1,9 significa que o risco entre os expostos é 90% maior [(RR - 1) × 100%] do que entre os não expostos. Se o RR for de 0,40, indica que o risco ou incidência entre os expostos é 60% menor [(1 - RR) × 100%] comparativamente aos não expostos.

Considerando agora os dados da Tabela 12.2, que supõe relação causal e utiliza uma variável de exposição binária, podemos calcular o RR da seguinte maneira:

$$RR = \frac{\dfrac{100}{900}}{\dfrac{15}{180}} = \frac{0,111}{0,083} = 1,34$$

O RR de 1,34 indica que os idosos com alteração de equilíbrio têm um risco de quedas 34% maior em relação àqueles sem alteração de equilíbrio.

Os RR podem ser comparados utilizando-se metodologia estatística que permita dizer, com certo grau de confiança, normalmente de 95%, se a diferença entre eles é ou não significativa. Isto é, se pode afirmar que existe relação entre exposição e desfecho e se essa associação é estatisticamente significativa ao nível de 5%.

Outras duas medidas que podemos estimar é o risco atribuível nos expostos (RA), o risco atribuível na população (RAP) e suas frações etiológicas (%RA$_{exp}$ e %RAP).

O RA é uma medida de associação baseada na diferença absoluta entre dois riscos estimados, ou seja, o RA é dado pela diferença entre o risco (incidência), entre os expostos e o risco (incidência), entre os não expostos. Mede o excesso absoluto de risco associado com uma dada exposição. O RA estabelece a porção da incidência ou risco de uma determinada condição, que pode ser atribuída à presença da exposição (fator) estudada. A fórmula pode ser escrita como:

$$RA = I_{exp} - I_{não\ exp} = \frac{\dfrac{a}{a+b}}{\dfrac{c}{c+d}}$$

O RA nos expostos é a quantidade de uma determinada condição que deixaria de existir no grupo exposto se dele fosse retirado o fator de risco (exposição). No exemplo da Tabela 12.2, o RA seria:

$$RA = 0,111 - 0,083 = 0,028 (2,8\%)$$

Portanto, o excesso de risco de quedas associado com a exposição à alteração de equilíbrio é 2,8%. A partir do RA, podemos derivar a porcentagem do risco atribuível nos indivíduos expostos (%RA_{exp}), que pode ser estimada por:

$$\%RA_{exp} = \frac{I_{exp} - I_{não\ exp}}{I_{exp}} \times 100$$

A %RA_{exp} mede a proporção da condição no grupo exposto, que pode ser atribuído à exposição. No nosso exemplo da Tabela 12.2, a %RA_{exp} = 0,111 - 0,083/0,111 = 0,25 × 100 = 25%. Portanto, considerando a relação causal entre equilíbrio e episódio de queda, essa medida indica que 25% do total de risco de quedas entre idosos com alteração de equilíbrio é atribuída à alteração de equilíbrio.

O RAP estima a proporção do risco da condição na população total associada com a exposição. Para calcular o RAP, torna-se necessário obter para a população total a incidência (risco) da condição. O RAP é descrito conforme a fórmula abaixo:

$$RAP = I_{população\ total} - I_{não\ exposta}$$

Por exemplo, vamos supor a prevalência da alteração de equilíbrio na população--alvo/total como 70% (0,70). Por sua vez, a prevalência da ausência de alteração de equilíbrio é 30% (0,30). No exemplo da Tabela 12.2, devemos calcular primeiro o risco na população total ($I_{população\ total}$) como: $I_{população\ total}$ = (prevalência nos expostos na população – alvo/total × incidência nos expostos na população do estudo) + (prevalência nos não expostos na população-alvo/total × incidência nos não expostos na população do estudo) = (0,70 × 0,111) + (0,30 × 0,083) = 0,103. Esse cálculo representa a soma dos pesos nos riscos de indivíduos expostos e não expostos na população – alvo/total. Para obter o RAP, subtraímos o risco na população – alvo/total do risco nos não expostos do estudo (RAP = 0,103 - 0,083 = 0,02). Se a relação for causal e se o efeito nos expostos forem completamente reversíveis, a interrupção da exposição deveria resultar em uma diminuição de 0,02 no risco da população total.

Normalmente, O RAP é expresso em porcentagem (RAP%), uma medida de associação que leva em conta a frequência da ocorrência do fator na população. Estima a quantidade de excesso de uma condição que pode ser atribuída à presença de uma exposição ou fator de risco. Pode ser descrito como:

$$RAP\% = \frac{I_{população\,total} - I_{não\,exposto}}{I_{população\,total}} \times 100$$

Continuando o exemplo imediatamente anterior, RAP% = 0,103 - 0,083/0,103 = 0,19 × 100 = 19,4%. Portanto, a porcentagem de risco atribuível na população é de 19,4%, ou seja, 19,4% da incidência de quedas na população total podem ser atribuídas à alteração de equilíbrio. Se conseguíssemos eliminar a alteração de equilíbrio da população, alcançaríamos uma redução de 19,4% na incidência de quedas na população total, que possui pessoas com e sem alteração de equilíbrio.

12.5 VIESES E FATORES DE CONFUSÃO EM ESTUDO DE COORTE

A associação entre exposição e desfecho pode sofrer influência de fatores de confusão e vieses, ou erros.

Os fatores de confusão são variáveis preditoras tanto da exposição quanto do desfecho, mas não fazem parte da rede causal entre exposição e desfecho. Voltando ao exemplo da Tabela 12.2, podemos visualizar a interferência do fator de confusão "idade" nessa relação por meio da Figura 12.7.

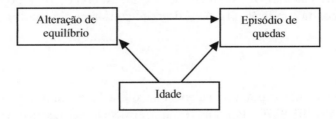

Figura 12.7 Exemplo de fatores de confusão em estudo de coorte.

A idade pode interferir nessa relação entre alteração de equilíbrio e queda. Indivíduos com idade mais avançada apresentam maiores episódios de quedas e também maior alteração de equilíbrio.

Os fatores de confusão devem ser controlados para que não sejam produzidos resultados distorcidos e não válidos. Avaliar e identificar os possíveis fatores de confusão permitem que eles sejam considerados já na fase de planejamento do estudo, garantindo a homogeneidade entre os expostos e não expostos quanto ao(s) fator(es). Outra alternativa, um tanto quanto mais complicada e menos utilizada para estudos de grande porte, é lançar mão da estratégia de pareamento. No pareamento, os expostos e não expostos devem ser exatamente iguais em relação às características referidas como fatores de confusão. Por fim, a estratégia mais fácil de aplicar é introduzir o controle pelas variáveis de confusão, durante a fase da análise de dados.

Além dos fatores de confusão, a existência de vieses, ou erros, também precisa ser analisada. Os vieses podem ser definidos como resultado de um erro sistemático no desenho ou desenvolvimento do estudo. O erro sistemático resulta de uma falha no método de seleção dos participantes ou nos procedimentos que garantem a obtenção da informação entre expostos e não expostos. Como consequência, os resultados encontrados não refletem a realidade. Os vieses são um grande problema em estudos observacionais. Muitos tipos são descritos na literatura epidemiológica. Entretanto, os vieses relacionados ao desenho e à execução do estudo podem ser basicamente classificados em dois: viés de seleção e viés de informação.

O viés de seleção ocorre quando os indivíduos possuem diferentes probabilidades de ser incluídos no estudo. Por exemplo, algumas exposições potencializam o desenvolvimento de determinados desfechos. Selecionar indivíduos que as apresentam pode enviesar a incidência entre os expostos em detrimento dos não expostos. No caso específico do exemplo na Tabela 12.2, se indivíduos com episódios de vertigem ou tontura fossem selecionados, a alteração de equilíbrio poderia ser exacerbada e a queda ocorrer em maior quantidade e mais rapidamente entre os expostos.

O mais importante viés de seleção no contexto dos estudos de coorte é a perda de acompanhamento diferencial. Ou seja, ocorre quando os indivíduos perdidos no acompanhamento são diferentes daqueles que permaneceram sob observação do evento ou término do estudo. Esses indivíduos tendem a ter diferentes probabilidades do desfecho comparativamente aos que continuaram. Assim sendo, as estimativas de incidência têm propensão a serem enviesadas.

Já os vieses de informação também introduzem distorções importantes na relação entre exposição e desfecho e ocorrem quando acontece um erro de classificação dos indivíduos. Caracterizam-se por erros de classificação tanto na exposição quanto no desfecho para uma parcela significativa de participantes do estudo. Geralmente, sucedem a uma definição imperfeita das variáveis do estudo ou a uma falha na coleta dos dados ou informação entre expostos e não expostos. Portanto, é fundamental garantir, durante a fase de planejamento e de execução do estudo, a fidedignidade da coleta de dados e a comparabilidade entre expostos e não expostos. A utilização de instrumentos padronizados, válidos e confiáveis, associada a avaliadores bem treinados, é uma estratégia eficiente para minimizar a ocorrência desse viés.

12.6 CONSIDERAÇÕES FINAIS

Os estudos de coorte se iniciam a partir da seleção de uma população livre da doença ou do desfecho que se pretende analisar no momento em que seu *status* de exposição é definido (expostos e não expostos). Sendo assim, o ponto de partida é a exposição. Os indivíduos são acompanhados a fim de se observar o desenvolvimento do desfecho. A associação entre exposição e desfecho é mensurada por meio da comparação da incidência entre os expostos com os não expostos. A temporalidade entre a exposição e o desfecho pode ou não ser estabelecida previamente. Como o estudo acontece em nível individual, as informações coletadas ao longo do tempo se referem à mesma pessoa. Com isso, os estudos de coorte permitem identificar os fatores causais ou etiológicos das doenças ou determinadas condições relacionadas à saúde, ou compreender a história natural das doenças.

A escolha por esse tipo de estudo se dá quando buscamos mensurar a incidência de uma doença ou evento, qualquer que seja ele, avaliar as exposições raras, examinar os múltiplos efeitos de uma dada exposição e estudar as diferentes exposições, tais como as características biológicas, comportamentais, ambientais, genéticas, socioeconômicas, de ciclo de vida, entre outras. Estudos de coorte são excelentes para a investigação de doenças frequentes. A medida de associação ou efeito no estudo de coorte é a razão da taxa de incidência, ou RR.

Como uma das suas principais características são os longos períodos de acompanhamento, necessários para a observação de alguns desfechos, que muitas vezes pode se desenrolar por muitos anos, decorre que é um tipo de estudo muito caro e, na maioria dos casos, inviável. Podemos ressaltar ainda que o acompanhamento de indivíduos por longos períodos pode acarretar enormes quantidades de perda dos participantes, introduzindo erros (ou vieses) consideráveis nas estimativas das associações entre exposição e desfecho, o que compromete a validade do estudo. As perdas podem ser devido a inúmeros motivos, como mudança de residência, morte, recusa em continuar participando do estudo e modificação da situação inicial da exposição. Os estudos longitudinais também não servem para o estudo de eventos raros, uma vez que exigem o acompanhamento de coortes muito numerosas, o que torna impossível a utilização dessa estratégia de estudo em um universo com poucos indivíduos. Finalmente, as associações podem também sofrer influências dos fatores de confusão e vieses de seleção e informação.

REFERÊNCIAS BIBLIOGRÁFICAS

Barros FC, Victoria CG, Horta BL Gigante DP. Metodologia do estudo da coorte de nascimentos de 1982 a 2004-5, Pelotas, RS. Rev de Saúde Pública. 2008;42(Supp2):7-15.

Carvalho MS, Andreozzi VL, Codeço CT, Barbosa MT, Shimakura SE. Análise de sobrevida: teoria e aplicações em saúde. Rio de Janeiro: Fiocruz; 2005.

Elsa Brasil. Estudo longitudinal de saúde do adulto. [acesso 20 jun. 2014]. Disponível em: www.elsa.org.br/.

Gordis L. Epidemiologia. Rio de Janeiro: Revinter; 2004.

Hennekens CH, Buring JE, Mayrent SL. Epidemiology in Medicine. Boston: Lippincott Williams & Wilkins; 1987.

Lebrão ML, Duarte YA. SABE - Saúde, Bem-Estar e Envelhecimento: o projeto SABE no município de São Paulo: uma abordagem inicial. Brasília: Organização Pan-Americana da Saúde; 2003.

Lima-Costa MF, Barreto SM. Tipos de estudos epidemiológicos: conceitos básicos e aplicações na área do envelhecimento. Epidemiol Serviços Saúde. 2003;12(4):189-201.

Lima-Costa MF, Barreto SM, Firmo JO, Uchôa E. The Bambuí Cohort Study of Aging: methodology and health profile of participants at baseline. Cad Saúde Pública. 2011;27 (Suppl 3):327-35.

Ramos LR et al. Two-year follow-up study of elderly residents in S. Paulo, Brazil: methodology and preliminary results. Rev Saúde Pública. 1998;32(5):397-408.

SABE – Saúde, Bem-Estar e Envelhecimento. Estudo longitudinal de múltiplas coortes sobre as condições de vida e saúde dos idosos do município de São Paulo. [acesso em: 20 jun. 2014]. Disponível em: www.fsp.usp.br/sabe/.

LCC, Menezes AM. Epidemiologia das doenças respiratórias. Rio de Janeiro: Revinter; 2001.

Szklo M, Javier Nieto F. Epidemiology: beyond the basics. Sudbury: Jones and Bartlett Publishers; 2007.

Capítulo 13
Estudos de caso-controle

Isabel Fialho Fontenele Garcia
Adriana Claudia Lunardi

13.1 DESCRIÇÃO DO DESENHO DO ESTUDO

Um estudo de caso-controle envolve a identificação de indivíduos com (casos) e sem (controles) uma doença ou condição especial. Geralmente, esse modelo de desenho de estudo é usado para situações raras, ou seja, com possibilidade de amostra limitada.

Sempre um estudo de caso-controle é observacional, ou seja, não há intervenção do pesquisador no caminho natural da situação de pesquisa. Assim como nos estudos de coorte, que também são observacionais, o estudo de caso-controle pode ser prospectivo e olhar para o caminho futuro da situação, como pode ser retrospectivo e olhar para o passado (Figura 13.1). Ver detalhes no capítulo "Estudos de coorte".

A principal diferença entre os métodos de coorte e de caso-controle está na seleção dos sujeitos do estudo. Necessariamente, um estudo de coorte se inicia por sujeitos inicialmente livres da condição escolhida como desfecho ou variável de interesse (por exemplo, uma doença)[1,2]. Já um estudo de caso-controle começa com dois grupos de amostra: caso (indivíduos com o desfecho) e controle (indivíduos sem o desfecho).

A prevalência (ou nível) de exposição a um fator é depois medida em cada grupo[3]. Se aquela entre os casos e controles é diferente, é possível inferir que a exposição pode ser relacionada à ocorrência aumentada ou diminuída do desfecho de interesse. Como o número de casos e controles que o investigador opta por amostrar é que define a proporção de sujeitos com a doença no estudo, os estudos de caso-controle não geram estimativas sobre incidência ou prevalência de uma doença. Pode-se obter apenas uma estimativa (expressa em razão de chances) da magnitude da associação entre cada variável preditora e o desfecho.[4]

PRINCIPAL INFORMAÇÃO DOS ESTUDOS		
Tipo de estudo	Estatística	Definição
Caso-controle	Prevalência (casos que já existem)	Pessoas com desfecho Pessoas em risco
Coorte	Incidência (casos novos)	Pessoas que desenvolvem o desfecho Pessoas em risco

13.1.1 GRUPO CASO

– Grupo que pode ser recrutado a partir de **registros de doenças**, como câncer e anomalias congênitas, em que a população de risco é bem definida por fronteiras geográficas ou administrativas.

– Também pode ser encaminhado por **grandes organizações de manutenção da saúde**, tornando-se vantajoso pela possibilidade de fornecer dados demográficos e de variáveis independentes, assim como a exposição.

– Em geral, é oriundo de um grupo pequeno de **hospitais ou clínicas**, o que facilita o acesso e aumenta a probabilidade de cooperação, limitando o viés de seleção.[5]

– Sabidamente, possui o desfecho de interesse.

13.1.2 GRUPO CONTROLE

– Trata-se de um grupo exposto a fatores de risco, assim como o grupo caso, que poderia desenvolver a doença, mas não o fez.

– A mensuração da exposição a fatores de risco deste grupo deve ser realizada com precisão semelhante à do grupo caso.

– Este grupo pode apresentar outra doença que não seja o foco de investigação.

– Um número igual de casos e de controles tornará o estudo mais eficiente.[6]

– O número de sujeitos do grupo caso pode ser limitado pela raridade da doença sob investigação, podendo-se usar mais de um sujeito do grupo controle para cada sujeito do grupo caso.[2,3,6]

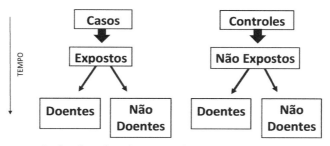

Figura 13.1 Comparação dos desenhos de um estudo de caso-controle com uma coorte.

13.1.3 VANTAGENS E DESVANTAGENS

Pontos fortes do estudo de caso-controle:

- Útil para gerar hipóteses (a capacidade de examinar um grande número de variáveis preditoras é útil na elaboração de hipóteses sobre as causas de um novo surto de doença).[1,3,4]
- Custo baixo.
- Não precisa de um longo período de acompanhamento (como nos estudos de coorte).
- Eficiência para desfechos raros (possibilita obter rapidamente um grande número de informações a partir de um número relativamente pequeno de sujeitos).[1,2,3,4,6]

Pontos fracos do estudo de caso-controle:

- É possível estudar apenas um desfecho.[4]
- Não há como estimar, diretamente, incidência ou prevalência da doença.
- Grande suscetibilidade a vieses.[1-4]
- Os sujeitos do grupo caso apresentam maior motivação para lembrar detalhes do passado sobre sua doença do que os sujeitos do grupo controle, que geralmente não mostram interesse especial na questão do estudo.[1-3]

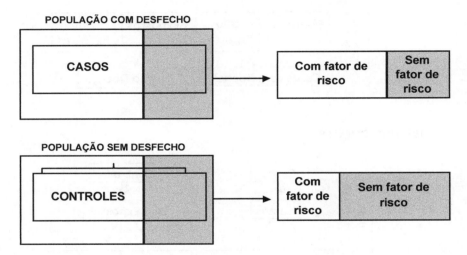

Figura 13.2 Estrutura da amostragem do caso-controle.

13.2 TIPOS DE ESTUDOS DE CASO-CONTROLE

13.2.1 CASO-CONTROLE ANINHADO SIMPLES (RETROSPECTIVO)

São identificados todos os sujeitos dentro de uma coorte que desenvolveram o desfecho até o final do período de acompanhamento (casos), e uma amostra aleatória dos sujeitos que eram parte da coorte – mas não desenvolveram o desfecho (controles) – é escolhida. A partir disso, o investigador mede as variáveis preditoras para os casos e para os controles e compara os níveis do fator de risco nos casos com os níveis na amostra de controles.[4] Um exemplo é o estudo de Kioumourtzoglou et al. (2015).

13.2.2 CASO-CONTROLE ANINHADO COM AMOSTRAGEM POR INCIDÊNCIA-DENSIDADE (RETROSPECTIVO)

Os controles são obtidos a partir de membros da coorte que foram acompanhados pelo mesmo período de tempo dos casos, mas ainda não se tornaram casos. Desta forma, um sujeito pode ser selecionado como controle para um caso que ocorre no começo do seguimento da coorte e depois pode tornar-se um caso, provavelmente por mudança nos níveis de exposição ao fator de risco.[4] Um exemplo é o estudo de Conti et al. (2015).

13.2.3 CASO-COORTE ANINHADO

Apresenta semelhança com o caso-controle aninhado simples. No delineamento de caso-coorte aninhado, porém, é selecionada uma amostra aleatória dos membros da coorte, a despeito dos desfechos, em vez do investigador/pesquisador selecionar apenas controles que não desenvolveram o desfecho. Podem ser fornecidos controles para vários estudos de caso-controle sobre diferentes desfechos usando uma única amostra aleatória da coorte.[4] Um exemplo é o estudo de Agnoli et al. (2015).

13.2.4 ESTUDOS CRUZADOS DE CASOS

Cada caso atua como seu próprio controle, diminuindo o erro aleatório e o confundimento. As exposições dos casos no momento do desfecho (ou um pouco antes) são comparadas às exposições desses mesmos sujeitos em um ou mais momentos no tempo.[4] Um exemplo é o estudo de Bourdeaux et al. (2015).

13.2.5 REPORTANDO UM ESTUDO DE CASO-CONTROLE

A iniciativa *Strengthening the Reporting of Observational Studies in Epidemiology* (STROBE, 2009) agrupou 22 itens que não podem faltar na hora de reportar os estudos observacionais. Isso garante a possibilidade de o leitor avaliar os pontos fortes e fracos de cada estudo. Os itens são relacionados a informações que devem aparecer no título, resumo, introdução, métodos, resultados e discussão de artigos científicos que descrevem estudos observacionais. Dezoito itens são comuns a estudos de coorte, caso-controle e seccionais, e quatro itens são específicos para cada um desses três desenhos de estudo.[11]

1) No item **participantes,** recomenda-se a apresentação dos critérios de elegibilidade, as fontes e o critério-diagnóstico para identificação dos casos e os métodos de seleção dos controles.

2) No item **participantes**, recomenda-se descrever a justificativa para a eleição dos casos e controles. Em casos de estudos caso-controle pareados, devem-se apresentar os critérios de pareamento e o número de controles para cada caso incluído.

3) No item **análise estatística,** recomenda-se detalhar como o pareamento dos casos e controles foi tratado.

4) No item **desfecho,** recomenda-se descrever o número de indivíduos em cada categoria de exposição e/ou apresentar as medidas-resumo de exposição.

REFERÊNCIAS BIBLIOGRÁFICAS

Agnoli C et al. Metabolic syndrome and breast cancer risk: a case-cohort study nested in a multicentre italian cohort. PLoS One. 2015;10(6)e0128891.

Bourdeaux M, Kerry V, Haggenmiller C, Nickel K. A cross-case comparative analysis of international security forces' impacts on health systems in conflict-affected and fragile states. Confl Health. 2015;13(9):14.

Breslow NE. Case-control studies. In: Ahrens W, Pigeot I (ed.). Handbook of Epidemiology. Berlin: Springer; 2005. p. 287-319.

Conti V, Venegoni M, Cocci A, Fortino I, Lora A, Barbui C. Antipsychotic drug exposure and risk of pulmonary embolism: a population-based, nested case-control study. BMC Psychiatry. 2015;15:92.

Gerritsen A. Cohort and case-control studies: pro's and con's. Ithaca: Karen Grace-Martin; 2012 [acesso em 28 ago. 2015]. Disponível em: www.theanalysisfactor.com/cohort-and-case-control-studies-pros-and-cons/.

Kioumourtzoglou MA, Rotem RS, Seals RM, Gredal O, Hansen J, Weisskopf MG. Diabetes mellitus, obesity, and diagnosis of amyotrophic lateral sclerosis: a population-based study. JAMA Neurol. 2015;72(8):905-11.

Levin KA. Study design V. case-control studies. Evidence-Based Dentistry. 2003;7:83-4.

Lewallen S, Courtright P. Epidemiology in practice: case-control studies. 1998;11(28):57-8.

Newman TB, Browner WS, Cummings SR, Hulley SB. Delineando estudos de caso-controle. In: Hulley SB, Cummings SR, Browner WS, Grady DG, Newman TB (ed.). Delineando a pesquisa clínica. Porto Alegre: Artmed; 2015. p. 103-23.

Rêgo MAV. Aspectos históricos dos estudos caso-controle. Cad Saúde Pública. 2001;17(4):1017-24.

Strengthening the Reporting of Observational Studies in Epidemiology (STROBE). STROBE checklists. Bern: University of Bern; 2009 [acesso em 19 out. 2015]. Disponível em: http://www.strobe-statement.org/index.php?id=available-checklists.

Capítulo 14
Estudos retrospectivos

Fabiana Stanzani
Denise de Moraes Paisani

Reforçando o que já foi exposto em outros capítulos, a escolha do delineamento mais apropriado para empreender um estudo depende de uma pesquisa extensa sobre o tema, da disponibilidade do número de participantes, do tempo necessário para sua conclusão e dos gastos envolvidos em todo o processo.

Porém, a despeito do delineamento empregado, por definição, estudos retrospectivos são aqueles cujos dados foram extraídos do passado, portanto, já ocorridos. Eles podem ser adquiridos de prontuários, bancos de dados ou através de entrevistas com os participantes da pesquisa. Assim sendo, meta-análises e estudos observacionais, com exceção do estudo prospectivo da coorte, serão retrospectivos, ao passo que estudos de intervenção jamais o serão.

A pedra angular de todo o processo de pesquisa estará na qualidade da informação. É fundamental que o pesquisador garanta que dispõe de dados confiáveis sobre os fatores de risco e sobre os desfechos de interesse. Assim sendo, quanto mais padronizadas forem as variáveis estudadas, mais fiéis serão os resultados. Um exemplo simples do impacto disso pode ser observado no seguinte estudo: "Quais foram as taxas de incidências do diabetes *mellitus* e da hipertensão arterial sistêmica na cidade de Santo André nas últimas três décadas?". Se no banco de dados ou nos prontuários revisados essas informações estiverem armazenadas de forma categórica, isto é, sim ou não, comprometerá o resultado final, pois os critérios utilizados para o diagnóstico dessas doenças mudaram ao longo do tempo. O ideal será buscar os valores obtidos nas aferições de pressão arterial e das glicemias de jejum e adequá-los aos critérios atuais.

O método empregado na obtenção das informações merece atenção especial e deve ser descrito detalhadamente, enfatizando-se os critérios de inclusão e exclusão. É muito importante também especificar as medidas de desfecho, se possível utilizando referências de peso, como por exemplo a definição de pneumonia utilizada no "Consenso Brasileiro de Pneumologia e Tisiologia".

Entre todos os estudos observacionais que podem utilizar a metodologia retrospectiva, os de coorte são os melhores. Para corroborar essa ideia, alguns autores preferem denominá-lo estudo de "coorte histórica". Isso ocorre porque são capazes de determinar temporalidade e podem identificar verdadeiros fatores de risco, e não apenas associações.

Não é escopo deste capítulo discorrer sobre os diversos tipos de delineamento, mas alguns tipos de estudos retrospectivos merecem menção, como os estudos ecológicos e o da relação proporcional de mortalidade.

Estudos descritivos, como os relatos de casos ou de séries de casos, são retrospectivos, porém, como não são categorizados como observacionais ou de intervenção, têm aplicação bastante limitada.

14.1 ESTUDO ECOLÓGICO

Este estudo compara amostras populacionais geralmente agrupadas em diferentes regiões geográficas. É bastante usado para calcular a prevalência de determinada condição ou doença dentro de um território. Exemplo: "Qual é a prevalência de sarampo em Uganda e na Colômbia?". O principal alvo dos críticos desse tipo estudo é a origem da informação, que normalmente é um grande banco de dados concebido para outros fins, e por esse motivo pode conter dados pouco precisos.

14.2 ESTUDO DA RELAÇÃO PROPORCIONAL DE MORTALIDADE

Esses estudos avaliam como variáveis paralelas afetam as taxas de mortalidade global e/ou proporcional. Um exemplo são os estudos que investigam a proporção de mortes de causa cardiovascular entre diferentes etnias. Aqui o problema está na possível presença de confundidores – que podem atrapalhar a conclusão do estudo, pois todos os fatores de risco relacionados às mortes não foram estudados – e falsear as associações. Além disso, os certificados de óbito podem conter informações erradas ou ainda não representar todos os óbitos daquela região.

14.3 RELATO DE CASO E SÉRIES DE CASOS

O relato de caso é utilizado quando queremos reportar uma situação rara, por exemplo sintomas anteriormente não observados em uma determinada condição médica. Já a série de casos é quando relatamos vários casos dessa natureza, o que pode ser muito útil para estudar uma doença rara ou formular uma hipótese a ser testada em um estudo prospectivo. Apesar de serem de fácil realização e baixo custo, suas principais desvantagens são: I) o investigador dependerá da qualidade e acurácia dos dados existentes e II) há maior risco de viés, já que o investigador/pesquisador seleciona os casos a serem reportados.

14.4 CASO-CONTROLE

O caso-controle é considerado superior aos dois descritos anteriores, pois apesar de possuir um caráter retrospectivo em relação ao tempo, é necessário um grupo controle. Isso significa que a pergunta está no presente, mas a resposta estará no passado. Primeiro, determinam-se os casos com e sem a condição de interesse. A partir daí, assume-se que os casos diferem do grupo controle apenas por terem a condição de interesse, ou seja, a exposição deve ter sido igual em casos e controle, e a maior exposição entre os casos indica o maior risco de desenvolver a condição de interesse (Figura 14.1).

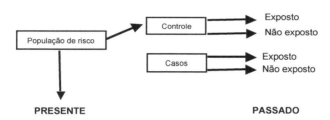

Figura 14.1 Estudo de caso-controle.

Exemplo: doentes hipertensos (= população de risco) que já sofreram infarto agudo do miocárdio (= casos) ingeriram mais sal (= exposição) do que os hipertensos que não sofreram infarto (controle)?

14.5 VANTAGENS DOS ESTUDOS RETROSPECTIVOS

Muitos investigadores consideram os estudos retrospectivos de forma bastante negativa, entretanto, eles podem ser úteis em diversas situações. Uma de suas principais aplicações está em fornecer as informações necessárias à viabilidade de um estudo prospectivo, servindo de estudo piloto, auxiliando na formulação da pergunta de pesquisa, clareando a hipótese e colaborando com o cálculo adequado da amostra.

Outras vantagens são o baixo custo, a simplicidade e a rapidez. Estudos retrospectivos são bons para pesquisadores inexperientes, pois exigem um treinamento mínimo no preenchimento da planilha de dados e seus resultados poderão estimular e incentivar futuros questionamentos mais complexos.

A maioria dos Comitês de Ética entende que um termo de consentimento entre o doente e o pesquisador não seja necessário quando os dados são obtidos de banco de dados ou de prontuários médicos. Porém, há controvérsias, e é necessário que todo o processo de pesquisa seja avaliado e supervisionado por esses comitês.

14.6 DESVANTAGENS DOS ESTUDOS RETROSPECTIVOS

Um grande problema é a fragilidade da relação causa-efeito. Neste tipo de estudo, podem-se fazer apenas associações, e os resultados são "geradores" de hipóteses. Isso decorre da possibilidade de ocorrer erros na coleta de dados, haver informações incompletas ou mal-entendidas, que poderão prejudicar a interpretação dos resultados, já que o investigador/pesquisador não tem controle sobre a natureza e a qualidade das medidas anotadas nos prontuários ou no banco de dados. Além disso, dados relevantes podem não ser valorizados pelo pesquisador, e algumas vezes pode não ser possível acessar os dados devido a estatutos e regulamentos da instituição. Para minimizar esse viés de informação, o pesquisador deve procurar por dados simples e medidas bem padronizadas.

Nesse tipo de estudo também há uma grande dificuldade em controlar vieses e confundidores, especialmente por não serem randomizados e cegos.

14.7 MANUAL DE OPERAÇÕES

1. Esgote a literatura sobre o tema da questão e identifique lacunas do conhecimento.
2. Invista em questionamentos relevantes, simples e práticos.
3. Identifique o perfil populacional a ser estudado.
4. Garanta a qualidade dos dados utilizados no estudo.
5. Construa uma planilha de dados clara e objetiva, sem redundâncias.
6. Submeta o protocolo de pesquisa ao Comitê de Ética e obedeça aos procedimentos e cuidados requeridos por ele.
7. Colete os dados com calma, anotando as informações de cada indivíduo em um formulário de papel, permitindo assim eventuais conferências de informações, caso necessário.
8. Peça a um outro pesquisador que não ajudou na coleta dos dados para conferir as informações contidas na planilha (dupla checagem).
9. Submeta as informações colhidas aos pacotes estatísticos necessários.
10. A discussão dos resultados será baseada na presença ou ausência das associações esperadas ou em estudos comparados.

14.8 INICIATIVA STROBE

Em 2004, um grupo de pesquisadores desenvolveu a iniciativa STROBE – *Strengthening the Reporting of Observational Studies in Epidemiology* (Aprimorando a Apresentação de Resultados de Estudos Observacionais em Epidemiologia). A intenção dessa iniciativa era melhorar a qualidade da descrição de estudos observacionais, estabelecendo uma recomendação sobre a forma de relatá-los e incluindo uma lista de verificação de determinados itens (*checklist*) fundamentais para nortear a descrição de tais estudos, da mesma forma que foram padronizadas recomendações para outros tipos de estudos, como por exemplo para estudos de intervenção (CONSORT) e para revisões sistemáticas ou meta-análises (PRISMA). Foi, inicialmente, uma iniciativa publicada em inglês, mas já foi traduzida para outros idiomas, inclusive para o português.

Apesar de apresentar algumas limitações, a iniciativa STROBE deve ser usada como um instrumento a mais na construção desses estudos. Os itens da iniciativa STROBE encontram-se na Tabela 14.1.

Tabela 14.1 Itens que devem ser descritos em estudos observacionais, segundo STROBE, 2007

Item	Nº	Recomendação
Título e Resumo	1	Indique o desenho do estudo no título ou no resumo, com termo comumente utilizado
		Disponibilize no resumo um sumário informativo e equilibrado do que foi feito e do que foi encontrado
Introdução		
Contexto/Justificativa	2	Detalhe o referencial teórico e as razões para executar a pesquisa.
Objetivos	3	Descreva os objetivos específicos, incluindo quaisquer hipóteses pré-existentes.
Métodos		
Desenho do estudo	4	Apresente, no início do artigo, os elementos-chave relativos ao desenho do estudo.
Contexto (setting)	5	Descreva o contexto, locais e datas relevantes, incluindo os períodos de recrutamento, exposição, acompanhamento (follow-up) e coleta de dados.
Participantes	6	Estudos de Coorte: Apresente os critérios de elegibilidade, fontes e métodos de seleção dos participantes. Descreva os métodos de acompanhamento.
		Estudos de Caso-Controle: Apresente os critérios de elegibilidade, as fontes e o critério-diagnóstico para identificação dos casos e os métodos de seleção dos controles. Descreva a justificativa para a eleição dos casos e controles.
		Estudo Seccional: Apresente os critérios de elegibilidade, as fontes e os métodos de seleção dos participantes.
		Estudos de Coorte: Para os estudos pareados, apresente os critérios de pareamento e o número de expostos e não expostos.
		Estudos de Caso-Controle: Para os estudos pareados, apresente os critérios de pareamento e o número de controles para cada caso.

(continua)

Tabela 14.1 Itens que devem ser descritos em estudos observacionais, segundo STROBE, 2007 (*continuação*)

Item	Nº	Recomendação
Variáveis	7	Defina claramente todos os desfechos, exposições, preditores, confundidores em potencial e modificadores de efeito. Quando necessário, apresente os critérios diagnósticos.
Fontes de dados/ Mensuração	8	Para cada variável de interesse, forneça a fonte dos dados e os detalhes dos métodos utilizados na avaliação (mensuração). Quando existir mais de um grupo, descreva a comparabilidade dos métodos de avaliação.
Viés	9	Especifique todas as medidas adotadas para evitar potenciais fontes de viés.
Tamanho do estudo	10	Explique como se determinou o tamanho amostral.
Variáveis quantitativas	11	Explique como foram tratadas as variáveis quantitativas na análise. Se aplicável, descreva as categorizações que foram adotadas e porquê.
Métodos estatísticos	12	Descreva todos os métodos estatísticos, incluindo aqueles usados para controle de confundimento.
		Descreva todos os métodos utilizados para examinar subgrupos e interações. Explique como foram tratados os dados faltantes ("missing data").
		Estudos de Coorte: Se aplicável, explique como as perdas de acompanhamento foram tratadas.
		Estudos de Caso-Controle: Se aplicável, explique como o pareamento dos casos e controles foi tratado.
		Estudos Seccionais: Se aplicável, descreva os métodos utilizados para considerar a estratégia de amostragem.
		Descreva qualquer análise de sensibilidade.
Resultados		
Participantes	13	Descreva o número de participantes em cada etapa do estudo (ex: número de participantes potencialmente elegíveis, examinados de acordo com critérios de elegibilidade, elegíveis de fato, incluídos no estudo, que terminaram o acompanhamento e efetivamente analisados).
		Descreva as razões para as perdas em cada etapa.
		Avalie a pertinência de apresentar um diagrama de fluxo.
Dados descritivos	14	Descreva as características dos participantes (ex: demográficas, clínicas e sociais) e as informações sobre exposições e confundidores em potencial. Indique o número de participantes com dados faltantes para cada variável de interesse.

(*continua*)

Tabela 14.1 Itens que devem ser descritos em estudos observacionais, segundo STROBE, 2007 (*continuação*)

Item	Nº	Recomendação
Desfecho	15	Estudos de Coorte: Apresente o período de acompanhamento (ex: média e tempo total)
		Estudos de Coorte: Descreva o número de eventos-desfecho ou as medidas-resumo ao longo do tempo.
		Estudos de Caso-Controle: Descreva o número de indivíduos em cada categoria de exposição ou apresente medidas-resumo de exposição.
		Estudos Seccionais: Descreva o número de eventos-desfecho ou apresente as medidas-resumo.
Resultados principais	16	Descreva as estimativas não ajustadas e, se aplicável, as estimativas ajustadas por variáveis confundidoras, assim como sua precisão (ex: intervalos de confiança). Deixe claro quais foram os confundidores utilizados no ajuste e porque foram incluídos.
		Quando variáveis contínuas forem categorizadas, informe os pontos de corte utilizados.
		Se pertinente, considere transformar as estimativas de risco relativo em termos de risco absoluto, para um período de tempo relevante.
Outras análises	17	Descreva outras análises que tenham sido realizadas. Ex: análises de subgrupos, interação, sensibilidade.
Discussão		
Resultados principais	18	Resuma os principais achados relacionando-os aos objetivos do estudo.
Limitações	19	Apresente as limitações do estudo, levando em consideração fontes potenciais de viés ou imprecisão. Discuta a magnitude e direção de vieses em potencial.
Interpretação	20	Apresente uma interpretação cautelosa dos resultados, considerando os objetivos, as limitações, a multiplicidade das análises, os resultados de estudos semelhantes e outras evidências relevantes.
Generalização	21	Discuta a generalização (validade externa) dos resultados.
Outras Informações		
Financiamento	22	Especifique a fonte de financiamento do estudo e o papel dos financiadores.
		Se aplicável, apresente tais informações para o estudo original no qual o artigo é baseado.

REFERÊNCIAS BIBLIOGRÁFICAS

Hess DR. Retrospective studies and chart reviews. Respire Care. 2004;49:1171-4.

Hulley SB, Cummings SR, Browner WS, Grady D, Hearst N, Newman TB. Delineando a pesquisa clínica: uma abordagem epidemiológica. 3. ed. Porto Alegre: ArtMed; 2008.

Malta M, Cardoso LO, Bastos FI, Magnanini MM, Silva CM. STROBE Initiative: guidelines on reporting observational studies. Saúde Pública. 2010;44:559-65.

Thiese MS. Observational and interventional study design types: an overview. Biochem Med. 2014;24:199-210.

Von Elm E, Altman DG, Egger M, Pocock SJ, Gøtzsche PC, Vandenbroucke JP. STROBE initiative. Strengthening the reporting of observational studies in epidemiology (STROBE) statement: guidelines for reporting observational studies. BMJ. 2007;335:806-8.

Ward R, Brier M. Retrospective analyses of large Medical databases: what do they tell us. J Am Soc Nephrol 1999;10:429-432.

Capítulo 15
Estudos diagnósticos

Adriano Pezolato
Elaine Cristine Lemes Mateus de Vasconcelos
Everaldo Encide de Vasconcelos

No contexto atual, as decisões clínicas que envolvem tanto o processo diagnóstico como o processo terapêutico precisam estar alicerçadas em evidências científicas. O paradigma atual caracterizado pela Prática Baseada em Evidências disseminou-se e está se consolidando em todas as áreas da saúde, fato que exige uma visão crítica e reformulações constantes das condutas adotadas. Uma das competências atribuídas ao profissional da saúde é a definição de um diagnóstico ou de hipóteses diagnósticas. Para tanto, torna-se imperativo o desenvolvimento da habilidade de estabelecer como, quando e em quais situações aplicar um determinado teste diagnóstico, assim como interpretá-lo.

O teste em si constitui uma intervenção e integra os cuidados de saúde do paciente. Vale ressaltar que o termo "teste diagnóstico" é abrangente, engloba qualquer tipo de informação que possa ser útil na realização de um diagnóstico, como exames laboratoriais, procedimentos cirúrgicos, sintomas, achados do exame físico, testes de função, exames de imagem ou histopatológico (Bossuyt et al., 2003; Oliveira et al., 2010). O teste pode ter três finalidades clínicas distintas, sendo elas: rastreamento de doença em pessoas assintomáticas; diagnóstico de doença propriamente dito em pessoa com suspeita; ou definição do prognóstico, ou seja, avaliação da progressão da doença ou resposta ao tratamento (Buehler et al., 2014; SBOC, 2012).

O mundo de testes diagnósticos é altamente dinâmico. Novos testes são desenvolvidos em um ritmo rápido, ao mesmo tempo em que os recursos tecnológicos são continuamente aprimorados. Resultados tendenciosos e exagerados de desenhos de estudo projetados inadequadamente podem resultar em divulgação precipitada, com consequentes decisões de tratamento incorretas. Um rigoroso processo de avaliação dos testes diagnósticos antes da sua introdução na prática clínica poderia não só reduzir o número de consequências clínicas indesejáveis relativas às estimativas enganosas de acurácia do teste, mas também limitar os custos de cuidados com a saúde decorrentes da solicitação de testes desnecessários (Bossuyt et al., 2003).

Estudos para determinar a precisão de um teste diagnóstico são mandatórios neste processo. Desse modo, toda vez que um novo teste diagnóstico é proposto, antes de preconizá-lo, deve-se avaliar sua acurácia diagnóstica (Haddad, 2004). Novos testes são desenvolvidos e investigados por uma série de razões: substituição de um existente, caso o novo teste seja capaz de reduzir o impacto negativo dos testes antigos; mesma resposta ou equivalente por um custo menor; triagem para verificar a necessidade de um teste mais oneroso ou invasivo; ou como um complemento aos testes existentes (Whiting et al., 2013; Oliveira et al., 2010).

Este capítulo abordará as medidas de desempenho dos testes diagnósticos ou acurácia diagnóstica, cujos conceitos estão intimamente relacionados à demanda de uma atuação baseada em evidências. Enfocará também as diretrizes metodológicas atuais recomendadas para a construção de um estudo de acurácia diagnóstica, ou seja, o STARD (*Standards for Reporting Diagnostic Accuracy*) e os instrumentos empregados para avaliação da sua qualidade metodológica: QUADAS (*Quality Assessment of Diagnostic Accuracy Studies*) e o QUADAS 2.

15.1 ACURÁCIA DO TESTE DIAGNÓSTICO

A acurácia do teste diagnóstico refere-se à habilidade de um teste diferenciar os indivíduos que apresentam uma condição de interesse daqueles que não a apresentam. Em seu desenho metodológico, os resultados de um ou mais testes são comparados com um padrão de referência que, preferencialmente, deveria ser o padrão-ouro, em uma amostra de pessoas na qual suspeita-se que a condição de interesse esteja presente (Bossuyt et al., 2003). Portanto, o termo acurácia refere-se à quantidade de concordância entre o teste estudado e a referência padrão (Bruns, 2003).

Nesse contexto, um estudo de acurácia do teste diagnóstico fornece evidências de como um teste identifica corretamente ou exclui uma doença e direciona as decisões subsequentes sobre o tratamento para os profissionais de saúde e seus pacientes (Mallett et al., 2012). Diagnósticos acurados são essenciais para a escolha adequada das intervenções que, por conseguinte, contribuem para a obtenção de resultados desejáveis. Inversamente, interpretações de baixa acurácia podem levar à omissão de cuidados, acarretando prejuízos ao paciente (Matos; Cruz, 2009).

Alguns cuidados devem ser adotados nos estudos de acurácia diagnóstica no sentido de assegurar que o teste em estudo e o padrão-ouro sejam interpretados por pessoas que estejam cegas em relação aos achados do outro teste. Adicionalmente, o tempo decorrente entre a aplicação dos testes não pode se prolongar a ponto de alterar o grau de gravidade da doença.

Um teste diagnóstico perfeito seria aquele com o potencial de discriminar completamente sujeitos com e sem doença, ou seja, não conter resultado falso-positivo ou falso-negativo. Infelizmente, o teste perfeito não existe na vida real e, portanto, procedimentos de diagnóstico só podem fazer distinção parcial entre indivíduos com e sem doença.

Mesmo sem oferecer a almejada certeza absoluta, a seleção de um teste diagnóstico se faz necessária e, para tanto, o pesquisador é desafiado a encontrar o teste que mais se aproxima do padrão-ouro e que, preferencialmente, seja de menor custo ou menos invasivo (Flores, 2005).

A capacidade discriminativa dos testes diagnósticos pode ser quantificada pelas medidas estatísticas de acurácia diagnóstica citadas a seguir:

- sensibilidade e especificidade;
- valores preditivos positivos e negativos (VPP, VPN);
- curva ROC *(receiving operator characteristic)*;
- razões de probabilidades positiva e negativa *(likelihood ratios)*;
- razão de chances diagnóstico *(diagnostic odds ratio)*;

15.2 MEDIDAS DE ACURÁCIA DOS TESTES DIAGNÓSTICOS

O primeiro passo para facilitar o entendimento e sumarizar as medidas de acurácia dos testes diagnósticos é construir uma tabela de contingência 2 × 2, como segue:

Resultado do teste	Doença presente	Doença ausente	Total
Teste positivo	Verdadeiro Positivo (a)	Falso Positivo (b)	Total positivo (a+b)
Teste negativo	Falso Negativo (c)	Verdadeiro Negativo (d)	Total negativo (c+d)
Total	Total com doença (a+c)	Total sem doença (b+d)	Total (N) (a+b+c+d)

15.2.1 SENSIBILIDADE E ESPECIFICIDADE

Sensibilidade e especificidade descrevem o quanto o teste discrimina pacientes com e sem a doença. São calculadas nas linhas verticais da tabela 2 × 2.

Sensibilidade

Capacidade do teste de fornecer resultado positivo em indivíduos com a doença, ou seja, diagnosticar corretamente as pessoas com a doença.

Proporção de pessoas com a doença e com o teste positivo.

Fórmula: $a / (a+c)$

Especificidade

- Capacidade do teste de fornecer resultado negativo em indivíduos sem a doença, ou seja, identificar corretamente as pessoas sem a doença.
- Proporção de pessoas sem a doença e com teste negativo.

Fórmula: $d / (b+d)$

O teste é altamente sensível para a doença estudada se ele for positivo na maioria dos indivíduos em que se espera que ele seja positivo. Um teste altamente sensível raramente deixa de identificar as pessoas doentes. O teste é altamente específico se for negativo na maioria dos indivíduos em que se espera que ele seja negativo. Um teste altamente específico exclui a maior parte das pessoas sadias testadas.

> Testes com alta sensibilidade têm poucos falso-negativos e com alta especificidade têm poucos falso-positivos.

Sackett (1992) introduziu os acrônimos SnNout e SpPin, que se traduzem da seguinte forma:

- SnNout: se a sensibilidade (Sn) é alta, um resultado negativo (N) é útil para descartar (*out*) a condição.
- SpPin: se a especificidade (Sp) é alta, um resultado positivo (P) é útil para confirmar (*in*) a condição.

Contudo, a utilização desses acrônimos tem sido questionada (Hegedus; Stern, 2009). Pewsner et al. (2004) solicitaram cautela no seu uso isolado e irrestrito, advertindo que potenciais falhas podem estar presentes, com consequências clínicas indesejáveis.

15.2.2 ACURÁCIA

Proporção de testes verdadeiramente positivos e verdadeiramente negativos em relação à totalidade dos resultados. É a probabilidade de o teste fornecer resultados corretos, ou seja, ser positivo em pessoas doentes e negativo em pessoas não doentes.

Fórmula: $(a+d) / (a+b+c+d)$

15.2.3 VALORES PREDITIVOS

Os valores preditivos estão relacionados com a estimativa da presença ou não da doença, com base no resultado positivo ou negativo do teste. São calculados nas linhas horizontais da tabela 2 × 2 (Flores, 2005).

Valor preditivo positivo

Proporção de pacientes com teste positivo que apresentam a doença.

Pergunta: "Se o teste é positivo neste paciente, qual é a probabilidade da doença estar presente?"

$$Fórmula: VPP = a/(a+b)$$

Valor preditivo negativo

Proporção de pacientes com teste negativo que não apresentam a doença.

Pergunta: "Se o resultado do teste é negativo, qual é a probabilidade do paciente não apresentar a doença?"

$$Fórmula: VPN = d/(d+c)$$

15.2.4 APLICAÇÃO

A sensibilidade e a especificidade são fundamentais na avaliação de um novo teste, pois, nessa situação, é necessário verificar se a sensibilidade e a especificidade do novo teste são semelhantes à de outro teste. Por esse motivo, é necessário outro exame, considerado padrão-ouro, na diferenciação entre doente e não doente. Como são valores não influenciados pela prevalência da doença, podem ser utilizados em diferentes populações, além de oferecer parâmetros comparativos quanto ao potencial diagnóstico de diferentes testes (SBOC, 2012).

Caso o objetivo seja a introdução de um teste para rastreamento de uma doença prevalente e passível de tratamento efetivo, o enfoque é conhecer se o teste tem elevada sensibilidade, ou seja, se é capaz de identificar a maioria dos portadores da condição-alvo. Nesta situação, um teste pouco específico, mas muito sensível, pode contemplar esse quesito, pois raramente deixará de encontrar pessoas com a doença. O interesse pode estar também em um teste adicional para confirmar uma doença detectada previamente por um teste de rastreamento; nesse caso, é importante que ele apresente alta especificidade. Quando um teste é muito específico, raramente cometerá o equívoco de dizer que pessoas sadias estão doentes (Iared; Valente, 2009; Leeflang et al., 2008).

Os valores preditivos positivos e negativos são afetados pela prevalência da doença. Uma doença com alta prevalência leva a um aumento no valor preditivo positivo e uma diminuição no valor preditivo negativo. Na situação em que a prevalência é baixa, acontece o inverso. Nesse sentido, os resultados devem ser interpretados no contexto da prevalência da doença na população rastreada, já que o mesmo teste pode ter resultados muito diferentes quando aplicado em populações com alta ou baixa prevalência.

É oportuno mencionar que, por serem medidas dependentes da prevalência da doença, não podem ser generalizadas para pessoas com características diferentes daquelas do estudo clínico inicial, e não permitem comparações entre diferentes testes diagnósticos (SBOC, 2012).

15.2.5 EXEMPLOS DE MEDIDAS DE ACURÁCIA COM VALORES HIPOTÉTICOS

Para exemplificar os conceitos citados, serão utilizados valores hipotéticos alocados na tabela 2 × 2.

Exemplo 1

Resultado do teste	Doença presente	Doença ausente	Total
Positivo	90	500	590
Negativo	30	650	680
Total	120	1.150	1.270

Sensibilidade: 90 / 120 = 0,75.

Interpretação: 75% das pessoas da amostra que têm a doença, com base no resultado do teste padrão-ouro, foram corretamente identificadas pelo teste em investigação.

Especificidade: 650 / 1.150 = 0,56.

Interpretação: 56% das pessoas da amostra que não têm a doença, com base no resultado do teste padrão-ouro, foram corretamente identificadas pelo teste em investigação.

Acurácia: (90 + 650) / 1.270 = 0,58.

Interpretação: 58% é a probabilidade de o teste fornecer resultados corretos, ou seja, ser positivo em pessoas doentes e negativo em pessoas não doentes.

Valor preditivo positivo: 90 / 590 = 0,15.

Interpretação: 15% é a probabilidade de a pessoa ter a doença se ela apresentou um resultado positivo pelo teste em investigação.

Valor preditivo negativo: 650 / 680 = 0,95.

Interpretação: 95% é a probabilidade de a pessoa não ter a doença se ela apresentou um resultado negativo pelo teste em investigação.

Exemplo 2

Considere agora os valores hipotéticos a seguir, que apresentam o mesmo tamanho amostral do exemplo anterior, para demonstrar o efeito da prevalência da doença nos valores preditivos, porém, agora com valores de prevalência mais altos para a doença.

Resultado do teste	Doença presente	Doença ausente	Total
Positivo	386	332	718
Negativo	129	423	552
Total	515	755	1.270

Sensibilidade: 386 / 515 = 0,75.

Interpretação: 75% das pessoas da amostra que têm a doença, com base no resultado do teste padrão-ouro, foram corretamente identificadas pelo teste em investigação.

Especificidade: 423 / 755 = 0,56.

Interpretação: 56% das pessoas da amostra que não têm a doença, com base no resultado do teste padrão-ouro, foram corretamente identificadas pelo teste em investigação.

Acurácia: (386 + 423) / 1.270 = 0,64.

Interpretação: 64% é a probabilidade de o teste fornecer resultados corretos, ou seja, ser positivo em pessoas doentes e negativo em pessoas não doentes.

Valor preditivo positivo: 386 / 718 = 0,54.

Interpretação: 54% é a probabilidade de a pessoa ter a doença se ela apresentou um resultado positivo pelo teste em investigação.

Valor preditivo negativo: 423 / 552 = 0,77.

Interpretação: 77% é a probabilidade de a pessoa não ter a doença se ela apresentou um resultado negativo pelo teste em investigação.

Na análise comparativa dos dois exemplos, é possível identificar que no exemplo 1 a prevalência da doença foi de 9,4% (120/1.270) e no exemplo 2 foi de 40,5% (515/1.270). Isso demonstra que à medida que a prevalência da doença aumenta, aumenta o valor preditivo positivo e diminui o valor preditivo negativo (Buehler et al., 2014; Haddad, 2004).

15.3 CURVA ROC

A curva ROC é uma ferramenta fundamental para avaliação de estudos de acurácia diagnóstica e tem seu uso recomendado para reportar os dados desses estudos (Zweig; Campbell, 1993). Foi originalmente desenvolvida para avaliar a capacidade de operadores de radar em decidir se uma mancha na tela representava um alvo inimigo ou uma nave aliada (sinal), ou se era apenas um ruído. De fato, ROC é a sigla para *Receiver Operator Characteristic,* que pode ser traduzida e entendida como "eficiência do operador de recepção de sinais". Trata-se, portanto, de medir a capacidade de um observador em classificar corretamente um dado dentro de uma chave dicotômica. Interpretando o sinal como os verdadeiro-positivos (sensibilidade) e o ruído, e os falso-positivos (1-especificidade), é possível entender como este conceito pode ser aplicado nas ciências médicas (Hajian-Tilaki, 2013).

A curva ROC é uma representação gráfica da sensibilidade (eixo Y) em relação à especificidade (eixo X), normalmente antagônicas de um teste diagnóstico quantitativo. A linha diagonal pontilhada corresponde a um teste positivo ou negativo aleatoriamente (Figura 15.1) (Oliveira et al., 2010). A curva ROC é traçada colocando-se no eixo das abscissas (x) as probabilidades de ocorrência de resultados falso-positivos, que também podem ser expressas como 1-especificidade. No eixo das ordenadas (y) são colocadas as probabilidades de ocorrência de resultados verdadeiro-positivos, que também podem ser expressas como a sensibilidade do teste para aquele valor. A curva ROC permite evidenciar os valores para os quais existe maior otimização da sensibilidade em função da especificidade, que corresponde ao ponto em que se encontra mais próxima do canto superior esquerdo do diagrama, uma vez que o índice de verdadeiro-positivo é 1 e o de falso-positivo é 0. À medida que um critério para o teste positivo se torna mais rigoroso, o ponto da curva correspondente à sensibilidade e à especificidade (Ponto A) movimenta-se para baixo e para a esquerda (sensibilidade menor e especificidade maior). Se for adotado um critério menos evidente para identificar os positivos, o ponto da curva (Ponto B) movimenta-se para cima e para a direita (sensibilidade maior e especificidade menor).

Figura 15.1 Curva ROC.

15.4 RAZÕES DE PROBABILIDADE (*LIKELIHOOD RATIO*)

A ferramenta mais valiosa para a prática clínica e laboratorial na análise de um teste diagnóstico é, sem dúvida, as razões de probabilidade ou *likelihood ratios* (LRs) (Eusebi, 2013; Fritz; Wainner, 2001). Embora muitas vezes negligenciadas, elas possuem diversas propriedades que as tornam úteis dentro de uma perspectiva clínica.

Além de nos tornarmos cientes sobre o resultado de um teste, é necessário inferirmos a probabilidade daquele resultado estar correto. Por isso, a *performance* de um teste diagnóstico não está somente relacionada aos valores de sensibilidade e especificidade, mas é também dependente das razões de probabilidade, que são definidas como a razão entre a probabilidade de um determinado resultado do teste em pessoas com a doença de interesse e a probabilidade daquele mesmo resultado em pessoas sem a doença de interesse (SBOC, 2012).

Os testes considerados de utilidade diagnóstica são aqueles que produzem grandes mudanças na probabilidade pré-teste de uma doença, desde que conhecidos os resultados. A probabilidade pré-teste é a probabilidade de ter a doença antes que o teste seja feito. Ela depende da combinação de valores epidemiológicos, mas, principalmente, de uma avaliação clínica criteriosa e quantitativa. Se nenhuma característica clínica do indivíduo está disponível, pode-se assumir a prevalência da doença como uma probabilidade pré-teste (Fritz; Wainner, 2001).

Os valores de sensibilidade e especificidade não fornecem informações sobre as mudanças nesta probabilidade, ou seja, estas medidas estatísticas não convertem a probabilidade pré-teste em uma probabilidade pós-teste para uma respectiva doença (Hegedus; Stern, 2009). As razões de probabilidade superam as dificuldades supramencionadas por refletirem a combinação das informações contidas nos valores de sensibilidade e especificidade em uma razão que pode ser usada para quantificar a mudança na probabilidade pré-teste, uma vez conhecidos os resultados do teste (Fritz; Wainner, 2001). Desta maneira, as razões de probabilidade quantificam o quão um teste aumenta ou diminui a probabilidade pré-teste para uma dada doença.

15.4.1 RAZÃO DE PROBABILIDADE POSITIVA (LR+)

A razão de probabilidade positiva, ou LR positiva (LR+), muda a probabilidade a favor da presença da doença quando o teste é positivo, ajudando a confirmá-la, e é calculada pela fórmula: Sensibilidade / (1 − Especificidade).

O valor da LR+ informa quantas vezes um indivíduo com a doença está mais propenso de ter um teste com resultado positivo se comparado a um indivíduo saudável. Quanto maior o valor de LR+, maior é a acurácia do teste para determinar a chance pós-teste, pois a doença está geralmente presente se o resultado for positivo, ou seja, maior é a sua capacidade de diagnosticar a doença.

15.4.2 RAZÃO DE PROBABILIDADE NEGATIVA (LR-)

A razão de probabilidade negativa, ou LR negativa (LR-), muda a probabilidade a favor da ausência da doença quando o teste é negativo, ajudando a descartá-la, e é calculada pela fórmula: (1 − Sensibilidade) / Especificidade.

O valor da LR- informa quantas vezes menos propenso está um indivíduo sem a doença de ter um teste de resultado negativo se comparado a um indivíduo saudável. Quanto menor o valor de LR-, maior é acurácia do teste para determinar a chance pós-teste, pois a doença está geralmente ausente se o resultado é negativo, ou seja, maior é a capacidade de descartar a doença.

Como a magnitude da mudança na probabilidade determina a utilidade clínica de um teste, uma LR maior que 1 aumenta a chance de a pessoa ter a doença, ao passo que uma LR menor que 1 diminui a chance. Uma LR = 1 indica que o resultado do teste não tem qualquer efeito na probabilidade pré-teste.

Jaeschke et al. (1994) forneceram um guia para assistir à interpretação dos valores de LR para as mudanças de uma probabilidade pré-teste para uma pós-teste (Tabela 15.1).

Tabela 15.1 Valores das razões de probabilidades positiva e negativa com suas respectivas acurácias

Razão de probabilidade positiva	Razão de probabilidade negativa	Acurácia
> 10	< 0,1	Ótima*
5-10	0,1-0,2	Moderada**
2-5	0,2-0,5	Pequena***
1-2	0,5-1	Nula****

*gera uma grande mudança e muitas vezes conclusiva; **gera uma mudança moderada; ***gera uma mudança pequena, mas algumas vezes importante; ****gera uma mudança pequena, mas raramente importante.

A aplicação das LRs na prática clínica é facilitada quando se usa o nomograma de Fagan. Conhecendo ou estimando uma probabilidade pré-teste e as LRs do teste aplicado, pode-se definir quantas vezes aumentou ou diminuiu a chance de o paciente ter um teste positivo ou negativo. De fato, o uso das LRs e do nomograma de Fagan vai popularizar-se muito no futuro, e todos os envolvidos no processo de atendimento à saúde deverão estar atentos a esses valores (Cook; Hegedus, 2013; Whiting et al., 2013) (Figura 15.2).

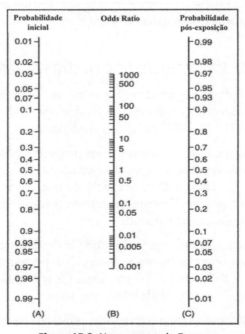

Figura 15.2 Nomograma de Fagan.

15.5 RAZÃO DE CHANCE EM DIAGNÓSTICO (*DIAGNOSTIC ODDS RATIO*)

A razão de chance ou de possibilidade em diagnóstico é uma combinação estatística da sensibilidade, especificidade e dos valores de razão de probabilidade positiva e negativa. A descrição de acurácia em termos de razão de chances tem pouca relevância clínica direta, em função da dificuldade de ser aplicada clinicamente e raramente é utilizada como sumário estatístico nos estudos primários, com exceção dos estudos de meta-análise, que a utilizam como medida importante. A fórmula matemática de seu cálculo compreende:

$$RCD = LR+ / LR- = (Sens \times Esp) / (1-Sen) \times (1-Esp) = (ad) / (bc).$$

Em estudos epidemiológicos para fatores de risco de doenças raras ou pouco frequentes, a razão de chances diagnóstico tem valor próximo ao risco relativo. No caso de estudos diagnósticos, as razões de chances diagnóstico geralmente são diferentes numericamente do risco relativo, porque resultados positivos não são eventos raros.

15.6 FERRAMENTAS DE AVALIAÇÃO DE QUALIDADE METODOLÓGICA

O uso de instrumentos para avaliar a qualidade de artigos publicados é fortemente encorajado e útil na prática para análise das evidências, especialmente no contexto das revisões sistemáticas e meta-análises (Oliveira et al., 2011). Resultados equivocados e mal reportados, provenientes de estudos com baixa qualidade metodológica, podem estimular a adoção prematura de testes diagnósticos, resultando em decisões incorretas pelo profissional da saúde sobre o tratamento dos pacientes (Westwood et al., 2005).

Há um grande número de instrumentos de avaliação de qualidade disponível para estudos de acurácia diagnóstica. Uma revisão sistemática identificou mais de 90 instrumentos (Whiting et al., 2005). O conteúdo desses instrumentos difere significativamente, e muitos foram desenvolvidos para uso em revisões de diagnóstico específico e poucos como instrumento geral para a avaliação da qualidade de estudos de acurácia de testes diagnósticos. Alguns instrumentos têm uma importância substancial para auxiliar nas tomadas de decisões clínicas para o uso de testes diagnósticos, como o STARD (*Standards for the Reporting of Diagnostic Accuracy Studies*) e o QUADAS (*Quality Assessment of Diagnostic Accuracy Studies*) (Cook et al., 2007).

15.6.1 STARD

O STARD foi publicado em 2003 com o objetivo de delinear as características específicas para um estudo de acurácia diagnóstica livre de vieses, contribuindo, deste modo, para o aumento da transparência e integridade das informações contidas nos estudos. As recomendações STARD incluem uma lista de verificação (*checklist*) de 25 itens, divididos em cinco grandes tópicos e seis subtópicos subsequentes, que devem ser reportados pelos estudos para serem científico e clinicamente informativos a revisores e leitores (Bossuyt et al., 2003; Cook et al., 2007; Korevaar et al., 2015). As recomendações STARD foram endossadas por centenas de revistas científicas (Costa et al., 2011), permitindo ao leitor avaliar o potencial para viés no estudo (validade interna), assim como a sua generalização e aplicabilidade dos resultados (validade externa). É importante ressaltar que o STARD é uma ferramenta para aumentar a qualidade das informações de estudos de acurácia diagnóstica, e não a sua qualidade metodológica (Bossuyt et al., 2003).

15.6.2 QUADAS

Um dos instrumentos mais utilizados para avaliação da qualidade metodológica dos estudos de acurácia diagnóstica é o QUADAS. É considerado um instrumento retrospectivo, usado para criticar o rigor metodológico de estudos que investigam a acurácia diagnóstica de um teste ou medida. Foi o primeiro instrumento desenvolvido sistematicamente no campo dos estudos de acurácia diagnóstica, especificamente para o uso em revisões sistemáticas, para ajudar na detecção de erros e vieses que impactam negativamente a qualidade do estudo (Whiting et al., 2003). Envolve 14 componentes de pontuação individualizada. Cada uma dessas questões foca as principais fontes de viés e devem ser respondidas com "sim", "não" ou "não esclarecidas". Quanto maior o número de respostas negativas ou não esclarecidas, pior a qualidade do estudo. Das 14 perguntas propostas originalmente, 11 são recomendadas para serem utilizadas nas revisões da Colaboração *Cochrane* (Iared; Valente, 2009). O questionário é simples e rápido para ser concluído e analisa: o espectro dos pacientes, o critério de seleção, o padrão de referência, a utilização dos testes-índice (teste de interesse) e de referência em todos os pacientes, a descrição detalhada dos dois testes, os vieses da progressão da doença, a interpretação dos resultados por quem sabia do outro resultado, a aplicabilidade do teste, os estudos retirados e os resultados indeterminados. É um ponto de partida útil para a avaliação dos estudos que relatam a sensibilidade e especificidade da acurácia de um teste diagnóstico (Oliveira et al., 2010).

Os autores recomendaram seu uso somente como um *checklist,* sem sumarizar a sua pontuação. Whiting et al. (2003) foram incapazes de pesar apropriadamente cada item para permitir que a escala de maneira acurada representasse o potencial de viés no estudo analisado. Na tentativa de melhorar as fraquezas do QUADAS original, em 2011 foi desenvolvido o QUADAS 2 (Whiting et al., 2011).

O QUADAS 2 é a versão redesenhada e atualizada, baseada na experiência de uso do original e das novas evidências de variações e vieses dos estudos de acurácia diagnóstica (Whiting et al., 2011). Ele consiste de quatro domínios, que abrangem: seleção do paciente, teste índice, padrão de referência e fluxo de pacientes através do estudo e *timing* do teste e padrão de referência (*flow and timing*), distribuídos em 11 questões específicas. O diferencial no QUADAS 2 é o uso de questões sinalizantes, que permitem ao investigador reportar a presença de viés ou não aplicabilidade dentro dos quatro domínios-chave.

Os dois instrumentos, STARD e QUADAS, representam um avanço no conhecimento científico, possibilitando uma avaliação sistemática dos estudos de acurácia diagnóstica. Também representam uma relevância clínica substancial, que auxilia nas tomadas de decisões de profissionais da área da saúde por meio da interpretação segura dos testes diagnósticos (Kleijnen et al., 2011).

REFERÊNCIAS BIBLIOGRÁFICAS

Bossuyt PM et al. Standards for reporting of diagnostic accuracy. The STARD statement for reporting studies of diagnostic accuracy: explanation and elaboration. Clin Chem. 2003;49(1):7-18.

_____. Standards for reporting of diagnostic accuracy. Towards complete and accurate reporting of studies of diagnostic accuracy: the STARD initiative. Clin Chem. 2003;49(1):1-6. Review.

Bruns DE. The STARD initiative and the reporting of studies of diagnostic accuracy. Clin Chem. 2003;49(1):19-20.

Buehler AM, Figueiró M, Moreira FR, Sasse A, Cavalcanti AB, Berwanger O. Ministério da Saúde. Diretrizes metodológicas: elaboração de revisão sistemática e metanálise de estudos diagnósticos de acurácia; 2014 [acesso 7 fev. 2015]. 71 p. Disponível em: http://200.214.130.94/rebrats/publicacoes/dbrs_Diagn_v_final.pdf.

Cook C, Cleland J, Huijbregts P. Creation and critique of studies of diagnostic accuracy: use of the STARD and QUADAS methodological quality assessment tools. J J Man Manip Ther. 2007;15(2):93-102.

Cook C, Hegedus EJ. Orthopedic physical examination tests: an evidence-based approach. Pearson. 2. ed. 2013; p. 1-7.

Costa LO, Maher CG, Lopes AD, De Noronha MA, Costa LC. Transparent reporting of studies relevant to physical therapy practice. Rev Bras Fisioter. 2011;15(4):267-71.

Eusebi P. Diagnostic accuracy measures. Cerebrovasc Dis. 2013;36(4):267-72.

Flores RE. A medicina baseada em evidências e o diagnóstico laboratorial. NewsLab. 2005;73:92-103.

Fritz JM, Wainner RS. Examining diagnostic tests: an evidence-based perspective. Phys Ther. 2001;81(9):1546-64.

Haddad N. Sensibilidade, especificidade e valores preditivos dos testes diagnósticos. In: _____. Metodologia de estudos em ciências da saúde: como planejar, analisar e apresentar um trabalho científico. São Paulo: Roca; 2004. p. 25-33.

Hajian-Tilaki K. Receiver Operating Characteristic (ROC) curve analysis for medical diagnostic test evaluation. Caspian J Intern Med. 2013;4(2):627-35.

Hegedus EJ, Stern B. Beyond SpPIN and SnNOUT: considerations with dichotomus tests during assessment of diagnostic accuracy. J Man Manip Ther. 2009;17(1):E1-5.

Iared W, Valente O. Revisões sistemáticas de estudos de acurácia. Diagn Tratamento. 2009;14(2):85-8.

Jaeschke R, Guyatt GH, Sackett DL. User's guides to the medical literature. III. How to use an article about a diagnostic test. B. What are the results and will they help me in caring for my patients? The Evidence-Based Medicine Working Group. JAMA. 1994;271(9):703-7.

Kleijnen J, Westwood M, Whiting P. Applicability of diagnostic studies-statistics, bias and estimates of diagnostic accuracy. Z Evid Fortbild Qual Gesundhwes. 2011;105(7):498-503.

Korevaar DA et al. Reporting diagnostic accuracy studies: some improvements after 10 years of STARD. Radiology. 2015;274(3):781-9.

Leeflang MM, Deeks JJ, Gatsonis C, Bossuyt PM. Systematic reviews of diagnostic test accuracy. Ann Intern Med. 2008;149(12):889-97.

Mallet S, Halligan S, Thompson M, Collins GS, Altman DG. Interpreting diagnostic accuracy studies for patient care. BMJ. 2012;344:1-7.

Matos FG, Cruz DA. Construção de instrumento para avaliar a acurácia diagnóstica. Rev Esc Enferm USP 2009;43(Esp):1088-97.

Oliveira GM, Camargo FT, Gonçalves EC, Duarte CV, Guimarães CA. Revisão sistemática da acurácia dos testes diagnósticos: uma revisão narrativa. Rev Col Bras Cir. 2010;37(2):153-6.

Oliveira MRF, Gome AC, Toscano CM. QUADAS and STARD: evaluating the quality of diagnostic accuracy studies. Rev Saúde Pública. 2011;45(2):1-6.

Pewsner D, Battaglia M, Minder C, Marx A, Bucher HC, Egger M. Ruling a diagnosis in or out with "SpPIn" and "SnNOut": A note of caution. BMJ. 2004;329:209-13.

Sackett DL. A primer on the precision and accuracy of the clinical examination. JAMA. 1992;267:2638-44.

Sociedade Brasileira de Oncologia Clínica (SBOC). Leitura crítica de artigos científicos. Belo Horizonte: SBOC; 2012. Capítulo 5, Artigos sobre testes diagnósticos; p. 83-90. [acesso em 7 fev. 2015]. Disponível em: www.sboc.org.br/app/webroot/leitura-critica/LEITURA-CRITICA_C5.pdf.

Westwood ME, Whiting PF, Kleijnen J. How does study quality affect the results of a diagnostic meta-analysis? BMC Med Res Methodol. 2005;8:5-20.

Whiting P, Martin RM, Ben-Shlomo Y, Gunnel D, Sterne JA. How to apply the results of a research paper on diagnosis to your patient. JRSM Short Rep. 2013;4(1):7.

Whiting P, Rutjes AW, Reitsma JB, Bossuyt PM, Kleijnen J. The development of QUADAS: a tool for the quality assessment of studies of diagnostic accuracy included in systematic reviews. BMC Med Res Methodol. 2003;3(25):1-13.

Whiting P, Rutjes AW, Dinnes J, Reitsma JB, Bossuyt PM, Kleijnen J. A systematic review finds that diagnostic reviews fail to incorporate quality despite available tools. J Clin Epidemiol. 2005;58(1):1-12.

Whiting PF, Rutjes AW, Westwood ME, Mallett S, Deeks JJ, Reitsma JB, et al. QUADAS-2 Group. QUADAS-2: a revised tool for the quality assessment of diagnostic accuracy studies. Ann Intern Med. 2011;155(8):529-36.

Zweig MH, Campbell G. Receiver-operating characteristic (ROC) plots: a fundamental evaluation tool in clinical medicine. Clin Chem. 1993;39(4):561-77.

Capítulo 16
Estudos prognósticos

Tiago da Silva Alexandre
Ligiana Pires Corona

16.1 CONCEITOS E APLICAÇÕES

Prognóstico significa prever, predizer ou estimar a probabilidade ou risco de condições futuras. Na área da saúde, prognóstico comumente relaciona-se à probabilidade ou risco de um indivíduo desenvolver um particular estado de saúde (um desfecho) ao longo de um período de tempo específico, baseado na presença ou ausência de um perfil clínico.

Os estudos prognósticos aplicados à área da saúde têm um amplo espectro de atuação como objetivo de melhorar a qualidade do cuidado prestado aos pacientes. Além de avaliar o efeito do tratamento e suas variações – como a subutilização, o uso excessivo ou o uso indevido – em desfechos futuros, investigam também a influência social, a segurança do paciente e os danos imprevistos proporcionados pelo próprio tratamento, por estratégias de diagnóstico ou, até mesmo, por estratégias de triagem.

Outro objeto frequente desse tipo de pesquisa é a análise do prognóstico na ausência do cuidado – algumas vezes denominado de história natural – sendo um importante parâmetro para julgar o potencial efeito de triagem para doenças assintomáticas (como a mamografia para o câncer de mama) e para a detecção de casos ou condições sintomáticas não diagnosticadas.

Os desfechos analisados são eventos específicos, com destaque aos óbitos ou complicações de doenças, mas podem também ser quantificadas como, por exemplo, a progressão de uma doença, a dor ou a qualidade de vida.

O prognóstico pode ser influenciado por características individuais: idade, sexo, histórico familiar e pessoal, sinais e sintomas e diversos outros fatores, não sendo, entretanto, limitado somente àqueles que já estão doentes. Dada a grande variabilidade entre indivíduos, na etiologia, na apresentação e no tratamento das doenças, um único preditor ou variável raramente dá uma estimativa adequada de prognóstico, exigindo dos pesquisadores a investigação de múltiplos preditores. Isso implica em usar abordagens múltiplas nos desenhos e nas análises, no intuito de: determinar os importantes preditores de um desfecho estudado; proporcionar probabilidades de desfechos para diferentes combinações de preditores e providenciar ferramentas para estimar cada probabilidade. Essas ferramentas são comumente chamadas de modelos prognósticos, modelos de predição ou escores de risco.

Tal ferramenta permite que os prestadores de cuidado usem combinações de valores preditivos para estimar um risco absoluto ou probabilidade de que um desfecho ocorra em um indivíduo. Uma abordagem envolvendo múltiplas variáveis também permite que os pesquisadores averiguem se fatores prognósticos específicos ou marcadores que são mais onerosos ou invasivos têm valor preditivo adicional àqueles preditores mais baratos e mais simples de serem mensurados.

Os modelos prognósticos são usados em vários cenários e por várias razões. A principal razão é informar o indivíduo sobre o curso futuro de sua doença ou seu risco de desenvolver doença, guiando os profissionais da saúde e os pacientes em decisões conjuntas quanto a tratamentos adicionais.

Embora haja clara similaridade no desenho e na análise entre os estudos prognósticos e etiológicos, prever desfechos em saúde não significa explicar suas causas. Os estudos etiológicos ou de coorte são um tipo de estudo epidemiológico no qual os indivíduos são classificados (ou selecionados) segundo o *status* de exposição (expostos e não expostos), sendo seguidos para avaliar a incidência da doença ou de uma condição relacionada à saúde ou de outro desfecho de interesse em determinado período de tempo. Destinam-se a explicar o quanto um desfecho pode ser atribuído, de forma confiável, a um particular fator de risco após ajuste para outros fatores causais, denominados como confundidores, usando uma abordagem múltipla. Já os estudos prognósticos visam utilizar múltiplas variáveis para predizer, da forma mais acurada possível, o risco de desfechos futuros. Embora um modelo prognóstico possa ser usado para fornecer informações sobre causalidade ou fisiopatologia do desfecho estudado, este não é seu objetivo ou interesse. Dessa forma, vale a observação: todos os fatores causais são preditores de um desfecho – embora muitas vezes um fraco preditor –, mas nem todos os preditores são uma causa desse desfecho.

Além disso, para orientar prognóstico em indivíduos, análises de estudos prognósticos devem focar nas estimativas do risco absoluto do desfecho, dada a combinação de valores preditivos. Estimativas de *relative risk*, *odds ratio*, *risk ratio* ou *hazard ratio* não têm qualquer significado ou relevância direta para o prognóstico na prática. Em pesquisas de predição, os riscos relativos são usados somente para obter uma probabilidade absoluta do desfecho para um indivíduo, como será mostrado posteriormente.

16.2 PLANEJAMENTO DO ESTUDO

16.2.1 AMOSTRA

A amostra do estudo inclui indivíduos sob risco de desenvolver o desfecho de interesse, mas que, no início do estudo, não apresentem tal desfecho.

A característica do uso de muitas variáveis em estudos prognósticos dificulta estimar um tamanho de amostra mínimo. Dessa forma, não existem métodos simples para solucionar essa questão. Quando o número de preditores é muito maior do que o número de eventos de desfecho, há um risco de superestimar o desempenho do modelo. Idealmente, estudos prognósticos requerem, pelo menos, várias centenas de eventos de desfechos. Diversos estudos têm sugerido que cada preditor estudado tenha, pelo menos, dez desfechos, entretanto esse valor pode ser baixo em certas circunstâncias.

16.2.2 DESENHO DE ESTUDO

Os ensaios clínicos não são capazes de avaliar fatores prognósticos, ou seja, analisar a letalidade, a recidiva ou a mudança na gravidade de uma doença ou de qualquer outro agravo de interesse. Isso ocorre pela impossibilidade da alocação de indivíduos, aleatoriamente, em grupos com e sem determinada característica intrínseca ou extrínseca, que por suposto tenha valor prognóstico. Dessa forma, o melhor desenho para responder essas questões é o estudo não experimental prospectivo, também conhecido como estudo de coorte ou estudo prospectivo.

O estudo de coorte classifica, no início, os indivíduos de acordo com a presença ou ausência da exposição, que se acredita influenciar a evolução da enfermidade ou agravo e, posteriormente, acompanha, por determinado período de tempo, a ocorrência do desfecho de interesse.

Entretanto, os estudos de coorte com objetivos previamente definidos e que, *a posteriori*, se prestam a analisar prognóstico, em geral por possuírem tempos de seguimento mais longos, não condizentes com o desfecho do estudo prognóstico, produzem dados mais pobres. Isso implica no domínio da literatura prognóstica pelos estudos retrospectivos.

Estudos de caso-controle são algumas vezes utilizados para a análise de prognóstico, mas eles não permitem, automaticamente, a estimativa dos riscos absolutos porque os casos e controles são frequentemente provenientes de amostras que partem de uma população de origem e tamanhos desconhecidos, e há uma livre escolha dos investigadores para a razão entre os casos e controles.

Dados de ensaios clínicos randomizados podem ser usados em estudos prognósticos, mas não como em seu desenho original. Quando o tratamento é ineficiente (risco relativo = 1,0), os grupos controle e de intervenção podem simplesmente ser combinados para a linha de base de um estudo de prognóstico. Se o tratamento é efetivo, os grupos podem ser combinados, mas uma variável denominada tratamento deve então ser incluída como um preditor separado no modelo múltiplo. Nesses casos, o tratamento é estudado no seu efeito preditivo independente e não no seu efeito terapêutico ou preventivo. Entretanto, modelos prognósticos obtidos de dados de ensaios clínicos randomizados podem ter generalização restrita por conta dos rigorosos critérios de inclusão, baixos níveis de recrutamento e grande número de recusas.

16.2.3 VARIÁVEIS

Variáveis, que se pretendem analisar como preditoras, podem ser demográficas, clínicas, exames físicos, características da doença, resultados de testes e de tratamentos prévios.

Os estudos prognósticos podem se focar numa coorte de pacientes que ainda não receberam tratamentos modificadores para estudar o curso natural ou prognóstico, mas podem também examinar preditores de prognóstico de pacientes que tenham recebido tratamento.

Os preditores estudados devem ser claramente definidos, padronizados e reprodutíveis para melhorar a generalização e aplicação dos resultados na prática clínica.

16.2.4 DESFECHOS

Preferencialmente, estudos prognósticos devem focar em desfechos relevantes para os pacientes, como a ocorrência da remissão de doenças, mortes, complicações das doenças, crescimento de tumores, dor, resposta a tratamentos ou qualidade de vida. O período no qual o desfecho é estudado e os métodos de medida devem ser claramente definidos. Finalmente, o desfecho deve ser medido sem o conhecimento dos preditores em estudo para evitar viés, particularmente se a mensuração requer interpretação do observador. O cegamento não é necessário quando o desfecho é toda e qualquer causa de mortalidade, mas se o desfecho é uma causa específica de mortalidade, o conhecimento dos preditores pode influenciar a avaliação dos desfechos.

16.3 VALIDAÇÃO E APLICAÇÃO DOS MODELOS PROGNÓSTICOS

Modelos prognósticos desenvolvidos e validados são pouco usados na área da saúde e há várias razões para isso. Primeiro, porque são frequentemente muito complexos para o uso diário em clínicas sem suporte computacional. A introdução de prontuários informatizados irá claramente aumentar não só o desenvolvimento como a validação de modelos em ambientes de pesquisa, mas também facilitar sua aplicação na prática clínica. Em segundo lugar, como muitos modelos prognósticos não têm sido validados em outras populações, muitos profissionais podem não confiar nas probabilidades proporcionadas por esses modelos.

Por fim, os profissionais da saúde frequentemente apresentam dificuldades de usar as probabilidades preditoras na tomada de decisões na prática clínica.

Estudos prognósticos

Antes de começar a desenvolver um modelo preditivo múltiplo, ou seja, com múltiplas variáveis, numerosas decisões que afetem o modelo devem ser tomadas (e, portanto, conclusões da pesquisa), entre elas:

- selecionar variáveis preditoras que sejam clinicamente relevantes;
- avaliar a qualidade dos dados obtidos e decidir o que fazer com os dados faltantes (*missing*);
- decidir sobre o tratamento dos dados;
- escolher a estratégia para selecionar as variáveis importantes ao modelo prognóstico final;
- selecionar medidas de desempenho do modelo prognóstico ou acurácia preditiva.

Outras considerações, já com o modelo prognóstico final, incluem:

- avaliar a robustez do modelo para influenciar observações e *outliers*;
- estudar possíveis interações entre preditores;
- decidir, se e como, ajustar o modelo prognóstico final para *overfitting*;
- explorar a estabilidade (reprodutibilidade) do modelo prognóstico final.

Como a seleção das variáveis preditoras já foi descrita, iremos nos debruçar sobre os demais pontos a serem definidos.

16.3.1 AVALIAÇÃO DA QUALIDADE DOS DADOS

Para avaliar a qualidade dos dados é necessário julgamento, pois não há regras preestabelecidas. A princípio, os dados usados para desenvolver um modelo prognóstico devem ser ajustados para a proposta. As medidas dos candidatos a preditores e os desfechos devem ser comparáveis entre os pesquisadores e os centros de estudos, quando em estudo multicêntrico.

Técnicas estatísticas modernas como a imputação múltipla de dados podem lidar com conjuntos de dados faltantes, no entanto, essas abordagens fazem uso de pressupostos críticos, mas não testáveis, sobre o motivo da perda de tais informações. A provável influência nos resultados é maior à medida que aumentam os dados faltantes, pois a perda de informação raramente é aleatória. A informação perdida é geralmente relacionada, direta ou indiretamente, a outras características dos sujeitos ou da doença, incluindo o desfecho em estudo. Portanto, a exclusão de todos os indivíduos com dados faltantes leva não só à perda de poder estatístico, mas também a estimativas incorretas do poder preditivo do modelo, especificamente dos preditores. A análise completa dos casos é considerada sensível quando poucas informações (menos de 5%) são faltantes. Se uma variável que representa um candidato a preditor tem muitos dados faltantes, deve ser excluída, porque é provável que o problema volte a ocorrer em outros estudos.

16.3.2 DECISÕES DE TRATAMENTO DE DADOS

Frequentemente, para as análises, novas variáveis precisam ser criadas. Pode ser necessária para as variáveis categóricas ordinais, como a fase da doença, a junção de categorias ou uma escolha criteriosa da codificação. Entretanto, é desaconselhado transformar preditores contínuos em dicotômicos. Manter as variáveis contínuas é preferível desde que muito mais informações preditivas sejam obtidas.

16.3.3 SELECIONANDO AS VARIÁVEIS PARA O MODELO PROGNÓSTICO FINAL

Não há consenso sobre o melhor método para selecionar variáveis para o modelo prognóstico final. Há duas estratégias principais, cada qual com suas vantagens e desvantagens.

No modelo *backward*, todas as variáveis são incluídas de uma única vez. Esse modelo é recomendado para evitar *overfitting* e viés de seleção. Entretanto, como muitas escolhas preliminares importantes devem ser feitas e, muitas vezes, é impraticável incluir todas as variáveis candidatas a preditor, o modelo completo nem sempre é fácil de definir.

O modelo *backward* começa incluindo todas as variáveis. Um nível de significância, frequentemente 5%, é escolhido de antemão. Uma sequência de testes de hipótese é aplicada para determinar qual variável deve ser removida. Esse processo é repetido inúmeras vezes, até que se alcance um modelo prognóstico final.

A escolha do nível de significância a ser adotado tem o maior efeito no número de variáveis selecionadas no modelo prognóstico final. Um nível de significância de 1% sempre resulta num modelo com menos variáveis do que um nível de significância de 5%. Contudo, níveis de significância de 10 ou 15% podem resultar na inclusão de algumas variáveis sem importância para o desfecho de interesse.

O modelo *forward* incluiu uma variável preditora de cada vez. Previamente ao modelo múltiplo, realiza-se uma análise univariada, na qual o nível crítico de 20% é estabelecido. Todas as variáveis que atingiram associação mínima de 20% são cuidadosamente ordenadas, do menor para o maior nível de significância. As variáveis preditoras são inseridas no modelo, sequencialmente, do menor para o maior nível de significância. Variáveis que mantém a significância preestabelecida pelos autores (1 ou 5%) são mantidas no modelo, assim como aquelas que ajustam as associações preexistentes em mais de 10%.

Como exemplo de um modelo prognóstico final e obtenção do escore de risco, analisemos a Tabela 16.1, proveniente de um estudo cujo objetivo foi predizer o risco de náusea e vômito em pós-operatório nas primeiras 24 horas após cirurgia. Na segunda coluna, o modelo final fornece os valores de *odds ratio* para o desfecho de cada um dos preditores com seus respectivos intervalos de confiança de 95%.

Tabela 16.1 Odds Ratio, valores de β e p dos fatores prognósticos para risco de náusea e vômito em pós-operatório nas primeiras 24 horas após cirurgia

Fatores prognósticos	Odds Ratio [IC 95%]	Valor de β	Valor p
Sexo	1,27 [1,10;1,45]	$\beta_1 = 0{,}24$	0,03
História de náusea e vômito ou enjoo	1,65 [1,45;1,85]	$\beta_2 = 0{,}50$	< 0,001
Fumante	1,72 [1,15;2,22]	$\beta_3 = 0{,}54$	0,003
Uso de opioides no pós-operatório	1.78 [1,60;1,89]	$\beta_4 = 0{,}58$	< 0,001

Usando os valores de β, é possível calcular o escore de risco.

Escore de risco = -2,28 + (0,24 x sexo) + (0,50 x história de náusea ou vômito em pós--operatório ou enjoo) + (0,54 x fumante) + (0,58 x uso de opioide no pós-operatório)

Quanto ao sexo, 0 foi atribuído para o masculino e 1 para o feminino. Todas as demais variáveis foram codificadas como 0 para não e 1 para sim.

O valor -2,28 é denominado o intercepto (β_0) e os demais valores são os coeficientes estimados nos modelos de regressão para cada preditor (β_1, β_2, β_3 e β_4), que indicam sua contribuição relativa ajustada para o risco do desfecho. Os coeficientes de regressão são o logaritmo do *odds ratio* para a mudança de uma unidade no preditor correspondente.

O risco predito ou probabilidade absoluta para náusea e vômito em pós-operatório nas primeiras 24 horas após a cirurgia será dado, primeiramente, de acordo com as características de cada indivíduo representado pelo escore de risco e, posteriormente, obtido com o seguinte cálculo:

$$1/(1 + e^{-\text{escore de risco}}).$$

16.3.4 AVALIANDO O DESEMPENHO DOS MODELOS

O desempenho dos modelos de regressão pode ser avaliado em termos de calibração e discriminação. A calibração pode ser investigada plotando as proporções observadas dos eventos *versus* as probabilidades preditas. Uma abordagem comum é usar 10 grupos de iguais tamanhos. Idealmente, se as proporções de eventos observados e as probabilidades preditas concordam em toda a gama de probabilidades, o gráfico mostra uma linha de 45 graus (isto é, a inclinação é 1). Essa plotagem pode ser acompanhada pelo teste de Hosmer e Lemeshow, embora o teste tenha limitado poder para avaliar calibrações pobres.

As probabilidades totais de eventos observados e preditos são, por definição, iguais para a amostra usada para desenvolver o modelo. Contudo, isso não é garantido quando o desempenho dos modelos é avaliado em diferentes amostras nos estudos de validação, sendo mais difícil obter um modelo com bom desempenho numa amostra independente do que na própria amostra em que o modelo foi desenvolvido.

Várias estatísticas podem resumir a discriminação entre indivíduos com e sem o desfecho. A área sob a curva ROC (*Receiver Operating Curve*), ou índice de equivalência c (de concordância), são as chances de dois pacientes, um que desenvolverá o evento e outro que não desenvolverá. O modelo atribuirá uma maior probabilidade da situação para o primeiro. O índice c para modelos prognósticos está tipicamente entre 0,6 e 0,85 (maiores valores são vistos em definições de diagnóstico). Outra medida é o R^2, que para a regressão logística avalia a variação explicada em risco e é o quadrado da correlação entre o desfecho observado (0 ou 1) e o risco predito.

16.4 MODELOS PROGNÓSTICOS PARA SOBREVIDA

A análise de sobrevida é uma das ferramentas mais utilizadas em estudos prospectivos em saúde. Nesse tipo de estudo (também chamado "análise de sobrevivência"), a variável dependente de interesse, ou variável resposta, é o tempo até a ocorrência de um evento. Sendo assim, eles diferem do estudo de incidência clássico na variável de interesse – nos estudos de incidência, a ocorrência do evento em si é de interesse principal. Nos estudos de sobrevida, o interesse principal é verificar o efeito de fatores de risco ou de fatores prognósticos (sejam eles quantitativos ou qualitativos) no tempo até um evento, bem como definir as probabilidades de sobrevida em diversos momentos no seguimento do grupo. Para tanto, considera-se sobrevida o tempo desde a entrada do indivíduo no estudo até a ocorrência do evento de interesse final, que é chamada "falha", por referir-se mais frequentemente a eventos indesejáveis, como o aparecimento de doença ou morte.

Na maioria das vezes, o evento em estudo é o óbito (e daí a denominação de estudos de sobrevida), mas não exclusivamente. Um estudo de sobrevida pode avaliar o tempo entre o nascimento de um grupo de crianças e seu desmame – e aí o evento de interesse seria a introdução de outro alimento – ou ainda o tempo entre um transplante de medula óssea e a "pega". O evento de interesse, nesse caso, é a cura e não o óbito.

Em estudos em que há seguimento, pode ocorrer que alguns indivíduos não sejam observados até a ocorrência da falha, ou seja, tenham seu tempo de observação incompleto. Esse tipo de perda no tempo de observação é denominado censura. A censura pode ser observada por vários motivos: óbito por outras causas não relacionadas à causa em estudo, término do estudo, recusa em continuar participando do estudo, perda de seguimento, abandono devido a efeitos adversos de tratamento, falta de informação da data de diagnóstico, entre outros.

É recomendável controlar e relatar as perdas de seguimento durante o acompanhamento do estudo – perdas por censura acima de 10% podem comprometer a qualidade das estimativas do estudo.

Os indivíduos que tiveram censura, no entanto, contribuem para a análise de sobrevida, pois a informação do tempo durante o qual a pessoa esteve sob observação sem que ocorresse o evento é incorporada na análise. Desprezar essa informação faria com que o risco fosse superestimado, pois o tempo até o evento é desconhecido, mas o paciente estava em risco de sofrer o evento pelo menos até o último momento observado. Sendo assim, é importante notar que se adota a suposição de que os indivíduos censurados em determinado tempo são representativos de todos aqueles que estavam sujeitos ao risco de ter falha naquele momento. A variável de tempo, então, é a diferença entre a data de entrada do indivíduo no estudo até a data de ocorrência da falha ou de uma censura.

Na condução deste tipo de estudo, em geral os indivíduos não são recrutados todos no mesmo momento – eles vão sendo incorporados no estudo à medida que o diagnóstico de uma condição que se quer estudar vai sendo realizado –, e esse tipo de seleção é chamado de coorte aberta. Por exemplo, na realização de um estudo com duração de dois anos, que visa comparar o tempo até o óbito dos pacientes após infarto do miocárdio segundo o medicamento utilizado para tratamento pós-evento, inicia-se com a entrada de indivíduos na data do infarto (e essa data é diferente para cada paciente). Uma representação gráfica deste estudo é apresentada na Figura 16.1.

No exemplo, somente os pacientes 1 e 8 foram recrutados no início do estudo. O paciente 6 foi recrutado no primeiro mês subsequente, e o último foi incluído após 15 meses do início do estudo. No gráfico, o tempo marcado em cada paciente é o mês em que ele saiu do estudo – os pacientes 1, 4, 6 e 8 tiveram falha (óbito), e os pacientes 3 e 5 foram censurados no meio do estudo – foram perdas de seguimento. Os pacientes 2 e 7 continuavam em acompanhamento e sem ocorrência de falha ao final do estudo, e também foram censuras.

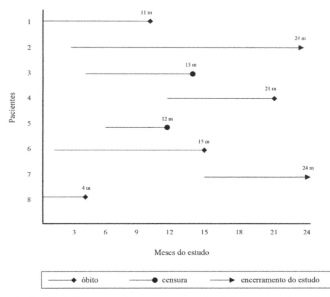

Figura 16.1 Distribuição dos pacientes ao longo dos 24 meses de duração do estudo, a partir da ocorrência do infarto agudo do miocárdio até a saída do estudo.

No entanto, para a realização da análise de sobrevida, não importa em que momento do acompanhamento o paciente entrou e saiu do estudo, e sim o tempo decorrido entre esses dois momentos. Sendo assim, é necessário que todos os pacientes iniciem em um tempo 0 (t0) e a partir daí seu tempo de seguimento seja computado. A Figura 16.2 mostra o mesmo exemplo da Figura 16.1, mas com os pacientes iniciando todos no t0. É importante notar que os tempos são diferentes – está representado agora o tempo até o evento ou censura, e não o momento da saída do estudo.

Assim, o paciente 3, que entrou no estudo no quinto mês e saiu do acompanhamento no 15º mês (Figura 16.1), teve na realidade 10 meses de acompanhamento quando se considera o t0. Da mesma maneira, o paciente 5, que saiu do estudo aos 12 meses, teve seis meses de acompanhamento efetivo, já que entrou no sexto mês da coorte.

Para que o tempo de cada indivíduo seja computado corretamente, a organização dos dados é essencial. Em geral, é construída uma tabela com todas as informações relevantes, como no exemplo da Tabela 16.2. Na maioria das análises, o *status* final do paciente é codificado em 0 para censura e 1 para falha, que no exemplo aqui apresentado é o óbito.

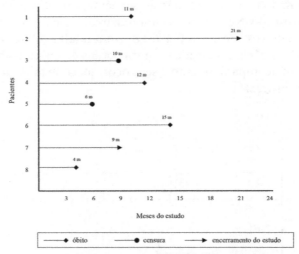

Figura 16.2 Distribuição dos pacientes a partir do tempo 0 (t0) do estudo, desde a ocorrência do infarto agudo do miocárdio até a ocorrência de falha ou censura.

Para a análise estatística de sobrevida, os parâmetros mais importantes são a probabilidade de sobrevivência no curso de cada um dos intervalos considerados e a de sobrevida acumulada (tratada correntemente como taxa de sobrevida), isto é, a probabilidade de sobreviver do tempo 0 até o tempo final considerado – usualmente denominado S(t). As principais técnicas são o método atuarial e o método do produto-limite de Kaplan-Meier.

O método atuarial para dados incompletos calcula as probabilidades de sobrevida em intervalos fixados previamente, e as probabilidades de óbito e de sobrevida são calculadas para cada um dos intervalos. O número dos expostos a risco corresponde aos pacientes vivos ao início de cada intervalo, ajustado pelo número de casos censurados ocorridos no período. Assim, na presença de censura, é feito um ajuste no número de pessoas expostas ao risco no início do período, subtraindo-se metade das censuras do total de expostos ao risco no início do período, supondo-se que esses indivíduos estiveram, em média, expostos ao risco apenas metade do intervalo de seguimento.

Tabela 16.2 Descrição dos tempos de entrada, saída e acompanhamento dos pacientes participantes do estudo de sobrevida de infarto agudo do miocárdio segundo medicação utilizada pós-evento

Identificação do paciente	Início (I)	Fim (F)	Tempo de seguimento(t)	Status	Medicação	Idade
1	0	11	11	1	A	57
2	3	24	21	0	A	62
3	5	15	10	0	B	54
4	9	21	12	1	A	66
5	6	12	6	0	B	59
6	1	15	14	1	A	71
7	15	24	9	0	B	73
8	0	4	4	1	B	78

Em que: 0 = censura e 1 = óbito.

Atualmente, o método de Kaplan-Meier é o mais utilizado em pesquisas na área de saúde, e será objeto de maior enfoque neste capítulo. A principal diferença em relação ao método da tábua de vida é que os períodos de observação não são fixos – são definidos em função do instante de cada falha. Nessa situação, o número de falhas em cada intervalo deve ser 1. Em ambos os métodos, as observações censuradas têm a mesma probabilidade de sofrerem o evento que aquelas que permanecem em observação.

O estimador produto de Kaplan-Meier utiliza os conceitos de independência de eventos e de probabilidade condicional para desdobrar a condição de sobreviver até o tempo t, e cuja probabilidade é condicional aos que estão em risco em um exato momento. É considerado um estimador produto porque a probabilidade de se chegar até o t é o produto da probabilidade de se chegar até cada um dos tempos anteriores.

Para calcular os estimadores, primeiramente é necessário ordenar os tempos de sobrevida em ordem crescente ($t_1 \leq t_2 \leq ... \leq t_n$).

Os sobreviventes ao tempo t (lt) são ajustados pela censura, ou seja, os pacientes censurados entram no cálculo da função de probabilidade de sobrevida acumulada até o momento de serem considerados como perda, o que propicia o uso mais eficiente das informações disponíveis. Em caso de ocorrerem falhas e censuras em um mesmo instante, consideram-se as censuras como tendo ocorrido depois. Assim, não há a necessidade de calcular o número de indivíduos expostos a sofrer a falha no período – a probabilidade de falha em cada instante é representada por aquela em relação ao número de indivíduos sem falha naquele instante, e a probabilidade de sobrevivência (não falha) é representada por 1 – probabilidade de falha ajustada pelas censuras.

A função de sobrevida S(t) é definida como o estimador produto limite de Kaplan-Meier (Equação 16.1):

$$S(t) = \prod_{t=0}^{j} \frac{lj - i}{lj} \qquad (16.1)$$

onde:

$i = 1$ se falha;

$i = 0$ se censura;

lj = número de expostos ao risco no início do período.

Um exemplo de cálculo de taxa de sobrevida utilizando o método de Kaplan-Meier está apresentado na Tabela 16.3. O tempo só é computado na ocorrência de uma falha, e as censuras ocorridas nos meses anteriores são descontadas do número de vivos no total de expostos naquele instante. Então, no 11º mês, em que ocorreu a segunda falha, havia cinco pacientes expostos à ocorrência da falha, porque foram descontadas as censuras que ocorreram nos meses 6, 9 e 10. Nesse momento do acompanhamento (11 meses), a probabilidade instantânea de óbito era de 0,25 (ou 25%); a probabilidade instantânea de sobrevida, 0,75 (ou 75%); e a probabilidade de sobrevida acumulada até o momento, 0,656 (ou 65,6%).

Tabela 16.3 Cálculo da probabilidade de sobrevida observada em pacientes participantes do estudo de sobrevida de infarto agudo do miocárdio (IAM)

Meses após IAM (i)	Número de vivos no início do mês (l_i)	Óbitos (d_i)	Censuras (w_i)	Probabilidade condicional de óbito ($q_i = d_i/l_i$)	Probabilidade condicional de sobrevida ($p_i = 1 - q_i$)	Probabilidade acumulada de sobrevida $S(t_i)$
4	8	1	0	0,125	0,875	0,875
11	4	1	3	0,250	0,750	0,656
12	3	1	0	0,333	0,667	0,438
14	2	1	0	0,500	0,500	0,219

No entanto, a apresentação gráfica da sobrevida pelo método Kaplan-Meier também apresenta diferença em relação à curva de sobrevida calculada pelo método atuarial. Na Figura 16.3, percebe-se que o gráfico apresenta marcação "em degraus", com "quedas" somente quando ocorre a falha. As censuras mantêm o gráfico estável, e na figura foram marcadas com o número de censuras em cada momento. O último tempo de observação antes do final do acompanhamento é o 21º mês.

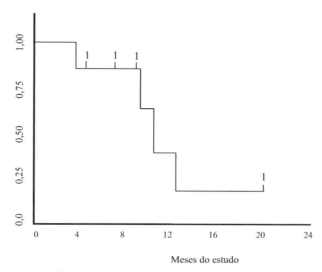

Figura 16.3 Probabilidade de sobrevida acumulada em pacientes participantes do estudo de sobrevida de infarto agudo do miocárdio (método Kaplan-Meier).

Para comparar curvas de sobrevida em relação a outras variáveis (por exemplo, sexo, idade, medicamento administrado etc.), a inspeção visual da curva de Kaplan-Meier ainda é a melhor estratégia. No nosso exemplo, não é possível comparar as curvas devido ao pequeno número de observações. Mas, na Figura 16.4, é possível observar os resultados do mesmo estudo, que foi reproduzido em outra população, com tempo de observação de cinco anos, de acordo com a droga recebida no tratamento pós-evento. Nota-se que os pacientes tratados com a droga A têm maior probabilidade de sobrevida ao longo de todo o seguimento. No entanto, os riscos de óbito parecem ser proporcionais no período, ou seja, ao longo dos cinco anos, apesar de os pacientes tratados com a droga B terem maior probabilidade de sobrevida, as curvas são relativamente paralelas com o passar do tempo.

Além da inspeção visual para comparar as curvas de sobrevida acumulada entre diferentes categorias de uma mesma variável, recomenda-se utilizar o teste *log-rank*, que se baseia no confronto entre os óbitos observados nos dois grupos e aqueles esperados, caso não houvesse diferença entre os grupos no risco de óbito e na probabilidade de sobrevida ao longo do seguimento. A diferença entre óbitos observados e esperados é avaliada por meio do teste do qui-quadrado, com $k - 1$ graus de liberdade (sendo k o número de categorias testadas). Se a distribuição observada for equivalente à distribuição esperada (hipótese nula), conclui-se que a variável não tem efeito da sobrevida. No exemplo da Figura 16.4, caso o teste *log-rank* não apontasse diferença significativa, poderíamos concluir que o tratamento com a droga A não melhora a sobrevida dos pacientes em relação ao tratamento com a B. Neste exemplo, o valor da estatística do teste foi de 13,61, e para a distribuição com 1 grau de liberdade, a probabilidade de aceitar a hipótese nula é < 0,001, ou seja, rejeita-se a hipótese nula e conclui-se que a sobrevida dos pacientes tratados com a droga A é significativamente maior que a dos pacientes tratados com a droga B (se considerarmos que nenhuma outra variável possa ter efeito sobre a probabilidade de sobrevivência dos pacientes).

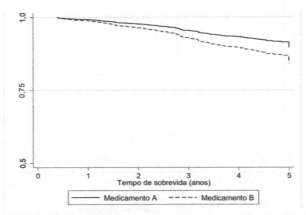

Figura 16.4 Probabilidade de sobrevida acumulada dos pacientes participantes do segundo estudo de sobrevida de infarto agudo do miocárdio, segundo medicamento utilizado pós-evento (método Kaplan-Meier).

16.5 MODELOS DE RISCOS PROPORCIONAIS DE COX

Na maioria dos estudos, no entanto, uma série de fatores pode afetar a sobrevida dos pacientes estudados. Na área da saúde, é impossível avaliar os efeitos de determinada característica, como o tipo de droga testada em um estudo, sem considerar os efeitos individuais do paciente, as doenças associadas, as características dos tratamentos anteriores etc. Ajustar as curvas de sobrevida por diversas variáveis ao mesmo tempo pode gerar um grande número de curvas que, quando apresentadas em conjunto, não mostram diferenças significativas entre si. A partir da necessidade de estimar o efeito de outras variáveis e incluí-las em modelos preditivos, como os modelos tradicionais de regressão, o estatístico britânico Sr. David R. Cox propôs, em 1972, um modelo semi paramétrico, que passou a ser o mais utilizado em análise de dados de sobrevida – o modelo de riscos proporcionais de Cox.

Com o avanço nas técnicas computadorizadas de análises estatísticas, a relativa facilidade de aplicação tornou esse método um dos mais utilizados em estudos de prognóstico. Esse método permite que seja realizada uma modelagem estatística semelhante à usada nos modelos tradicionais de regressão, podendo-se avaliar o impacto que alguns fatores de risco ou fatores prognósticos têm no tempo até a ocorrência do evento de interesse. A função de riscos [*hazard function* – $h(t)$] no modelo de Cox é considerada como variável dependente, e os riscos de morte por uma determinada causa são o produto de uma função não especificada de tempo (que é comum a todos os indivíduos) e uma função conhecida (que é a combinação linear das covariáveis Xi, sendo $i = 1, 2, ..., k$). Nele, a função de riscos $h(t)$ é escrita em termos das covariáveis:

$$h(t / X1, X2, ..., Xk) = h0(t) \cdot \exp(\beta 1 X1 + \beta 2 X2 + ... + \beta k Xk)$$

em que: h0(t) é a parte não paramétrica do modelo, e, em estudos em que o objetivo é estimar fatores prognósticos, não há interesse em defini-la (pois é comum a todos os indivíduos). Os coeficientes de regressão (βi) são estimados pelo método da máxima verossimilhança parcial.

A partir dessa função, é possível estimar a função das razões de riscos – $HR(i)$ – (*relative hazard function*) ou de índice prognóstico – *prognostic index* – que é a parte da equação referente ao exponencial das estimativas das covariáveis (βk) – para cada uma das variáveis independentes (Xi), supondo todas as outras variáveis como constantes. A interpretação dos valores de HR é similar àquela aplicada aos valores de risco relativo em estudos longitudinais clássicos.

Esse modelo conta com duas premissas básicas: 1) a razão de riscos é constante ao longo do tempo (como no exemplo da Figura 16.5, as variáveis a serem inclusas no modelo devem apresentar entre suas categorias riscos proporcionais ao longo do período de observação; para variáveis em que o risco não é proporcional, esse modelo não é adequado); 2) os tempos de ocorrência dos eventos são independentes.

Para avaliar se os riscos são proporcionais, a inspeção visual das curvas de Kaplan--Meier é também muito importante. Além disso, existem testes estatísticos que podem indicar se os riscos são proporcionais, como o teste de resíduos de Schoenfeld.

Partindo desta proporcionalidade, é possível estimar os efeitos das covariáveis sem qualquer suposição a respeito da distribuição do tempo de sobrevida, e por isso o modelo de Cox é classificado como semi-paramétrico. Não se assume qualquer distribuição estatística para a função de risco basal, apenas que as covariáveis agem multiplicativamente sobre o risco – esta é a parte paramétrica do modelo.

Diz-se que os tempos de ocorrência dos eventos não são independentes quando se estudam eventos múltiplos – no nosso exemplo, para utilização do modelo de Cox, é necessário que o estudo seja realizado considerando-se apenas a ocorrência do primeiro ou único evento de infarto – um segundo infarto poderia ser dependente do outro, e então se diz que os tempos de ocorrência não são independentes.

A partir da estimativa dos parâmetros do modelo de Cox, é possível estabelecer um índice de prognóstico (IP). O IP é, na verdade, o preditor linear do modelo de Cox – $\beta k Xk$ – calculado para cada indivíduo usando-se as variáveis do modelo ajustado. Sendo assim, se o estudo sobre infarto do exemplo fosse expandido com outras variáveis e observações, poderíamos estimar um modelo prognóstico de acordo com o modelo apresentado na Tabela 16.4.

Tabela 16.4 Modelo de riscos proporcionais de Cox das variáveis prognósticas em pacientes participantes do estudo de sobrevida de infarto agudo do miocárdio

Fatores prognósticos	HR [IC 95%]*	Valor p	Pontuação no escore prognóstico
Medicamento B	1,98 [1,21;6,42]	0,026	1
Idade ≥65 anos	3,05 [1,33;9,66]	<0,001	2
Sexo masculino	1,96 [1,19;5,11]	<0,001	1
Fumante	2,85 [1,20;4,92]	0,008	2
Colesterol sérico ≥200 mg/dL	2,00 [1,46;3,94]	0,034	1
Hipertensão arterial	2,15 [1,33;4,00]	0,049	1

* HR (IC 95%): hazard ratio (intervalo de confiança de 95%).
Teste de resíduos de Schoenfeld: p = 0,117.

Assim, as variáveis apresentadas são aquelas que mostram efeito significativo na sobrevida dos pacientes do estudo; logo, são os fatores de risco ou prognósticos. Se considerarmos que o risco é aquele diferente de 1 quando se interpreta a HR, então pode-se atribuir um ponto para cada ponto acima de 1 em cada HR, ou seja, para construir um escore de prognóstico, poderíamos atribuir que indivíduos em uso do medicamento B recebem 1 ponto, indivíduos com idade igual ou superior recebem 2 pontos, e assim por diante, conforme apresentado na última coluna.

A partir dessa pontuação, atribui-se um escore individual para cada paciente do estudo. Por exemplo, o indivíduo 1 usa medicação A (0 pontos), tem 57 anos (0 pontos), é do sexo masculino (1 ponto), fumante (2 pontos), tem colesterol elevado e hipertensão arterial (1 ponto cada). Seu escore individual é de 5 pontos. Assim, pontuam-se todos os indivíduos do estudo e eles são estratificados, criando-se grupos, por exemplo, de alto, médio e baixo risco. No exemplo, será considerado baixo risco um escore de até 2 pontos; escores entre 3 e 5 serão considerados de médio; e entre 6 e 8 pontos, alto risco. A seguir, o gráfico de Kaplan-Meier é novamente construído, desta vez estratificando-se pelas categorias de risco, como na Figura 16.5.

Dessa forma, se o modelo prognóstico for bem ajustado e adequado ao desfecho em estudo, o gráfico de Kaplan-Meier consegue diferenciar os grupos de diferentes riscos criados pelos valores do índice prognóstico.

Estudos prognósticos

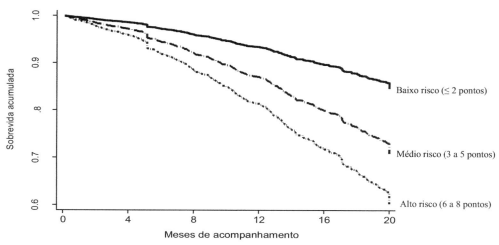

Figura 16.5 Probabilidade de sobrevida acumulada dos pacientes participantes do segundo estudo de sobrevida de infarto agudo do miocárdio, segundo escore de risco individual.

16.6 CUIDADOS NA REALIZAÇÃO DAS ANÁLISES DE SOBREVIDA

O primeiro cuidado que deve ser observado é a definição correta da falha. Em estudos em que a falha é o óbito, por exemplo, podem ocorrer óbitos durante o acompanhamento que não são devidos ao fator de risco em estudo – é necessário definir *a priori* se esses óbitos serão tratados como censura comum ou se serão aplicadas outras técnicas estatísticas. Em estudos clínicos com uso de medicamentos, é necessário observar os efeitos associados aos medicamentos em testes e possíveis efeitos que não são decorrentes dos medicamentos, mas que podem ser efeitos de confusão.

A definição de caso também é muito importante para uma análise precisa de sobrevida. No exemplo aqui apresentado, se o critério de inclusão no estudo é que os casos sejam somente em adultos, a inclusão de infarto ocorrido em pacientes idosos altera as funções de sobrevida observadas. Da mesma maneira, em um estudo sobre neoplasias malignas, deve-se tomar o cuidado de excluir neoplasias benignas ou incertas. O estágio da doença deve ser bem definido: caso haja entrada de pacientes em diferentes estágios, a sobrevida pode ser diferente, e essa condição precisa ser controlada por meio de estratificação ou na regressão de Cox.

O número de perdas ao longo do acompanhamento é um dos maiores problemas em estudos prospectivos, principalmente em longos períodos de observação. Estudos clínicos em geral têm menor tempo de acompanhamento e com intervalos menores, em relação aos estudos observacionais, o que minimiza as perdas de seguimento. Mesmo assim, é necessário avaliar se as perdas foram aleatórias entre os grupos, principalmente em estudos em que os grupos são tratados com diferentes compostos, por exemplo – perdas maiores em um grupo em relação a outro podem comprometer seriamente a validade do resultado. Em seguimentos mais longos e com intervalos maiores, sempre há um número de pacientes não localizados (censuras), e mesmo que seu tempo de sobrevida seja considerado até a data de seu último contato, é provável que a maioria deles esteja viva, pois se tivessem ido a óbito, seu atestado de óbito teria chegado ao registro. Assim, as taxas de sobrevida encontradas tenderiam a subestimar as taxas verdadeiras.

É importante atentar também para a alteração de critérios diagnósticos ao longo do estudo. Por exemplo, até 1997, o critério diagnóstico para diabetes era de glicemia de jejum de 140 mg/dL, e foi reduzido para 126 mg/dL. Caso estivesse sendo realizado um estudo testando uma nova droga em pacientes diabéticos, essa alteração impactaria no critério de inclusão do estudo e até na resposta da droga, em alguns casos.

Outro ponto a ser observado é que há diversas abordagens estatísticas para os estudos prognósticos, por isso, um cuidado adicional deve ser tomado para comparação dos resultados obtidos com outros estudos da literatura.

REFERÊNCIAS BIBLIOGRÁFICAS

Areosa CM, Almeida DR, Carvalho AC, Paola AA. Avaliação de fatores prognósticos da insuficiência cardíaca em pacientes encaminhados para avaliação de transplante cardíaco. Arq Bras Cardiol. 2007;88(6):667-73.

Altman DG, Vergowve Y, Royston P, Moons KG. Prognosis and prognostic research: validating a prognostic model. BMJ. 2009;338:1432-5.

Bustamante-Teixeira MT, Faerstein E, Latorre MR. Técnicas de análise de sobrevida. Cad Saúde Pública. 2002;18(3):579-94.

Carvalho MS, Andreozzi VL, Codeço CT, Barbosa MT, Shimakura SE. Análise de sobrevida: teoria e aplicações em saúde. 2. ed. rev. ampl. Rio de Janeiro: FIOCRUZ; 2011.

Cox DR. Regression models and life tables (with discussion). J Royal Statistical Society: Series B. 1972;34:187-220.

Hemingway H, Croft P, Perel P, Hayden JA, Abrams K, Timis A, et al. Prognosis research strategy (PROGRESS) 1: A framework for researching clinical outcomes. BMJ. 2013;346:e5595.

Hosmer DW, Lemeshow S. Applied logistic regression. New York: John Wiley and Sons, 2nd edition. 2000.

Kleinbaum DG. Survival analysis: a self-learning text. New York: Springer; 1995.

Lee ET. Statistical methods for survival data analysis. 2nd ed. New York: John Wiley & Sons, 1992.

Moons KG, Rovston P, Vergouwe Y, Grobbee DE, Altman DG. Prognosis and prognostic research: what, why, and how? BMJ. 2009;338:1317-20.

Royston P, Moons KG, Altman DG, Vergouwe Y. Prognosis and prognostic research: Developing a prognostic model. 2009;338:1373-7.

Szklo M, Nieto FJ. Epidemiology: beyond the basics. Annapolis: Aspen Publishers; 2000.

Parte 3
Estudos de intervenção e de outros tipos

Capítulo 17
Ensaios clínicos

Cristina Cabral
Richard Liebano

Ensaio controlado aleatorizado é um tipo de estudo considerado padrão-ouro entre todos os métodos de investigação clínica. Quando desenhado e realizado de forma adequada, fornece a evidência mais confiável sobre a eficácia/efetividade de intervenções na área da saúde. O desenho de um ensaio controlado aleatorizado deve ser realizado *a priori* e nenhum método adotado deve ser modificado ao longo da coleta de dados. A seguir, são destacados alguns pontos importantes ao desenhar ou avaliar a qualidade metodológica de ensaios controlados aleatorizados.

17.1 VALIDADE INTERNA E EXTERNA

A validade interna de um ensaio clínico refere-se ao grau de certeza de que o efeito na variável dependente do experimento foi causado pela variável independente. Em outras palavras, um estudo que possui alta validade interna é aquele no qual seus resultados não podem ser atribuídos a erros sistemáticos. Trata-se de uma característica de mensuração que se relaciona à qualidade dos resultados observados.

Já a validade externa é relacionada à possibilidade de extrapolação ou generalização dos dados obtidos no ensaio clínico para diferentes populações, épocas ou locais. A validade externa caracteriza-se pelo poder de uma determinada pesquisa ter suas conclusões verdadeiras não apenas para sua casuística, mas também para outros contextos, outras pessoas. Uma das formas de garantir a validade externa de um ensaio clínico é compor a amostra com sujeitos selecionados ao acaso da população-alvo, de modo que esta seja representativa da população. No entanto, muitas intervenções utilizadas em estudos experimentais são dependentes de habilidades do pesquisador. Uma intervenção cirúrgica ou técnica terapêutica manual, por mais que sejam reprodutíveis, raramente serão realizadas de forma idêntica por diferentes profissionais. Dessa forma, uma das alternativas para aumentar a validade externa desses tipos de estudos é envolver a participação de vários cirurgiões ou terapeutas treinados na execução do procedimento do objeto de estudo. Por outro lado, a utilização de critérios de inclusão muito restritivos ou a atenção diferenciada dada aos pacientes que participam de estudos podem comprometer a sua validade externa.

17.2 PERGUNTA PRIMÁRIA

A elaboração da pergunta de pesquisa é a primeira etapa na realização de um trabalho científico. A pergunta deve ser bem definida, específica, clara, explícita e operacional, uma vez que uma pergunta muito ampla dificulta o cálculo da amostra, delineamento do estudo e a escolha das variáveis de desfecho. Trata-se do problema do estudo que será investigado na pesquisa, podendo ser colocado na forma interrogativa.

O desenvolvimento de uma pergunta de pesquisa é um processo criativo, exige pensamento crítico do pesquisador. Os pesquisadores normalmente começam por meio de um interesse em determinado assunto que, posteriormente, evolui para uma pergunta específica, podendo ser então pesquisada.

A pergunta de pesquisa muitas vezes tem origem na própria prática clínica do profissional. Um determinado procedimento até então por ele realizado empiricamente e com resultados clínicos aparentemente positivos pode ser alvo de uma investigação científica. A leitura de artigos científicos também pode ser fonte geradora de novas perguntas, uma vez que um trabalho científico elaborado e conduzido de forma adequada responde às questões levantadas, mas também desperta novas dúvidas. Outra forma comum geradora de questões de pesquisa é a conversa com outros profissionais, docentes e pesquisadores.

Uma boa pergunta de pesquisa deve ser inovadora, sobre um tema ainda não contemplado pela literatura atual, aprofundando um assunto pouco explorado ou dando enfoque diferente a um problema já estudado. Uma vez elaborada a pergunta, deve-se realizar uma exaustiva revisão da literatura e, após esse processo, muitas vezes haverá a necessidade de se reformular ou realizar ajustes à pergunta de pesquisa inicialmente elaborada.

17.3 CÁLCULO AMOSTRAL

Baseado nas recomendações das diretrizes *Consolidated Standards of Reporting Trials* (CONSORT), um dos elementos mais importantes em um ensaio controlado aleatorizado é a descrição do cálculo amostral. Somente uma amostra de tamanho adequado pode propiciar a obtenção de resultados significantes e um consequente direcionamento da prática clínica. Assim, é importante que os autores de ensaios controlados aleatorizados realizem o cálculo amostral, baseados na população-alvo do estudo e nos desfechos *a priori*, para garantir um nível de significância e poder estatístico adequado aos resultados. Também é importante ressaltar que estudos com uma amostra maior do que o necessário também falham do ponto de vista ético por exporem, sem necessidade, pacientes a um tratamento cujo efeito é desconhecido ou não bem conhecido.

O cálculo amostral de tamanho adequado tem grande impacto sobre os resultados de um ensaio controlado aleatorizado. Por exemplo, se um ensaio controlado aleatorizado apresentar resultados negativos e tiver um tamanho amostral adequado para obter uma diferença clinicamente relevante, entende-se que esses resultados são importantes e podem mudar a prática clínica. Por outro lado, se um ensaio controlado aleatorizado apresentar resultados negativos sem um poder estatístico adequado, esse efeito normalmente é considerado sem importância clínica.

Uma revisão sistemática que avaliou como os autores de ensaios controlados aleatorizados descrevem o cálculo amostral, observou que houve um aumento na descrição do cálculo amostral nos últimos anos (de 1998 em relação a 2008), mas que os parâmetros adotados para esse cálculo ainda não são bem descritos. Esses parâmetros incluem a definição de um ou mais desfechos primários, a diferença esperada entre os grupos de intervenção, o nível de significância e o poder estatístico e a estimativa do tamanho do efeito.

Um dos maiores desafios para o cálculo do tamanho de uma amostra é a falta de dados ou estudos publicados sobre a condição específica a ser avaliada no ensaio controlado aleatorizado. Uma alternativa seria a realização de uma análise sensitiva para testar o tamanho da amostra ou de um estudo piloto.

17.4 ERROS TIPO I E TIPO II

Neste item, é importante imaginarmos as hipóteses de um ensaio controlado aleatorizado. Vamos pensar em um estudo cujo objetivo é avaliar a efetividade de uma técnica nova de exercícios comparada ao tratamento convencional de pacientes com dor lombar. São necessárias duas hipóteses: a hipótese nula, em que não há diferença entre os dois tratamentos, e a hipótese alternativa, em que há diferença entre os dois tratamentos. Normalmente a hipótese nula é a esperada, até que se demonstre o contrário. Uma amostra de pacientes com dor lombar é aleatorizada em dois grupos de intervenção: grupo tratado com a técnica nova de exercícios e grupo submetido ao tratamento convencional. Ao final do estudo, os resultados demonstram que há diferença entre as duas formas de intervenção, sendo a técnica nova de exercícios mais eficiente, o que nos faz rejeitar a hipótese nula.

Dois tipos de erros são possíveis quando hipóteses são testadas. O erro tipo 1, ou alfa, ocorre quando a hipótese nula é rejeitada mas deveria ter sido aceita. Esse erro é similar aos resultados falso-positivos em um teste clínico. O erro tipo 2, ou beta, é quando a hipótese nula não é rejeitada mas deveria ter sido, o que é similar aos resultados falso-negativos de um teste clínico. De forma ideal, um ensaio controlado aleatorizado deve ser desenhado com uma alta probabilidade de rejeitar a hipótese nula, caso ela seja mesmo falsa e uma pequena probabilidade de rejeitá-la, caso ela seja verdadeira. Assim, as probabilidades alfa e beta devem ser estabelecidas antes que a coleta de dados do ensaio controlado aleatorizado seja iniciada.

Normalmente é estabelecido um valor de alfa menor que 0,05. Quando é obtido um valor inferior a 0,05, pode-se rejeitar a hipótese nula com uma pequena probabilidade de erro. Por exemplo, se na análise dos resultados do estudo descrito anteriormente for obtido um valor p = 0,04, na comparação entre os grupos a favor da técnica nova de exercícios, a hipótese nula é rejeitada com uma probabilidade de erro tipo 1 menor que 5%. O valor de beta normalmente estabelecido é 0,2, ou seja, 80% de poder estatístico. Sem um cálculo adequado do tamanho da amostra, não é possível estabelecer as probabilidades de alfa e beta. Assim, em um estudo com amostra pequena, existe a possibilidade de superestimar a diferença entre os grupos; já em uma amostra grande demais, pode-se detectar uma diferença pequena. Assim, em um ensaio controlado, é importante um cálculo amostral adequado, com poder estatístico que permita encontrar a diferença minimamente importante.

Mesmo que um ensaio controlado aleatorizado seja planejado ou executado com os métodos mais adequados, se o cálculo amostral não for adequado, os resultados não podem ser considerados significantes. Isso é considerado um erro tipo II, em que não é possível rejeitar a hipótese nula mesmo quando ela deve ser rejeitada. Assim, os resultados de um tratamento que pode ser efetivo não são considerados por uma razão errada.

17.5 INTENÇÃO DE TRATAMENTO

O princípio da intenção de tratamento consiste em analisar os dados obtidos no ensaio clínico respeitando-se o grupo no qual o paciente foi originalmente alocado, independentemente do que tenha ocorrido no desenrolar do estudo. Essa estratégia preserva o benefício da aleatorização, permitindo a distribuição equilibrada de fatores prognósticos nos grupos comparados e, consequentemente, o efeito observado será realmente devido ao tratamento designado. Se, por exemplo, em um estudo com a utilização de medicamentos, os pacientes que não estiverem respondendo bem ao tratamento, ou ainda os que estiverem apresentando reações adversas relevantes, interromperem a administração, eles não deverão ser excluídos da análise. Os dados desses pacientes deverão ser analisados como se eles tivessem realizado o tratamento inicialmente proposto ao grupo em que haviam sido alocados pelo processo de aleatorização. Se os pacientes tivessem seus dados excluídos da análise, isso a comprometeria, uma vez que aqueles não aderentes seriam eliminados, deixando no grupo tratado somente aqueles com melhor prognóstico ou os melhores respondedores ao tratamento empregado. O contrário também é verdadeiro, uma vez que é possível que os pacientes que melhoraram com o tratamento, pararam de participar do estudo, fazendo com que continuem apenas os indivíduos com pior prognóstico ou com menor resposta àquela determinada intervenção terapêutica.

Outro aspecto importante na análise por intenção de tratamento é que esse princípio considera a não aderência e os possíveis desvios de orientação dada pelos clínicos, o que a torna mais adequada para ensaios clínicos pragmáticos de efetividade. Muitos tipos de desvios de protocolo ocorrem não só nos ensaios clínicos, mas geralmente também na prática clínica de rotina, e devem ser incluídos na avaliação dos possíveis benefícios do tratamento proposto.

17.6 RECRUTAMENTO

O recrutamento dos participantes de um ensaio controlado aleatorizado é realizado a partir da presença da condição clínica de interesse. Essa condição clínica é avaliada por meio de critérios de elegibilidade ou de exames diagnósticos. Os participantes de um ensaio controlado aleatorizado podem ser recrutados diretamente de hospitais, consultórios ou até da comunidade. Deve-se considerar que estudos que recrutam pacientes à procura de atendimento podem apresentar resultados mais representativos da população-alvo do que estudos que recrutam pacientes da comunidade. Em alguns tipos de intervenção, principalmente quando não é possível cegar os pacientes, como em procedimentos cirúrgicos ou exercícios físicos, o recrutamento de participantes é mais difícil, pois envolve ansiedade, apreensão e expectativas em relação aos desfechos clínicos da intervenção oferecida.

O viés de seleção envolvido com o recrutamento está relacionado às diferenças sistemáticas entre os grupos de comparação em relação ao prognóstico ou à resposta ao tratamento. Para evitar a ocorrência do viés de seleção, é importante realizar a aleatorização dos pacientes nos grupos de intervenção com métodos adequados, por exemplo gerar sequência aleatória em computador e ocultar a alocação. Também é importante considerar que pacientes que aceitam participar deste tipo de estudo podem ser diferentes daqueles que recebem tratamento rotineiramente em clínicas ou hospitais. Dessa forma, é interessante realizar uma análise comparativa entre as características clínicas de pacientes que aceitam ou não participar de estudos clínicos e, caso sejam observadas diferenças entre eles, considerá-las na análise dos dados.

17.7 ALEATORIZAÇÃO

A aleatorização é um dos pilares fundamentais de um ensaio controlado aleatorizado, essencial para a sua validade interna. É definida como a distribuição dos participantes de um ensaio controlado aleatorizado ao acaso nos grupos de tratamento. O pesquisador responsável pela aleatorização não deve estar envolvido com a coleta de dados, seja na avaliação ou na intervenção.

Uma aleatorização adequada previne viés de alocação, favorece a obtenção de grupos comparáveis em relação ao prognóstico e garante a realização de uma análise estatística válida. O viés de alocação ocorre quando o processo de aleatorização é previsível, como na alocação alternada de pacientes, em que o primeiro paciente vai para um grupo de tratamento e o segundo para o outro grupo, e assim sucessivamente.

Existem vários tipos de aleatorização. O processo de lançamento de moeda ao ar é considerado uma aleatorização simples. Outros processos comuns e bastante aceitos pela literatura especializada são a geração de números aleatórios em programas computacionais, aleatorização em blocos e aleatorização estratificada por fatores de risco ou prognóstico. A forma mais clássica de proteger a aleatorização é por meio de envelopes opacos e selados, organizados de forma sequencial. Os envelopes opacos não devem permitir a visualização externa do documento com o grupo de tratamento inserido dentro do envelope e o selamento deve ser realizado de forma que só possa ser aberto quando rasgado. Sugere-se também que uma auditoria periódica do processo de aleatorização seja realizada por um pesquisador independente para garantir a transparência da condução do estudo.

17.8 CEGAMENTO

O cegamento, ou mascaramento, é uma ferramenta metodológica importante para minimizar os vieses em um ensaio clínico. O estudo cego, unicego ou simples cego é aquele em que apenas a equipe de investigação sabe qual foi o tipo de tratamento instituído em cada paciente, ou a que grupo cada paciente pertence; os pacientes não sabem. Geralmente, esta modalidade é aplicada em especialidades da área da saúde, nas quais, tecnicamente, não é possível o investigador não saber o que está fazendo, como estudos relativos a tratamentos por intervenções cirúrgicas, radioterapia e exercícios. Mesmo nesses casos, procura-se randomizar os indivíduos pertencentes a cada grupo. No estudo duplo-cego, o paciente e o terapeuta são cegos ao tipo de tratamento executado. Triplo-cego é o estudo em que além da equipe de investigação e dos pacientes, o profissional que faz as análises dos dados também não sabe a qual grupo os dados pertencem. Alguns autores descrevem, ainda, o tipo de estudo quádruplo-cego, no qual além da equipe de investigação, dos pacientes e do pesquisador responsável pela análise dos dados, o investigador que está escrevendo a discussão sobre os resultados, inicialmente de forma genérica quanto à identidade dos grupos, também não sabe qual é cada um dos grupos. Somente depois de escrito o artigo, as identidades dos grupos serão reveladas e o artigo será editado para sua versão final. No entanto, esses termos podem gerar confusão no que diz respeito a quem foi cegado. Assim, tem-se sugerido que seja relatada de maneira descritiva quem foi cegado no estudo.

17.8.1 CEGAMENTO DO PACIENTE

Conhecer o tratamento pode afetar a colaboração e evolução do paciente, já que eles tendem a subestimar os efeitos benéficos de um "velho" tratamento. Por outro lado, raramente os pacientes relatarão efeitos colaterais se souberem que estão tomando placebo. Conforme descrito anteriormente, o cegamento a alguns tratamentos, como aplicação de calor, frio, acupuntura, terapias manuais, exercícios e cirurgias, continua sendo um desafio.

17.8.2 CEGAMENTO DO TERAPEUTA

O terapeuta geralmente tem a tendência de superestimar os efeitos de um novo tratamento ou de algum tratamento que ele acredita ser eficaz. Assim, ele pode, mesmo que inconscientemente, afetar o modo de cuidar e lidar com o paciente. No caso de uma comparação entre dois procedimentos cirúrgicos, é impossível cegar o cirurgião, havendo o risco de viés, pois se ele acreditar mais em uma das técnicas pode realizá-la com mais esmero. Já quando o estudo envolve a utilização de alguns agentes eletrofísicos, como o ultrassom terapêutico, é possível utilizar dois equipamentos, sendo que um deles terá seu circuito interno modificado e não emitirá a energia ultrassônica. Dessa forma, seria possível cegar o terapeuta, já que não é possível saber qual estará ativo durante a aplicação. Outros recursos que realizam a emissão de luz ou promovem alterações na pele ou sensação do paciente são difíceis de aplicar mantendo-se o terapeuta cego.

17.8.3 CEGAMENTO DO AVALIADOR

O cegamento do avaliador é importante para se evitar viés de aferição ou mensuração. Intervenções que promovem hiperemia, alterações de temperatura na pele, ou deixam cicatrizes podem dificultar o cegamento do avaliador. Contudo, quando possível, deve-se manter essas regiões cobertas durante a avaliação dos desfechos na tentativa de deixar o avaliador cego. Já o cegamento do pesquisador responsável pela análise dos dados é o mais simples de ser realizado, enviando-se ao pesquisador a planilha de dados com os grupos de estudo codificados.

17.9 ADERÊNCIA

A aderência dos pacientes a um protocolo de intervenção é um dos pontos mais difíceis de serem controlados diretamente por pesquisadores. Todo ensaio controlado aleatorizado é desenhado para que os pacientes incluídos tenham seus desfechos clínicos avaliados em todos os pontos de avaliação (linha de base, imediatamente após o tratamento e em seguimentos ao longo do tempo, se for o caso) e para que atendam a todas as sessões de tratamento oferecidas, sejam cirúrgicas ou de reabilitação.

Normalmente, duas razões estão relacionadas à falta de aderência de um paciente ao tratamento oferecido. A primeira é quando os sintomas do paciente melhoram de forma significativa logo no início do tratamento, de forma que, na ausência de complicações, a finalização do protocolo de intervenção e os seguimentos ficam mais difíceis de serem mantidos ao longo do tempo. Assim, o paciente realiza algumas sessões de tratamento e o abandona quando os sintomas melhoram. Nesse caso, na ausência dos sintomas, o próprio paciente julga desnecessário sair de casa e ir até o local de atendimento. Essa mesma atitude também pode ser observada em pacientes que fazem tratamento convencional em clínicas de reabilitação; normalmente, na ausência de sintomas e retorno à função prévia, o terapeuta dá alta ao seu paciente para evitar deslocamentos e gastos desnecessários. Em outras palavras, essa perda de aderência seria até esperada, e deve ser encarada de forma pragmática em ensaios controlados aleatorizados, da mesma maneira como acontece em ambientes clínicos e ambulatoriais.

A segunda razão de falta de aderência é quando os sintomas do paciente pioram ou quando o paciente fica insatisfeito em relação ao grupo de tratamento para o qual foi aleatorizado. Nesse último caso, é comum a recusa do paciente em participar de avaliações, já que o tratamento oferecido não atendeu às suas expectativas. Uma das formas de contornar a perda de aderência de um paciente ao tratamento oferecido em ensaios controlados aleatorizados é promover o reembolso financeiro em relação aos custos gerados pelo deslocamento até o local de atendimento. Em estudos financiados por agências de fomento, esse reembolso deve ser previsto na solicitação inicial do financiamento.

17.10 QUALIDADE METODOLÓGICA

Todo ensaio controlado aleatorizado deve ser desenhado *a priori* para atingir a máxima qualidade metodológica. Existem várias ferramentas que norteiam os pesquisadores em relação à avaliação da qualidade metodológica de ensaios controlados aleatorizados. As duas principais nesse sentido são a escala de qualidade PEDro (*Physiotherapy Evidence Database*) e a avaliação do risco de viés da Cochrane. Ambas podem ser facilmente encontradas na internet.[1] O ideal é que os pesquisadores usem essas ferramentas no momento da idealização e do desenho do estudo.

Vale lembrar que alguns ensaios controlados aleatorizados são originalmente desenhados de forma a não atender uma recomendação ou mais dessas ferramentas por conta da própria característica do estudo. Por exemplo, em estudos em que o componente principal da intervenção é o exercício ou o uso de calor ou frio, é impossível cegar os pacientes e os terapeutas. Essa consideração é importante, pois muitas vezes esse fator (o não cegamento de pacientes e terapeutas) é visto por pesquisadores menos experientes na condução desse tipo de estudo como uma limitação dos estudos, quando na verdade é uma limitação da técnica escolhida para intervenção. Mesmo assim, esses estudos devem ser considerados de alta qualidade metodológica se todos os outros critérios sugeridos, como cegamento do avaliador, aleatorização, alocação secreta, similaridade dos grupos na linha de base etc., foram obedecidos.

Os ensaios controlados aleatorizados de alta qualidade metodológica são os estudos que trazem o maior nível de evidência sobre a efetividade de técnicas de tratamento, e os seus resultados devem ser os mais considerados para indicar ou mudar a prática clínica.

17.11 REGISTRO

O registro do protocolo dos ensaios clínicos em bases de dados públicas deve ser realizado por questões éticas, científicas, sanitárias e econômicas. Ele garante que a população em geral terá conhecimento dos estudos já realizados ou em andamento sobre determinado tema. Assim, médicos e pacientes poderão ter acesso à informação sobre ensaios clínicos que estejam recrutando pacientes, dando a oportunidade para que possíveis interessados se candidatem a participar. Além disso, trata-se

---

[1] Conferir lista de *sites* ao final do capítulo.

de um compromisso ético com os voluntários que participaram do ensaio e que esperam contribuir para o avanço do conhecimento científico, já que nem todos os ensaios clínicos são publicados após a sua conclusão. O acesso livre ao registro deles proporciona aos editores de revistas científicas e pesquisadores o conhecimento sobre ensaios já realizados ou em andamento, evitando-se os riscos e gastos desnecessários referentes à exposição dos voluntários a intervenções já investigadas, evitando a duplicação de estudos, favorecendo a cooperação entre diferentes grupos de pesquisa e o avanço do conhecimento. Além disso, assegura a transparência sobre a condução e divulgação dos dados obtidos, garantindo que os dados de todos os desfechos inicialmente propostos no protocolo sejam apresentados ao término da pesquisa.

A política de registro dos ensaios clínicos recebeu em setembro de 2004 o apoio do *International Committee of Medical Journal Editors* (ICMJE), que anunciou por meio de um editorial que os periódicos afiliados passariam a aceitar para publicação apenas ensaios registrados em bases que tivessem acesso público sem ônus, gerenciados por organizações sem fins lucrativos, dispondo de mecanismos de validação dos dados registrados e que permitissem buscas eletrônicas. Esse comitê ainda reforçou a importância de o ensaio ser registrado antes ou no início do recrutamento do primeiro paciente.

Existem diversas bases para registro dos ensaios clínicos. Embora não seja obrigatório, muitos pesquisadores optam por realizar o registro em bases localizadas em seu país de origem. No Brasil, existe uma plataforma virtual para acesso livre e registro de estudos realizados em seres humanos denominada Registro Brasileiro de Ensaios Clínicos (ReBEC). Nos Estados Unidos, o *National Institute of Health* (NIH) disponibiliza a plataforma ClinicalTrials.gov para registro e consulta dos ensaios clínicos. Em 2005, a Organização Mundial da Saúde (OMS) lançou a Plataforma Internacional de Registro de Ensaios Clínicos (*International Clinical Trials Registry Platform* – ICTRP), que visa a integração das bases de registros de ensaios clínicos, sendo possível realizar a busca simultânea de ensaios registrados em diversas bases.

17.12 CONSORT

O *Consolidated Standards of Reporting Trials* (CONSORT) é um conjunto mínimo de recomendações baseado em evidências para reportar ensaios clínicos controlados. Essas recomendações têm como finalidade melhorar a qualidade e a transparência dos ensaios clínicos aleatorizados. O CONSORT é composto por uma lista de checagem de 25 itens e um fluxograma. Os itens de checagem compreendem aspectos que devem constar em cada um dos elementos de divulgação do ensaio, como: título e resumo, introdução, métodos, resultados, discussão e outras informações. Já o fluxograma compreende as quatro fases de um ensaio clínico: recrutamento, alocação, seguimento e análise.

As recomendações do CONSORT estão em constante atualização e disponíveis em seu site. Atualmente, contam com o apoio crescente de importantes revistas científicas em todo o mundo e grupos editoriais da área da saúde, como o ICMJE, entre outros.

REFERÊNCIAS BIBLIOGRÁFICAS

Amatuzzi ML, Barreto MC, Litvoc J, Leme LE. Linguagem metodológica: parte 2. Acta Ortop Bras. 2006;14:108-12.

Berwanger O, Guimarães HP, Avezum A, Piegas LS. Os dez mandamentos do ensaio clínico randomizado: princípios para avaliação crítica da literatura médica. Rev Bras Hipertens. 2006;13:65-70.

Capurro N D, Gabrielli N L, Letelier S L. Importancia de la intención de tratar y el seguimiento en la validez interna de un estudio clínico randomizado. Rev Méd Chile. 2004;132:1557-60.

Carvalheiro JR, Quental C. Registro de ensaios clínicos: a discussão internacional e os posicionamentos possíveis para o Brasil. RECIIS. 2007;1:63-9.

Carvalho AP, Silva V, Grande AJ. Avaliação do risco de viés de ensaios clínicos randomizados pela ferramenta da colaboração Cochrane. Diagn Tratamento. 2013;18(1):38-44.

Costa LO et al. International Society of Physiotherapy Journal Editors. Phys Ther. 2013;93:6-10.

Dainesi SM, Aligieri P. Como as recomendações "CONSORT" podem assegurar a qualidade dos relatos de estudos clínicos? Rev Assoc Med Bras 2005;51:66-76.

De Angelis C et al. International Committee of Medical Journal Editors. Clinical trial registration: a statement from the International Committee of Medical Journal Editors. Lancet. 2004;364(9438):911-2.

Hayden JA, Van Tulder MW, Malmivaara AV, Koes BW. Meta-analysis: exercise therapy for nonspecific low back pain. Ann Intern Med. 2005;142:765-75.

Hochman B, Nahas FX, Oliveira Filho RS, Ferreira LM. Desenhos de pesquisa. Acta Cir Bras. 2005;20(Suppl 2):2-9.

Farrokhyar F, Reddy D, Poolman RW, Bhandari M. Why perform a priori sample size calculation? Can J Surg. 2013;56(3):207-31.

Kerkoski E, Silva RM. Os grupos STARD e CONSORT na pesquisa de testes diagnósticos e ensaios clínicos. Arq Catarin Med. 2004;33:42-3.

Latif LA, Amadera JE, Pimentel D, Pimentel T. Sample size calculation in Physical Medicine and Rehabilitation: a systematic review of reporting, characteristics, and results in randomized controlled trials. Arch Phys Med Rehabil. 2011;92:306-15.

Malavolta EA, Demange MK, Gobbi RG, Imamura M, Fregni F. Ensaios clínicos controlados e randomizados na ortopedia: dificuldades e limitações. Rev Bras Ortop. 2011;46:452-9.

Moher D et al. Consolidated Standards of Reporting Trials Group. CONSORT 2010 Explanation and Elaboration: Updated guidelines for reporting parallel group randomised trials. J Clin Epidemiol. 2010;63:e1-37.

Peccin MS. Registro de ensaios clínicos. Quando e por que fazer? Rev Bras Fisioter. 2007;11:419-507.

Soares I, Carneiro AV. A análise de intenção-de-tratar em ensaios clínicos: princípios e importância prática. Rev Port Cardiol. 2002;21:1191-8.

Vaz D, Santos L, Machado M, Carneiro AV. Métodos de aleatorização em ensaios clínicos. Rev Port Cardiol. 2004;23(5):741-55.

LISTA DE SITES

PEDro (Physiotherapy Evidence Database): http://www.pedro.org.au/portuguese/

Cochrane – Biblioteca Virtual em Saúde: http://cochrane.bireme.br/portal/php/index.php

Registro Brasileiro de Ensaios Clínicos (ReBEC): http://www.ensaiosclinicos.gov.br/

National Institute of Health (NIH): http://www.nih.gov/

ClinicalTrials.gov: https://clinicaltrials.gov/

International Clinical Trials Registry Platform (ICTRP): http://www.who.int/ictrp/en/

Consolidated Standards of Reporting Trials (CONSORT): http://www.consort-statement.org/

Capítulo 18
Estudos experimentais em animais

Érika Costa de Alvarenga
Leandro Heleno Guimarães Lacerda
Cláudio Antônio da Silva Júnior

O termo "animais de laboratório" refere-se aos animais criados e produzidos sob condições ideais, além de serem mantidos em um ambiente controlado, com conhecimento e acompanhamento microbiológico e genético seguros, obtidos por monitoração regular; ao passo que animais obtidos na natureza não satisfazem as condições de experimentação biológica, pois não são submetidos a nenhum tipo de controle.

O desenvolvimento da pesquisa com animais de laboratório tem se multiplicado em todo o mundo, além de serem usados em anatomia, fisiologia, imunologia e virologia, entre outras áreas da saúde. Tal utilização permitiu um avanço considerável no desenvolvimento da ciência e tecnologia.

Neste capítulo abordaremos algumas das diversas maneiras de realizar experimentos e acondicionar os animais de laboratório, bem como os aspectos éticos do uso dos animais para experimentação biológica e fins didáticos.

18.1 TIPOS DE EXPERIMENTOS COM ANIMAIS
18.1.1 BOAS PRÁTICAS EM PESQUISA ANIMAL

Ao se planejar qualquer tipo de intervenção prática com animais de laboratório, seja ela com fins didáticos ou científicos, deve-se ter bem claro os seus objetivos e razões do experimento que será realizado. A pesquisa científica contribui com uma enorme parcela para o bem-estar da sociedade e do ser humano, como, por exemplo, ao registrar o conhecimento do funcionamento biológico do organismo. Porém, os conhecimentos obtidos nem sempre podem ser compreendidos somente pela simples observação, por isso a importância da experimentação científica com animais é absolutamente necessária, a fim de se expandir tal conhecimento.

Assim como em qualquer tipo de estudo, a pesquisa experimental com animais objetiva descrever fenômenos ou comparar o comportamento de variáveis em uma determinada amostra representativa de uma população. Para tal realização, os resultados obtidos fazem inferência à população-alvo estudada, uma vez que na comunidade científica o cálculo amostral acaba se tornando alvo de dúvida sobre qual o tamanho necessário para se obter resultados confiáveis.

Existem técnicas para calcular o tamanho amostral (bioestatística), além de ser importante termos sempre em mente que os estudos experimentais realizados com animais normalmente apresentam *validade externa* (capacidade de extrapolação dos resultados) limitada, pois se aplica somente à população estudada. Entretanto, nos experimentos realizados com modelo animal, a variabilidade é muito pequena e geralmente um tamanho amostral (n) de, por exemplo, 8 a 10 animais por grupo costuma ser bastante satisfatório, além das questões éticas que preconizam utilizar o menor número possível de animais para os experimentos. O cálculo exato para sabermos o tamanho (n) amostral antes da execução do experimento é incerto. O ideal é que, à medida que os dados forem coletados de sua amostra, o experimentador analise imediatamente sua distribuição e suas características para identificar a real necessidade de utilizar mais animais e a repetição do experimento. Nesse sentido, a determinação (n) amostral é um processo dinâmico, podendo mudar na medida em que os dados vão sendo colhidos e analisados. Com isso, após colher os dados de uma amostra (n) de oito a dez animais por grupo, sugere-se realizar o cálculo da média e do desvio padrão. Se os resultados obtidos sugerirem uma distribuição em que a maioria dos dados se concentre próximo da média e a variação dos dados em relação à média não for muito grande, é possível que sua amostra apresente uma distribuição paramétrica, o que representa bem a população estudada. Entretanto, se os dados não apresentarem distribuição paramétrica, o valor (n) pode ser aumentado, e existem testes estatísticos que podem ser utilizados em seu estudo.

Nem sempre os valores (n) devem ser altos, pois não é o tamanho da amostra que garante bons resultados, e sim a sua qualidade e confiabilidade. Amostras excessivamente grandes, por outro lado, podem trazer viés estatístico, pois quanto maior o (n) amostral, maior a probabilidade de encontrarmos uma diferença estatisticamente significativa. Assim, sugere-se que o experimentador busque informações contidas e publicadas a fim de se espelhar em um (n) modelo inicial, além de prezar pela qualidade amostral e não pelo tamanho dela.

A possibilidade de conhecimento que a pesquisa experimental em animais gera faz com que o experimentador considere padrões diferentes na aplicabilidade dos resultados obtidos em animais em relação aos humanos, pois não existe uma condição única de resultados obtidos, levando o experimentador a estar atento a três critérios aplicados em qualquer proposta científica: 1) geração de conhecimento; 2) exequibilidade; 3) relevância. Os animais de laboratório devem ser vistos como um reagente biológico, por isso o seu acondicionamento, tratamento, água, ração, temperatura, umidade e ciclo circadiano devem ser monitorados e respeitados, fazendo com que a reprodutibilidade e a coesão sejam bem aceitas, o que levará a uma menor interferência nos resultados. A manutenção de condições ambientais estáveis é um parâmetro a ser bem observado e levado em consideração pelo pesquisador (Souza et al., 2008; Mourão Júnior, 2009).

Neste capítulo vamos atentar apenas aos protocolos com experimentação em camundongos e ratos.

18.1.1.1 Espaço destinado aos animais

Gaiolas

O local onde os animais são alocados ou submetidos à experimentação científica é denominado biotério de experimentação animal. As gaiolas têm o objetivo de fornecer aos pesquisadores as condições técnicas e de infraestrutura necessárias para a realização de experimentos nas áreas de ciências em geral. O espaço destinado aos animais em experimentação deve respeitar o tipo de espécie de animal, procedimento, padrões vitais a serem avaliados e o tempo de acomodação para cada tipo de protocolo. As gaiolas utilizadas com maior frequência em experimentação animal possuem dimensões padronizadas, podendo ser pequenas, aquelas geralmente utilizadas para camundongos, e médias e grandes para acomodação de ratos e cobaias. O conselho nacional de controle em experimentação animal (CONCEA) recomenda uma quantidade máxima para alocação dos animais, definida por questões éticas e humanitárias. As gaiolas podem ser retangulares ou quadradas e possuem dimensões definidas como mostra a Tabela 18.1. Podem ainda ser providas de filtros, com a finalidade de proteger os animais de possíveis infecções, especificamente quando eles são imunodeficientes ou imunossuprimidos, além de também proteger o experimentador de possível infecção caso o animal seja alvo de agente altamente infeccioso[3].

Tabela 18.1 Número de animais por caixa de acordo com a espécie. Adaptado de: Comissão de Ética no Uso de Animais (CEUA/FCF/USP)

Espécie animal	Tamanho da gaiola (comprimento×largura×altura)	Quantidade máxima de lotação
Camundongos	30×20×13	5
Ratos/jovem	49×34×16	5
Ratos/adulto	49×34×16	4

Gaiolas metabólicas

As gaiolas metabólicas são instrumentos de investigação para pesquisas em Biologia e Farmacologia, uma vez que possuem bastante eficácia em experimentos onde são monitorados os parâmetros: urina, fezes, ingestão de água e ração, além de poderem controlar o ganho ou perda de peso dos animais. Por ser um equipamento individual, as gaiolas metabólicas possibilitam que os animais tenham acesso controlado ao volume de água durante um período de 24 horas; a quantidades de alimento consumido durante um período de 12 horas em gramas; determinar o peso do animal ao final do procedimento se houver ganho ou perda de massa corpórea; volume de diurese de 24 horas em mL; coleta de amostra de urina em 24 horas para dosagem de glicose urinária para testes de glicosúria ou cetonúria e de sangue para procedimentos laboratoriais.[4] É comum em estudos de certas doenças avaliar as alterações clínicas e laboratoriais, como em animais induzidos a diabetes *mellitus* e os parâmetros como peso, ingestão hídrica e alimentar, diurese e glicosúria.[4]

18.1.1.2 *Principais vias de administração de fármacos*

Todos os tipos de animais de laboratório devem ser acondicionados de maneira correta antes de se proceder com a administração de qualquer fármaco. O animal acondicionado corretamente apresenta-se calmo e menos estressado, fator importante e que pode influenciar os resultados obtidos. A administração de injeções, por exemplo, deve ser feita com bastante atenção para que não promova risco ao experimentador e à sua equipe, devendo-se imobilizar o animal com segurança e cuidado para evitar seu sofrimento. Muitas técnicas de ambientação devem ser efetuadas antes de se proceder com o experimento, para que o animal se adapte à manipulação e ao experimentador.

Via oral – gavagem

Uma das administrações mais utilizadas em pesquisa com animais é o uso da gavagem, que consiste na aplicação do fármaco via uma agulha de haste flexível com a ponta arredondada, que possibilita o acesso direto à cavidade oral ou aparelho digestório do animal via tubo esofágico ou estomacal. A agulha de gavagem deve ser introduzida na boca do animal devagar e com bastante sutilidade, e introduzida lentamente até o estômago do animal. O experimentador deve ficar atento e ter cautela para que a agulha não entre na traqueia do animal. O volume máximo em mililitros a ser injetado depende da espécie e do peso. Existem dois tipos de gavagem: 1) para ratos, na qual a agulha de gavagem possui 8 cm de comprimento; e 2) para camundongos, onde a agulha mede 4 cm. O volume máximo de gavagem para roedores é de 1 mL para cada 100 g de peso corporal, e se for administrado em solução aquosa, esse volume passa a ser 2 mL para cada 100 g de peso corporal.

Subcutânea (SC)

Consiste em uma injeção sob a pele do animal. Levanta-se a pele com os dedos e a agulha é introduzida o mais próximo da superfície da pele. Deve-se formar um calombo subcutâneo após a administração do fármaco. Normalmente, utiliza-se agulha hipodérmica 26G × 1/2" com calibre de 0,45 × 13 mm para ratos e 30G × 1/2" com calibre de 0,30 × 13 mm para camundongos, ou mais fina, dependendo do peso e do tamanho do animal. Durante a aplicação, deve-se ter cuidado para que a agulha não transpasse a pele do animal, ou seja, que esteja apenas na derme; após tais cuidados, a introdução do fármaco deve ser feita de maneira lenta e gradativa. Nessa técnica a contenção do animal deve ser extremamente eficaz, para evitar estresse e acidentes perfurocortantes, por isso, para iniciantes, é recomendável o auxílio de mais de um experimentador no momento da aplicação. As áreas de aplicação podem ser dorso, laterais do pescoço, ombros e flancos das costas, a serem definidas de acordo com o tipo de experimentação, de fármaco e de referência, uma vez que a absorção é semelhante em todas.

Intramuscular (IM)

Essa via consiste na aplicação da injeção na musculatura esquelética do animal. Utiliza-se agulha de diâmetro similar à subcutânea 26G × 1/2", com calibre de 0,45 × 13 mm para ratos e 30G × 1/2" com calibre de 0,30 × 13 mm para camundongos, ou mais fina se necessário, dependendo do tamanho e peso do animal. O volume máximo de aplicação é 0,5 mL por sítio em ratos e hamsters, e 0,3 mL em camundongos. O experimentador deve ficar atento para não atingir nenhuma estrutura, como ossos, nervos e vasos sanguíneos, por isso deve introduzir aproximadamente 5 mm de profundidade no tecido, além de ter cautela ao retirar o êmbolo da seringa. As áreas de aplicação geralmente são nos membros inferiores, por terem maior quantidade de tecido muscular. As substâncias injetadas podem ser em suspensão aquosa ou oleosa, dependendo do tipo de fármaco, do tipo de experimentação e de acordo com a referência a ser seguida. A contenção do animal nessa técnica deve ser feita de maneira similar à subcutânea, evitando assim estresse ao animal e acidentes com perfuro cortante ao experimentador e sua equipe, e, se necessário, recomenda-se duas ou mais pessoas para o auxílio na contenção do animal, principalmente para os iniciantes.

Endovenosa (EV)

Essa administração possibilita a liberação do fármaco diretamente na corrente sanguínea, por meio dos vasos superficiais do animal. A veia caudal é a via mais utilizada para a administração de fármaco, portanto recomenda-se, antes de efetuar a técnica, que o experimentador aqueça a cauda do animal contido em suas mãos com uma lâmpada, para que possa dilatar a veia, tornando mais fácil o seu acesso. Pode-se utilizar também água quente com temperaturas entre 40 e 50°C. O experimentador deve ter habilidade e prática para não lesar a veia e o procedimento não ser invalidado, além de ficar atento para alguns procedimentos importantes: 1) as soluções devem ser diluídas em água e não em veículos irritantes; 2) nunca diluir o fármaco em solução oleosa, visto que tal veículo pode causar êmbolo e obstrução dos vasos com consequente morte do animal; e 3) verificar o melhor acesso para o tipo de experimento e o melhor animal, uma vez que no mercado existem diversos dispositivos, como agulhas e cânulas, que facilitam o acesso à veia caudal, tornando a experimentação mais confiável e menos invasiva aos animais. Já foi demonstrado que a via EV de administração direta de fármaco pela corrente sanguínea promove ação mais rápida em comparação com as demais vias de acesso, como por exemplo a via intraperitoneal (ver adiante) (Christoph et al., 2013). Recomenda-se para aplicação na via EV a agulha 24G×75" de calibre 0,7×19 mm.

Intraperitoneal (IP)

A administração via intraperitoneal é a mais comum utilizada em modelo de estudo com animais, pois essa técnica possibilita que as substâncias sejam absorvidas gradativamente e possuem menores chances de intoxicações. A substância é injetada na cavidade peritoneal do animal, entre os órgãos abdominais, por isso o experimentador deve ter cautela e atenção no momento da aplicação, para não atingir nenhum órgão vital. Recomenda-se que esteja com a agulha em um ângulo de aproximadamente 30º de inclinação, sempre feita de baixo para cima. Outro detalhe importante é que muitos pesquisadores têm a preferência de realizar o acesso pelo lado esquerdo do animal, a fim de se evitar uma possível perfuração do cólon descendente do animal, podendo levar a um quadro sério de sepse generalizada. O local recomendado para aplicação deve ser entre a crista ilíaca e o ílio do fêmur do animal. O experimentador deve apalpar com os dedos a cavidade abdominal do animal e mantê-lo em decúbito dorsal, para os órgãos se prostrarem na parte dorsal e assim diminuir uma possível perfuração. Recomenda-se também que no momento da perfuração o bisel da agulha esteja voltado para cima, facilitando o acesso da solução sobre a cavidade peritoneal. Utiliza-se normalmente agulha de diâmetro similar à aplicação da via subcutânea, sendo agulha 26G × 1/2"com calibre de 0,45 × 13mm para ratos e 30G × 1/2" com calibre 0,30 × 13mm para camundongos.

Intratecal (IT)

A administração de drogas via intratecal é bastante utilizada em experimentação animal, principalmente em protocolos que envolvam tratamento para a dor e combinação de drogas avaliando os possíveis efeitos associativos dessas drogas quando administradas em outras vias, como a intracerebroventricular (ver adiante). O método foi descrito primeiramente por Hylden J. L e Wilcox G. L, em 1980, com o intuito de administrar morfina em ratos em uma via de administração mais rápida para o tratamento da dor. Consiste em injeções diretas intratecal em ratos e camundongos sem a introdução de um cateter espinhal. Sua facilidade de uso em animais acordados produz resultados rápidos e reprodutíveis, sem nenhum sinal de comprometimento motor. Essa técnica implica bastante acurácia e treinamento do experimentador, que deve estar bastante familiarizado com ela. Pode ser feita com ratos pesando preferencialmente entre 100 e 200 g e camundongos com peso preferencialmente entre 18 e 25 g. Utiliza-se microseringa especial Hamilton C.O (Modified Microliter Reno, Nevada, Estados Unidos) e recomenda-se usar agulha de 30 × 13 mm. Os animais devem ser depilados na altura da vértebra lombar à sacral para melhorar a apalpação com os dedos do experimentador. Coloca-se o animal em posição de decúbito ventral e, com a ponta dos dedos, o experimentador deve sentir o espaçamento entre as vértebras L4 e L5, que corresponde aproximadamente à altura da crista ilíaca do animal. Ao sentir o espaço entre as vértebras, a agulha deve ser introduzida cuidadosamente e a qualidade da injeção deve ser observada a partir de um comportamento característico dos animais, que é o *tail-flick* (movimento da cauda) induzido pela injeção. Recomenda-se utilizar agulha de diâmetro 26G × 1/2"com calibre de 0,45 ×13 mm para ratos e camundongos (Mestre et al., 1994; Hylden; Wilcox, 1980).

18.1.1.3 *Tipos de experimentação em animais*

Quando se trata de tipos de experimentação em modelo animal, existe um diversificado leque de protocolos que podem ser utilizados para mensurar e reproduzir condições de estudo de patologias, vias de cascata imunológica, vias farmacológicas, entre outros. Por isso, para cada finalidade proposta pelo experimentador, deve-se ter ciência da padronização do experimento e boas referências para proceder de forma correta no modelo experimental. Com o grande avanço da farmacologia e com as técnicas de biologia molecular e celular, a experimentação em modelo animal na reprodutibilidade de doenças como cânceres, neuropatias, isquemias, doenças degenerativas como diabetes *mellitus* e doenças coronarianas tem evoluído bastante. O modelo de estudo animal é de grande valia, uma vez que possibilita um melhor esclarecimento desde as vias iniciais do desenvolvimento da doença até o seu estágio mais agressivo e invasivo ao organismo, possibilitando assim que os testes feitos com os possíveis fármacos e sua ação nos níveis celulares possam ser melhores compreendidos e elucidados. Neste tópico iremos focar em protocolos para testes de dor em animais.

Testes de nocicepção (dor)

Os testes de dor, ou nocicepção, em experimentação animal consistem em medir o estímulo nociceptivo (dor) nos animais induzidos por estímulos mecânicos, físicos, térmicos, químicos, elétricos ou fisiopatológicos. Muitos pesquisadores das áreas de farmacologia e neurotransmissão utilizam esses testes para comparar e testar possíveis novos fármacos e suas vias de ação em diversas doenças. A essa sensação (dor/nocicepção) estão associadas respostas neurodegenerativas ou comportamentais, que podem ser mais intensas em um organismo em processo de inflamação patológica, por exemplo. Como não é possível afirmar se o animal está sentindo dor propriamente dita por meio da comunicação, utiliza-se o termo nocicepção para a sua reação a um estímulo doloroso, como, por exemplo, a uma placa quente, fria ou a um estímulo mecânico como uma pressão provocada por um objeto pontiagudo na sua pata. Esse tipo de experimentação é muito didático e seus resultados tendem a ser muito bem reproduzidos pelo experimentador, por isso são muito aceitos na comunidade científica. O experimentador, ao proceder com testes nociceptivos, deve ficar bastante atento e familiarizado com o protocolo de execução da técnica, mantendo o animal contido de forma correta. Em todos os testes, o período de ambientação e familiarização do animal deve ser rigorosamente seguido, pois assim o experimentador diminui a possibilidade de possíveis falsos negativos ou falsos positivos para o teste.

Ensaio de contorções abdominais induzido por ácido acético 0,1 N

O teste pode ser feito em ratos ou em camundongos. Consiste em uma injeção intraperitoneal (IP) de um agente nociceptivo no animal para observar respostas de suscetíveis contorções e extensões do abdômen, que podem ser acompanhadas de torções do tronco e até mesmo extensões dos membros posteriores. Descrito por Whittlen em 1964, o teste é definido como contorção abdominal. Utilizam-se camundongos *Swiss* com peso entre 18 e 25 g, ou ratos com peso até 100 g, de ambos os sexos. Para a execução do teste, os animais devem ser mantidos sobre jejum de oito horas e as drogas devem ser administradas preferencialmente via gavagem 30 minutos antes da injeção do ácido acético 0,1 N sobre a concentração 0,1 mL/10 g de peso do animal. Após dez minutos da injeção (IP) do estímulo algésico, começa-se a contar as contorções do animal durante 20 minutos. Montijo et al. (2014), em uma investigação da ação da toxina Phα1β e sua ação analgésica ao estímulo nociceptivo induzido por ácido acético, obteve resultados bastantes satisfatórios[8,9].

Teste da formalina

O teste da formalina é um clássico, pode ser aplicado em camundongos e em ratos de ambos os sexos, com peso entre 18 e 25 g para camundongos e entre 100 e 200 g para ratos. Consiste em um estímulo químico de nocicepção manifestado pela injeção de formalina na pata traseira do animal. Os animais recebem a administração subplantar de 20 µL de uma solução de formalina a 2,5% na pata traseira. De forma semelhante ao teste de contorção abdominal, os animais devem ser tratados uma hora antes via oral com o fármaco teste. O tempo em que o animal lambe a pata, sacode (*flinch*) ou morde é contabilizado e considerado como estímulo nociceptivo. O teste é dividido em duas fases: a primeira representa o período agudo ou neurogênico, durante os cinco primeiros minutos, os quais ocorre a ativação direta dos nociceptores locais pela formalina; e a segunda fase corresponde ao período crônico ou inflamatório, entre 15 e 20 minutos após a injeção, em que o comportamento observado é resultado da ação promovida pela formalina aos mediadores inflamatórios liberados pelo estímulo inicial na fase neurogênica. Souza et al. (2008), utilizando o teste de formalina, demonstraram em seu trabalho que a administração via IT na concentração 200 pmol/sítio da toxina Phα1β nativa diminuiu o tempo de latência da pata em camundongos em até 24 horas após a sua administração em relação ao veículo. Esses achados são bastante promissores, uma vez que os novos alvos farmacológicos para o tratamento da dor são cada vez mais explorados (Souza, 2008; Goldenberg, 2000).

Ensaio da placa quente

Este teste consiste em um estímulo de nocicepção térmica, o qual consiste no reflexo da retirada da pata do animal sobre a placa. Pode ser realizado em ratos com peso entre 100 e 200 g e em camundongos com peso entre 18 e 25 gramas de ambos os sexos. O aparelho consiste em uma placa de metal aquecida e ajustada em temperatura de 55 (±1) °C. O animal é colocado sobre a placa aquecida e a resposta dele ao estímulo térmico de retirada, lambida, sacudida das patas traseiras e dianteiras é cronometrada. São realizadas duas medidas em um intervalo de 30 minutos para determinar qual é o tempo de *cut-off*, o tempo máximo de permanência do animal sobre a placa, sendo considerado esse valor aproximadamente três vezes o valor médio da segunda medida-controle, convencionada em 25 segundos é um tempo ideal para se obter bom resultado significativo além de se evitar possíveis lesões na pata causada pela exposição prolongada a altas temperaturas. Com isso, a primeira leitura tem o caráter de adaptação do animal ao ensaio, a segunda leitura-controle tem caráter de exclusão para animais com período de latência superior a 9,9 segundos. Somente assim, os compostos são administrados logo após a segunda leitura-controle e as medidas do tempo de resposta são registradas em intervalos de 30 minutos, durante duas horas após a administração da substância em estudo. Os resultados são expressos em média e ±EPM (erro padrão de medida) dos tempos registrados nos animais (Souza et al., 2008; Kuraishi et al., 1983).

Teste de retirada da cauda (*Tail-Flick test*)

Consiste em um teste de nocicepção promovido por um estímulo térmico, porém a nocicepção térmica é promovida pela intensidade de uma lâmpada do aparelho (*analgesy meter*, modelo 7106 Leticaa). Pode ser feito tanto em camundongos com peso entre 18 e 25 g como em ratos com peso entre 100 e 200 g mantidos em jejum em um período de oito horas. É registrada a analgesia promovida pela retirada da cauda do animal. A cauda é colocada no aparelho sobre a lâmpada e o tempo que os animais levam para a retirada da cauda após a aplicação do estímulo térmico é cronometrado. De maneira semelhante ao teste da placa quente, são feitas duas medidas-controle em intervalos de 30 minutos, para obter o tempo de *cut-off*. Porém, para esse teste, o tempo adotado para *cut-off* foi estabelecido em 15 segundos, devido às lesões provocadas na cauda do animal durante o tempo superior a esse estipulado. A primeira leitura-controle tem o objetivo da adaptação dos animais ao ensaio e a segunda leitura-controle é utilizada para exclusão de animais com latência superior a 7,9 segundos. Os fármacos em teste devem ser administrados após a segunda leitura-controle, o registro do experimento deve ser feito em intervalos de 30 minutos após a administração do fármaco durante duas horas. Os resultados obtidos são expressos em média ±EPM dos tempos nos animais (Kuraishi et al., 1983).

Teste de pressão constante na pata de ratos

Esta é uma técnica descrita inicialmente por Randall e Selitto (1957), sendo adaptada posteriormente por Ferreira et al. (1978). Consiste em aplicar, em uma das patas traseiras do animal, uma pressão constante de 20 mmHg por um pistão de diâmetro de 2 cm. O animal deve ser colocado em uma plataforma e mantido em posição de decúbito ventral, sendo completamente imobilizado pelo experimentador, que deve ficar atento para não exercer força superior a necessária, o que deixaria o animal em estado de estresse e lesionaria alguma estrutura óssea ou órgão. O estímulo nociceptivo mecânico nessa técnica é mensurado no momento em que a pressão exercida sobre a pata é interrompida, quando o animal reproduz comportamentos característicos à reação nociceptiva, como a redução dos movimentos de fuga e escape, alterações na frequência respiratória e fasciculações no dorso. A intensidade do estímulo hipernociceptivo é quantificada pela variação do tempo de reação em segundos obtido, menos o tempo de reação observado antes do procedimento experimental (basal) em relação ao tempo de reação após a administração do fármaco-alvo de estudo, de acordo com cada experimento.[12,13]

Teste de hipersensibilidade mecânica – analgesímetro

O teste de analgesímetro consiste em um método para avaliar a hipernocicepção e é muito utilizado em laboratórios de pesquisa em animal devido à sua boa aplicabilidade e reprodutibilidade dos resultados. Pode ser executado em aparelho digital (Von Frey eletrônico) ou manual (Randall e Selitto). O teste foi primeiramente descrito por Randall e Selitto, em 1957, e posteriormente adaptado por Jensen et al. (1986) em humanos e posteriormente Moller et al. (1988) o utilizou em ratos. Baseia-se no uso de filamentos de Von Frey como método para avaliar a sensibilidade tecidual ao estímulo mecânico e avaliar a influência de drogas sobre a sensibilidade nociceptiva em animais. Pode ser feito em camundongos com peso entre 18 e 25 g, e em ratos com peso entre 100 e 250 g. Os animais devem ser colocados em uma caixa de acrílico cujo assoalho seja uma rede de malha de 55 mm^2 de arame maleável, de 1 mm de espessura. Os animais devem ser ambientados no mínimo 30 minutos antes do experimento e deve-se treiná-los nesse dia, sendo considerado como período de adaptação antes da execução do teste, ou seja, os animais precisam de um dia de adaptação, o teste propriamente dito será no dia seguinte. Randall e Selitto utilizaram um equipamento apropriado, denominado analgesímetro (Ugo Basile, Stoelting, Chicago, IL), que gera um aumento linear da força em gramas sobre a superfície dorsal da pata traseira do animal, até que ele produza uma resposta de retirada da pata. Esse reflexo de retirar a pata é considerado representativo do limiar hipernociceptivo, ou seja, representa a força necessária aplicada à pata para que induza uma resposta agressiva a um estímulo nocivo. O limiar nociceptivo de retirada da pata é avaliado antes e após a administração dos fármacos em estudo e dos estímulos hiperalgésicos e inflamatórios, como indução do quadro de neuropatias que variam de acordo com o experimento e doenças-alvos do estudo. Para testes realizados no analgesímetro eletrônico (Modelo 1601C, Life Sciences Instruments, Califórnia, EUA), o aparelho consiste em um transdutor de pressão conectado a um contador digital de força em gramas. O aparelho possui sensibilidade de 0,1 g e sua força máxima capaz de medir é de 150 g. Para realizar a medição semelhante ao procedimento descrito para testes manuais, deve-se encaixar no bico do aparelho uma ponteira descartável de polipropileno com 0,5 mm de diâmetro para adaptação da técnica. Utilizam-se espelhos posicionados a 25 cm abaixo da caixa para auxiliar o experimentador a visualizar os estímulos nociceptivos causados pela ponteira na pata do animal. De forma similar ao teste anterior sobre a malha de arame, o experimentador deve aplicar uma pressão linearmente crescente no centro da planta da pata do rato ou camundongo, até que o animal reproduza uma resposta característica de nocicepção, como sacudida da pata (*Flinch*), retirada ou lambida. Recomenda-se, para os testes de hipersensibilidade mecânica, que o experimentador execute os estímulos no mínimo três vezes em cada pata traseira direita e esquerda, observando possíveis variações, que podem ser repetidas até o animal apresentar médias similares. A intensidade de hipernocicepção é quantificada como a variação na pressão obtida da média das três médidas em gramas observadas no tempo 0 (basal) e das três médias dos valores obtidos após a administração dos estímulos ou do tratamento com drogas em estudo. Vários testes têm sido propostos com o uso da técnica de hipersensibilidade mecânica, principalmente em estudos de neuropatias (Jensen et al., 1986; Moller et al., 1998; Vivancos et al., 2004; Cunha et al., 2004).

18.2 ASPECTOS ÉTICOS EM EXPERIMENTOS COM ANIMAIS: LEGISLAÇÕES E DIRETRIZES

A seguinte frase, dita por São Crisóstomo no século IV, nos impulsiona a uma reflexão sobre o quão é importante os preceitos éticos e legais relacionados ao uso de animais na pesquisa clínica: "Os animais devem ser tratados com gentileza, por terem a mesma origem do homem".

O que devemos atentar nesse aspecto é que os animais têm o seu "mundo", traduzido pelo hábitat específico de cada espécie, nascem, crescem, se reproduzem, possuem sentidos e morrem, assim como nós, seres humanos, assemelhando-se através da contínua luta pela sobrevivência na qual todos nós (humanos e animais) vivenciamos a cada dia.

O fato é que, muitas vezes, os pesquisadores sentem-se manipuladores da vida e da morte, e nem sempre os animais podem se defender do experimento e da ignorância científica e técnica do profissional responsável.[18]

Os cientistas não devem fazer pesquisas que possam causar riscos não justificados, violar normas do consentimento livre e esclarecido, converter recursos públicos em benefícios pessoais, prejudicar o meio ambiente ou cometer erros previsíveis e evitáveis.

O uso de animais deve prever um tratamento humanitário, evitando dor e sofrimento, salvo quando forem os fatores em estudo; deve ser obtido o máximo de informações com o mínimo de animais necessários.

É importante entender o significado de *direito* e *moral* antes de entrar no conceito de ética. Moral e direito baseiam-se em regras que visam estabelecer certa previsibilidade para as ações humanas. A moral estabelece regras para garantir o bem-viver (prescritiva), referindo-se aos usos e costumes (fatos vividos), ou seja, explica e é explicada pelos costumes. Já o direito busca estabelecer o regramento de uma sociedade delimitada pelas fronteiras do estado. Sendo assim, a ética busca encontrar justificativas para as regras propostas pela moral e pelo direito. A moral deve ser imposta ao indivíduo (superego) e a ética deve ser apreendida e sentida pelo indivíduo (ego).

Ética é a ciência da moral e tem relação com o certo e o errado; é uma atitude cultural e crítica sobre valores e posições de relevância no momento de atuar. É tudo aquilo relacionado ao caráter e que tem ligação aos assuntos morais, avaliando certas condutas relativas ao comportamento profissional, traduzido pelo conhecimento dos sistemas dos valores humanos. Nesse contexto, *bioética*, segundo Warren Reich (Georgetown), retrata o estudo sistemático da conduta humana nas ciências da vida e atenção à saúde, enquanto esta conduta é examinada à luz dos princípios e valores morais.

Com a ética, procura-se mostrar o caminho de volta do homem rumo à natureza, ensinando que ao respeitar os direitos e as diferenças entre as espécies, talvez possam ser superadas suas próprias diferenças e cumpridos seus deveres[18]. Este tópico tem como objetivo trazer a importância do estudo e conhecimento dos aspectos éticos relacionados à pesquisa clínica envolvendo animais, assim como apresentar as principais leis que regem essa atividade, principalmente no Brasil.

18.3 ASPECTOS HISTÓRICOS DOS PRINCÍPIOS ÉTICOS NA EXPERIMENTAÇÃO ANIMAL

A experimentação animal é regulamentada por leis e diretrizes nacionais e internacionais e sua aplicabilidade quanto às exigências, inspeção e cumprimento varia muito entre os países. O objetivo dessas leis e princípios é reduzir ao mínimo qualquer dor, sofrimento ou estresse imposto aos animais, obedecendo assim os quatro preceitos básicos da *bioética*: autonomia, não maleficência, beneficência e justiça.

Exemplos de legislações existentes são: *Animals (Scientific Procedures) Act,* no Reino Unido; *Animal Welfare Act,* nos Estados Unidos; e *Council of Europe Directive,* na Comunidade Europeia (American College of Emergency Physicians, 1993; Brasil, 1934).

A ciência experimental, em termos práticos, iniciou-se em 1620 por meio de um método científico experimental proposto por Francis Bacon. A partir de então, ocorreram avanços significativos no contexto do conhecimento sobre a biologia dos mamíferos, através da experimentação animal (Matfield, 1996).

Um marco importante para a regulamentação dos experimentos com animais ocorreu em 1946, proposto pela *Cruelty to Animals Act*, em Londres, mesmo período em que William T. G. Morton descreveu a prática da anestesia cirúrgica utilizando éter como indutor anestésico. Com isso, os animais obtiveram o direito de receber todos os benefícios conquistados e aplicados ao ser humano, principalmente no momento da realização de um ato operatório indolor, ou seja, que não cause sofrimento, visando o bem-estar dos seres vivos (Pimenta; Silva, 2001).

A primeira contribuição teórica significativa em favor do direito dos animais na pesquisa clínica foi realizada por Russel e Burch (1959 apud Matfield, 1996). Em sua publicação *The Principles of Humane Experimental Technique* (Russel; Burch, 1959), foi proposto o conceito dos três "R" (*Reduction, Replacement e Refinement*) na experimentação animal, com o objetivo de: 1) reduzir o número de animais usados em experimentos até um número consistente, com a obtenção dos objetivos do estudo; 2) substituir os experimentos com animais por outros tipos de estudos, quando os objetivos científicos puderem ser alcançados sem a sua utilização; 3) refinar o modo de condução dos experimentos científicos para assegurar o mínimo possível de sofrimento ou estresse aos animais envolvidos na pesquisa (Puopolo, 2004). Assim, a implementação desses princípios consiste no objetivo da legislação referente à experimentação animal em vários locais do mundo, como nos Estados Unidos, União Europeia e, parcialmente, no Brasil.

Na declaração de *Helsinki I*, adotada na 18ª Assembleia Médica Mundial, realizada em Helsinki (Finlândia) em 1964, foi enunciado no item um dos Princípios Básicos: "A pesquisa clínica deve adaptar-se aos princípios morais e científicos que justificam a pesquisa clínica e deve ser baseada em experiências de laboratório e com animais" (Goldenberg, 2000).

Em 1976, em Londres, na Inglaterra, iniciou-se a elaboração dos princípios de ética aplicada sem benefício da experimentação animal (Goldenberg, 2000), formando assim a primeira sociedade antivivissecção (Gannon, 2002).

A assembleia da UNESCO, realizada em 27 de janeiro de 1978, em Bruxelas, proclamou a Declaração Universal dos Direitos dos Animais.

Para regulamentar as leis e os princípios, foram criadas as Comissões de Ética para Pesquisa em Animais. O primeiro país a criar essas comissões foi a Suécia, em 1979. Os Estados Unidos da América adotaram esta prática em 1984 (Britt, 1984).

O Movimento do Bem-Estar Animal, descrito no Canadá, fundamenta-se em dois princípios fundamentais: reduzir o sofrimento e o número de animais usados em pesquisa, seguindo um dos preceitos básicos dos três "R"; sensibilizar cientistas com o intuito de estimular nesses pesquisadores uma reflexão sobre a necessidade de utilizar animais em seus experimentos (Gilmore, 1985).

Deve haver planejamento prévio dos experimentos, evitando estresse, dor ou sofrimento desnecessário aos animais. Opta-se pelos delineamentos experimentais que utilizam menor número de animais e que causem menos dor, sofrimento, estresse e prejuízos duradouros (Mathiessen et al., 2003).

No Brasil, a partir de 1990, muitas sociedades científicas e de profissionais da área biomédica estabeleceram Comitês de Ética, cujos objetivos incluíam a padronização de inspeções da experimentação animal (Alleva; Scattoni, 2004).

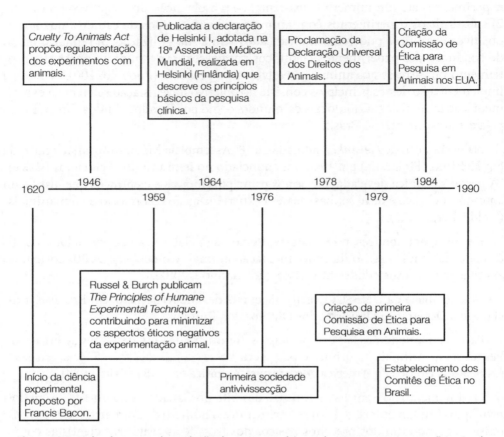

Figura 18.1 Linha do tempo da evolução dos aspectos éticos e legais na experimentação animal.

18.3.1 LEGISLAÇÃO BRASILEIRA

No Brasil, a primeira preocupação manifestada legalmente sobre o bem-estar dos animais foi o Decreto Federal nº 24.645, de 1934 (Jensen et al., 1986). Mais adiante, a Lei Federal nº 6.638, de 8 de maio de 1979, entrou em vigor, estabelecendo normas para a prática didático-científica da vivissecção de animais e determinando outras providências. Essa Lei foi revogada pela Lei Federal nº 11.794, de 8 de outubro de 2008, que estabelece procedimentos para o uso científico de animais (Brasil, 1979).

Na Constituição Federal de 1988, o primeiro parágrafo do artigo 225, inciso VII, dispõe sobre sanções penais e administrativas a quem submeter animais a atos de crueldade, independentemente da obrigação de reparo dos danos causados. O artigo, no entanto, não avançou quanto à regulamentação da utilização didático-científica dos animais (Brasil, 1988).

Em virtude das dificuldades encontradas na consolidação da proteção dos profissionais envolvidos na experimentação animal e regulamentação do uso de animais nesta prática, o Colégio Brasileiro de Experimentação Animal (COBEA), entidade filiada ao *International Council for Laboratory Animal Science* (ICLAS), divulgou 12 artigos intitulados *Princípios Éticos na Experimentação Animal,* em 1991 (Brasil, 1998), estabelecendo principalmente o seguinte (Goldenberg; Tonini, 1997):

> Artigo I – Todas as pessoas que pratiquem experimentação biológica devem tomar consciência de que o animal é dotado de sensibilidade, de memória e que sofre sem poder escapar à dor;
>
> Artigo II – O experimentador é moralmente responsável por suas escolhas e por seus atos na experimentação animal;
>
> Artigo III – Procedimentos que envolvam animais devem prever e se desenvolver considerando-se sua relevância para a saúde humana e animal, a aquisição de conhecimentos ou o bem da sociedade;
>
> Artigo IV – Os animais selecionados para um experimento devem ser de espécie e qualidade apropriadas e apresentar boas condições de saúde, utilizando-se o número mínimo necessário para se obter resultados válidos. Ter em mente a utilização de métodos alternativos, tais como modelos matemáticos, simulação por computador e sistemas biológicos *in vitro*;
>
> Artigo V – É imperativo que se utilizem animais de maneira adequada, incluindo aí evitar o desconforto, angústia e dor. Os investigadores devem considerar que os processos determinantes de dor ou angústia em seres humanos causam o mesmo em outras espécies;
>
> Artigo VI – Todos os procedimentos que possam causar dor ou angústia precisam desenvolver-se com sedação, analgesia ou anestesia adequada. Atos cirúrgicos ou outros atos dolorosos não podem implementar-se em animais não anestesiados e que estejam apenas paralisados por agentes químicos e/ou físicos;
>
> Artigo VII – Os animais que sofram dor ou angústia intensa ou crônica, que não possam aliviar-se, e os que não serão utilizados, devem ser sacrificados por método indolor e que não cause estresse;
>
> Artigo VIII – O uso de animais em procedimentos didáticos e experimentais pressupõe a disponibilidade de alojamento que proporcione condições de vida adequada às espécies, contribuindo para sua saúde e conforto. O transporte, a acomodação, a alimentação e os cuidados com os animais criados ou usados para fins biomédicos devem ser dispensados por técnico qualificado;
>
> Artigo IX – Os investigadores e funcionários devem ter qualificação e experiência adequadas para exercer procedimentos em animais vivos. Devem-se criar condições para seu treinamento no trabalho, incluindo aspectos de trato e uso humanitário dos animais de laboratório.

Nesse contexto, a Lei de Crimes Ambientais, Lei nº 9.605, de 1998 (Brasil, 1998), regulamentada pelo Decreto nº 3.179, de 1999, prevê, no primeiro e segundo parágrafos do artigo 32, a detenção de três meses a um ano de pagamento de multa a quem realizar experiência dolorosa ou cruel em animal vivo, ainda que com fins didáticos ou científicos, quando existirem recursos alternativos. Em caso de morte do animal, a pena é aumentada de um sexto a um terço. Esta lei adota parcialmente as noções contidas nos três "R" (Marques et al., 2005) e, mesmo que de forma inadequada, é a única vigente no país que pode ser aplicada à prática da experimentação animal (Cardoso, [s.d].).

Os Projetos de Lei nº 1.153, de 1995 (Brasil, 1995), e o nº 3.964, de 1997 (Brasil, 1997), são propostas legislativas que estão em curso. O primeiro propõe a criação do Sistema Nacional de Controle de Animais de Laboratório (SINALAB), ao qual compete o licenciamento de projetos ou atividades que envolvam animais, o cadastramento e o credenciamento de instituições públicas e privadas e a aplicação de penalidades administrativas previstas na lei. Cada instituição credenciada pelo SINALAB deve formar uma Comissão Institucional de Controle de Biotérios (CICB). Já o segundo dispõe sobre a criação e o uso de animais para atividades de ensino e pesquisa, limitando-os aos estabelecimentos de ensino superior ou técnico de segundo grau, prevê a criação do Conselho Nacional de Experimentação Animal (CONCEA) e exige como condição indispensável para o credenciamento das instituições a constituição prévia de Comissões de Ética no Uso de Animais (CEUA).

Ambos os projetos de lei foram aprovados pela Comissão de Ciência e Tecnologia, Comunicação e Informática na forma de um substitutivo (Brasil, 2003).

Tabela 18.2 Legislações brasileiras que regulamentam a experimentação animal no país

Legislação	Ementa
Decreto Federal n. 24.645, de 1934	Estabelece medidas de proteção aos animais.
Lei Federal n. 638, de 8 de maio de 1979	Estabelece normas para a prática didático-científica da vivissecção de animais e determina outras providências.
Lei Federal n. 11.794, de 8 de outubro de 2008	Regulamenta o inciso VII do § 1 do artigo 225 da Constituição Federal, estabelecendo procedimentos para o uso científico de animais; revoga a Lei n. 6.638, de 8 de maio de 1979; e dá outras providências.
Constituição Federal de 1988, artigo 225, parágrafo 1, inciso VII	Dispõe sobre sanções penais e administrativas a quem submeter animais a atos de crueldade.
Princípios Éticos na Experimentação Animal	Publicado pelo Colégio Brasileiro de Experimentação Animal (COBEA).
Lei n. 9.605, de 1998	Lei de Crimes Ambientais.
Decreto n. 3.179, de 1999	Dispõe no artigo 32, parágrafos 1 e 2, sanções penais a quem realizar experiência dolorosa ou cruel em animal vivo.
Projeto de Lei n. 1.153, de 1995	Regulamenta o inciso VII, do parágrafo 1 do artigo 225, da Constituição Federal, que estabelece procedimentos para o uso científico de animais, e dá outras providências.
Projeto de Lei n. 3.964, de 1997	Dispõe sobre criação e uso de animais para atividades de ensino e pesquisa.

Sendo assim, espera-se que a sociedade, de forma razoável e legítima, possa impor limites à comunidade científica, para que problemas e dilemas éticos sejam enfrentados de maneira racional e imparcial, sem fundamentalismo moral e sem nenhuma posição preconcebida.

REFERÊNCIAS BIBLIOGRÁFICAS

Alleva E, Scattoni ML. Introductory keynote. The state of the art in animal experimentation. Annalidell'Istituto Superiore di Sanità. 2004;40(2):151-5.

American College of Emergency Physicians. Animal use in research. Ann Emerg Med. 1993;22:265-6.

Brasil. Decreto-Lei nº 24.645, de 10 de julho de 1934. Diário Oficial da União. Brasília; 1934.

Brasil. Lei nº 6.638. Estabelece normas para a prática didático-científica da vivissecção de animais. Brasília; 1979.

Brasil. Constituição da República Federativa do Brasil. Capítulo VI, Do Meio Ambiente, Art.225, §1º, alínea VII. Promulgada em 5 de outubro de 1988. Brasília; 1988.

Brasil. Projeto de Lei nº 1.153. Regulamenta o inciso VII, do parágrafo 1º do artigo 225, da Constituição Federal, que estabelece procedimentos para o uso científico de animais, e dá outras providências. Brasília; 1995.

Brasil. Projeto de Lei nº 3.964. Dispõe sobre criação e uso de animais para atividades de ensino e pesquisa. Brasília; 1997.

Brasil. Lei nº 9.605. Dispõe sobre as sanções penais e administrativas derivadas de condutas e atividades lesivas ao meio ambiente, e dá outras providências. Diário Oficial da União. Brasília; 1998.

Brasil. Câmara Federal. Relatório do Deputado Federal Fernando Gabeira, de 25 de junho de 2003, na Comissão de Defesa do Consumidor, Meio Ambiente e Minorias, acerca dos Projetos de Lei nº 1.153 e 3.964 e seu substitutivo. Brasília; 2003.

Britt D. Ethics, ethical committees and animal experimentation. Nature. 1984;311:503-6.

Cardoso CV. Leis referentes à experimentação animal no Brasil: situação atual. [S.l.: s.n., s.d] [acesso 2006 mai. 20]. Disponível em: http://www.cobea.gov.br/etica.htm#5.

CEUA/FCF/USP. Guia de orientação para preenchimento do formulário unificado para solicitação de autorização para uso de animais em ensino e/ou pesquisa. CEUA/FCF/USP/2014/joralima. 2014:1-9.

Christoph T, Schroder W, Tallarida RJ, De Vry J, Tzschentke TM. Spinal-supraspinal and intrinsic mu-opioid receptor agonist-norepinephrine reuptake inhibitor (MOR-NRI) synergy of tapentadol in diabetic heat hyperalgesia in mice. J Pharmacology and Experimental Therapeutics. 2013;347(3):794-801.

Colégio Brasileiro de Experimentação Animal - COBEA. Princípios éticos na experimentação animal. [acesso 2006 abr. 5]. Disponível em: http://www.cobea.org.br/etica.htm#3.

Cunha TM, Verri WA Jr., Vivancos GG, Moreira IF, Reis S, Parada CA, et al. An electronic pressure-meter nociception paw test for mice. Brazilian J Med Biol Research 2004;37(3):401-7.

Diniz DM et al. Effects of the calcium channel blockers Ph alpha 1 beta and omega-conotoxin MVIIA on capsaicin and acetic acid-induced visceral nociception in mice. Pharmacol, Biochem Beh. 2014;126:97-102.

Ferreira SH, Lorenzetti BB, Correa FM. Central and peripheral antialgesic action of aspirin-like drugs. European J Pharmacol. 1978;53(1):39-48.

Gannon F. Animals on the menu. Eur Mol Biol Org Rep. 2002;3(7):589.

Gilmore A. The use of animals in research. Can Med Assoc J. 1985;132:564-8.

Goldenberg S, Tonini K. Tese Experimental no Mestrado e no Doutorado, em: Rapoport A - Mestrado e Doutorado na Área de Saúde. São Paulo: Pancast; 1997;147-64.

Goldenberg S - Aspectos éticos da pesquisa com animais. Acta Cir Bras. 2000;15:193-5.

Hunskaar S, Hole K. The formalin test in mice: dissociation between inflammatory and non-inflammatory pain. Pain. 1987;30(1):103-14.

Hylden JL, Wilcox GL. Intrathecal morphine in mice: a new technique. European J Pharmacol. 1980;67(2-3):313-6.

Jensen K, Andersen HO, Olesen J, Lindblom U. Pressure-pain threshold in human temporal region. Evaluation of a new pressure algometer. Pain. 1986;25(3):313-23.

Kuraishi Y, Harada Y, Aratani S, Satoh M, Takagi H. Separate involvement of the spinal noradrenergic and serotonergic systems in morphine analgesia: the differences in mechanical and thermal algesic tests. Brain Res. 1983;273(2):245-52.

Lerco MM et al. Caracterização de um modelo experimental de Diabetes Mellitus, induzido pela aloxana em ratos. Estudo clínico e laboratorial. Acta Cir Bras. 2003;18(2):132-42.

Marques GM, Miranda ML, Caetano CE, Biondo-Simões ML. Rumo à regulamentação da utilização de animais no ensino e na pesquisa científica no Brasil. Acta Cir Bras. 2005;20(3):262-7.

Matfield M. The ethics of animal research. Exp Anim. 1996;45(3):209-15.

Matthiessen L, Lucaroni B, Sachez E. Towards responsible animal research. Eur Mol Biol Org Rep. 2003; 4(2):104-7.

Mestre C, Pelissier T, Fialip J, Wilcox G, Eschalier A. A method to perform direct transcutaneous intrathecal injection in rats. J Pharmacol Toxicol Methods. 1994;32(4):197-200.

Moller KA, Johansson B, Berge OG. Assessing mechanical allodynia in the rat paw with a new electronic algometer.J Neurosci Methods. 1998;84(1-2):41-7.

Mourão Júnior CA. Questões em bioestatística: o tamanho da amostra biostatistical questions: the sample size. Rev Interdisciplinar Estudos Exper. 2009;1(1):26-8.

Pimenta LG, Silva AL. Ética e experimentação animal. Acta Cir Bras. 2001;16:255-60.

Puopolo M. Bioestatistical approaches to reducing the number of animals used in biomedical research. Annali dell'Istituto Superiore di Sanità. 2004;40(2):157-63.

Randall LO, Selitto JJ. A method for measurement of analgesic activity on inflamed tissue. Archives Int Pharma Therapie. 1957;111(4):409-19.

Russel WM, Burch RL, editores. The principle of human experimental technique. London: Methuen; 1959.

Schnaider TB, Souza C. [Ethics and animal experiments.]. Revista Bras Anestesiol. 2003;53(2):278-85.

Souza AH, Ferreira J, Cordeiro MN, Vieira LB, De Castro CJ, Trevisan G, et al. Analgesic effect in rodents of native and recombinant Ph alpha 1beta toxin, a high-voltage-activated calcium channel blocker isolated from armed spider venom. Pain. 2008;140(1):115-26.

Vivancos GG, Verri WA Jr., Cunha TM, Schivo IR, Parada CA, Cunha FQ, et al. An electronic pressure-meter nociception paw test for rats. Brazilian J Medical Biol Research 2004;37(3):391-9.

Von Noorden GK. In defense of animal research. Am J Ophthalmol. 1991;111:367-9.

Whittle BA. The use of changes in capillary permeability in mice to distinguish between narcotic and nonnarcotic alalgesics. Br J Pharmacol Chemotherapy. 1964;22:246-53.

Capítulo 19
Análise crítica da literatura: qual a sua utilidade, por onde começar, como proceder?

Camila Torriani-Pasin

19.1 INTRODUÇÃO

Cada vez mais, a leitura e interpretação da literatura científica tornam-se fundamentais para a tomada de decisão dos profissionais em saúde. Atualmente, o aumento exponencial da quantidade de publicações de livros e periódicos e o acesso *online* às bases de dados contribuíram para o crescente aumento da disponibilidade de informações (Van der Wounder, 1998). No entanto, somente 10 a 15% do material publicado atualmente têm real valor científico e seguem rigorosamente os preceitos metodológicos mais robustos (Pattussi et al., 2000).

Nesse contexto, o leitor necessita dispor de conhecimentos metodológicos apurados para identificar e separar a literatura com rigor científico, analisando-a criticamente a fim de tomar decisões relacionadas à prática clínica e profissional baseadas em evidências confiáveis. Desse modo, antes de modificar a prática profissional levando em consideração os resultados de um artigo publicado (ou de um conjunto deles), deve-se avaliar se o método adotado no artigo é válido, considerando a originalidade do artigo, a validade dos dados, o tipo de estudo e a análise dos dados (Greenhalgh, 1997).

Todo artigo científico segue uma lógica estrutural similar e é dividido por componentes, sendo que cada item deve ser analisado criticamente. As partes comumente encontradas são: título, resumo, introdução, método, resultados, discussão, conclusão e referências bibliográficas. A seguir, serão apresentados os componentes de um artigo mais utilizados em saúde, esclarecendo os pontos que devem nortear a atenção do leitor para a realização da análise crítica. Adicionalmente serão listados outros parâmetros, que devem auxiliar o processo de análise dos artigos, assim como um quadro, que servirá como guia para realizar a análise crítica.

Cabe ressaltar que realizar uma análise crítica não é somente salientar os pontos negativos do estudo. Uma boa análise crítica questiona os métodos e procedimentos utilizados no artigo, salientando os aspectos positivos e negativos do manuscrito, determinando sua confiabilidade a partir dessa análise.

19.2 TÍTULO E ORIGINALIDADE DO PROBLEMA DE PESQUISA

O título deve ser informativo, adequado, curto e interessante, de modo a atrair a atenção do leitor. Um bom título descreve de forma adequada o conteúdo do trabalho com poucas palavras. Deve conter: tipo do estudo, variáveis investigadas e amostra (Crato et al., 2004; Day, 2001; Thomas; Nelson, 2002). Cada vez mais, têm sido aceitos títulos de estudos que abrangem resultados de estudos ou perguntas clínicas, pois incitam no leitor a vontade de buscar o texto na íntegra para a leitura, o que pode ser considerado um ponto positivo em relação ao texto.

A originalidade do estudo deve ser observada com cuidado. Somente uma pequena porcentagem dos estudos publicados pode ser considerada original. A pergunta que o leitor deve fazer é: Alguém já realizou algum estudo similar a esse? Caso a resposta seja sim, deve também perguntar: Esta pesquisa adiciona algo novo à literatura?. O presente artigo adiciona uma amostra maior, ou um acompanhamento prolongado dos efeitos da intervenção, ou uma metodologia mais rigorosa do que as anteriormente utilizadas? Ou selecionou uma amostra diferenciada, ou utilizou medidas de resultados mais apropriadas? (Greenhalgh, 1997).

19.3 RESUMO

O resumo é considerado uma síntese do artigo, não deve ser estruturado como uma introdução, já que é uma fonte valiosa de informações e determinará a vontade do leitor em buscar o texto na íntegra para lê-lo (Thomas; Nelson, 2002). Day (2001) descreve que o resumo é uma miniversão do artigo. Deve ser discursivo, conciso e não apresentar muito detalhamento sobre o método ou resultados.

Um resumo adequado não deve exceder 250 palavras e deve ir direto ao ponto. Conforme descrevem Thomas e Nelson (2002), as informações essenciais são: Qual foi o problema? Quem eram os sujeitos? O que foi encontrado? Quais conclusões foram obtidas?.

É interessante destacar que é a partir da leitura do resumo que o leitor decidirá obter o artigo na íntegra e dedicar seu tempo para lê-lo e, futuramente, citá-lo. Portanto, o resumo deve conter as informações necessárias para a compreensão do artigo, mantendo o interesse do leitor em aprofundar-se no assunto, a fim de obter o detalhamento e a especificidade que somente o texto na íntegra contempla.

19.4 INTRODUÇÃO E REVISÃO DE LITERATURA

Neste tópico, a fundamentação racional e o problema de pesquisa devem ser expostos claramente, fornecendo ao leitor a justificativa para a realização do estudo e o link para a compreensão do objetivo do estudo. Thomas e Nelson descrevem que a introdução é planejada para criar interesse pelo problema. Nesse sentido, uma boa introdução requer habilidade literária porque ela deve fluir suavemente e ser razoavelmente breve.

Crato et al. (2004) relatam que os aspectos básicos dessa seção devem ser: o problema investigado (objeto do estudo), o conhecimento do autor sobre o assunto (referências), a justificativa para a realização do estudo e o esclarecimento dos objetivos e/ou hipóteses a serem investigadas. Observe, também, se a introdução contém um vocabulário poderoso, simples e direto, que é mais eficiente para a comunicação. A narrativa deve introduzir rapidamente a informação de fundo necessária e explicar o raciocínio por trás do estudo. Uma introdução suave, unificada e bem escrita deveria levar ao enunciado do problema com tal clareza que o leitor poderia determinar o propósito do estudo antes de lê-lo especificamente (Thomas; Nelson, 2002).

Na introdução deve-se atentar, também, para a data de publicação das citações utilizadas e se o autor apresenta uma ampla e imparcial análise da literatura sobre o tema a ser desenvolvido. Esses aspectos auxiliam o leitor a determinar a confiabilidade do artigo e a imparcialidade dos autores.

19.5 MÉTODO

O método é um dos mais importantes tópicos a serem analisados pelo leitor, portanto, trata-se da seção em que será dedicado mais tempo para a análise crítica. É necessário encontrar nela as informações detalhadas sobre como, quando e em quais condições os procedimentos foram realizados. As informações devem ser claramente detalhadas, de modo a permitir ao leitor reproduzir os métodos empregados. Durante a análise crítica, cabe ao leitor analisar ponto a ponto os itens que compõem o método do artigo: características amostrais, critérios de seleção, tamanho e cálculo amostral, tipo de estudo, instrumentos de avaliação, treinamento e cegamento de avaliadores e análise dos dados.

19.5.1 AMOSTRA

Greenhalgh (1997) sugere que antes de assumir os resultados de um artigo como aplicáveis à prática, o leitor deve perguntar-se: Como os sujeitos foram recrutados? Eles são provenientes de um instituto especializado ou foram recrutados de diversos centros? A amostra foi recrutada por conveniência ou aleatoriamente?. Essas respostas vão determinar a validade interna e externa dos dados e, portanto, o poder de generalização dos resultados do estudo.

Artigos científicos devem descrever claramente o método de seleção da amostra utilizada e suas características, como sexo, idade, classe social e as características clínicas específicas de cada população. Nesse sentido, perguntas como: Quais os critérios de inclusão e exclusão adotados? Esses critérios são muito restritos que os tornam exceção nessa condição clínica ou são muito abertos, permitindo grande heterogeneidade amostral? Esses sujeitos que compõem a amostra são representativos da condição clínica estudada na vida real?. Assim, cabe analisar com cautela as características da amostra para permitir discussão sobre a generalidade dos resultados e sua validade interna e externa. Em toda análise crítica, o leitor deve responder à pergunta: Para quem são aplicáveis esses resultados? Meus pacientes possuem essas características para que eu tome a decisão de aplicar tal intervenção neles?.

Outro importante aspecto relacionado à amostra é a realização de cálculo amostral no planejamento do estudo. A estimativa do cálculo amostral é realizada a fim de atingir com precisão a força necessária para estimar uma diferença significativa entre os grupos, evitando expor mais sujeitos do que o necessário à intervenção ou não encontrar diferença entre os grupos em função de um número amostral pequeno (Crato et al., 2004). Um estudo-piloto tem a finalidade de auxiliar no processo de definição do tamanho amostral, além de permitir estabelecer os procedimentos metodológicos a serem adotados (Thomas; Nelson, 2002). Portanto, se os autores mencionam o cálculo amostral e os parâmetros utilizados para isso (ou citam estudo-piloto anterior), pode-se dizer que é um aspecto positivo do estudo.

19.5.2 TIPO DE ESTUDO

Para determinar o tipo de estudo quando ele não é claramente descrito pelos autores, o leitor necessita ter uma boa base sobre os principais métodos de investigação, sua aplicabilidade e limitações. Com certeza, o uso da pirâmide dos níveis de evidência (Sackett et al., 2003; Marques; Peccin, 2005) dos estudos em saúde pode auxiliar nesse processo. O tipo de estudo está intimamente relacionado à pergunta de pesquisa e, para isso, o leitor deve observar no artigo se o tipo de estudo realizado é o mais adequado para responder à pergunta de pesquisa levantada pelos autores. Portanto, os níveis de evidência serão um norteador para classificar a qualidade do estudo em mãos e determinar sua confiabilidade.

Assim, com pequenas exceções, as revisões sistemáticas com meta-análise poderão ter um peso maior para determinar a confiabilidade dos resultados do estudo e sua aplicabilidade prática. Em seguida, os ensaios clínicos aleatorizados, estudos de coorte, estudos de caso-controle, séries de casos e pesquisas experimentais em animais têm seu poder de confiabilidade em função do tipo de estudo e adequação para responder à pergunta de pesquisa.

19.5.3 INSTRUMENTOS DE AVALIAÇÃO

Os instrumentos de avaliação utilizados (medidas, questionários, índices, escalas) devem ser claramente expostos. O leitor deve saber se o instrumento é válido, confiável (Crato et al., 2004) e amplamente utilizado no meio acadêmico e/ou clínico.

Ser crítico quanto aos instrumentos de avaliação selecionados pelo autor é fundamental, pois os resultados serão expressos baseados nessas medidas. Perguntas como: A medida escolhida como desfecho primário ou secundário é adequada para essa população? Essa medida é sensível para detectar as mudanças que se deseja encontrar? Esse instrumento utilizado fornece resultados que se aplicam na prática profissional?. Respostas afirmativas acerca dos instrumentos de avaliação também indicam aspectos positivos no artigo e favorecem a interpretação e generalização dos resultados.

Além disso, os autores devem deixar explícitas no texto as condições de utilização dos instrumentos, se houve treinamento prévio para utilizá-los, quantos avaliadores foram envolvidos (especialmente se for estudo multicêntrico) e se eles eram cegos quanto à intervenção recebida pelos participantes do estudo no momento das avaliações.

19.5.4 ANÁLISE DOS DADOS

Um bom conhecimento estatístico auxiliará o leitor a fazer a análise crítica dessa seção no artigo. Assim, as características das variáveis dependentes determinarão a correta escolha do teste estatístico mais apropriado para cada situação. O leitor deve perceber quando os autores são flexíveis demais ou rigorosos quanto à condução da análise. O tipo de teste, as transformações matemáticas realizadas e o nível de significância adotado podem indicar o rigor da análise. Day (2001) menciona que os métodos estatísticos comuns podem ser usados sem comentários adicionais ou grandes explicações. Já os métodos mais avançados ou incomuns podem necessitar de referência bibliográfica.

Entretanto, se os conhecimentos estatísticos forem insuficientes para uma avaliação mais criteriosa dos métodos estatísticos utilizados, a aplicação do bom senso (Crato et al., 2004) e do pensamento lógico (Volpato, 2007) é suficiente para que erros, omissões e incorreta interpretação dos resultados sejam detectados.

19.6 RESULTADOS

A objetividade, a precisão e a sequência lógica são características fundamentais a serem encontradas na seção de resultados de um artigo. Se os autores descreveram claramente a(s) pergunta(s) de pesquisa a ser(em) respondida(s) pelo estudo ou levantaram as hipóteses, os resultados devem seguir a mesma ordem e lógica de raciocínio. A seção dos resultados é a única em que, de fato, os autores apresentam novidade à comunidade acadêmica e, por isso, devem fazê-lo o mais claramente possível (Thomas; Nelson, 2002).

Day (2001) sugere que a seção seja iniciada com as descrições gerais dos experimentos, sem repetir detalhes, como foi dado no método. Em seguida, os resultados principais e significativos devem ser apresentados, evitando expressá-los de forma repetida no texto e nas ilustrações. Assim, os resultados devem ser breves e atraentes, tornando essa seção relativamente curta se comparada às demais do artigo.

A ilustração dos resultados deve facilitar a compreensão do leitor, fazendo uso de gráficos, tabelas ou figuras para isso. Nesse contexto, as ilustrações devem ser autoexplicativas e conter detalhes em seus títulos e legendas, suficientes para a compreensão dos resultados.

Crato et al. (2004) citam que é fundamental mencionar as taxas de respostas ou perdas amostrais ocorridas no estudo. Além disso, nem todos os resultados necessitam ser apresentados e ilustrados, reduzindo a quantidade de informações e dando relevância aos aspectos realmente essenciais.

19.7 DISCUSSÃO

O papel da discussão é realçar os achados mais importantes do estudo, apresentando as possíveis explicações para a ocorrência deles, antever conclusões adequadas e apontar implicações ou aplicabilidade aos resultados. O leitor deve observar se os autores são parcimoniosos nas extrapolações de seus resultados para a prática e se não reduzem a discussão somente à comparação de seus achados com os da literatura, evitando a discussão "fofoca", denominada por Volpato (2010).

Portanto, o leitor deve checar se os autores são claros em mostrar o motivo pelo qual se deve acreditar em seus resultados e porque esses resultados sustentam as conclusões apresentadas por eles. Pode-se afirmar que o objetivo da discussão é contextualizar os resultados apresentados e dimensionar o interesse e a originalidade deles ao debate científico. O leitor deve, portanto, observar se os autores realmente dominam o assunto e se, adicionalmente (e idealmente), apresentam novas proposições de ideias.

19.8 CONCLUSÃO

Um princípio básico para uma boa conclusão é que ela responda aos objetivos do estudo e que seja absolutamente respaldada nos principais achados dos resultados. Para isso, deve ser breve, exata, direta e sem extrapolações. O leitor pode notar se a conclusão segue a mesma ordem lógica dos objetivos e resultados. Segundo Volpato (2010), o autor deve preocupar-se em validar suas conclusões e somente concluir a partir das evidências estatisticamente válidas.

19.9 REFERÊNCIAS BIBLIOGRÁFICAS

Os aspectos básicos a serem observados pelo leitor nesta seção são: As referências utilizadas são atuais? Refletem o estado da arte na temática estudada? Os artigos citados foram publicados em revistas de impacto e de grande expressão na área? Há, em demasia, citação de textos do próprio autor, não revelando diretamente relação com a real necessidade da citação?.

Como aspectos adicionais para o leitor realizar a análise crítica, pode-se destacar a qualidade da revista em que o artigo foi publicado. A qualidade pode ser analisada de diversas formas, tais como pelo índice Qualis, feito pela CAPES, ou pelo *Journal Citation Report* (JCR). Independentemente dos índices utilizados, artigos publicados em revistas melhores conceituadas dão, de certa forma, maior credibilidade ao estudo, pois teoricamente o critério de avaliação é mais rigoroso. Desse modo, o leitor deve atentar-se à qualidade da revista em que o artigo foi publicado.

Outro aspecto relevante é o tempo entre a submissão e a real publicação do estudo, que pode indicar, além da periodicidade da revista, outros aspectos importantes relativos ao artigo, tais como prioridade para publicação e necessidade de muitos ajustes e correções solicitados pelos revisores.

A seguir, é apresentado, de maneira sistematizada, o Quadro 19.1 com os aspectos mais relevantes a serem observados pelo leitor, que podem servir como um guia para a prática da leitura crítica.

Quadro 19.1 Aspectos mais relevantes a serem observados pelo leitor ao fazer uma análise crítica

1.	O tema é relevante, atual, bem fundamentado (com autores atuais) na área de interesse?
2.	A introdução é clara e objetiva, conduzindo ao problema de pesquisa?
3.	A pergunta da pesquisa está exposta claramente no artigo?
4.	Os objetivos estão claramente expostos?
5.	No método: a. Há descrição clara do tipo de estudo realizado ou há necessidade de análise por parte do leitor? b. Trata-se do desenho de estudo mais apropriado para responder a pergunta de pesquisa? c. Há explicitação da população-alvo ou amostra? d. Há explicitação do mecanismo de recrutamento dos sujeitos? e. Há definição clara dos critérios de inclusão e exclusão para o estudo? Estes critérios são pertinentes tendo em vista os objetivos do estudo? É uma amostra representativa e homogênea? Há alguma tendenciosidade no recrutamento dos sujeitos, em sua opinião? f. Quais instrumentos de mensuração foram usados (instrumentos de avaliação)? Há explicitação da validade e confiabilidade desses instrumentos? São instrumentos adaptados culturalmente (se utilizados em português)? Na sua análise, esses instrumentos são adequados aos objetivos do estudo? Está claro qual é a variável de interesse do artigo e como será mensurada? g. Quanto aos procedimentos, há o adequado detalhamento, que permitiria a reprodutibilidade do estudo? Há algum possível erro na coleta de dados? h. Há a descrição do procedimento estatístico utilizado? Esse procedimento é adequado? i. Há menção à aprovação pelo comitê de ética? j. Em sua opinião, os objetivos podem ser respondidos por este tipo de estudo? O método (delineamento do estudo) tem coerência com os objetivos propostos?
6.	Os resultados são sucintos e vêm guiados por gráficos ou tabelas? As tabelas são adequadas e pertinentes? É possível compreender os resultados pelo texto exposto?

(continua)

Quadro 19.1 Aspectos mais relevantes a serem observados pelo leitor ao fazer uma análise crítica (*continuação*)

7. Na discussão, os autores discutem seus dados confrontando-os com a literatura pertinente? Buscam discutir os principais resultados da pesquisa e apresentar as possíveis explicações para os achados?
8. Há explicitação de conclusões? As conclusões permitem responder a pergunta de pesquisa apresentada? São coerentes, tendo em vista os objetivos e métodos utilizados?
9. As referências são atuais, pertinentes e constam de periódicos de qualidade?
10. Em sua opinião, quais são as limitações deste estudo? Por quê?
11. O artigo foi publicado em revista de qualidade?

Por fim, o reconhecimento da validade de um estudo é um passo fundamental no processo de avaliação crítica da literatura. Tanto pesquisadores quanto profissionais da prática profissional devem saber conduzir a análise crítica da literatura (de um artigo ou de um conjunto de artigos), de modo a guiar suas decisões com base na produção de conhecimentos da área de forma mais apropriada. O uso do Quadro 19.1 apresentado como um guia para a leitura crítica pode ser uma estratégia a ser utilizada para diversas finalidades, tais como a tomada de decisão clínica, a elaboração de projetos de pesquisa, e para a construção de revisão de literatura acerca de uma determinada temática.

REFERÊNCIAS BIBLIOGRÁFICAS

Crato AN et al. Como realizar uma análise crítica de um artigo científico. Arq Odontol. 2004;40(1):1-110.

Day RA. Como escrever e publicar um artigo científico. 5. ed. São Paulo: Santos; 2001.

Greenhalgh T. How to read a paper: Assessing the methodological quality of published papers. BMJ. 1997;315:305.

Marques AP, Peccin MS. Pesquisa em fisioterapia: a prática baseada em evidências e modelos de estudos. Fisioterapia Pesq. 2005;2(1):43-8.

Sackett DL et al. Medicina baseada em evidências: prática e ensino. 2. ed. Porto Alegre: Artmed; 2003.

Pattussi PM, Freire MC. Leitura crítica de artigos científicos. In: Estrela C. Metodologia científica: ensino e pesquisa em odontologia. São Paulo: Artes Médicas; 2000, p.308-25.

Thomas JR, Nelson JK. Métodos de pesquisa em atividade física. 3. ed. Porto Alegre: Artmed; 2002.

Van der Wounder JC. Use of the reader method of critical appraisal in general practice. Br Me J. 1998;317:819.

Volpato G. Bases teóricas para redação científica: por que seu artigo foi negado? São Paulo: Cultura Acadêmica; 2007.

Capítulo 20
Estudos de tradução e adaptação transcultural e avaliação das propriedades de medidas de questionários

Lucíola da Cunha Menezes Costa

Com o crescente foco na prática baseada em evidências, é essencial desenvolver a tradução e a adaptação transcultural de ferramentas que mensuram os efeitos dos tratamentos e os progressos dos pacientes em uma população que não fala a língua inglesa. A maioria dos questionários destinados a mensurar um desfecho clínico foi criada na língua inglesa, para a população que fala esse idioma. Para que um questionário seja utilizado, é necessário que o paciente seja capaz de compreender o texto e os itens do instrumento apresentado. Apesar de o inglês ser o idioma mais falado no mundo, populações que não têm o inglês como língua pátria, como no Brasil, têm seu uso limitado. Esse fato não ocorre somente pela dificuldade de entender o idioma, mas também pelas peculiaridades de hábitos e culturas de cada país ou povo. Mesmo em países que têm o inglês como língua pátria podem haver barreiras à compreensão, devido às distinções culturais da região.

Sendo assim, não basta apenas uma simples tradução, mas também faz-se necessário uma adaptação do questionário original para o alvo linguístico e cultural[39] que será utilizado. Esse processo é denominado adaptação transcultural[39]. A melhor maneira de assegurar que a versão internacional de um questionário é gramaticalmente, semanticamente e clinimetricamente equivalente à versão original é através da realização de procedimentos adequados de adaptação transcultural, seguidos por uma série de testes de propriedades de medida em uma amostra de pacientes que utilizam o instrumento-alvo na vida real. Diretrizes tanto para a adaptação transcultural (*Guidelines for the process of cross-cultural adaptation of self-report measures*) quanto para testar as propriedades de medida de um instrumento já foram desenvolvidas a fim de ajudar os pesquisadores a realizarem estudos de alta qualidade sobre o tema.

20.1 PROCESSOS DE ADAPTAÇÃO TRANSCULTURAL

A adaptação transcultural de um questionário de saúde para uso em um novo país, cultura ou linguagem exige a utilização de um método que abrange a tradução linguística e a adaptação cultural. Assim, é possível manter a validade de conteúdo do instrumento e alcançar a equivalência com a versão original do questionário[44]. Para a adaptação transcultural metodologicamente correta, o instrumento deve passar por seis fases.

20.2 TRADUÇÃO INICIAL

A primeira fase é a tradução, em que é recomendada a realização de pelo menos duas traduções do instrumento do idioma original para a língua-alvo. Os tradutores têm como idioma pátrio a língua que o instrumento em questão está sendo traduzido. Dessa forma, duas diferentes versões serão produzidas. Os tradutores devem ser bilíngues, sendo que um deve ser da área da saúde e ter conhecimento das questões abordadas e o outro não deve estar ciente nem informado dos conceitos que estão sendo quantificados; e, de preferência, não deve ter formação médica ou clínica. Além disso, as traduções devem ser produzidas de forma independente.

20.3 SÍNTESE DAS TRADUÇÕES

A segunda fase corresponde à síntese das traduções, em que os dois tradutores e uma terceira pessoa devem sintetizar os resultados das traduções produzindo uma tradução consensual no idioma-alvo.

20.3.1 RETROTRADUÇÃO

Dois novos tradutores (ou mais) que desconhecem a versão original do instrumento devem traduzir independentemente a versão consensual do questionário, novamente para idioma original do instrumento. Assim como na primeira fase, os tradutores devem ser bilíngues e as retro traduções, produzidas de forma independente.

20.3.2 SÍNTESE DA RETROTRADUÇÃO

A quarta fase corresponde à síntese das retrotraduções, em que os dois tradutores devem sintetizar os resultados da retrotradução produzindo uma retro tradução consensual. Esse processo verifica se a versão traduzida estará refletindo os mesmos itens de conteúdo da versão original.

20.3.3 COMITÊ DE ESPECIALISTAS

A quinta fase corresponde ao comitê de especialistas, cuja composição é fundamental para a realização de equivalência cultural. A composição mínima do comitê compreende: autores do estudo, profissionais de saúde, profissionais em linguística/ letras e os tradutores envolvidos no processo de tradução e retrotradução. O papel desse comitê é auditar todas as traduções, comparar e discutir com os tradutores, resolver possíveis discrepâncias e desenvolver uma versão final do questionário a ser testado.

20.3.4 TESTE-PILOTO

A última fase do processo é o teste-piloto, momento em que os participantes respondem o instrumento com a finalidade de garantir que a versão adaptada está mantendo a equivalência em uma situação aplicada. Nesta fase, as diretrizes recomendam que o ideal fosse a aplicação da versão pré-final do instrumento em aproximadamente 30 ou 40 pessoas do público-alvo do instrumento.

O processo de adaptação transcultural evita possíveis vieses ao estudo e visa à produção de nova versão com equivalência semântica e idiomática da versão original. Quando uma adaptação transcultural de um questionário é realizada, assume-se que uma nova versão irá reter as propriedades de medida do questionário original. Contudo, essa premissa pode não ser verdadeira, uma vez que diferenças culturais entre populações podem interferir nesse processo. Após a tradução e o processo de adaptação transcultural, é altamente recomendável assegurar que a nova versão demonstre as propriedades de medida necessárias para a sua aplicação, mesmo que elas já tenham sido testadas no instrumento original. Portanto, o novo instrumento deve ser submetido a testes de propriedades de medida, pois não se pode presumir que as propriedades de medida testadas na versão original serão aplicáveis ao instrumento que foi adaptado transculturalmente, já que podem haver diferenças culturais entre populações distintas.

20.4 PROPRIEDADES DE MEDIDA

Múltiplos instrumentos e questionários são utilizados para diversos tipos de pacientes ou populações. Portanto, é de extrema importância saber se o instrumento utilizado é adequado para a sua finalidade, quão comparável é perante a medidas similares utilizadas para mesurar o mesmo constructo e como interpretar os resultados que esse instrumento produz. As propriedades de medidas nos informam sobre a qualidade de um instrumento, e não sobre a forma de interpretar sua pontuação. Além disso, as propriedades de medida permitem eleger o melhor questionário a ser usado no meio clínico ou acadêmico.

Porém, a literatura sobre propriedades de medidas é bastante controversa, devido ao fato da grande variedade dos termos dados em específicas propriedades de medidas e às diferentes definições. O próprio termo "propriedades de medida" possui várias definições, como "psicometria ou clinimetria", por exemplo. Para tentar solucionar esse problema, um grupo de pesquisadores holandeses propôs, a partir de vários estudos, padronizar as definições para auxiliar os estudos realizados sobre o tópico por meio do *checklist*, denominado COSMIN.

O *checklist Consensus-based standards for the selection of health measurement instruments* (COSMIN) foi desenvolvido para avaliar a qualidade metodológica dos estudos que mensuraram as propriedades de medidas de instrumentos da área da saúde, e é cada vez mais utilizado em revisões sistemáticas de propriedades de medida para avaliar a qualidade dos instrumentos de avaliação. O *checklist* do COSMIN contém nove caixas, sendo cada uma relacionada com uma propriedade de medida. Cada caixa contém entre cinco e dezoito itens, que podem ser utilizados para avaliar se um estudo da propriedade de medida específica atende a certos padrões de qualidade metodológica. As nove caixas representam as seguintes propriedades de medida: consistência interna, confiabilidade, erros de medição, validade de conteúdo, validade de constructo (ou seja, validade estrutural, testes de hipóteses e validade transcultural), validade de critério e capacidade de resposta. Uma caixa adicional foi incluída para avaliar a qualidade metodológica de um estudo sobre a sua interpretabilidade.

20.5 CONSISTÊNCIA INTERNA

A consistência interna indica o grau em que os itens de uma escala ou subescala estão relacionados entre si, ou seja, mensurando o mesmo construto. Em outras palavras, a consistência interna mensura a homogeneidade de uma escala ou subescala de um instrumento.

Para avaliar a consistência interna, o primeiro passo seria testar a unidimensionalidade do instrumento. Uma análise fatorial deve ser aplicada para determinar a dimensionalidade das escalas, determinando assim quantas dimensões seriam compostas pelos itens do instrumento. O número de participantes incluídos em uma análise fatorial é uma questão de debate, as regras variam de quatro a dez indivíduos por item do instrumento, com um número mínimo de cem participantes para assegurar a estabilidade da matriz de variância e covariância. O *checklist* do COSMIN sugere que pelo menos sete indivíduos deveriam ser recrutados por item do instrumento, com um número mínimo de 100 participantes. Após a avaliação da unidimensionalidade da escala, uma análise estatística para averiguar a consistência interna deveria ser realizada para cada escala, ou sub escala, de forma independente.

O Alfa de Cronbach deveria ser utilizado para avaliar a consistência interna de escalas que possuem escores contínuos e o KR-20 ou o Alfa de Cronbach deveriam ser utilizados para escalas de escores dicotômicos. Uma importante análise é o Alfa de Cronbach para cada item deletado, que é fundamental nos casos em que são encontrados valores inadequados de consistência interna. Dessa forma, uma análise detalhada dos itens do instrumento e do valor de Alfa de Cronbach para cada item deletado poderia modificar a redundância ou heterogeneidade do questionário.

20.6 REPRODUTIBILIDADE

A reprodutibilidade é o grau de similaridade dos escores de um instrumento através de medidas repetidas em participantes em condições estáveis num delineamento de teste-reteste. A reprodutibilidade é um termo guarda-chuva que engloba duas propriedades: 1) confiabilidade, que é o erro relativo da medida que avalia o quanto os sujeitos da amostra podem ser distinguidos entre si, levando em consideração o erro da medida; e 2) concordância (erros de medição), que mensura o erro absoluto da medida e afere o quão próximo duas ou mais medidas repetidas estão umas das outras.

Para assegurar uma excelente qualidade segundo o COSMIM, as propriedades de medida, concordância e confiabilidade devem ser avaliadas com um número mínimo de cem participantes. O instrumento deve ser administrado na população-alvo no mínimo duas vezes, de maneiras independentes, ou seja, de formas completamente distintas. Porém, a forma de administração, o ambiente de coleta de dados e as instruções dadas aos participantes em ambas as administrações do instrumento devem ocorrer em condições similares. Além disso, durante o período de aplicação do instrumento, o quadro clínico dos participantes deve estar estável em relação à condição de saúde avaliada pelo instrumento, sendo o intervalo de tempo entre as aplicações subjetivo em cada população.

A confiabilidade é avaliada por meio do Coeficiente de Correlação Intraclasse (CCI), e seus respectivos intervalos de confiança a 95% para escores contínuos, sendo imprescindível reportar o modelo ou a fórmula do CCI utilizada. Para escores dicotômicos, nominais e ordinais, o Coeficiente de Kappa deveria ser utilizado para mensurar a confiabilidade. Por fim, para escores ordinais, o Coeficiente de Kappa ponderado deveria ser utilizado para mensurar a confiabilidade, informando sempre a forma de ponderação, por exemplo, linear, quadrática etc.

Para avaliar a concordância, o erro padrão da medida, a diferença mínima detectável ou os limites de concordância deveriam ser calculados.

20.7 VALIDADE

A validade é definida como a magnitude em que um instrumento mede o constructo que ele se propõe a medir. O termo validade engloba as seguintes propriedades de medidas: 1) validade de conteúdo, que inclui a validade de face; 2) validade de constructo, que inclui a validade estrutural, os testes de hipóteses e a validade trans--cultural; e, por último, 3) validade de critério.

20.7.1 VALIDADE DE CONTEÚDO (INCLUI A VALIDADE DE FACE)

Avalia o grau em que o conteúdo de um instrumento reflete de forma adequada o conteúdo do construto a ser medido. Abrange a validade de face que pode ser definida como o grau em que os itens de um instrumento de fato parecem refletir adequadamente o construto a ser avaliado.

Para mensurar a validade de conteúdo, deve-se avaliar se todos os itens do instrumento referem-se a aspectos relevantes do construto a ser avaliado, mensurando a pertinência e abrangência dos itens do instrumento. Um método apropriado de avaliar esse aspecto da validade de conteúdo seria que os *experts* da área de conhecimento do instrumento em questão julgassem a relevância e abrangência dos itens. Além disso, é importante avaliar se todos os itens do instrumento são relevantes para a população-alvo, levando em consideração idade, gênero, característica da condição de saúde, país ou local de coleta de dados. Esse aspecto deveria ser testado em uma amostra de no mínimo dez participantes do público-alvo do instrumento. Além disso, deve-se avaliar se todos os instrumentos são relevantes para o propósito do instrumento, como por exemplo um instrumento discriminativo, de evolução clínica e/ou preditivo.

A validade de face reflete quanto os itens de um instrumento conseguem representar de forma adequada o constructo a ser medido. Ela requer um julgamento subjetivo.

20.7.2 VALIDADE DE CONSTRUCTO

Validade estrutural

A validade estrutural representa o grau em que os escores de um instrumento são um reflexo adequado da dimensionalidade de um construto que está sendo avaliado. Ela deve ser avaliada a partir de uma análise fatorial semelhante aos passos descritos anteriormente. Para testar essa propriedade de medida, deveria ser conduzida uma análise fatorial exploratória ou confirmatória informando o tipo de análise realizada.

Testes de hipóteses

Os testes de hipóteses são muitas vezes chamados de validade de construto. Para assegurar uma excelente qualidade segundo o COSMIM, os testes de hipóteses devem ser avaliados com um número mínimo de 100 participantes. Hipóteses em relação à correlação ou entre a média das diferenças devem ser formuladas *a priori*, ou seja, antes de começar a coletar os dados. Essas hipóteses devem conter a direção e a magnitude das correlações ou a média das diferenças. Sem a formulação dessas específicas hipóteses *a priori*, o viés em testar a validade do construto pode ser alto, uma vez que, ao criar essas hipóteses retrospectivamente, é tentador pensar em alternativas que expliquem a possível baixa correlação encontrada do que concluir que o instrumento provavelmente não avalia aquele construto.

Do mesmo modo, deve-se descrever de forma adequada o instrumento utilizado como comparador, apresentando os constructos que ele avalia e apresentar se as propriedades de medidas do instrumento utilizado como comparador foram realizadas de forma adequada em uma população similar à população do estudo em questão.

Validade transcultural

Como descrito com mais detalhes na seção de adaptação transcultural, apenas uma tradução do instrumento para a língua-alvo não é suficiente, principalmente por causa das diferenças linguísticas e culturais. Segundo as orientações do COSMIM, quando se realiza uma validade transcultural de um instrumento, tanto o idioma de origem quanto a língua para a qual o instrumento está sendo traduzido devem ser descritos em detalhes. Além disso, múltiplas traduções e retrotraduções devem ser realizadas de forma independente, descrevendo adequadamente as áreas de atuação dos tradutores envolvidos (em relação à condição de saúde avaliada, o constructo avaliado e o idioma do instrumento que está sendo adaptado transculturalmente).

Todas as traduções devem ser revisadas por um comitê de especialistas, composto por tradutores e outras pessoas com o conhecimento apropriado que não participaram de nenhuma tradução ou retrotradução. Após a elaboração de uma versão pré-final, esse instrumento deveria ser testado na população-alvo para conferir o nível de interpretação, a relevância cultural da tradução realizada e a facilidade de compreensão da nova versão do instrumento. Esse teste-piloto da nova versão do instrumento deve ser realizado em um tamanho populacional adequado, de preferência em uma população que contenha características similares da população em que foi testada a versão original, com exceção da língua de origem e dos aspectos culturais.

20.7.3 VALIDADE DE CRITÉRIO

A validade de critério refere-se à propriedade de medida que avalia se a pontuação de um instrumento reflete adequadamente um padrão-ouro. O comitê de especialistas que desenvolveu o COSMIM apresentou um consenso: não existe um padrão-ouro para questionários de autoavaliação. A única exceção seria quando a versão curta de um instrumento é comparada com a versão longa do mesmo instrumento. Quando o instrumento avaliado e o padrão-ouro tiverem escores contínuos, a correlação deveria ser o método estatístico escolhido. Pórem, se o instrumento avaliado tiver característica contínua e o padrão-ouro for dicotômico, a área abaixo da curva (medida pela *Receiver Operator Characteristics Curve* - ROC) deveria ser o método escolhido. Se ambos forem dicotômicos, testes de sensibilidade ou especifidade deveriam ser utilizados. Para assegurar uma excelente qualidade, segundo o COSMIM, a validade de critério deveria ser avaliada em um número amostral maior ou igual a cem participantes e deveria apresentar uma evidência de que o critério utilizado como padrão-ouro foi adequado. Nem sempre existem padrões-ouro para determinados construtos, como a dor.

20.8 RESPONSIVIDADE

A responsividade é a capacidade de o questionário detectar mudanças clínicas ao longo do tempo no construto que está sendo medido, mesmo que essas mudanças sejam pequenas. Segundo o COSMIN, apesar de a responsividade ser considerada uma propriedade de medida separada da validade de construto e de critério, a única diferença entre elas é que a validade refere-se à validade de uma única pontuação (escore) de um determinado questionário (ou seja, em um delineamento transversal), e a responsividade refere-se à validade na mudança da pontuação (escore) de um determinado questionário (ou seja, em delineamento longitudinal). Portanto, os mesmos critérios que foram determinados para assegurar uma excelente qualidade de avaliação da validade do constructo e validade de critério são necessários para avaliar de forma adequada a responsividade. A razão, segundo o COSMIN, de referir a responsividade como uma propriedade de medida diferente da propriedade validade é para enfatizar que a validade tanto de uma única pontuação quanto a mudança observada na pontuação de um questionário são importantes de serem avaliadas, e ambas podem apresentar diferentes resultados.

Para assegurar uma excelente qualidade segundo o COSMIM, a responsividade deve ser avaliada com um número mínimo de cem participantes em um delineamento longitudinal. O intervalo entre as duas administrações do instrumento que está sendo avaliado deve ser adequadamente explicado, além de informar o que os participantes realizaram nesse período, entre as duas administrações (por exemplo, quais tratamentos esses participantes receberam). É importante apresentar alguma evidência sobre a proporção dos pacientes que melhoraram ou pioraram em relação ao construto que está sendo avaliado.

Assim como na propriedade de medida validade, a responsividade de critério e a responsividade de construto deveriam ser distinguíveis. Quando o construto a ser avaliado não apresenta um padrão-ouro disponível, a avaliação da responsividade é baseada nos testes de hipóteses em relação à diferença esperada em um grupo de pacientes, ou sobre a correlação entre a mudança clínica do questionário que está sendo avaliado e mudanças em outras variáveis. As hipóteses a serem testadas devem ser formuladas *a priori*, de preferência antes de coletar os dados, e devem conter a direção e a magnitude das correlações ou a média das diferenças de mudança clínica observadas. Além disso, deve-se descrever de forma adequada o instrumento utilizado como comparador, apresentar os construtos que ele avalia e apresentar se as propriedades de medidas do instrumento utilizado como comparador foram realizadas de forma adequada em uma população similar à população do estudo em questão. Vários métodos estatísticos podem ser utilizados para as comparações descritas, desde que eles sejam adequados às hipóteses elaboradas.

Quando um padrão-ouro estiver disponível, mudanças no questionário que está sendo avaliado podem ser comparadas com mudanças no padrão-ouro. A correlação entre mudanças em ambas pontuações é o método preferível a ser utilizado, se ambos os instrumentos tiverem pontuações contínuas. Se a pontuação do padrão-ouro for dicotômica, a área sob a curva ROC deveria ser utilizada. Se a pontuação do questionário que está sendo avaliado também for dicotômica, cálculos de especificidade e sensibilidade deveriam ser utilizados.

Segundo o COSMIN, existem vários parâmetros na literatura para avaliar responsividade, considerados inapropriados, como, por exemplo: o tamanho do efeito, o valor p de um teste *t* pareado, resposta média padronizada e fração de responsividade de Guyatt.

20.9 INTERPRETABILIDADE

A interpretabilidade é definida como o grau em que se pode atribuir significado qualitativo para pontuações quantitativas ou mudanças nas pontuações de um questionário. Ela não é considerada uma propriedade de medida, por não estar relacionada com a qualidade de um questionário, e sim por estar relacionada com o significado da pontuação dele. Porém, a avaliação da interpretabilidade é de extrema importância, levando em consideração os seguintes aspectos:

1) Para facilitar a interpretação da pontuação de um questionário, a distribuição da pontuação da população estudada deve ser apresentada, de preferência através de um histograma, além de informar a média e o desvio padrão.

2) A presença de efeitos de teto e piso deve ser reportada, ou seja, a porcentagem de entrevistados que alcançaram o máximo ou mínimo de escore possível.

3) É importante apresentar as pontuações ou as mudanças de pontuações para grupos relevantes, como grupo normativo, subgrupo de pacientes, ou população geral.

4) Por último, é importante determinar a mudança minimamente importante para permitir a interpretação das pontuações de um instrumento.

20.10 GENERALIZAÇÃO

Além de todas as propriedades de medida descritas anteriormente, é de extrema importância que os estudos que avaliam essas propriedades reportem informações sobre a população em que os dados foram coletados. Informações como mediana, média e desvio padrão da idade, gênero, e informações sobre as características da condição de saúde e/ou doenças dos participantes devem ser informadas para sabermos em que população podemos generalizar as informações obtidas das propriedades de medidas avaliadas. Além disso, informações sobre o local onde foram coletados os dados, como hospitais, clínicas de reabilitação, etc., país de coleta e a língua em que os instrumentos foram aplicados devem ser informadas.

20.11 CONSIDERAÇÕES FINAIS

Há diversos exemplos na literatura de estudos conduzidos com instrumentos que nunca foram testados para suas propriedades de medida. Esse tipo de atitude pode acarretar em resultados imprecisos e tendenciosos. Sendo assim, é fundamental que todos os instrumentos utilizados em pesquisa sejam previamente adaptados para a língua de utilização e testados para suas propriedades de medida. Ferramentas apropriadamente testadas tornam-se um pré-requisito básico para qualquer delineamento de pesquisa.

REFERÊNCIAS BIBLIOGRÁFICAS

Beaton DE, Bombardier C, Guillemin F, Ferraz MB. Guidelines for the process of cross-cultural adaptation of self-report measures. Spine (Phila Pa 1976). 2000;25(24):3186-91.

Guillemin F, Bombardier C, Beaton D. Cross-cultural adaptation of health-related quality of life measures: Literature review and proposed guidelines. J Clin Epidemiol. 1993;46:1417-32.

Maher CG, Latimer J, Costa LOP. The relevance of cross-cultural adaptation and clinimetrics for physical therapy instruments. Rev Bras Fisioter. 2007;11(4):245-52.

Mokkink LB, Terwee CB, Knol DL, Stratford PW, Alonso J, Patrick DL, et al. Protocol of the COSMIN study: COnsensus-based Standards for the selection of health Measurement INstruments. BMC Med Res Methodol 2006;6:2.

Mokkink LB, Terwee CB, Patrick DL, Alonso J, Stratford PW, Knol DL, et al. The COSMIN checklist for assessing the methodological quality of studies on measurement properties of health status measurement instruments: an international Delphi study. Qual Life Res. 2010;19(4):539-49.

Mokkink LB, Terwee CB, Gibbons E, Stratford PW, Alonso J, Patrick DL, et al. Inter-rater agreement and reliability of the COSMIN (COnsensus-based Standards for the selection of health status Measurement Instruments) checklist. BMC Med Res Methodol;10:82.

Mokkink LB, Terwee CB, Knol DL, Stratford PW, Alonso J, Patrick DL, et al. The COSMIN checklist for evaluating the methodological quality of studies on measurement properties: A clarification of its content. BMC Med Res Methodol. 2010;10:22.

Mokkink LB, Terwee CB, Patrick DL, Alonso J, Stratford PW, Knol DL, et al. The COSMIN study reached international consensus on taxonomy, terminology, and definitions of measurement properties for health-related patient-reported outcomes. J Clin Epidemiol. 2010;63(7):737-45.

Terwee CB, Bot SD, de Boer MR, van der Windt DA, Knol DL, Dekker J, et al. Quality criteria were proposed for measurement properties of health status questionnaires. J Clin Epidemiol. 2007;60:34-42.

Terwee CB, Mokkink LB, Knol DL, Ostelo RW, Bouter LM, de Vet HC. Rating the methodological quality in systematic reviews of studies on measurement properties: a scoring system for the COSMIN checklist. Qual Life Res. 2012;21(4):651-7.

de Vet HCW, Terwee CB, Knol DL, Bouter LM. When to use agreement versus reliability measures. J Clin Epidemiol. 2006;59:1033-9.

de Vet HC, Terwee CB, Mokkink LB, Knol DL. Measurements in Medicine. A practical guide. Cambridge: Cambridge University Press; 2011.

Capítulo 21
Investigação qualitativa em saúde: pressupostos teóricos e metodológicos

Luiz Gonzaga Chiavegato Filho

21.1 INTRODUÇÃO

O uso de métodos qualitativos de pesquisa tornou-se popular no início do século XX, principalmente no desenvolvimento das ciências sociais e humanas. Na área da saúde, como apontam alguns artigos e manuais de pesquisa, apesar da complexidade desse campo do saber, apenas na década de 1980 começa a ganhar espaços, sobretudo na saúde coletiva. Entre os principais motivos estão: mudanças no perfil de morbimortalidade da população, na oferta e organização de serviços de saúde e na ausência, de um modo geral, dos aspectos subjetivos e sociais nos estudos desenvolvidos pela epidemiologia (Baum, 1995; Pope; Mays, 1995; Turato, 2003; Minayo; Minayo Gomes, 2003; Mayring, 2002; Flick, 2009; Alberg, 2013).

De modo geral, o objetivo da pesquisa qualitativa na área da saúde é a compreensão de fenômenos subjetivos e sociais no contexto em que ocorrem, ou seja, entendimento de sentidos e significados do processo saúde/doença que as pessoas e grupos constroem para si e como eles afetam o seu modo de vida. Para Minayo e Minayo Gomes (2003, p. 134), deve-se ter em mente que: "O objeto, no caso da saúde, é sempre o sujeito, pois não se estuda nenhuma enfermidade em si mesma, mas nas pessoas que têm, tratam, sofrem, diagnosticam, interpretam, negam ou aceitam a situação que vivenciam em interação e interculturalmente".

Os estudos qualitativos são particularmente adequados para entender, por exemplo, como é que campanhas educativas sobre o uso de contraceptivos podem ser bem conhecidas por adolescentes ou jovens mulheres, mas não serem efetivas no dia a dia dessas pessoas, promovendo a redução da incidência da gravidez indesejada.

Ou, então, o grau de adesão. Para Pope e Mays (1995), tais estudos procuram responder perguntas como: O que é isso e como isso varia em determinadas circunstâncias? Por quê? Em vez de responder: Quanto disso ocorreu nesse lugar ou naquele momento?.

Posto isso, cabe indagar quais aspectos merecem ser aprofundados para se refletir sobre o uso de métodos qualitativos na área da saúde. Analisando o material já publicado sobre essa questão, é possível concluir que pelo menos três aspectos são fundamentais e, mesmo que apresentados de forma abreviada, não podem ser esquecidos: o debate acerca dos pressupostos ontológicos e epistemológicos; a reflexão sobre a natureza do objeto de pesquisa, bem como o conjunto de técnicas e procedimentos metodológicos adequados.

De acordo com Luna (1988), não faz muito sentido discutir metodologia fora de um quadro de referência teórico que, por sua vez, é condicionado por pressupostos epistemológicos e ontológicos. Isso porque nenhuma técnica deveria ser escolhida *a priori* da formulação do problema, seja ela qualitativa ou quantitativa. No entanto, é preciso tomar alguns cuidados para evitar o uso de argumentações retóricas e maniqueístas, muitas vezes observadas nesses debates, que nos levam invariavelmente ao relativismo oportunista ou ao dogmatismo pretensioso, o que dificulta o diálogo autêntico entre pesquisadores de perspectivas teóricas diferentes.

Assim, espera-se com este capítulo construir uma declaração de princípios sobre investigações qualitativas, mais do que propriamente um manual de condutas e procedimentos, que possa contribuir para a construção de conhecimentos e fomentar o diálogo dentro do campo da saúde.

21.2 PRESSUPOSTOS ONTOLÓGICOS E EPISTEMOLÓGICOS

Entre pesquisadores da área da saúde (mas não somente), o uso de métodos qualitativos de pesquisa pode ter diferentes interpretações. Para alguns, trata-se de um complemento aos métodos quantitativos, enquanto para outros, são opções que não se comunicam. Há também aqueles que acham que a pesquisa qualitativa não é uma forma de conhecimento cientificamente válida e reconhecida. Assim como há outros que buscam, a partir da superação das dicotomias e limitações de ambas as opções metodológicas, integrar objetividade e subjetividade nos processos de pesquisa, através de uma triangulação metodológica.

Para entender e se posicionar diante desse debate metodológico, antes é preciso, necessariamente, rever posições epistemológicas e ontológicas. Trata-se de uma regra fundamental ao exercício da ciência, seja qual for o tipo de metodologia utilizada. Ao renunciar a esse debate, condição relativamente frequente, o método assume um papel autônomo e garantidor por si só da qualidade, do rigor e do valor das investigações realizadas (Vasconcelos, 2002; González Rey, 2005; Minayo, 2010b).

Décadas atrás, Cardoso (1971) já alertava que o deslocamento da cientificidade apenas para o método traz como consequências a ignorância de sua condição histórica e o enfraquecimento do trabalho teórico. Além disso, como aponta Vasconcelos (2002), corre-se o risco de uma homogeneização epistemológica, ou seja, tratar diferentes objetos de investigação (físicos, biológicos, sociais ou subjetivos) da mesma forma e como se possuíssem a mesma natureza, reduzindo a complexidade desses fenômenos.

Para evitar tal equívoco, como salienta Moura (1998, p. 76), é preciso esclarecer as relações ontológicas e epistemológicas estabelecidas entre "fenômeno"[1] e "essência"[2] dos entes, no contexto de suas condições históricas, sociais e ideológicas. Na evolução da produção do conhecimento científico contemporâneo, de forma esquemática, é possível identificar ao menos três importantes concepções filosóficas que procuraram estabelecer as bases dessas relações: a idealista, a positivista e a materialista dialética.

A concepção idealista promoveu a separação radical entre "essência" e "fenômeno". Nesse caso, a "essência", apesar de abstrata, se configura como algo existente de fato e contraposta de forma autônoma, superior e determinante em relação à realidade material ("fenômeno") dos entes. Ou seja, a prioridade ontológica e epistemológica concentra-se na ausência de qualquer conteúdo objetivo, no âmbito da consciência, lugar das representações ideológicas. Na concepção positivista, acontece o contrário, entre a "essência" e o "fenômeno" dos entes estabelece-se uma identidade imediata e empírica, ou seja, a condição superior e autônoma da "essência", definida pela visão idealista, é reduzida ao que se pode imediatamente experimentar. Nessa condição, como conclui Moura (1998, p. 77), "o 'fenômeno' passa a valer por si e em si e a constituir, na imediatez do seu 'aparecer' empírico, a totalidade do próprio ser".

Por sua vez, o materialismo dialético foi desenvolvido por Karl Marx e Friedrich Engels como contraponto ao idealismo e ao positivismo citados anteriormente, com base na reinterpretação da dialética hegeliana.[3] Ao invés de propor a separação radical ou identidade abstrata entre "fenômeno" e "essência", concentrou-se nas "conexões internas" estabelecidas entre ambos em função da dialética materialista, vista como parte constitutiva dos próprios entes. No entanto, nesse caso, o movimento dialético tem origem nos processos naturais e históricos (por isso materialista), identificados como constituintes das formas de consciência desenvolvidas pelos homens. Ou seja, a "essência" é um conjunto de relações que, na sua condição fenomênica, tem de ser analisada e definida em seu próprio devir histórico, de modo que "as determinações da 'essência' são objetivamente inseparáveis do próprio movimento de manifestação dos entes" (Moura, 1998, p. 79).

---

1 Manifestação empírica de algo que se coloca à disposição de nossos sentidos, através da representação ou da experiência imediata.
2 Aquilo que concretamente caracteriza o ser e a natureza das coisas.
3 O filósofo Georg Wilhelm Friedrich Hegel foi um dos principais representantes do Idealismo Alemão, um dos movimentos filosóficos mais importantes do pensamento ocidental. Ele foi um idealista objetivo e propôs uma filosofia do devir. Para explicar que a realidade está em constante processo, estabelece os princípios do método dialético. Resumidamente, a ideia central é que todo ser contém em si mesmo a sua própria superação. Assim, o movimento da dialética, que tem origem na consciência (por isso idealista), se faz em três etapas: tese, antítese e síntese. Ou seja, afirmação, negação e negação da negação, quando então o processo se reinicia (Warburton, 2013).

Portanto, no materialismo dialético, a questão ontológica e epistemológica concentra-se no processo dialético entre "fenômeno" e "essência", que na visão de Chasin (2009, p. 98) se estabelece por meio da

> mediação da prática, onde objetividade e subjetividade são resgatadas de suas mútuas exterioridades, ou seja, uma transpassa e transmigra para a esfera da outra, de tal modo que interioridade subjetiva e exterioridade objetiva são enlaçadas e fundidas, plasmando o universo da realidade humano-societária – decantação de *subjetividade objetivada* ou, o que é o mesmo, de *objetividade subjetivada*. É, por conseguinte, a plena afirmação conjunta, enriquecida pela especificação do atributo dinâmico de cada uma delas, da subjetividade como *atividade ideal* e da objetividade como *atividade real*, enquanto momentos típicos e necessários do *ser social*, cuja potência se expressa pela síntese delas, enquanto construtor de si e de seu mundo.

Em última instância, percebe-se nessa transitividade entre "fenômeno" e "essência", uma dissolução tanto do polo ideal como do polo material no processo de (auto) constituição do ser, ou seja, da própria realização da essência humana. A dialética refere-se, portanto, a uma teoria geral do ser e o histórico refere-se a sua especificação em face da sociedade, ou seja, tais constatações evidenciam a historicidade como inerente à constituição do ser e do pensar. Não se trata de definir a natureza humana como mero reflexo abstrato da sociedade e, muito menos o contrário, mas definir que o indivíduo se confirma dialeticamente na sua vida social (Chasin, 2009; Netto, 2011).

Dessa forma, as proposições do materialismo dialético refutam as possibilidades de construção do conhecimento tanto na hipótese idealista, quanto na positivista. No primeiro caso, Moura (1998, p. 76) afirma que "cortada de sua implantação fenomênica material, a 'essência' perde sua base ontológica objetiva e, com ela, a possibilidade de se tornar um instrumento epistemológico não mistificado de compreensão dos processos reais". Já em relação à concepção positivista, esse mesmo autor aponta que a redução da materialidade à sua manifestação empírica positiva conduz a "uma desvalorização, ou a uma deficiente valorização, das possibilidades intrínsecas de transformação do existente", e confere ao objeto ou "fenômeno" uma passividade inerente ao ser, eliminando-se sua natureza histórica.

Todavia, é preciso reconhecer que a concepção positivista, influenciada pelo dualismo cartesiano,[4] inspirou profundamente o desenvolvimento da produção científica no século XX, dando origem inclusive à separação entre ciências naturais e humanas. Bauer, Gaskell e Allum (2002) alertam, inclusive, que tal predomínio dificultou o

---

4 Do ponto de vista epistemológico e ontológico, o dualismo cartesiano postula que corpo e alma são fenômenos de natureza completamente distinta. Essa compreensão dualista leva-nos a abordar o ser humano do ponto de vista da dicotomia corpo-mente.

estabelecimento de debates epistemológicos e ontológicos como aqui se pretende pôr em prática. Isso porque a identidade abstrata entre "fenômeno" e "essência" referida anteriormente colocou a ciência como a única forma de conhecimento válida para realizar a própria crítica, promovendo assim uma cisão entre conhecimento filosófico e científico. Para Vasconcelos (2002), esse reducionismo afetou substancialmente o desenvolvimento epistemológico e motivou inúmeras polêmicas metodológicas.

Do ponto de vista materialista dialético, a construção do conhecimento científico ocorre quando se descortina a dialética do processo, ao se analisar os sentidos e implicações da unidade material do real, ou seja, a ciência deve trazer à consciência esse trabalho próprio da razão do objeto em seu devir dialético, desvendar a lógica própria (objetivas e subjetivas) dos processos concretos. Portanto, para Moura (1998, p. 102), "a base ontológica a partir da qual e sobre a qual ganham determinação e sentido as exigências especificadoras da cientificidade é a realidade objetiva, encarada de modo materialista".

O pesquisador deve tratar de ser fiel ao objeto, à sua estrutura e dinâmica, ou seja, deve estar ativamente comprometido com o objeto, buscando suas determinações na medida em que avança o processo investigativo. Parte-se do real, do concreto, do objeto para depois, pela análise, proceder à abstração que nos leva às determinações mais elementares desse objeto. Em seguida, é preciso, de modo contrário, retornar ao real com o produto analítico em questão para, então, avançar em direção à elaboração teórica do conhecimento científico (Chasin, 2009; Netto, 2011).

Na construção do processo investigativo do real, na busca por conhecer o objeto da pesquisa, em seus detalhes, formas de desenvolvimento e suas conexões internas, os instrumentos e as técnicas de pesquisa são os mais variados, sejam eles de cunho qualitativo ou quantitativo, porém, não devem ser identificados como o método. Conforme alerta Netto (2011, p. 26), "instrumentos e técnicas similares podem servir (e de fato servem), em escala variada, a concepções metodológicas diferentes". Entretanto, aquilo que vai definitivamente caracterizar o cerne da proposta do materialismo dialético, para a produção do conhecimento científico, é o respeito à integridade ontológica dos entes na busca por suas formas de evolução e suas conexões internas.

21.3 ELUCUBRAÇÕES EM TORNO DO OBJETO DE PESQUISA DO CAMPO DA SAÚDE

Uma vez apresentados os pressupostos epistemológicos e ontológicos, cabe agora discutir um pouco sobre como tais pressupostos afetam o entendimento do objeto de pesquisa no campo da saúde. É fato que atualmente, em diferentes campos disciplinares, poucos pesquisadores negariam que a saúde deve ser vista como um processo e que a relação saúde/doença é multideterminada por fatores sociais, políticos, culturais, econômicos e subjetivos. No entanto, como alerta Sawaia (2003), tais fatores ainda são entendidos como variáveis independentes, ou seja, algo que é possível controlar ou eliminar da vivência do processo saúde/doença.

Porém, do ponto de vista do materialismo dialético, o processo saúde/doença se estabelece em um dado sujeito não de forma independente e autônoma, obedecendo a padrões preestabelecidos de normalidade, mas determinado historicamente pela forma de inserção social do ser humano na sociedade.

Nesse caso, entende-se que a concepção de saúde apresentada por Canguilhem (1995) nos oferece subsídios para melhor compreender essa condição. Ao discriminar as dimensões valorativas e fenomenológicas tanto de uma dada enfermidade como da normalidade, esse autor aborda criticamente a ideia de que o estado patológico seria apenas uma modificação quantitativa do estado normal, ou seja, uma variação quantitativa de um padrão tido como referência e que, por sua vez, indicaria ou não a necessidade de uma intervenção terapêutica. Dessa forma, a avalição quantitativa da normalidade em saúde seria meramente descritiva (fato/"fenômeno") e não seria suficiente para dimensionar exatamente em que ponto ao nos afastarmos do que é considerado normal passamos à condição patológica (valor/"essência").

Em sua concepção de saúde, Canguilhem (1995) elaborou o conceito de normatividade da vida, que em substituição ao conceito de normalidade foi a peça fundamental para se analisar o processo saúde/doença. Nesse caso, o restabelecimento de um problema de saúde (normalidade) não se daria apenas quando, por meio de uma dada intervenção terapêutica, atinge-se um determinado valor referenciado (identidade abstrata,[5] "fenômeno" e "essência"), mas sim quando a pessoa tratada em questão se considera curada.

Para Canguilhem (1995, p. 96), o sujeito passa a ter um papel ativo na consideração do que seria normal (saudável) ou patológico entre certos estados ou comportamentos em relação à polaridade dinâmica da vida. "Desta forma, o vivente humano prolonga, de modo mais ou menos lúcido, um efeito espontâneo, próprio da vida, para lutar contra aquilo que constitui um obstáculo à sua manutenção e a seu desenvolvimento tomado como normas".

Essa forma de se colocar diante da vida e dos problemas de saúde que podem daí decorrer se alinha aos princípios ontológicos e epistemológicos do materialismo dialético, na medida em que não coloca apenas no sujeito o atributo do que é ou não saudável, ou então normal. Muito pelo contrário, o conceito de *normatividade da vida* implica necessariamente que essa relação se estabelece a partir do contato (ou da dialética) com o mundo que o cerca. Nas palavras de Canguilhem,

> o fato de reagir por uma doença, a uma lesão, a uma infestação, a uma anarquia funcional, traduz um fato fundamental: é que a vida não é indiferente às condições nas quais ela é possível, que a vida é polaridade e por isso mesmo, posição inconsciente de valor, em resumo que a vida é, de fato, uma atividade norma-

---

5   Trata-se da visão positivista de saúde, em que a relação entre "fenômeno" e "essência" estabelece-se, no caso da saúde, a partir de uma identidade abstrata entre o estado habitual de funcionamento do corpo (fenomenológico) e seu estado ideal (valorativo), para indicar o que seria o estado normal.

tiva. Em filosofia, entende-se por normativo qualquer julgamento que aprecie ou qualifique um fato em relação a uma norma, mas essa forma de julgamento está subordinada, no fundo, àquele que institui as normas. No pleno sentido da palavra, normativo é o que institui as normas. E é neste sentido que propomos falar sobre uma normatividade biológica (1995, p. 96).

A normatividade biológica aponta para a equivocada identificação entre as leis da natureza e a lei da vida patológica, indicando, portanto, que saúde vai além de uma normalidade física, química ou mecânica, configurando-se assim uma concepção de saúde que, como afirmam Puttini e Pereira Junior (2007, p. 459), vai além de "uma reflexão epistemológica sobre a vida que não se prendesse às categorias mecanicistas".

Isso não elimina o conceito de normalidade descrita quantitativamente, mas coloca em referência a interação entre o organismo e o meio, e não o organismo visto de forma isolada. Conforme indicam Puttini e Pereira Junior (2007), essa diferenciação apontada por Canguilhem implica em reconhecer outra distinção entre anomalia e patologia:

a anomalia designaria uma variação, diferença, descontinuidade espacial e/ou morfológica da espécie, que é valorizada negativamente pela própria vida – ou seja, a anomalia é um fenômeno intrínseco ao processo vital. Já no termo patológico, considera-se o organismo em relação ao meio, podendo-se ou não ser patológico, dependendo as variações do meio ambiente (2007, p. 460).

Nesse caso, saúde (ou a condição de normalidade do meio) seria decorrente do desenvolvimento da vida dos sujeitos de acordo com as próprias normas. A anomalia seria outra norma de vida, que se coloca diante das normas próprias de vida dos sujeitos em condição de inferioridade, igualdade ou superioridade, correspondendo assim, respectivamente, "aos modos patológico, normal e favorável à fecundidade e variabilidade da vida. Nesse caso, o patológico não é ausência de uma norma biológica, mas a ocorrência de uma norma recusada pela vida. Assim, o anormal não é a ausência, porém a restrição da normatividade vital" (Puttini; Pereira Júnior, 2007, p. 460).

Para Canguilhem:

Nem toda anomalia é patológica, mas só a existência de anomalias é que propiciou uma ciência especial das anomalias, que tende usualmente – pelo fato de ser ciência – a banir, da definição da anomalia, qualquer implicação normativa [...] a anomalia é a consequência de variação individual que impede dois seres de poderem se substituir um ao outro de modo completo [...]. No entanto, diversidade não é doença. O anormal não é patológico. Patológico implica *pathos*, sentimento direto e concreto de sofrimento e de impotência, sentimento de vida contrariada [...]. Sem dúvida, há uma maneira de considerar o patológico como normal, definindo o normal e o anormal pela frequência estatística relativa [...] em certo sentido pode-se dizer que a saúde perfeita contínua é um fato anormal (1995, p. 106).

Portanto, concorda-se com Canguilhem (1995), que afirma que ter saúde significa poder adoecer e sair do estado patológico, com a possibilidade de criar e instaurar normas vitais; de produzir, criar, transformar e interagir com o meio e com os outros. Implica poder desobedecer, produzir ou acompanhar uma transformação; ou seja, administrar de forma autônoma a margem de risco, de tensão, de dificuldade, de mal-estar que acompanha o cotidiano das pessoas. Por outro lado, o patológico é a perda dessa capacidade normativa, a impossibilidade de mudança nas situações em que há algum sofrimento.

Tal visão supera a concepção de saúde apresentada pela Organização Mundial da Saúde (OMS) em 1948, que entendia a saúde como um estado de completo bem-estar físico, mental e social, e não somente a ausência de enfermidade ou invalidez. O grande avanço dessa definição, apoiado pela teoria da multicausalidade,[6] é o reconhecimento da multideterminação da relação saúde/doença. Todavia, ao manter um caráter passivo e estático de saúde, impossibilita a definição precisa do que viria a ser bem-estar físico, mental e social.

Além disso, Berlinguer (1988) alerta para o estabelecimento de uma confusão etiológica decorrente da justaposição e da falta de articulação entre fatores causais, em que, por exemplo, mal-estar mental e social passa a ser encarado como uma doença ou um desvio da normalidade e não como fator determinante de uma afecção. Conforme aponta Minayo (2010, p. 30), "para todos os grupos, ainda que de forma específica e peculiar, saúde e doença expressam agora e sempre, no corpo ou na mente, particularidades biológicas, sociais, ambientais vividas subjetivamente, na peculiar totalidade existencial do indivíduo ou dos grupos".

Isso significa enaltecer a importância do significado e dos sentidos atribuídos pelas pessoas à saúde, doença, práticas de saúde, medicamentos, trabalho, ao corpo etc., na compreensão do processo saúde/doença. "O sentido, como mediador do desenvolvimento humano, é o lugar em que o biológico, o psicológico e o social se encontram e se autoconfiguram". A ausência dessa discussão, ou seja, a falta de compreensão de seu contexto sócio-histórico, acaba por promover a individualização da saúde, que culpabiliza as pessoas pela sua doença, confirmando a hipótese de que possuímos, em nosso interior, todos os recursos necessários para a cura e reabilitação (Sawaia, 2003, p. 87).

---

6 A teoria da multicausalidade caracteriza-se por incluir aspectos relativos à organização da sociedade e à cultura entre fatores que contribuem para a produção das doenças, sem que constituam necessariamente determinantes do processo. Os fatores sociais, econômicos, culturais, psicológicos, demográficos são pensados como partes de um conjunto mais amplo de causas, que inclui fatores do ambiente físico e biológico em um componente designado como meio ambiente (Barata, 2005, p. 9).

Portanto, o papel de regulação que a saúde exerce no desenvolvimento da capacidade de ação das pessoas deve ser valorizado. De modo que "a expressão mais correta para designar a práxis em saúde não é nem prevenção nem promoção, mas potencialização que demanda ações no plano biológico, subjetivo, social e ético" (Sawaia, 2003, p. 93).

21.4 IMPLICAÇÕES METODOLÓGICAS

Como definido, toda investigação em saúde carrega o desafio de abordar o processo saúde/doença em toda sua complexidade, sem abdicar da problemática social que o envolve, uma vez que o corpo humano está atravessado pelas determinações de condições, situações e estilos de vida e trabalho (Minayo, 2010).

Além disso, em função dos pressupostos teóricos apresentados, saber a prioridade ontológica é sempre o objeto da pesquisa, ou seja, os instrumentos e as técnicas de pesquisa serão utilizados em decorrência das especificidades do que estiver sendo investigado. Feito essas ressalvas, cabe agora, mesmo que de forma breve, apresentar uma caracterização geral da pesquisa qualitativa.

O objetivo fundamental do uso de instrumentos e técnicas qualitativas é compreender em profundidade e explorar os sentidos e significados individuais ou coletivos aos processos da vida cotidiana. Essa condição, voltada para o campo da saúde foi assim definida por Turato (2005, p. 510):

> Busca interpretar os significados – de natureza psicológica e complementarmente sociocultural – trazidos por indivíduos (pacientes ou outras pessoas preocupadas ou que se ocupam com problemas da saúde, tais como familiares, profissionais de saúde e sujeitos da comunidade), acerca dos múltiplos fenômenos pertinentes ao campo dos problemas da saúde-doença.

De uma forma geral, conforme apontam alguns artigos e manuais sobre os procedimentos da investigação qualitativa, as etapas principais podem ser resumidas em: definição do objeto de estudo, coleta de dados, interpretação dos resultados e generalização (Bauer; Gaskell; Allum, 2002; Günther, 2006; Mayring, 2002; Minayo, 2010).

Minayo (2012), baseada em sua experiência como pesquisadora na área da saúde coletiva e visando aprofundar a reflexão sobre o processo de análise na pesquisa qualitativa, subdivide as etapas desse processo em dez passos cruciais que nortearão a discussão a seguir. Os aspectos mencionados vão desde o esclarecimento dos pressupostos ontológicos e epistemológicos da pesquisa até a definição dos critérios de validade da produção do conhecimento.

O primeiro passo se refere aos termos estruturantes de toda pesquisa qualitativa. Para Minayo (2012, p. 622), a composição do objeto de uma investigação deste tipo é "um conjunto de substantivos cujos sentidos se complementam: experiência, vivência, senso comum e ação. E o movimento que informa qualquer abordagem ou análise se baseia em três verbos: compreender, interpretar e dialetizar".

A experiência se constitui na base de toda ação humana, que se transforma em vivência quando objetivada em forma de realidade pensada, ou seja, uma elaboração do indivíduo sobre tudo o que experimenta, tendo como pano de fundo sua personalidade, história de vida e seu contexto sociocultural. O senso comum é o saber tácito produzido pelas experiências e vivências individuais e coletivas responsáveis pelas representações, hábitos, condutas e ações, que nos definem como um ser histórico (Minayo, 2012).

Para Spink (2003, p. 37), esse conjunto de substantivos pode ser traduzido em uma só palavra: "cotidiano". Porém, não para ser tratado como campo empírico autônomo, separado e do qual podemos tomar distância para analisá-lo, mas sim para compreender a construção de sentidos e significados no espaço de vida de indivíduos e grupos. "Transformar o agir do outro em 'dados' é desqualificar sua presença e reduzi-lo".

> Não há dados, mas há, ao contrário, pedaços ou fragmentos de conversas: conversas no presente, conversas no passado; conversas presentes nas materialidades; conversas que já viraram eventos, artefatos e instituições; conversas ainda em formação; e, mais importante ainda, conversas sobre conversas. Não há múltiplas formas de coleta de dados e, sim, múltiplas maneiras de conversar com socialidades e materialidades em que buscamos entrecruzá-las, juntando os fragmentos para ampliar as vozes, argumentos e possibilidades presentes.

Na mesma direção, Mayring (2002) e Minayo (2012) também identificam os acontecimentos e conhecimentos cotidianos como elementos centrais de estudos qualitativos, dado que são o lugar de expressão das experiências e vivências das pessoas.

Em outro artigo, Spink (2008, p. 72), ao demonstrar a importância do cotidiano nas investigações qualitativas, busca recuperar a noção de pesquisa como prática social de debate, de diálogo, proporcionando uma inserção horizontal do pesquisador na condição histórica dos eventos cotidianos. Tal condição vai de encontro aos verbos que movimentam a investigação qualitativa: compreender, interpretar e dialetizar. Para Minayo (2012, p. 256), o verbo compreender assume lugar de destaque, na medida em que implica o desenvolvimento da capacidade de colocar-se no lugar do outro. "O ser humano é um ser histórico, contextualizado e envolvido pela cultura e é em seu contexto de vida coletiva que sua existência adquire sentido". Em seguida, a interpretação configura-se como uma apropriação do que se compreende, para depois, a partir de sua bagagem teórica, estabelecer um ir e vir dialético em busca das contradições e dos consensos entre os dados coletados e a realidade dos indivíduos ou grupos que construíram esses dados.

O segundo passo apresentado por Minayo (2012) trata da importância em se analisar o objeto da investigação, procurando problematizá-lo e teorizá-lo, com vistas a um delineamento adequado, ou seja, devidamente esclarecido e contextualizado com base na literatura produzida sobre o assunto e na fundamentação teórica adotada. Todavia, esse momento não vem sendo devidamente contemplado, é o que aponta o recente levantamento, feito por Deslandes e Iriart (2012), sobre os recursos teórico-metodológicos mais utilizados nas pesquisas na área das Ciências Sociais e Humanas em Saúde.

Os passos três e quatro referem-se às estratégias de campo, ou seja, à definição dos instrumentos operacionais que serão utilizados, que devem também estar afinados com a fundamentação teórica adotada, bem como submetidos a uma avaliação contínua com vistas a adequar-se ao objeto de estudo a partir dos contatos preliminares.

O passo de número cinco refere-se ao trabalho de campo propriamente dito. De acordo com Minayo (2012, p. 623),

> num trabalho de campo profícuo, o pesquisador vai construindo um relato composto por depoimentos pessoais e visões subjetivas dos interlocutores, em que as falas de uns se acrescentam às dos outros e se compõem com ou se contrapõem às observações [...] Em resumo, o trabalho de campo não é um exercício de contemplação. Tanto na observação como na interlocução com os atores o investigador é um ator ativo, que indaga, que interpreta, e que desenvolve um olhar crítico.

Alguns aspectos do trabalho de campo são fundamentais como a seleção e delimitação do universo dos participantes; a definição das situações de contato para a coleta dos dados e a os modos de utilização das técnicas e instrumentos propriamente ditos. Conceder a devida atenção a esses aspectos, ainda nos primórdios do processo investigativo, visa a garantir a qualidade, a confiabilidade e a validade do conhecimento produzido, mesmo que no decorrer da pesquisa tais aspectos se modifiquem (e certamente se modificaram) em função do contato com o objeto. Desse modo, garante-se o acesso de outros pesquisadores aos procedimentos e resultados da pesquisa (Duarte, 2002; 2004).

Para Duarte (2002), o trabalho de campo deve ser interrompido quando se identificar e compreender a rede de sentidos e significados que orientam os participantes em seus respectivos contextos de vida. Nesse momento, chega-se ao sexto passo que representa o processo de ordenação e organização do material secundário e empírico. Para Minayo (2012, p. 624), "é preciso investir na compreensão do material trazido do campo, dando-lhe valor, ênfase, espaço e tempo".

Trata-se de uma etapa importante de organização dos documentos do processo investigativo que inclui organização das referências utilizadas e que precisam ser complementadas; o diário de campo (fonte importante para o processo de análise); demais documentos que possam caracterizar de forma detalhada o objeto como dados estatísticos, institucionais e históricos; e, finalmente, os dados primários, obtidos através de entrevistas individuais ou em grupo, que devem ser devidamente transcritas.

Esse material compõe a atividade do sétimo passo que envolve a classificação do material recolhido no campo para a elaboração teórica, ou seja, para ordenar os relatos e dados obtidos, visando encontrar pontos em comum e diferenças para efeito de comparação e interpretação. Em seguida, separar ou recortar trechos do material obtido e organizá-los em assuntos, visando uma classificação prévia e, por fim, promover nova leitura e organização com o objetivo de sintetizá-lo em quatro ou cinco tópicos para enfatizar os aspectos relevantes apontados pelo material empírico e buscar o significado e os sentidos expressos pelos entrevistados. Para ajudar nessa etapa da investigação, é possível encontrar diversos programas de informática que facilitam a criação de categorias, códigos etc., além do cruzamento das informações (Duarte, 2002).

Trata-se de um momento crucial das investigações qualitativas e fonte de um dos grandes equívocos desse tipo de análise: restringir-se à descrição das falas dos entrevistados. De acordo com Deslandes e Iriart (2012, p. 2385), boa parte de pesquisa qualitativa realizada na área da saúde, mais especificamente na saúde coletiva, utiliza as técnicas de produção dos dados qualitativos de forma instrumental, sem qualquer referencial teórico. "As falas dos sujeitos são tomadas como verdades e descoladas das práticas e dos contextos socioculturais em que eles estão inseridos". Para Duarte (2002, p. 152), "a confiabilidade e legitimidade da pesquisa qualitativa dependem, fundamentalmente, da capacidade de o pesquisador articular teoria e empiria em torno de um objeto, questão ou problemas de pesquisa".

O oitavo passo é quase um alerta para que equívocos desse tipo não ocorram, na medida em que prevê um retorno ao material empírico para um novo processo de teorização, além de uma etapa de validação dos resultados junto aos entrevistados. "A interpretação deve, portanto, ultrapassar a identificação e exposição dos dados. Ela implica propor explicações com responsabilidade e comprometimento com os pesquisados e com a divulgação dos resultados. Acima de tudo, é necessário que os sujeitos de pesquisa sejam tratados como interlocutores que compartilham do mesmo espaço e tempo corporal/cultural que os pesquisadores".

O nono passo refere-se à produção de um texto que seja ao mesmo "tempo fiel aos achados do campo, contextualizado e acessível". "O relato final da pesquisa configura uma síntese na qual o objeto de estudo reveste, impregna e entranha todo o texto. O contexto, as determinações mais próximas e as mais abstratas, nessa etapa do 'concreto pensado', devem emanar do objeto e não ao contrário" (Minayo, p. 625).

O décimo e último passo refere-se aos critérios de fidedignidade e de validade, que contemplam, sobretudo, a explicitação rigorosa de teoria, métodos e técnicas usados, para facilitar o acesso e a crítica de outros pesquisadores, bem como das implicações do pesquisador em todo o processo. O percurso analítico e sistemático, portanto, tem o sentido de tornar possível a objetivação de um tipo de conhecimento que tem como matéria-prima, opiniões, crenças, valores, representações, relações e ações humanas e sociais sob a perspectiva dos atores em intersubjetividade. Dessa forma, a análise qualitativa de um objeto de investigação concretiza a possibilidade de construção de conhecimento e possui todos os requisitos e instrumentos para ser considerada e valorizada como um constructo científico (Minayo, 2012, p. 626).

Günther (2006, p. 207), apoiando-se em diversos trabalhos sobre pesquisa qualitativa, apresentou alguns critérios, pensados em termos de perguntas, para definir a qualidade de uma investigação:

- As perguntas da pesquisa são claramente formuladas?
- O delineamento da pesquisa é consistente com o objetivo e as perguntas?
- Os paradigmas e os construtos analíticos foram bem explicitados?
- A posição teórica e as expectativas do pesquisador foram explicitadas?
- Adotaram-se regras explícitas nos procedimentos metodológicos?
- Os procedimentos metodológicos são bem documentados?
- Adotaram-se regras explícitas nos procedimentos analíticos?
- Os procedimentos analíticos são bem documentados?
- Os dados foram coletados em todos os contextos, tempos e pessoas sugeridos pelo delineamento?
- O detalhamento da análise leva em conta resultados não esperados e contrários ao esperado?
- A discussão dos resultados leva em conta possíveis alternativas de interpretação?
- Os resultados são – ou não – congruentes com as expectativas teóricas?
- Explicitou-se a teoria que pode ser derivada dos dados e utilizada em outros contextos?
- Os resultados são acessíveis, tanto para a comunidade acadêmica quanto para os usuários no campo?
- Os resultados estimulam ações – básicas e aplicadas – futuras?

Para Günther (2006), tais perguntas são imprescindíveis para se estabelecer o diálogo entre pesquisadores, sem o qual não há como avançar na produção do conhecimento científico de qualidade. Na mesma direção, Minayo (2012, p. 622) afirma que,

> fazer ciência é trabalhar simultaneamente com teoria, método e técnicas, numa perspectiva em que esse tripé se condicione mutuamente: o modo de fazer depende do que o objeto demanda, e a resposta ao objeto depende das perguntas, dos instrumentos e das estratégias utilizadas na coleta dos dados. À trilogia acrescento sempre que a qualidade de uma análise depende também da arte, da experiência e da capacidade de aprofundamento do investigador que dá o tom e o tempero do trabalho que elabora.

21.5 CONSIDERAÇÕES FINAIS

Historicamente, a área da saúde pautou-se pelo paradigma positivista, visando controlar condições materiais para aumentar nossa saúde e segurança física, oferecendo pouco espaço aos aspectos subjetivos, sociais e culturais na epidemiologia, nas práticas e no planejamento dos serviços de saúde. Razão pela qual, nota-se a ausência ou a pouca frequência de debates e reflexões acerca do objeto de pesquisa da área da saúde: o processo saúde/doença. Essa é uma das razões pelas quais a polêmica metodológica ainda se faz presente, como atestam recentes publicações sobre essa temática (Baum, 1995; Pope; Mays, 1995; Minayo; Minayo Gomes, 2003; Günther, 2006; Hallberg, 2013; Minayo, 2013).

Entende-se que essas breves considerações sobre os pressupostos epistemológicos e ontológicos, bem como sobre o processo saúde/doença estão longe de ser assimiladas no interior da área da saúde. Mas, espera-se que o que foi exposto contribua para ampliar o diálogo entre os pares. Se a disponibilidade para o diálogo passa pelo reconhecimento de que a necessidade de fazer um trabalho bem feito é partilhada por todos e independente dos procedimentos, então as conversas são fundamentais para avançarmos na produção de conhecimentos. Como afirma Spink (2008, p. 52), "somos somente uma parte de uma ecologia de saberes, cada uma das quais partindo de um ponto distinto e pensando que tem algo a contribuir".

Ao narrar nossos trabalhos, precisamos não somente construir um diálogo entre os pares e as pessoas envolvidas em uma dada investigação, mas também um diálogo com outras pessoas fora desse raio de ação que também podem se vincular à questão em discussão. É preciso superar a ideia de que há uma única forma de pesquisar, como afirmam Bauer, Gaskell e Allum (2002, p. 22),

> nem quali, nem quantitativamente, nem questionário ou escala, nem entrevista se constituem num caminho régio para a pesquisa. Esse caminho pode, contudo, ser encontrado através de uma consciência adequada dos diferentes métodos, de uma avaliação de suas vantagens e limitações e de uma compreensão de seu uso em diferentes situações sociais, diferentes tipos de informações e diferentes problemas sociais.

Como defende Minayo (2010, p. 31), "é preciso entender que ao ampliar suas bases conceituais incluindo o social e a subjetividade como elementos constitutivos, as ciências da saúde não se tornam menos 'científicas', pelo contrário, elas se aproximam com maior luminosidade das condições reais dos fenômenos que abarcam".

É fundamental reconhecer que a crítica às possibilidades de construção do conhecimento científico na área da saúde, torna possível sua superação, e depois reconstrução. Porém, deve-se fazê-lo a partir de um ponto de vista diferente, reconhecendo que é necessário considerar a heterogeneidade das ações e comportamentos das pessoas na condução dos respectivos processos saúde/doença, o que, por sua vez, os conduz a sua auto-organização.

REFERÊNCIAS BIBLIOGRÁFICAS

Barata RB. Epidemiologia social. Rev Bras. Epidemiol. 2005;8(1).

Bauer MW, Gaskell G. Qualidade, quantidade e interesses do conhecimento: evitando confusões. In: Bauer MW, Gaskell G (ed.). Pesquisa qualitativa com texto, imagem e som. Um manual prático. Petrópolis: Vozes; 2002.

Baum F. Researching public health: behind the qualitative-quantitative methodological debate. Soc Sci Med. 40 459-68.

Berlinguer G. A doença. Trad. Virginia Gawryswsky. São Paulo: Hucitec; 1988.

Cardoso ML. O mito do método. Rio de Janeiro: CCS-PUC; 1971.

Chasin J. Marx: estatuto ontológico e resolução metodológica. São Paulo: Boitempo; 2009.

Deslandes SF, Iriart JA. Usos teórico-metodológicos das pesquisas na área de ciências sociais e humanas em saúde. Cad Saúde Pública. 2012;28(120:.

Duarte R. Pesquisa qualitativa: reflexões sobre o trabalho de campo. Cad Pesq2002;115:139-54.

Duarte R. Entrevistas em pesquisas qualitativas. Educar Rev. 2004;24:213-25.

Flick U. Introdução à pesquisa qualitativa. Trad Joice Elias Costa. 3. ed. Porto Alegre: Artmed; 2009.

González RF. Pesquisa qualitativa e subjetividade: os processos de construção da informação. São Paulo: Pioneira Thomson Learning; 2005.

Guareschi PA. Pressupostos metafísicos e epistemológicos na pesquisa. Psicol Reflex Crit. 2003;16(2):.

Günther H. Pesquisa qualitativa *versus* pesquisa quantitativa: esta é a questão? Psicol Teoria Pesq. 2006;22(2):201-9.

Hallberg L. Editorial – Quality criteria and generalization of results from qualitative studies. Int J Qualitative Stud Health Well-being. 2003;8:20647.

Lima ME. Saúde mental e trabalho: limites, desafios, obstáculos e perspectivas. Cad Psicol Social Trab. 2013;16:91-8.

Luna S. O falso conflito entre tendências metodológicas. Cad Pesq. 1988;66:.

Mayring PH. Einführung in die qualitative Sozialforschung [Introdução à pesquisasocial qualitativa]. 5. ed. Weinheim: Beltz; 2002.

Minayo MCS. Los conceptos estructurantes de la investigación cualitativa. Salud Colec. 2010;6(3):251-61.

_____. O desafio do conhecimento: pesquisa qualitativa em saúde. São Paulo: Hucitec; 2010b.

_____. Análise qualitativa: teoria, passos e fidedignidad. Ciênc Caúde Coletiva 2012;17(3):.

_____. Minayo-Gómez C. Difíceis e possíveis relações entre métodos quantitativos e qualitativos nos estudos de problemas de saúde. In: Goldenberg P, Marsiglia RM, Gomes AM. (Orgs.). O clássico e o novo: tendências, objetos e abordagens em ciências sociais e saúde. Rio de Janeiro: Fiocruz; 2003. p. 117-42.

Moura JB. Materialismo e subjetividade: estudos em torno de Marx. Lisboa: Editorial Avante; 1998.

Netto JP. Introdução ao estudo do método de Marx. São Paulo: Expressão Popular; 2011.

Pope C, Mays N. Qualitative research: reaching the parts other methods cannot reach: an introduction to qualitative methods in health and health services research. BMJ. 1995;311(6996): 42-5.

Puttini RF, Pereira Junior A. Além do mecanicismo e do vitalismo: a "normatividade da vida" em Georges Canguilhem. Physis. 2007;17(3);.

Spink PK. O pesquisador conversador no cotidiano. Psicol Soc. Porto Alegre, 2008;20.

_____. Pesquisa de campo em psicologia social: uma perspectiva pós-construcionista. Psicol Soc. 2003;15(2):.

Sawaia BB. O sentido ético-político da saúde na era do triunfo da tecnobiologia e dorelativismo. In: Goldenberg P, Marsiglia RM, Gomes MH (Org.). O clássico e o novo: tendências, objetos e abordagens em ciências sociais e saúde. Rio de Janeiro: Fiocruz; 2003.

Turato ER. Tratado da metodologia da pesquisa clínico-qualitativa: construção teórico-epistemológica, discussão comparada e aplicação nas áreas da saúde e humanas. Petrópolis, RJ: Vozes; 2003.

_____. Métodos qualitativos e quantitativos na área da saúde: definições, diferenças e seus objetos de pesquisa. Rev Saúde Pública. 2005;39(3):.

Vasconcelos EM. Complexidade e pesquisa interdisciplinar: epistemologia e metodologia operativa. Petrópolis: Vozes; 2002.

Warburton N. Uma breve história da filosofia. Porto Alegre, RS: L&PM; 2013.

Capítulo 22
Revisões sistemáticas

Maria Stella Peccin da Silva
Thomas Pesavento

Em busca da melhor qualidade no cuidado da saúde, combinada com as necessidades da utilização de recursos financeiros finitos, a prática baseada em evidências científicas se torna uma ferramenta fundamental para tomadas de decisões clínicas sobre os cuidados de pacientes.

A medicina baseada em evidências, como originalmente foi conhecida a prática ou a saúde baseada em evidências, pode ser definida como a integração da melhor evidência disponível com a experiência clínica do profissional, o conhecimento fisiopatológico e as preferências do paciente para a tomada de decisão em saúde. Para que ocorra uma adequada prática baseada em evidências, é fundamental que os profissionais sejam capazes de avaliar de forma criteriosa os estudos, seu delineamento, sua condução, seus riscos e benefícios. Também se faz necessário que os usuários, ou seja, os pacientes, possam ter acesso a essas informações para auxiliar na tomada de decisões. Em conjunto com o paciente informado, esta abordagem permite ao profissional de saúde avaliar criticamente as fontes de informação a fim de identificar corretamente o problema clínico, aplicar a intervenção de mais alta qualidade e reavaliar o desfecho para melhorias futuras.

Assim, para a prática da saúde baseada em evidências, o profissional de saúde deve saber que para cada questão clínica que tiver, as respostas são estabelecidas por um tipo de desenho ou delineamento de pesquisa mais adequado. O tipo de estudo está intimamente relacionado à pergunta de pesquisa, por exemplo: estudos clínicos randomizados ou uma revisão sistemática de estudos clínicos randomizados são os mais adequados se buscarmos responder a uma questão sobre terapêutica ou prevenção de uma determinada condição de saúde; se a pergunta for sobre prognóstico, as melhores respostas seriam estabelecidas por estudos de coorte e a revisão sistemática do estudo de coorte, incluindo apenas esse tipo de estudo; se um diagnóstico precisa ser feito, as melhores respostas são estabelecidas por estudos de acurácia ou uma revisão sistemática de estudos de acurácia. Quando os estudos primários são desenhados sem respeitar a pergunta da pesquisa e o desenho mais adequado, podemos ter resultados não verdadeiros e nem confiáveis, e o mesmo pode ocorrer com revisões sistemáticas que incluem e combinam diferentes tipos de desenho de estudo para avaliar, por exemplo, a efetividade de uma determinada intervenção na prevenção de uma condição ou seu tratamento, em vez de utilizar apenas estudos controlados randomizados. Nesses moldes, a prática de saúde baseada em evidências é desenvolvida criteriosamente, buscando reduzir as incertezas e auxiliando nas decisões clínicas.

Diferentes níveis de evidência, em vários tipos de estudos, subsidiam informações sobre as práticas da saúde. O nível mais alto da pirâmide de evidências é ocupado pelas revisões sistemáticas (Figura 22.1), um tipo de estudo secundário cujos critérios de inclusão são estudos primários que busquem responder à pergunta clínica de forma adequada. Dessa forma, para termos uma revisão sistemática de qualidade, as pesquisas clínicas incluídas são examinadas criteriosamente e organizadas de forma adequada. A questão clínica deve ser específica, objetivos claramente definidos e critérios de estudos elegíveis claramente descritos. A metodologia deve ser reprodutível, para isso todo o método deve ser explicitamente descrito. Deverá conter uma busca sistematizada da literatura, o mais abrangente possível, incluindo estudos publicados ou não e sem restrições de idioma, mapeando, assim, toda a evidência existente. A seleção dos estudos deve ser baseada em critérios rígidos e deve aplicar a avaliação de qualidade metodológica (risco de viés) dos estudos incluídos para minimizar a ocorrência de vieses. Essa avaliação deve ser criteriosa e reprodutível. Na presença de dados homogêneos que possibilitem uma análise quantitativa, é feita por meio de um método estatístico identificado como meta-análise.

Métodos sistemáticos são usados para evitar vieses e possibilitar uma análise mais objetiva dos resultados, facilitando uma síntese conclusiva sobre determinada questão clínica.

A quantidade de informações científicas disponíveis tem aumentado exponencialmente nas últimas décadas, entretanto, a dificuldade de eleger os melhores artigos para servirem de base à tomada de decisão pode ser facilitada com a utilização de revisões sistemáticas de qualidade. Conforme destacado anteriormente, isso se deve ao fato da revisão sistemática usar métodos científicos reprodutíveis, permitindo avaliar estudos independentes e explicar possíveis conflitos, além do aumento da confiabilidade dos resultados, melhorando a precisão das estimativas da direção e do tamanho de efeito de uma determinada intervenção, por exemplo.

Dessa forma, as revisões sistemáticas buscam reunir estudos semelhantes, publicados ou não, avaliados criticamente por uma determinada metodologia. Os estudos semelhantes incluídos na revisão sistemática podem ser agrupados por meio das meta-análises quando for possível, ou não. Sendo as revisões sistemáticas capazes de sumarizar estudos primários semelhantes com boa qualidade científica, este tipo de estudo é considerado a melhor fonte de evidência para tomadas de decisões clínicas (Figura 22.1).

Por isso, as revisões sistemáticas têm sido gradativamente mais utilizadas. Com base na estratégia de busca usada na ferramenta *PubMed Clinical Queries* (sensibilidade de 97% e necessidade de 50%; disponível em: www.ncbi.nlm.nih.gov/pubmed/clinical/), limitando a busca para os últimos cinco anos (de 2008 a 2013), estima-se que 2.630 revisões sistemáticas sejam indexadas por ano no Medline.

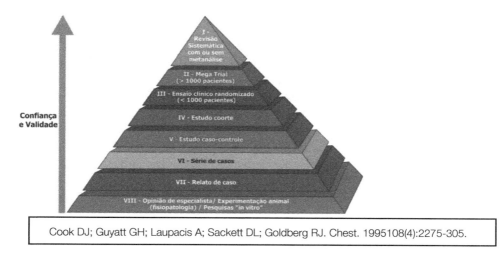

Figura 22.1 Pirâmide de evidência para estudos de intervenção.

Os passos para o desenvolvimento de uma revisão sistemática de intervenções, foco deste capítulo, estão determinados no livro *Cochrane Handbook for Systematic Reviews of Interventions*, idealizado pela Colaboração Cochrane e disponibilizado gratuitamente em: http://handbook.cochrane.org/. Neste manual é preconizado que a revisão sistemática seja descrita a partir de sete passos.

1) **Formulação da pergunta (questão clínica):** uma pergunta bem estruturada define qual população será estudada e qual intervenção será utilizada. Os elementos para a formulação de uma pergunta são: **P)** População, paciente ou problema: qual a população, que tipo de paciente, qual o problema em questão e qual o diagnóstico?; **I)** Intervenção: coloca-se a alternativa que se pretende comparar com o tratamento padrão (por exemplo, um novo medicamento, nova técnica fisioterapêutica, técnica cirúrgica); **C)** Controle: identifica-se o tratamento padrão que será realizado ou o mais comum (por exemplo, medicamento, técnica fisioterapêutica convencional, técnica cirúrgica convencional, placebo ou nenhum tratamento); **O)** *Outcome* ou Desfecho: neste item se elegem

os desfechos que serão avaliados (por exemplo, redução de sintomas, qualidade de vida, recidivas, efeitos colaterais, tempo de afastamento do trabalho, tempo de afastamento dos esportes, custos, segurança, sobrevivência).

2) **Localização e seleção dos estudos:** é fundamental buscar os estudos em diversas bases de dados eletrônicas, verificar as referências bibliográficas e pesquisar manualmente algumas revistas e anais de congressos. São exemplos de fontes secundárias de evidências a Bandolier (www.jr2.ox.ac.uk/Bandolier e http://cochrane.bvsalud.org/cochrane), Clinical Evidence (www.clinicalevidence.com), EBM online (http://ebm.bmj.com), ACP Journal Club (www.acpjc.org), Cochrane Library (www.thecochranelibrary.com) e PEDro (www.pedro.org.au/). Fontes primárias de evidências podem ser localizadas nas diferentes bases de dados bibliográficas eletrônicas na área da saúde, como a MEDLINE, produzida pela *National Library of Medicine* (NLM) (www.ncbi.nlm.nih.gov/pubmed/ ou www.bireme.br), EMBASE (www.embase.com), CINAHL (www.cinahl.com), PsycINFO (http://psycinfo.apa.org), Web of Science (http://scientific.thomson.com), SCOPUS (www.scopus.com/scopus/home.url) e LILACS (http://lilacs.bvsalud.org/).

As estratégias de busca eletrônica são baseadas num conjunto amplo de termos oficiais, o MeSH – *Medical Subject Headings* (www.ncbi.nlm.nih.gov/mesh), traduzido parcialmente para o português como DeCS (Descritores em Ciências da Saúde – http://decs.bvs.br/), bem como os sinônimos identificados em suas respectivas bases.

Os critérios de elegibilidade, que combinam aspectos da questão clínica com a especificação dos tipos de estudos a serem incluídos, compõem o grande diferencial da revisão sistemática se comparados à revisão narrativa da literatura. Na revisão sistemática, esses critérios são descritos de forma pormenorizada.

Os tipos de participantes incluídos geralmente determinam os critérios de elegibilidade para a inclusão de estudos. Alguns dados devem ser lembrados na elaboração do tipo de participantes, como: "Quais são as características mais importantes que descrevem esses participantes? Há fatores demográficos importantes a serem considerados? Onde estes participantes estão? Como foi realizado o diagnóstico e por quem? Subgrupos de participantes podem reagir de forma diferenciada? Como lidar com este grupo?".

Em relação às intervenções, é importante definir claramente a intervenção a ser testada e a que serve de padrão-ouro ou de comparação. Tanto pode ser feita a comparação de uma intervenção com outra de controle inativo (por exemplo placebo ou nenhum tratamento) ou de controle ativo (como uma diferença da mesma intervenção, nova terapia, novas dosagens etc.). Quando estivermos comparando técnicas fisioterapêuticas, por exemplo, é fundamental que sejam especificadas a intensidade, a frequência, a duração etc.; dados da técnica aplicada que podem fazer diferença nos resultados, independentemente de estarmos aplicando a mesma intervenção na mesma população de pacientes.

No aspecto relacionado aos desfechos a serem avaliados, é importante que todos os desfechos que possam ter significado para a tomada de decisões sejam mensurados e devidamente avaliados. Desfechos como qualidade de vida, sobrevivência, melhora dos sintomas, funcionalidade, efeitos deletérios (eventos e efeitos adversos) ou colaterais (podem ser benéficos, por exemplo, o Viagra® desenvolvido para tratar a hipertensão arterial pulmonar teve o efeito colateral benéfico na disfunção erétil) e custos são alguns dos desfechos importantes (desfechos primários). Eventualmente, porém, são deixados de lado em função de desfechos indiretos ou substitutos (desfechos secundários), como resultados de exames laboratoriais ou de imagens, que devem ser analisados com cautela, pois não são raras as vezes que traduzem resultados enganosos por não conseguirem prever resultados clínicos importantes. Apesar dos desfechos, e de substitutos poderem auxiliar no entendimento de como o tratamento funciona, não pode ser determinado se eles realmente são efetivos na melhora da função e da qualidade de vida. Um exemplo que pode ilustrar bem essa situação seriam desfechos relacionados à força muscular por meio de avaliação isocinética, isto é, a melhora da força pode não traduzir melhorias nas condições funcionais reais do indivíduo em atividades da vida diária, por isso não devem substituir avaliações menos onerosas e mais relevantes. Os desfechos primários são escolhidos em função dos principais resultados a serem analisados e não devem exceder a três, sendo que um deles é importante que seja um desfecho indesejável, pois dessa forma consegue-se, numa mesma revisão, analisar os efeitos benéficos e adversos, se existirem. Os desfechos secundários são aqueles que não fizeram parte dos primários, mas são importantes também para o paciente e/ou para a revisão, podendo estar relacionados em apenas algumas comparações que poderiam não alterar, por exemplo, os resultados clínicos funcionais, como citado para a avaliação isocinética. Neste caso, a avaliação da força muscular por dinamometria isocinética entraria como desfecho secundário ao desfecho primário, sendo a função avaliada por uma escala, por exemplo.

3) **Avaliação crítica dos estudos:** são critérios adotados para determinar a validade interna e externa dos estudos selecionados. Quando buscamos avaliar os resultados de uma intervenção, quer terapêutica ou preventiva, o desenho de estudo primário ideal é o estudo controlado randomizado. Neste desenho, devemos avaliar a existência das seguintes fontes de viés.
   a. Geração da sequência aleatória: o método utilizado para gerar a sequência aleatória é avaliado para saber se foi possível produzir grupos comparáveis.
   b. Ocultação da alocação: o método utilizado para ocultar a sequência aleatória é avaliado para determinar se a alocação das intervenções pôde ser prevista antes ou durante o recrutamento dos participantes.
   c. Cegamento de participantes e profissionais: avalia todas as medidas utilizadas para cegar participantes e profissionais envolvidos em relação a qual intervenção foi dada ao participante, devendo fornecer informações se realmente o cegamento foi efetivo.
   d. Cegamento de avaliadores de desfecho: avalia todas as medidas utilizadas para cegar os avaliadores de desfecho em relação ao conhecimento da

intervenção fornecida a cada participante, devendo fornecer informações se o cegamento pretendido foi efetivo.
e. Desfechos incompletos: avalia se os dados relacionados estão completos para cada desfecho principal, incluindo perdas e exclusão da análise e se as perdas e exclusões foram informadas no estudo, assim como suas respectivas razões, bem como se houve reinclusão de algum participante.
f. Relato de desfecho seletivo: avalia a possibilidade dos ensaios clínicos randomizados terem selecionado os desfechos, ao descrever os resultados do estudo e o que foi identificado.
g. Outras fontes de vieses: avalia se existem outros vieses que não se enquadram nos domínios prévios.

4) **Coleta de dados:** as variáveis estudadas devem ser consideradas na revisão e obtidas por mais de um autor para aumentar a consistência, e as discordâncias devem ser debatidas, pois os dados coletados possibilitam a comparação entre os estudos incluídos. Identificação do estudo, citação, elegibilidade para ser incluído na revisão ou excluído, detalhes dos métodos, participantes, intervenções, desfechos (instrumentos utilizados, escalas etc.), resultados e outras complementações importantes devem ser previamente estudadas e planejadas e descritas em um protocolo para serem coletadas nos estudos primários.

Métodos de delineamento de pesquisa diferentes podem influenciar os resultados dos estudos por meio de diferentes vieses. As características dos estudos primários devem ser identificadas e descritas em uma tabela de características dos estudos incluídos, verificando se o estudo é randomizado, se é um estudo tipo paralelo, *cluster* ou *cross-over*, bem como a duração. Na ficha de coleta de dados, os itens citados anteriormente devem incluir a avaliação dos estudos e os riscos de viés devem ser identificados.

É importante descrever os dados que precisam ser coletados de cada estudo primário para análise de resultados, quer dicotômicos, contínuos ou outros, como mostraremos adiante. Sugere-se coletar os dados para cada grupo de intervenção e posteriormente analisar as estimativas de efeito. A Cochrane disponibiliza um *software* (RevMan) que facilita a análise dos dados.

Um dos pontos importantes de uma revisão sistemática e meta-análise é a identificação do tipo de dados que será utilizado para as avaliações de resultados. Os dados podem ser apresentados de cinco diferentes formas: (1) dados dicotômicos (ou binários) são representados por desfechos com uma de duas possíveis respostas categóricas, por exemplo, morte ou vida, melhora funcional ou não melhora funcional; (2) dados contínuos são representados por desfechos que a medida assume uma grandeza numérica, por exemplo, a idade ou o peso; (3) dados ordinais são representados por desfechos com várias categorias ordenadas, por exemplo, gravidade da lesão (leve, moderada, importante); (4) contagens e taxas são representadas a partir do número de eventos que cada um obteve, por exemplo, o número de lesões sofridas em um ano; (5) tempo do evento (normalmente sobrevivência) representado por dados que analisam o tempo até que o evento ocorra, por exemplo, o tempo para o paciente que foi entubado receber alta.

5) **Análise dos dados:** fundamentado na homogeneidade entre os estudos, os quais poderão ser agrupados para a meta-análise. Para desfechos dicotômicos (Quadro 22.1), as medidas de efeitos mais utilizadas em estudos controlados são a razão de risco, também chamada risco relativo (RR); a razão de chances (OR); diferença de risco (RD) ou redução de risco absoluto e o número necessário para tratar (NNT). Para desfechos contínuos (Quadro 22.2), os dados são agrupados a partir da diferença média (MD) e a diferença média padronizada (SMD), os quais normalmente referem-se a dados que podem assumir qualquer valor em um intervalo especificado; contudo, para dados ordinais, frequentemente são analisadas em meta-análises de dados contínuos. Porém, quando nos deparamos com escalas onde é possível combinar categorias adjacentes, são analisadas de forma dicotômica, por meio do RR, OR, RD e NNT para descrever os efeitos da intervenção. Também é importante a análise da heterogeneidade dos estudos, que significa qualquer tipo de variabilidade clínica ou metodológica entre os estudos incluídos em uma revisão sistemática. Ratifica-se que, para ser possível uma meta-análise, os estudos devem ser suficientemente homogêneos em termos de participantes, intervenções e resultados.

Quadro 22.1 Análise estatística para variáveis dicotômicas

VARIÁVEIS DICOTÔMICAS		
Sumário estatístico	Modelo	Método
Odds Ratio	Fixo	Peto
	Randômico	Mantel-Haenszel
		DerSimonian and Laird
Risco relativo	Fixo	Mantel-Haenszel
	Randômico	DerSimonian and Laird
Diferença de risco	Fixo	Mantel-Haenzel
	Randômico	DerSimonian and Laird

Quadro 22.2 Análise estatística para variáveis contínuas

VARIÁVEIS CONTÍNUAS		
Sumário estatístico	Modelo	Método
Diferença de média	Fixo	Variância Inversa
	Randômico	DerSimonian and Laird
Diferença de média padronizada	Fixo	Variância Inversa
	Randômico	DerSimonian and Laird

6) **Interpretação dos dados:** é aplicada para definir a tomada de decisão dos resultados por pacientes informados, profissionais de saúde, administradores e políticos, em relação aos benefícios, malefícios e custos da intervenção à luz da qualidade das evidências. Devem ser avaliados a força da evidência, o nível da qualidade dos estudos incluídos, a magnitude dos efeitos observados e o nível de homogeneidade entre os estudos. No que tange à interpretação dos resultados, devem-se avaliar a sua aplicabilidade, a variação biológica e cultural, variação em aderência, variação no risco basal, nos resultados dos estudos incluídos e nos riscos e benefícios da intervenção.

A Colaboração Cochrane adotou os princípios do sistema GRADE (www.gradeworkinggroup.org/) para avaliar a qualidade das evidências para os resultados relatados em revisões sistemáticas, o qual funciona integrado ao RevMan.

7) **Atualização da revisão:** a revisão sistemática deve ser uma publicação viva e atualizada, isto é, sempre que novos estudos que preencham os critérios de sua inclusão forem publicados, deverão ser incluídos.

A seguir apresentaremos um resumo dos requisitos para realizar uma revisão sistemática (Quadro 22.3) e um quadro das habilidades necessárias para um autor de revisão e etapas (Quadro 22.4).

Quadro 22.3 Resumo dos requisitos sugeridos para realizar uma revisão sistemática

Recursos do próprio revisor	Tarefas a serem realizadas	Habilidades necessárias
Participar de treinamentos	Levantamento bibliográfico	Saber ler e escrever um texto em inglês
Participar de encontros científicos	Auxílio de bibliotecária e fotocópias	Ter familiaridade com informática
Elaborar o protocolo	Escolher um segundo revisor	Saber realizar avaliação crítica da literatura
Levantar estudos	Apoio estatístico	
Avaliar citações e artigos identificados para inclusão na revisão	Equipamentos (computadores, impressoras e *softwares*)	Conhecer os fundamentos de um estudo controlado randomizado e saber estatística (incluindo meta-análise)
Avaliar a qualidade dos estudos e os dados coletados	Encargos e serviços (ligações telefônicas, fax, papéis, fotocópia)	
Procurar dados obscuros e estudos não publicados	Escritório para apoio da equipe	Saber pesquisar em banco de dados eletrônicos (MEDLINE, EMBASE, LILACS etc.)
Analisar dados		
Interpretar resultados		
Preparar o texto		
Manter a revisão atualizada		

Quadro 22.4 Formato e etapas para uma revisão sistemática

Formato de uma revisão sistemática	Etapas de uma revisão sistemática

• Sinopse
• Resumo
• Texto da revisão
  – Fundamentos
  – Objetivos
  – Material e métodos
  – Resultados
  – Discussão
  – Conclusões
• Tabelas
• Figuras
• Referências
	• Estabelecer a necessidade da revisão:
	  – Ideia
	  – Identificar a existência de uma revisão
	  – Avaliar a qualidade metodológica das revisões publicadas
	• Preparar uma proposta
	• Desenvolver um protocolo
	• Conduzir a revisão
	  – Identificar os estudos
	  – Selecionar os estudos
	  – Extrair os dados
	  – Analisar dos dados
	• Avaliar a qualidade metodológica dos estudos
	  – Interpretação dos resultados
	  – Conclusões
	• Publicação

Outro ponto importante de uma revisão sistemática é o seu registro. O registro permite a avaliação da qualidade metodológica da própria revisão e é considerado uma boa prática em pesquisa, pois pode ajudar a reduzir vieses, oferecendo transparência e assim aumentando a qualidade dessas revisões sistemáticas, bem como da evidência produzida. Antes de 2011, somente as revisões Cochrane eram registradas. Reconhecendo a importância de um registro, o *Centre for Reviewsand Dissemination* (CRD), em colaboração com um grupo consultivo internacional, tomou a iniciativa de criar o PROSPERO, um registro internacional de revisões sistemáticas com acesso livre *online*. Informações adicionais sobre os protocolos de revisões sistemáticas já registrados, ou mesmo sobre como obter o registro de um protocolo, podem ser obtidas na *The Cochrane Library* (www.thecochranelibrary.com) e no PROSPERO (www.crd.york.ac.uk/prospero/).

REFERÊNCIAS BIBLIOGRÁFICAS

Atallah AN, Castro AA. Evidências para melhores decisões clínicas. São Paulo: Lemos Editorial; 1998.

Atallah AN, Peccin MS, Cohen M, Soares BG. Revisões sistemáticas e meta-análises em ortopedia. São Paulo: Lopso; 2004.

Bennett S, Bennett JW. The process of evidence-based practice in occupational therapy: informing clinical decisions. Austral Occup Ther. 2000;47:171-80.

Carvalho APV Silva V, Grande AJ. Avaliação do risco de viés de ensaios clínicos randomizados pela ferramenta da colaboração. Cochrane Diagn Tratamento. 2013;18:38-44.

Cook DB, Sackett DL, Spitzer WO. Methodologic guidelines for systematic reviews of randomized controlled trials in health care from the Potsdam consultation on meta-analysis. J Clin Epidemiol 1995;48:167-71.

Guimarães AJ. A pesquisa médica e biomédica no Brasil. Comparações com o desempenho científico brasileiro e mundial. Ciênc Saúde Coletiva. 2004;9(2):303-327.

Higgins JP, Green S (eds.) Cochrane handbook for systematic review of interventions. The Cochrane Collaboration. 2011;Version 5.1.0.

Law M, Baum C. Evidence-based practice. Can J Occup Ther. 1998;65:131-5.

Mulrow CD. Rationale for systematic review. BMJ. 1994;309:597-9.

Shojania KG, Bero LA. Taking advantage of the explosion of systematic reviews: an efficient MEDLINE search strategy. Eff Clin Pract. 2001;4(4):157-62.

Parte 4
Bioestatística

Capítulo 23
Seleção e cálculo de amostra

Gianna Waldrich Bisca
Fabio Pitta
Vanessa Suziane Probst
Nidia Aparecida Hernandes

Em uma pesquisa clínica, a seleção e o cálculo de amostra são procedimentos imprescindíveis, pois determinam o número necessário de participantes para responder à questão principal de interesse do estudo. Muitas vezes, o número de participantes em um estudo é restrito devido a considerações éticas, de custo e tempo. Logo, a vantagem de selecionar uma amostra é permitir ao pesquisador inferir sobre uma população, examinando apenas uma parcela dela.

Entre as características fundamentais de uma amostra, encontra-se a sua correta dimensão. Por mais que o estudo seja executado de forma criteriosa, poderá não responder à questão de pesquisa se o tamanho da amostra for insuficiente. No outro extremo, um estudo com uma amostra muito grande traz dificuldades de execução e custos além do necessário. Isso também levanta questões éticas, pois mais participantes que o necessário seriam expostos a um protocolo de pesquisa. Para tanto, os pesquisadores devem especificar uma amostra de sujeitos que possam ser estudados dentro das limitações de orçamento e tempo disponíveis e que seja, ao mesmo tempo, suficientemente grande para controlar o erro aleatório e representativa para permitir a generalização dos achados para a população que se quer estudar.

Neste capítulo, abordaremos o processo de amostragem de sujeitos representativos de uma população e como as respostas desse grupo podem ser utilizadas com confiança para fazer predições sobre a população em questão. Além disso, estudaremos estratégias para calcular o tamanho da amostra e garantir o poder desejado em vários tipos de estudos.

23.1 POPULAÇÃO E AMOSTRA

Geralmente, esses termos são motivos de dúvida e, por isso, iniciamos o presente capítulo com as definições desses conceitos básicos. O termo população é definido como sendo o conjunto completo de indivíduos que apresentam determinadas características em comum. Por outro lado, amostra constitui o subconjunto da população que participará do estudo.

Existem duas características que a amostra deve apresentar para que represente bem a população: qualidade e quantidade. A qualidade é assegurada pelo pesquisador, delimitando a população capaz de ser representada e utilizando um método aleatório para selecionar os indivíduos. A quantidade apropriada de participantes do estudo depende de alguns elementos, como o delineamento do estudo, as características da população estudada e o grau de precisão almejado pelo pesquisador, os quais estão diretamente envolvidos no cálculo do tamanho da amostra. Além desses elementos, consideram-se ainda possíveis perdas durante a pesquisa.

23.2 CRITÉRIOS DE SELEÇÃO

O modo como o pesquisador delimita a população a ser estudada para iniciar a composição da amostra é estabelecendo critérios que os candidatos a participarem do estudo deverão cumprir para serem incluídos na amostra. Esses são chamados de critérios de inclusão e exclusão, e devem ser estabelecidos com base na pergunta e nos objetivos da pesquisa.

Os critérios de inclusão definem as características principais da população-alvo relacionadas à questão de pesquisa. Recomenda-se especificar a população quanto às características demográficas, clínicas, geográficas e temporais. É necessário lembrar que, ao restringir a população, o pesquisador cria uma amostra mais homogênea e a habilidade de generalizar os resultados ficará restrita a essa amostra com características específicas. Portanto, ao estabelecer os critérios de inclusão, é necessário buscar um equilíbrio entre condições ideais e capacidade de generalização dos futuros resultados.

Os critérios de exclusão apontam os indivíduos que, embora preencham os critérios de inclusão, também apresentam características que podem interferir na qualidade dos dados e na interpretação dos resultados. Recomenda-se especificar os subconjuntos da população que apresentam alta probabilidade de serem perdidos no seguimento, incapacidade de fornecer dados confiáveis e que apresentam características que podem atuar como fatores confundidores no desfecho do estudo.

23.3 AMOSTRAGEM

A técnica de amostragem refere-se ao modo como, quantos e quais indivíduos serão selecionados para o estudo. Esse procedimento pode ser categorizado como: amostragem probabilística (ou aleatória) ou não probabilística.

23.3.1 AMOSTRAGEM PROBABILÍSTICA (OU ALEATÓRIA)

Trata-se do padrão-ouro na garantia de generalizar para a população os resultados obtidos a partir da amostra. Nesse tipo de amostragem, a escolha dos elementos da amostra é realizada de forma aleatória (independente do investigador), assegurando que cada unidade da população tenha a mesma probabilidade de seleção. Os principais tipos de amostragem são: simples, sistemática, estratificada e por conglomerados.

Amostragem aleatória simples: listam-se todos os indivíduos da população, enumerando-os, e seleciona-se aleatoriamente uma parte deles, sendo que cada um dos elementos tem igual probabilidade de ser selecionado. O método preferido para se obter essa amostra é a utilização de números aleatórios ou gerados por um computador. Existem diversos *websites* disponíveis para gerar sequências randômicas de números. Entretanto, uma desvantagem é a dificuldade de implementação. Se a população for grande, o processo de atribuir um número para cada indivíduo dele será extremamente demorado e com custo mais elevado.

Exemplo: Para sortear uma amostra aleatória de idosos submetidos à colocação de prótese de quadril no último ano em uma determinada cidade, enumeram-se todos os indivíduos que foram submetidos a essa cirurgia em 2014 e utiliza-se uma tabela de números aleatórios para selecionar os que participarão do estudo. Outra maneira de se praticar a amostragem aleatória simples é por meio de sorteio, no qual o investigador atribui um número a cada um dos idosos, escreve os números em papéis, dobra-os e coloca-os em uma caixa. Então, sorteia-se um número "n" de papéis da caixa, sendo "n" correspondente à quantidade de idosos que irá compor a amostra.

Amostragem sistemática: apresenta-se como uma variação da amostragem aleatória simples, porém, nesse caso, os elementos da população estarão previamente organizados de forma sequencial. Uma vantagem dessa forma de amostragem é que pode ser menos suscetível a erros devido ao fato de os candidatos que participarem do estudo já estarem naturalmente organizados. Entretanto, essa vantagem pode se tornar uma armadilha para o pesquisador nos casos em que a população de candidatos ao estudo apresenta uma periodicidade própria, permitindo ao investigador antecipar e talvez manipular quem será selecionado para a amostra.

Exemplo: o número total de prontuários em uma população de pacientes em um hospital é 1.000 e o tamanho desejado da amostra é 100. O processo seria calcular o intervalo de seleção: 1.000/100 = 10; sortear o ponto de partida na lista (entre 1 e 10) e, caso o número sorteado seja 3, os prontuários serão selecionados na seguinte ordem: 3; 3 + 10; 3 + 2 × 10; 3 + 3 × 10...

Amostragem estratificada: a população é dividida em subgrupos, de acordo com algumas características relacionadas à pergunta do estudo (raça ou gênero, por exemplo), selecionando uma amostra aleatória de cada um desses subgrupos. Há dois tipos de amostragem estratificada: uniforme e proporcional. A amostra estratificada uniforme é a forma mais comum de selecionar elementos de uma população, devendo-se sortear o mesmo número de elementos em cada estrato. A amostra estratificada proporcional é utilizada quando houver proporções diferentes entre os estratos da população, sendo recomendável que o número de elementos sorteados em cada estrato seja proporcional ao número total de elementos no estrato.

Exemplo: se os idosos que moram em vários bairros de uma cidade são diferentes, cada bairro é um estrato. Para obter uma amostra de idosos dessa cidade, seria razoável obter uma amostra de cada bairro e depois reunir as informações numa amostra estratificada.

Amostragem por conglomerados: trata-se de uma amostra aleatória simples, na qual a unidade a ser sorteada inicialmente é um conglomerado, ou seja, um grupo de elementos (pessoas). De cada um desses conglomerados selecionados, observam-se todos os seus elementos.

Exemplo: para selecionar os pacientes com hipertensão arterial que necessitaram do serviço de saúde no último mês, no estado do Paraná, pode-se, no primeiro estágio, selecionar municípios; no segundo estágio, selecionar os serviços de saúde e, finalmente, no terceiro estágio, selecionar os pacientes.

2.3.3.2 AMOSTRAGEM NÃO PROBABILÍSTICA

Pretende gerar amostras capazes de representar a população de onde foram extraídas. A escolha dos elementos é feita de forma não aleatória e depende, ao menos em parte, do julgamento do pesquisador. A análise estaria baseada na hipótese de que a amostra se comportaria de forma similar a uma amostra aleatória.

Amostragens não probabilísticas são comumente utilizadas em pesquisa clínica, visto que uma amostra aleatória da população-alvo raramente é viável em termos de custos e disponibilização de uma lista completa dos elementos da população. Como desvantagem, esse tipo de amostragem é menos aconselhável para extrapolar os resultados obtidos para o universo da população-alvo.

Quatro formas de amostragem não probabilística são discutidas no presente capítulo: conveniência, bola de neve, amostragem por julgamento e por cotas.

Amostragem de conveniência: a amostra do estudo é formada por indivíduos que atendem aos critérios de entrada e são de fácil acesso ao investigador.

Exemplo: são recrutados todos os pacientes com asma que apresentam os critérios de inclusão do estudo e que são atendidos no ambulatório de pneumologia de determinado hospital.

Amostragem bola de neve: os investigadores identificam alguns participantes e eles são requisitados a identificar outros potenciais participantes, que pertençam à mesma população-alvo de interesse. Os próximos selecionados são escolhidos com base nas referências obtidas. Esse processo pode ser repetido quantas vezes forem necessárias, levando ao efeito "bola de neve".

Exemplo: investigar a taxa de infectados com HIV na população dos toxicodependentes.

Amostragem por julgamento ou intencional: o pesquisador usa o seu julgamento para selecionar os membros da população. Não é aplicado nenhum tipo de sorteio na seleção dos elementos, senão o critério pessoal do investigador. A desvantagem nesse tipo de pesquisa é que os resultados não são necessariamente válidos para toda a população.

Exemplo: uma situação em que se deseja saber a aceitação em relação a um novo produto fisioterápico. Somente entrarão para compor a amostra pessoas que tenham indicação para o uso desse produto e que tenham condições financeiras de comprarem esta nova marca (classe social de maior poder aquisitivo).

Amostragem por cotas: equivale a um tipo especial de amostra intencional, na qual o pesquisador procura obter uma amostra que seja sob algum aspecto similar à população-alvo. Nesse caso são consideradas várias características da população, como sexo, idade, área geográfica e medida qualquer de nível econômico. A amostra pretende incluir proporções similares de pessoas com as mesmas características. Esse tipo de amostragem é comumente utilizado em pesquisas de mercado e de opinião pública.

23.4 COMPONENTES PARA CALCULAR O TAMANHO DA AMOSTRA

Para que o tamanho da amostra seja calculado, é necessária a definição prévia de alguns componentes, conforme discutido a seguir.

1. **Seleção de um desfecho principal:** os estudos clínicos devem ser projetados para responder a uma questão principal de pesquisa; sendo assim, o desfecho principal do estudo é estabelecido. Embora outros desfechos secundários geralmente sejam medidos e relatados, o tamanho da amostra necessário para o estudo deve ser calculado com base no desfecho primário, ou seja, aquele relacionado à principal hipótese de pesquisa. A hipótese de pesquisa poderá ser unilateral, quando apresenta apenas um sentido, ou bilateral, quando o desvio do valor amostral se distancia do valor esperado para ambos os lados. Por exemplo, utiliza-se o teste bilateral para detectar se o tratamento apresentou algum efeito benéfico ou prejudicial, e o unilateral, quando há evidências de que o tratamento será apenas benéfico ou apenas maléfico.

2. **Erros tipo I e tipo II:** um erro tipo I (falso-positivo) refere-se à situação em que se encontra um resultado com significância estatística, porém, esse na verdade não existe. Rejeita-se uma hipótese nula, que é verdadeira na população. A probabilidade de um erro tipo I é denominada α e geralmente é estabelecida como 0,05. Um erro tipo II (falso-negativo) ocorre quando a hipótese nula, assumindo que não há diferença entre os tratamentos, é incorretamente aceita, embora eles realmente sejam diferentes. Por convenção, o nível de erro aceitável tipo II (também chamado de β) é definido em 10 a 20%. A taxa de erro tipo II está diretamente relacionada com o poder do estudo (poder = 1 -β); assim, um estudo que estabelece uma taxa de erro tipo II em 20% tem 80% de probabilidade de detectar uma diferença entre os tratamentos.

3. **Magnitude de efeito:** para projetar um estudo que possa responder de forma adequada à questão primária proposta, é necessário que o investigador estabeleça a magnitude de efeito que espera encontrar no desfecho de interesse. Primeiramente, o investigador pode tentar localizar dados de estudos anteriores em áreas afins e, na ausência de dados para essas estimativas, uma alternativa é realizar um estudo-piloto ou, ainda, escolher uma magnitude mínima de efeito que poderia ser considerada clinicamente significativa.

4. **Variabilidade:** para estimar o tamanho da amostra, um pesquisador também deve se atentar à variabilidade dos dados. Quanto maior a variabilidade (ou dispersão) na variável de desfecho entre os sujeitos, maior é a dificuldade de se demonstrar uma diferença global entre eles e, consequentemente, maior será a amostra necessária. Exemplo: no caso do uso da média, a variabilidade (ou dispersão) é indicada pelo desvio padrão.

5. **Valor de p e intervalos de confiança:** o valor de p é a probabilidade de ocorrência de valores iguais ou superiores ao assumido pelo teste estatístico, considerando-se que a hipótese seria nula. Um resultado "não significativo" (p > α) significa que o resultado observado na amostra é pequeno comparado ao que poderia ser encontrado casualmente. O valor de p é previamente estabelecido pelo investigador e, geralmente, é menor ou igual a 0,05; quanto menor for esse valor, menor é a probabilidade de ocorrência do erro tipo I. O intervalo de confiança é essencial para relatar a precisão dos resultados do estudo e está intimamente relacionado com a informação fornecida pelo valor de p. Geralmente, o intervalo de confiança será o complemento do erro tipo I (ou seja, 1 − α ou ainda chamado de intervalo de confiança de 95%), que foi considerado aceitável durante o desenho do estudo.

23.5 CALCULANDO O TAMANHO DA AMOSTRA

Uma vez que os erros tipos I e II, a magnitude do efeito e a variabilidade foram estabelecidos, o tamanho da amostra pode ser calculado. A fórmula ou tabela utilizada para derivar o número necessário de participantes depende do tipo de teste estatístico que será usado para analisar os dados (isto é, teste *t* de Student, teste de qui-quadrado, coeficiente de correlação etc.).

A estimativa do tamanho da amostra também deve considerar a possibilidade de desistências e/ou de pacientes perdidos durante o período de seguimento que podem se desenvolver durante a execução da pesquisa. Idealmente, deve-se aumentar o tamanho da amostra previsto pela fórmula ou tabela para compensar esses fatores.

23.5.1 ESTUDOS ANALÍTICOS E EXPERIMENTAIS

Com variáveis contínuas

O teste t é comumente utilizado em estudos que comparam dois grupos com variável de desfecho contínua. O pesquisador deverá determinar a magnitude de efeito (E) esperada, a partir de estudos prévios ou com a realização de um estudo-piloto, calculando-a a partir da diferença dos valores de média da variável de desfecho entre os grupos estudados. Além disso, deverá estimar a variabilidade da variável de desfecho (desvio padrão – S) e calcular a magnitude padronizada de efeito (E/S) da variável de desfecho. É possível, então, estimar o tamanho da amostra a partir da Tabela 23.1, que considera várias combinações de α e β e diferentes magnitudes padronizadas de efeito.

Tabela 23.1 Tamanho de amostra por grupo para comparar duas médias de diferentes grupos

α unilateral		0,005			0,025			0,05		
α bilateral		0,01			0,05			0,10		
E/S	β	0,05	0,10	0,20	0,05	0,10	0,20	0,05	0,10	0,20
0,10		3.565	2.978	2.338	2.600	2.103	1.571	2.166	1.714	1.238
0,15		1.586	1.325	1.040	1.157	935	699	963	762	551
0,20		893	746	586	651	527	394	542	429	310
0,25		572	478	376	417	338	253	347	275	199
0,30		398	333	262	290	235	176	242	191	139
0,40		225	188	148	164	133	100	136	108	78
0,50		145	121	96	105	86	64	88	70	51
0,60		101	85	67	74	60	45	61	49	36
0,70		75	63	50	55	44	34	45	36	26
0,80		58	49	39	42	34	26	35	28	21
0,90		46	39	21	34	27	21	28	22	16
1,00		38	32	26	27	23	17	23	18	14

Adaptado de Hulley et al., 2008.

Alternativamente, pode-se utilizar uma fórmula simples, proposta por Lehr, quando o tamanho da amostra for maior do que 30 sujeitos, o poder estabelecido como 0,80 (β = 0,2) e o α (bilateral) como 0,05. O cálculo será: tamanho da amostra = 16/(magnitude padronizada de efeito)^2.

Exemplo de cálculo do tamanho de amostra para o teste *t*:

Em um estudo hipotético que comparou o efeito de dois programas de treinamento físico em pacientes com doença pulmonar obstrutiva crônica (DPOC), a magnitude de efeito para o teste da caminhada de 6 minutos (TC 6 min) foi de aproximadamente 60 m, e o desvio padrão foi de 100. Considerando a variável de desfecho como sendo a distância percorrida no TC 6 min, teríamos a E/S = 0,6. Considerando um α bilateral de 0,05 e um β de 0,20, a amostra ideal seria de 45 indivíduos em cada grupo. Aplicando a fórmula mais simples, teríamos um tamanho de amostra de 16/(0,6)^2 = 44 indivíduos por grupo.

Para um determinado tamanho de amostra, a magnitude de efeito ideal é alcançada por ter um número igual de indivíduos em dois grupos. Algumas vezes, porém, um mesmo número de indivíduos por grupo não é esperado, visto que a incidência de um fator em particular pode ser mais elevada em um grupo do que no outro. Ou, ainda, em ensaios clínicos, o número de indivíduos que realizam um tratamento pode ter que ser limitado. Para alcançar a magnitude de efeito necessária, é preciso, então, atribuir mais pacientes para o outro tratamento. Neste caso, o tamanho das amostras deverá ser ajustado por um índice de alocação. Há um ganho considerável de poder quando o tamanho de um grupo é o dobro do tamanho do outro (2:1), entretanto se a proporção exceder 2:1, esses ganhos serão progressivamente menores, sendo necessário aumentar o tamanho total da amostra.

Com variáveis dicotômicas

Um desfecho dicotômico apresenta apenas duas categorias (exemplo: sim/não ou presença/ausência) em relação a um dado fator. Para comparar a proporção de indivíduos que apresentam desfecho dicotômico em dois grupos, utiliza-se o teste do qui-quadrado. Sendo PROB1 a proporção com o desfecho em um grupo e PROB2 a proporção esperada no outro grupo, em um ensaio clínico ou estudo de coorte, a magnitude de efeito é especificada como PROB1 – PROB2. Ao estimar o tamanho da amostra, o pesquisador irá, inicialmente, estabelecer a hipótese nula (definir se é uni ou bilateral), calcular a magnitude de efeito e a variabilidade em termos de PROB1 e PROB2 e estabelecer os erros tipos I e II, ou seja, os valores de α e β. A Tabela 23.2 fornece o número de pacientes almejado para diferentes valores de PROB1 e PROB2 para um nível de significância α bilateral e poder 1 – β.

Tabela 23.2 Tamanho de amostra por grupo para comparar duas proporções com α = 0,05 (bilateral) e β = 0,20

O menor entre PROB 1 e PROB 2	Diferença entre PROB 1 e PROB 2									
	0,05	0,10	0,15	0,20	0,25	0,30	0,35	0,40	0,45	0,50
0,05	473	159	88	59	43	33	26	22	18	16
0,10	724	219	112	72	51	37	29	24	20	17
0,15	944	270	133	82	57	41	32	26	21	18
0,20	1.133	313	151	91	62	44	34	27	22	18
0,25	1.289	348	165	98	66	47	35	28	22	18
0,30	1.415	376	175	103	68	48	36	28	22	18
0,35	1.509	395	182	106	69	48	36	28	22	18
0,40	1.572	407	186	107	69	48	35	27	21	17
0,45	1.603	411	186	106	68	47	34	26	20	16
0,50	1.603	407	182	103	66	44	32	24	18	-
0,55	1.572	395	175	98	62	41	29	22	-	-
0,60	1.509	376	165	91	57	37	26	-	-	-
0,65	1.415	348	151	82	51	33	-	-	-	-
0,70	1.289	313	133	72	43	-	-	-	-	-
0,75	1.133	270	112	59	-	-	-	-	-	-
0,80	944	219	88	-	-	-	-	-	-	-
0,85	724	159	-	-	-	-	-	-	-	-
0,90	473	-	-	-	-	-	-	-	-	-

Adaptado de Hulley et al., 2008.

Exemplo de cálculo do tamanho de amostra para o teste qui-quadrado:

Em estudo considerando dois tipos de ventilação mecânica para a síndrome da angústia respiratória no adulto, as taxas de mortalidade foram de 30% para o volume corrente baixo e estimou-se uma proporção de 40% para o volume corrente alto. Partindo de P1 – P2 = 0,10 e a menor proporção sendo a de 0,30, o tamanho da amostra, de acordo com a Tabela 23.2, seria de 376 indivíduos em cada grupo.

Com variáveis categóricas

Alguns estudos podem apresentar como variável de desfecho uma escala ordinal, como por exemplo a escala *Likert*, na qual a resposta do participante pode ser "concordo totalmente", "concordo parcialmente", "indiferente", "discordo parcialmente"ou"discordo totalmente", ou uma escala de classificação com opções de resposta melhor, igual ou pior. Nessas situações, pode-se utilizar o teste de *Mann-Whitney U*, como foi demonstrado no artigo de Campbell et al. (1995). Além disso, variáveis ordinais podem ser tratadas como variáveis contínuas, especialmente se o número de categorias for relativamente grande e se fizer sentido calcular a média dos valores da variável. Outra estratégia, ainda, seria dicotomizar a variável categórica, alterando a hipótese de pesquisa (Hulley et al. 2008).

Com uso de coeficiente de correlação

O coeficiente de correlação é a medida da força de associação linear entre duas variáveis. Para estimar o tamanho de amostra em um estudo a ser analisado por coeficiente de correlação, o investigador deve seguir os mesmos passos citados anteriormente, porém, nesse caso, a magnitude de efeito será estimada como sendo o valor absoluto do menor coeficiente de correlação (r) que o investigador pretende detectar. A Tabela 23.3 pode ser utilizada para estabelecer o tamanho total de amostra exigido.

Tabela 23.3 Tamanho de amostra para determinar se um coeficiente de correlação é diferente de zero

α unilateral		0,005			0,025		
α bilateral		0,01			0,05		
	β	0,05	0,10	0,20	0,05	0,10	0,20
r*							
0,05		7.118	5.947	4.663	5.193	4.200	3.134
0,10		1.773	1.481	1.162	1.294	1.047	782
0,15		783	655	514	572	463	346
0,20		436	365	287	319	259	194
0,25		276	231	182	202	164	123
0,30		189	158	125	139	113	85
0,35		136	114	90	100	82	62
0,40		102	86	68	75	62	47
0,45		79	66	53	58	48	36
0,50		62	52	42	46	38	29

(continua)

Tabela 23.3 Tamanho de amostra para determinar se um coeficiente de correlação é diferente de zero (*continuação*)

α unilateral		0,005			0,025		
α bilateral		0,01			0,05		
	β	0,05	0,10	0,20	0,05	0,10	0,20
r*							
0,60		40	34	27	30	25	19
0,70		27	23	19	20	17	13
0,80		18	15	13	14	12	9

Adaptado de Hulley et al.

Exemplo: O aumento dos sintomas de depressão está correlacionado com dispneia mais intensa em pacientes com DPOC? Considerando um estudo que encontrou uma correlação modesta (r = 0,3) entre esses sintomas, quantos pacientes com DPOC deverão ser incluídos para α bilateral = 0,05 e β = 0,20?

Partindo de um r = 0,30 na Tabela 23.3, seriam necessários 85 pacientes.

Com análise de sobrevivência

Estudos com análise de sobrevivência têm como objetivo estimar o tempo para que um determinado evento aconteça em cada grupo de estudo (por exemplo: recidiva, infecção, morte). O desafio é que alguns indivíduos podem não desenvolver o evento até o final da observação do estudo ou ainda se perderem ao longo do seguimento, ou seja, serem censurados. Dados de sobrevivência são comumente analisados utilizando o método de Kaplan-Meier, a regressão de riscos proporcionais de Cox e o modelo de regressão paramétrica. O tamanho da amostra, nesse tipo de estudo, depende da taxa esperada de eventos e da taxa esperada de censura em cada grupo de estudo.

26.5.2 ESTUDOS DESCRITIVOS

Nesses estudos, o investigador utiliza estatísticas descritivas, como média e proporções, e especifica o nível e a amplitude desejados para o intervalo de confiança. Em estudo descritivo com variáveis contínuas, o intervalo de confiança está em torno do valor médio da variável. Para variáveis dicotômicas, o intervalo de confiança está em torno da proporção estimada de sujeitos, incluindo-se aqui estudos de sensibilidade ou especificidade de um teste diagnóstico.

Para o cálculo da amostra, o pesquisador deverá estimar a proporção de sujeitos com um desfecho dicotômico ou o desvio padrão de um desfecho contínuo, calcular a precisão do intervalo de confiança e selecionar o nível de confiança para o intervalo (por exemplo, 95%). No livro *Delineando a pesquisa clínica*, Hulley et al. (2008) apresentam tabelas e fórmulas que estimam o tamanho de amostra em estudos descritivos.

26.6 ESTIMANDO A MAGNITUDE DE EFEITO

Quando o tamanho da amostra não foi determinado antes do planejamento do estudo por algum motivo (por exemplo, quando se faz análise de dados secundários ou quando o número de pacientes para o estudo é limitado), pode-se trabalhar de forma retrospectiva, ou seja, a partir do tamanho da amostra que se obteve com a coleta de dados, estima-se o poder do estudo para detectar determinado efeito.

Além de fórmulas e tabelas, uma abordagem simples para o cálculo amostral é proporcionada por Altman (1982), sob a forma de nomograma representado na Figura 23.1. Estipulam-se a diferença padronizada (definida como diferença-alvo/desvio padrão), o nível de significância e o poder do estudo. O tamanho necessário da amostra é obtido ao desenhar uma linha reta entre o poder do estudo no eixo da direita e a diferença padronizada no eixo do lado esquerdo. A intersecção desta linha com a parte superior do nomograma estima o tamanho da amostra necessário para se detectar uma diferença com um valor p de 0,05, enquanto a intersecção com a parte inferior fornece um valor p de 0,01. Para detectar o poder, é só utilizar o caminho inverso, traçando uma linha entre a diferença padronizada e o tamanho da amostra.

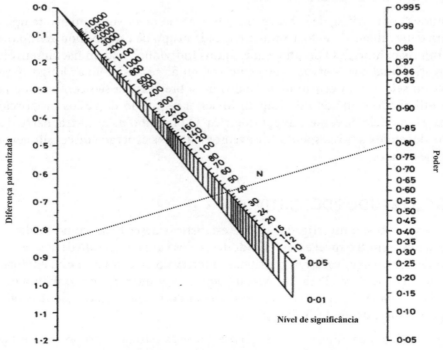

Figura 23.1 Nomograma utilizado para o cálculo do tamanho ou poder da amostra. Adaptado de Altman, 1982.

Capítulo 24
Estatística descritiva

Rodrigo Daminello Raimundo
Talita Dias da Silva

24.1 DEFINIÇÃO E OBJETIVOS DA ESTATÍSTICA DESCRITIVA

A estatística pode ser dividida basicamente em duas grandes partes: a estatística indutiva (ou inferencial), que é responsável pela interpretação dos dados, e a estatística descritiva, que veremos neste capítulo.

A estatística descritiva, como o próprio nome diz, pretende descrever, apresentar, expor, exibir um grupo de informações de forma organizada sem necessariamente tirar conclusões do comportamento de uma variável. Em outras palavras, trata-se de um conjunto de técnicas que resumem e descrevem os dados de forma a simplificar as informações, tornando-as mais compreensíveis, especialmente na etapa inicial da análise dos dados. Ela nos permite ter uma visão geral de um conjunto de dados (Pagano; Gauvreau, 2000).

Os principais objetivos da análise descritiva são:

1. identificação dos padrões da pesquisa;
2. representação dos dados em forma de tabelas ou gráficos;
3. cálculo dos indicadores de localização ou dispersão (medidas-resumo).

24.2 TIPOS DE VARIÁVEIS

Variável é o que caracteriza de forma comum os elementos da amostra e é essencial que saibamos que tipo de variáveis (ou dados) nós temos antes de decidir qual técnica é a mais apropriada para uma dada situação. Dessa forma, as variáveis podem ser classificadas em dois tipos.

24.2.1 VARIÁVEIS QUALITATIVAS OU CATEGÓRICAS

A variável qualitativa é atributo dos elementos pesquisados e geralmente é expressa por meio de discursos e narrativas. Ainda dentro das variáveis qualitativas, podemos encontrar dois diferentes tipos de dados:

1) **Nominal:** em que não há uma ordem nos valores da categoria (ou classe) ou a ordem não tem significado. Em alguns estudos, por exemplo, aos homens pode ser atribuído o valor 1 e às mulheres o valor 0. Embora os atributos sejam classificados com números em vez de palavras, tanto a ordem quanto a magnitude dos números não são importantes, pois podemos facilmente trocar o valor das mulheres por 1 e dos homens por 0. Os números são empregados para nos permitir realizar uma análise mais complexa dos dados mesmo quando há mais de duas categorias, como o tipo sanguíneo, onde 1 representa o tipo O; 2 o tipo A; 3 o tipo B; e 4 o tipo AB – entretanto, não há ordem nos valores da categoria (Figura 24.1).

2) **Ordinal:** é quando a ordem entre as categorias é importante, por exemplo a escala prognóstica de Orpington para AVE classifica, segundo um dado escore, a intensidade de acometimento do AVE em leve, moderado e grave, sendo que neste caso podemos atribuir o valor 1 para leve, 2 para moderado e 3 para grave, de maneira que a ordem dos valores é essencial para o resultado (Figura 24.1).

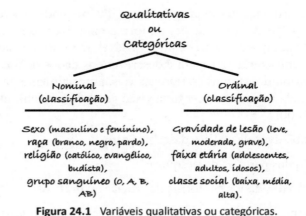

Figura 24.1 Variáveis qualitativas ou categóricas.

Variáveis qualitativas com duas categorias são chamadas **binárias ou dicotômicas** (dependendo se a preferência for pela raiz latina ou grega da palavra). Essas variáveis referem-se a características que aceitam apenas dois valores, como exemplo podemos citar: doença (sim ou não); morto ou vivo; presente ou ausente; sexo (homem ou mulher).

24.2.2 VARIÁVEIS QUANTITATIVAS OU NUMÉRICAS

A variável quantitativa refere-se aos resultados numéricos de mensurações da pesquisa. Ela pode ser dividida em dois tipos:

1) **Discreta**: quando as variáveis derivam de contagens – números inteiros. Neste caso os números representam quantidades mensuráveis e não rótulos ou classificações e são relacionados somente a valores específicos. Como exemplo de variáveis discretas, podemos citar o número de pessoas (a variável não pode ser fracionada, pois não existe "meia" pessoa), o número de filhos, o número de partos e o número de novos casos de Alzheimer reportados no Brasil durante um ano (Figura 24.2).

2) **Contínua**: quando as variáveis derivam de mensurações, como por exemplo peso, altura, taxa de glicemia, taxa de colesterol total, pressão arterial (são variáveis em que a mensuração pode ser fracionada – um homem pode ter 55,5 kg) (Figura 24.2).

Figura 24.2 Variáveis quantitativas ou numéricas.

Considerações sobre as variáveis do Quadro 24.1:

- É possível criar novas variáveis a partir de variáveis originais, como por exemplo o IMC, que tem base nos valores iniciais de peso e altura.
- Podemos categorizar (tornar qualitativa) uma variável quantitativa, por exemplo faixa etária e obesidade: segmentamos a variável quantitativa "idade" em faixas etárias, como adolescentes, adultos e idosos, e a variável quantitativa "IMC" em abaixo do peso, peso normal, sobrepeso, obesidade grau I, obesidade grau II e obesidade grau III.

Quadro 24.1 Descrição de cada tipo de variável

Variável	Descrição
Contínua	Medidas de tendência central (média, mediana e moda)
	Medidas de dispersão (mínimo, máximo, desvio padrão e percentis)
Discreta	Medidas de tendência central (média, mediana e moda)
	Medidas de dispersão (mínimo, máximo, desvio padrão e percentis)
Ordinal	Frequência absoluta (número) e frequência relativa (porcentagem)
Nominal	Frequência absoluta (número) e frequência relativa (porcentagem) ou prevalência (número de casos presentes) e Incidência (número de casos novos)

24.3 REPRESENTAÇÃO DOS DADOS DESCRITIVOS

Tabelas

As tabelas podem ser a maneira mais simples de resumir um conjunto de dados e podem ser utilizadas para todos os tipos de dados. Nelas vão os valores assumidos pela variável e suas respectivas contagens, denominadas **frequências absolutas**. É comum e interessante acrescentar o cálculo das **frequências relativas** (ou porcentagens) para efeito de comparação. No caso das variáveis qualitativas ou quantitativas discretas, deve-se contar o número de ocorrências.

Dados brutos → Resumo das informações → Tabelas de frequências

Alguns exemplos de tabelas de frequências:

Tabela 24.1 Valores absolutos e relativos referentes ao lado da lesão no cérebro de pessoas com AVE

Hemisfério cerebral acometido por AVE	n	%
Direito	70	46,67
Esquerdo	80	53,34
Total	**150**	**100**

Tabela 24.2 Valores absolutos e relativos referentes à contagem de células em dado estudo

Contagem de células	n (%)
Macrófagos	64 (29)
Linfócitos	95 (45
Basófilos	32 (14)
Eosinófilos	27 (12)
Total	**218 (100)**

Estatística descritiva 305

Exemplo de utilização de tabela de frequência em artigo científico:

Tabela 24.3 Distribution of cardiac events based on complementary exams and symptoms

Teste	Alterado	Com piora	Alterado	Com piora	Inalterado	Com piora	Inalterado	Com piora	Total reavaliado
	n	%	n	%	n	%	n	%	n
XR	1	3,7	7	26,9	5	19,2	13	50,0	26
ECG	2	8,3	3	12,5	8	33,3	11	45,8	24
ECHO	4	15,4	1	3,8	8	30,8	13	50,0	26
Stress	--	--	1	10,00	3	30,0	6	60,00	10

Legenda: XR: Raio-X; ECG: Eletrocardiograma; ECHO: Ecocardiograma.
Fonte: Godoy MF et al., 2013.

Tabela 24.4 Dados demográficos dos participantes de determinado estudo (N = 115)

Demográficas	n	%
Sexo		
Feminino	77	67,0
Masculino	38	33,0
Etnia		
Branco/Caucasiano	83	72,2
Ásio-americano	10	8,7
Hispânico	6	5,2
Afro-americano	3	2,6
Norte-americanos de ascendência indiana/ Nativos do Alasca	1	0,9
Outros	12	10,4
Educação		
Ensino primário	1	0,9
Ensino médio	96	83,5
Ensino superior	18	15,6

Fonte: Edwards et al., 2012.

Exemplos de gráficos

Os gráficos mais comuns utilizados para apresentar uma distribuição de frequências para variáveis categóricas são: gráfico de barras, gráfico de colunas, gráfico de pizza etc.

24.4 MEDIDAS DE TENDÊNCIA CENTRAL

Em um conjunto de dados, o aspecto mais examinado é o centro, ou a tendência central dos dados.

Média

É considerado o valor de equilíbrio de uma distribuição de números, ou seja, onde se concentram a maior parte dos dados de uma amostra. Existem vários tipos de médias, como a aritmética simples, a aritmética ponderada, a geométrica e a harmônica. A medida mais utilizada é a média aritmética, sendo que esta é calculada pela soma dos valores observados divididos pelo número de valores da amostra. Esse valor pode condensar uma série de valores em um único número, desde que não existam valores muito diferentes entre eles.

É importante ressaltar que a média é melhor empregada quando a distribuição dos dados é simétrica, sendo assim, sensível a dados chamados *outliers* (extremos). Como exemplo, na Tabela 24.5 está a frequência cardíaca de dez indivíduos, sendo que a média é obtida por meio da fórmula:

$$\overline{X} = \frac{\sum_{i=1}^{n} X_i}{n} = \frac{X_1 + X_2 + X_3 + \cdots + X_n}{n}$$

Onde, $x_1 = 83$, $x_2 = 74$, (...) $x10 = 81$, então:

$$\overline{X} = \frac{83+74+88+95+63+72+83+77+93+81+92}{11}$$

$$\overline{X} = 81,9$$

Tabela 24.5 Distribuição fictícia da frequência cardíaca de indivíduos de um dado estudo

Paciente	Frequência cardíaca
1	83
2	74
3	88
4	95
5	63
6	72
7	83
8	77
9	93
10	81
11	92

Utilização da média em artigo científico:

Tabela 24.6 Comparação entre as áreas do PEDI (*Pediatric Evaluation of Disability Inventory*) considerando as habilidades funcionais e assistência do cuidador, utilizando média (*mean*)

Habilidades funcionais	Média	Desvio-padrão	Mínimo	Máximo
Auto-cuidado	27,4	17,5	5,5	63,0
Mobilidade	25,8	33,3	0	96,6
Função social	36,3	27,7	3,1	93,9
Assistência de cuidador	**Média**	**Desvio-padrão**	**Mínimo**	**Máximo**
Auto-cuidado	9,7	19,9	0	70,0
Mobilidade	14,1	20,9	0	65,7
Função social	19,8	26,1	0	84,0

Fonte: Malheiros SR et al., 2013.

Mediana

É o valor que separa pela metade uma amostra, ou seja, divide uma série de números em metade superior e metade inferior, sendo esses colocados em ordem crescente, ou seja, é exatamente o número central. Quando temos uma sequência ímpar de números, o número "do meio" é a mediana; quando temos uma sequência par, a mediana é a média aritmética dos dois valores "do meio".

Utilizando o mesmo exemplo da Tabela 24.5, realizamos a mediana primeiramente colocando os números em ordem crescente:

Frequência cardíaca (bpm) = 63, 72, 74, 77, 81, 83, 83, 88, 92, 93, 95.

Como descrito, a mediana é o número do meio, então 83 é a mediana da frequência cardíaca neste grupo. Entretanto, se tivéssemos um número par de observações, a mediana ficaria como na descrição, ou seja:

Frequência cardíaca (bpm) = 63, 72, 74, 77, 81, 83, 83, 88, 92, 93, 95.

Neste caso, os dois números centrais são 81 e 83, então, realizando-se a média aritmética desses dois números $\left(\frac{81+83}{2}\right)$, a mediana é 82.

Utilização da mediana em artigo científico

Tabela 24.7 Tabela de classes de prognósticos independentes utilizando mediana (*median*)

Classe	n	Idade, anos	Pesquisa de deleção 1p19q	Lobo dominante do tumor	Mediana de sobrevida geral
I	256	< 60	Sim	Não defenido	9,3 (8,4-16,0)
II	174	< 43	Não	Não defenido	8,9 (5,5-10,8)
III	40	43-59	Não	Frontal	4,3 (2,9-6,0)
	24	> 60	Sim	Não defenido	
IV	48	43-59	Não	Não Frontal	2,0 (1,6-2,3)
	27	59-60	Não	Não defenido	
V	18	> 70	Não	Não defenido	0,6 (0,5-0,9)

Fonte: Panageas et al., 2014.

Quando usar média ou mediana?

A média é a medida de tendência central mais utilizada, entretanto pode ser afetada por fatores extremos (*outliers*), pois todos os dados são levados em conta, enquanto a mediana é uma medida importante para eliminar os *outliers*, diferindo da média. Por exemplo, se em uma determinada amostra temos a idade de todos os participantes, sendo:

Idade (em anos) = 20, 22, 23, 23, 23, 25, 27, 27, 67.

A **mediana**, neste caso, é 23 e a **média** é 29, ou seja, a média mostra que a maioria dos participantes tem por volta de 29 anos, sendo que esta não é a realidade, enquanto a mediana (que não é afetada pelos *outliers*) representa de forma mais verdadeira a idade nesta amostra.

Deve-se realizar as duas medidas em todas as variáveis e escolher qual delas melhor as representa. Geralmente quando a média e a mediana são similares, usa-se a média e quando são diferentes, usa-se a mediana. Portanto, é comum ver em artigos científicos alguns dados em média e outros em mediana, como no exemplo a seguir:

Tabela 24.8 Descrição das variáveis fisiológicas no teste da caminhada de 6 minutos (TC6) e no teste do degrau de 6 minutos (TD6), com dados apresentados em médias para alguns casos e mediana (*) para outros

	TC6			TD6			Diferença final-início entre TC6 x TD6		
	Início	Final	p	Início	Final	p	CCI	r	Limites de concordância (inferior; superior)
SpO$_2$ (%)	96 ± 1,5	97 ± 1,5	0,046	97	97	0,938	0,262	0,335	-1,847; 3,014
PAS (mmHg)	115*	130*	0,039	120*	135*	<0,001	0,458	0,673	-39,093; 14,093
PAD (mmHg)	75 ± 5	75 ± 5	0,851	74 ± 6	80 ± 6	0,025	0,471	0,589	-30,759; 20,759
FC (bpm)	77 ± 2	96 ± 2	<0,001	77 ± 9	97 ± 15	0,001	0,376	0,449	-30,984; 26,151
f (rpm)	17 ± 2	23 ± 3	<0,001	20*	26*	<0,001	0,042	0,040	-8,999; 6,666
Borg (dispnea)	9*	12*	0,003	8*	12*	<0,001	0,432	0,449	-6,942; 6,942
Borg (MMII)	9*	14*	0,004	9*	13*	0,001	0,307	0,276	-9,283; 9,783
DP (bat.mmHg. min^{-1})	9295 ± 1868	12440 ± 3393	<0,001	9300	11040	<0,001	0,607	0,833	-7227,04; 3682,04

Legenda: TC6 = Teste de Caminhada de 6 minutos; TD6 = Teste do Degrau de 6 minutos; ICC = coeficiente de correlação intraclasse; r = fator de correlação de Pearson; SpO$_2$ = saturação periférica de oxigênio; PAS = Pressão Arterial Sistólica; PAD = Pressão Arterial Diastólica; FC = frequência cardíaca; f = frequência respiratória; Borg = Escore na escala de Borg modificada; DP= do inglês *Double Product* (produto duplo); MMII = membros inferiores; bpm = batimento por minuto; rpm = respiração por minuto; bat = batimento; *Dado em mediana.

Fonte: Silva et al., 2013.

Moda

Consiste no valor que se repete com mais frequência em uma amostra, ou seja, o valor mais comum. Sendo assim, será o valor com mais probabilidade de aparecer. Utilizando ainda o exemplo de frequência cardíaca da Tabela 24.5, a moda é 83.

Frequência cardíaca (bpm) = 63, 72, 74, 77, 81, 83, 83, 88, 92, 93, 95.

Exemplo 2:

Idade em anos de um grupo: 50, 48, 52, 51, 49, 61 (não há moda, pois não há nenhum número que se repita).

Pensando nos exemplos anteriores, podemos classificar a moda como: amodal (não possui moda), bimodal (possui dois valores de moda) ou multimodal (possui mais do que dois valores de moda). Entretanto, não é uma medida atualmente utilizada, portanto difícil de ser encontrada em artigos científicos.

24.5 MEDIDAS DE DISPERSÃO (VARIABILIDADE)

24.5.1 AMPLITUDE (VALORES MÍNIMO E MÁXIMO)

A amplitude é o valor máximo subtraído do valor mínimo, ou seja, a diferença entre o maior e o menor valor dos dados.

Exemplo: se a idade máxima em um estudo é 65 anos e a mínima é de 45, a amplitude será 20 anos.

24.5.2 VARIÂNCIA

Indica o quanto, em média, os quadrados dos desvios de cada observação em relação à média aritmética estão afastados dessa média, ou seja, indica o quanto os valores do estudo estão longe dos valores esperados. Matematicamente, é a soma dos quadrados dividida pelo número de observações do conjunto menos uma.

A variância mostra os desvios em relação à média e o desvio padrão (que veremos a seguir) considera a proporção dos valores.

24.5.3 DESVIO PADRÃO

É a medida de variabilidade individual usada para avaliar o quanto os indivíduos se distanciam da média. Matematicamente, é definido como a raiz quadrada da variância, sendo assim, sempre é um número positivo e de mesma unidade dos dados originais. O desvio padrão mostra a dispersão entre a média, ou seja, quanto os dados estão variando do valor esperado. Desvio padrão muito grande corresponde a dados que estão muito dispersos, e desvio padrão pequeno indica números perto da média. Sendo assim, se o desvio padrão for zero, significa que não há dispersão/variabilidade, sendo todos os dados do conjunto igual à média.

Na tabela 24.6, onde exemplificamos a média em artigos científicos, está também o desvio-padrão (SD – *standard deviation*). E, como nesse exemplo, ele deve <u>sempre</u> acompanhar a média.

24.4.5 COEFICIENTE DE VARIAÇÃO

É o quociente entre o desvio padrão e a média. Ele pode ser expresso em porcentagem, quando multiplicamos o valor por 100. Por exemplo, se tivermos um coeficiente de variação de 0,3, isto quer dizer que, em média, os desvios atingem 30% do valor da média. Podemos dizer que o coeficiente de variação é o desvio padrão expresso em porcentagem.

24.5.5 MEDIDAS DE POSIÇÃO

As medidas de posição dividem o conjunto de dados em distribuições, por exemplo, podemos utilizar o **quartil**, que divide a distribuição em quatro partes iguais, ou seja, o primeiro quartil (também chamado de quartil inferior, Q1 ou percentil 25 – 25% dos valores estão abaixo do Q1) pega os valores dos 25% iniciais da amostra; o segundo quartil divide a amostra em 50% (ou seja é a mediana, percentil 50 ou Q2 – 50% dos valores estão abaixo do Q2); e o terceiro quartil pega os valores de 75% da amostra (percentil 75 ou Q3 – 75% dos valores estão abaixo do Q3). Como na mediana, os valores inicialmente são distribuídos em ordem crescente.

O intervalo interquartil é a distância entre o primeiro e terceiro quartis (Q3 – Q1).

Outra medida importante de posição é o **percentil**, que, por definição, divide a distribuição em cem partes iguais. Sendo assim, ao falarmos como exemplo do primeiro percentil, estamos mostrando em estatística o 1% menor dos dados.

Podemos ter também: **tercis** e **quintis** (dividindo em três e em cinco a amostra, respectivamente).

O *box-plot*, por exemplo, é um gráfico baseado nos quartis e nos intervalos interquartis. Ele fornece a ideia de posição, dispersão, assimetria (em uma distribuição simétrica, a distância entre Q1 e a mediana Q2 é igual à distância entre a mediana e Q3) e consegue identificar dados discrepantes:

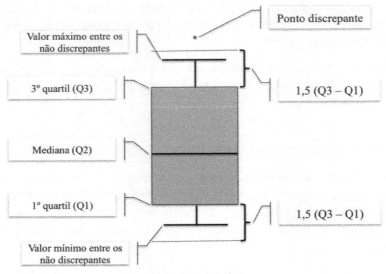

Figura 24.3 Box-lot.

Utilização de *box-plot* em artigo científico:

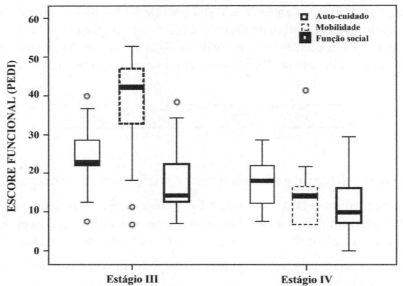

Figura 24.4 Exemplo de utilização de gráfico em *box-plot* para comparar situações ou grupos em artigo científico.

Fonte: Monteiro et al., 2014.

24.5.6 ERRO PADRÃO

Enquanto o desvio padrão é a medida de variabilidade individual, o erro padrão mede a precisão da média amostral. É calculado dividindo o desvio padrão pela raiz quadrada do tamanho da amostra, sendo diretamente proporcional ao desvio padrão da variável e inversamente proporcional ao tamanho da amostra:

$$EP = \frac{DP}{\sqrt{n}}$$

REFERÊNCIAS BIBLIOGRÁFICAS

Godoy MF et al. Long-term cardiac changes in patients with systemic lupus erythematosus. BMC Res Notes. 2013;6:171.

Malheiros SR et al. Functional capacity and assistance from the caregiver during daily activities in Brazilian children with cerebral palsy. Int Arch Med. 2013;6(1):1.

Monteiro CB et al. Quantification of functional abilities in Rett syndrome: a comparison between stages III and IV. Neuropsychiatric Dis Treat. 2014;10:1213-22.

Paes AT. Itens essenciais em bioestatística. Arq Bras Cardiol. 1998;71(4):575-80.

Pagano M, Gauvreau K. Principles of biostatistics. 2. ed. Pacific Grove: Duxbury; 2000.

_____. Por dentro da estatística. Educ Contin Saúde. 2008;6(3 Pt 2):107-8.

Panageas KS et al. Recursive partitioning analysis of prognostic variables in newly diagnosed anaplastic oligodendroglial tumors. Neuro Oncol. 2014;16(11):1541-46.

Silva TD et al. Comparison between the six-minute walk test and the six-minute step test in post stroke patients. Int Arch Med. 2013;6:31.

Capítulo 25
Análise de concordância

Thaís Chaves
Jaqueline Martins
Ana Maria Siriani de Oliveira

25.1 DEFINIÇÕES DE CONCORDÂNCIA

Segundo o *Guidelines for Reporting Reliability and Agreement Studies* (GRRAS) (Kottner et al., 2011), "confiabilidade" (do inglês *reliability*) e "concordância" (do inglês *agreement*) são aspectos importantes no desenvolvimento de instrumentos e escalas, na condução de estudos clínicos e na prática clínica, pois fornecem informações sobre o erro da medida inerente ao procedimento e contribuem para a verificação da validade dos resultados obtidos através de um sistema de avaliação.

Considerando o termo "guarda-chuva", reprodutibilidade engloba os conceitos de confiabilidade e concordância, sendo definida como o grau em que repetidas medidas, garantindo-se estabilidade da condição clínica relacionada à medida, fornecem respostas similares. No entanto, embora utilizados como sinônimos, os termos "confiabilidade" e "concordância" traduzem conceitos distintos.

Confiabilidade pode ser definida como a taxa de variabilidade entre sujeitos em relação ao total de variabilidade de todas as medidas efetuadas para uma dada amostragem. Assim, confiabilidade pode ser definida como a habilidade de uma medida de diferenciar sujeitos. Por outro lado, concordância é o grau em que pontuações ou classificações são idênticas e independem da variabilidade entre os sujeitos. Ambos os conceitos são importantes e fornecem informações sobre a qualidade de mensurações.

De Vet et al. (2006) descrevem que as diferenças entre ambos os termos podem ser contempladas por duas questões distintas:

1. "Qual é o nível de concordância entre medidas repetidas?" Tal conceito estaria relacionado ao erro absoluto da medida e avalia o quão próximos estão os valores de medidas repetidas.

2. "Quão confiável é a medida?" Em outras palavras, o quanto a medida é capaz de distinguir sujeitos/pacientes uns dos outros, considerando a medida de erro. Nesse caso, a medida de erro está relacionada à variabilidade entre sujeitos.

A Figura 25.1 permite distinguir os conceitos de confiabilidade e concordância através da medida do peso corporal de três sujeitos obtida em cinco dias diferentes. O peso de cada um variou entre as cinco mensurações e o desvio padrão das medidas repetidas de cada um deles representa a concordância. A análise da confiabilidade considera a medida de erro e a variabilidade entre os sujeitos para determinar a capacidade da medida de distinguir um sujeito do outro. Assim, se o valor de peso entre os sujeitos é distante (●, ■) o erro não comprometerá a habilidade da medida de discriminar os sujeitos. No entanto, se o valor do peso entre os sujeitos é próximo (■, ▲), ou seja, se existe pouca variabilidade entre os sujeitos, o erro afetará a discriminação e a confiabilidade será menor. Portanto, a medida de erro deve ser pequena em comparação com a variabilidade entre os sujeitos.

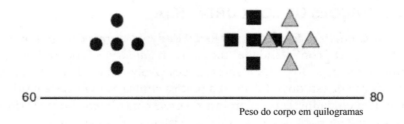

Figura 25.1 Cinco mensurações repetidas do peso corporal de três indivíduos (●, ■, ▲).

Fonte: De Vet et al., 2006.

Transpondo o exemplo anterior para a prática clínica, dois fisioterapeutas podem avaliar a amplitude de movimento (ADM) de uma articulação com dor e da articulação contralateral sem dor e apresentarem níveis similares de concordância para ambos os lados. No entanto, os níveis de confiabilidade poderão ser diferentes entre os lados, dependendo da variabilidade dos valores de ADM entre os sujeitos. Caso os sujeitos apresentem diferentes déficits de ADM para articulação com dor, os valores de confiabilidade poderão ser maiores do que na articulação contralateral sem dor, cuja variabilidade é menor, já que a maioria dos sujeitos pode apresentar ADM completa e, portanto, valores mais próximos.

Situações em que as medidas demonstram pouca variabilidade, como nos casos de alta ou baixa prevalência de uma determinada condição, tendem a apresentar adequados valores de concordância e baixos valores de confiabilidade.

Guyatt et al. (1987) descreveram que a confiabilidade deveria ser utilizada para ferramentas/instrumentos desenvolvidos com o propósito discriminativo e a concordância para ferramentas de cunho avaliativo. Assim, ferramentas discriminativas deveriam ter um alto nível de confiabilidade, ou seja, a medida de erro deveria ser pequena em relação à medida de variabilidade entre os sujeitos que o instrumento pretende mensurar. Dessa forma, se a variabilidade entre sujeitos é ampla, erros maiores são aceitáveis. Para uma ferramenta avaliativa, a variabilidade entre sujeitos em uma dada população tem menor importância. Entretanto, a medida de erro tem maior peso na determinação de reprodutibilidade. Assim, a medida de erro para as ferramentas avaliativas deve apresentar valores menores do que os valores de mudanças detectáveis pelo instrumento. Quanto menor o erro, menores valores de mudança clínica real poderão ser detectados.

Tendo em vista esses aspectos, exemplos de ferramentas com características discriminativa e avaliativa são os questionários e as escalas de incapacidade ou funcionalidade utilizados em Reabilitação, no qual o resultado final pode exprimir se os participantes apresentam ou não incapacidade e funcionalidade. O *Neck Disability Index* (NDI) avalia a incapacidade relacionada à dor no pescoço e o paciente pode ser classificado em 5 grupos, dependendo da pontuação final obtida pela somatória dos escores da ferramenta: sem incapacidade (0 a 4 pontos), incapacidade leve (5 a 14 pontos), incapacidade moderada (15 a 24 pontos), incapacidade severa (25 a 35 pontos) e incapacidade completa (maior que 36 pontos). Além disso, é possível apenas atribuir uma pontuação de incapacidade ao paciente sem correlacionar com os níveis de classificação discriminativos anteriormente expostos. Por isso, podemos definir a ferramenta como discriminativa e avaliativa. Para uma ferramenta com essas características, é importante determinar os níveis de confiabilidade e concordância da ferramenta, o que se justifica para a maior parte das ferramentas utilizadas na área de saúde, que são discriminativas e avaliativas.

Já mensurações de intensidade de dor são frequentemente realizadas por instrumentos intrinsecamente avaliativos, como as escalas visual analógica e de avaliação numérica, já que o objetivo é avaliar a intensidade de dor e não discriminar entre subtipos. Nesses casos, segundo Guyatt et al. (1987), seria recomendada a avaliação da concordância entre as medidas, ao invés da confiabilidade, já que a questão da variabilidade entre sujeitos não teria papel crucial na determinação da reprodutibilidade.

É preciso considerar que a confiabilidade e a concordância podem ser divididas em três subgrupos: teste-reteste, intraexaminador e interexaminadores. A confiabilidade/concordância teste-reteste está relacionada à análise entre repetições de medidas de um teste/procedimento, ou seja, visa avaliar a reprodutibilidade do teste e não avaliar se há diferença nas medidas do(s) examinador(es). Já a confiabilidade/concordância intraexaminador e interexaminadores está relacionada ao nível de acordo entre o mesmo examinador em diferentes momentos e entre diferentes examinadores (dois ou mais) no mesmo momento, respectivamente. Ambas as análises, intra e interexaminadores, são aplicáveis para medidas dependentes de um examinador para sua obtenção.

Algumas precauções devem ser tomadas nas avaliações de confiabilidade e concordância intraexaminador, interexaminador e teste-reteste, sendo imprescindível garantir a estabilidade da condição clínica relacionada à medida a ser obtida. Outros fatores também devem ser considerados, como as variações na habilidade, experiência e nas expectativas dos examinadores, as variações no ambiente de coleta e as variações do próprio instrumento de medida. Normalmente, é possível minimizar a variabilidade decorrente de mensurações obtidas por diferentes examinadores através de treinamentos e uso de guias, mas não é possível impedir a influência da variação biológica nos valores de variabilidade. Assim, as repetições das medidas não podem ser realizadas em períodos de tempo muito curtos, que favoreçam a recordação das informações, ou longos demais, não garantindo estabilidade do quadro clínico relacionado à mensuração. Um exemplo seriam as mensurações realizadas em pacientes com fibromialgia, que podem apresentar flutuações frequentes dos níveis de intensidade de dor e comprometer as mensurações para verificação da concordância nos níveis de intensidade de dor. Portanto, tais mensurações não podem ser realizadas entre intervalos de tempo longos, uma vez que entre períodos do dia há variações.

Enfim, a confiabilidade e a concordância não são propriedades fixas das ferramentas de medida, pois dependem da interação entre a ferramenta, os sujeitos e o contexto da avaliação. Assim, estudos de confiabilidade e concordância podem utilizar as recomendações do GRRAS (Kottner et al., 2011) para assegurar a qualidade de seu estudo quanto a relatar diversas informações de interesse. Outro *guideline* que pode ser consultado é o *COnsensus-based Standards for the selection of health Measurement INstruments* (COSMIN), que oferece diversas recomendações para assegurar a qualidade de estudos sobre propriedades de medida de instrumentos de medida de saúde (Mokkink et al., 2010).

Segundo o GRRAS (Kottner et al., 2011), tais estudos devem fornecer informações como: características da ferramenta e como ela está testada para confiabilidade e concordância, características da amostra de interesse e dos examinadores, a escolha do tamanho amostral e a forma de amostragem dos sujeitos e dos examinadores. Em relação à metodologia, os estudos devem descrever o intervalo definido entre as medidas, a complexidade de obtenção da medida, se a medida final resultou de uma única medida ou da média de medidas repetidas, relatar se os examinadores sabem que suas avaliações serão comparadas a de outros examinadores, declarar se as medidas foram obtidas independentemente, sem comunicação entre os avaliadores, e descrever as análises estatísticas. Os resultados devem conter o fluxograma para permitir a generalização dos dados, sua interpretação deve considerar o intervalo de confiança e a magnitude das diferenças aceitáveis não deve ser apenas uma decisão estatística, mas também clínica.

O COSMIN (Mokkink et al., 2010) apresenta as propriedades de medida de instrumentos de saúde em três domínios: confiabilidade, validade e responsividade. Cada domínio apresenta subcategorias, que representam as propriedades de medida. Dessa forma, o domínio de confiabilidade apresenta as propriedades de medida de consistência interna, confiabilidade e erro da medida, sendo que esta última se relaciona à análise de concordância, que representa o erro absoluto da medida e avalia o quão próximos estão os valores de medidas repetidas. As recomendações do COSMIN para as análises de concordância se encontram no quadro C do *checklist*, as quais definem que o estudo deve relatar como lidou com dados perdidos, se pelo menos duas medidas foram obtidas e de forma independente (sem conhecimento prévio da medida anterior ou das medidas obtidas entre diferentes examinadores), o intervalo de tempo entre as medidas, se os sujeitos permaneceram estáveis neste intervalo, se as condições de teste foram similares para obtenção de ambas as medidas e o tamanho da amostra, que é considerado bom para 50 a 90 sujeitos e excelente para 100 ou mais sujeitos.

25.2 TESTES ESTATÍSTICOS UTILIZADOS PARA AVALIAÇÃO DA CONCORDÂNCIA

A avaliação da concordância pode ser realizada através de diferentes análises estatísticas, dependendo do tipo de dado. Conforme o GRRAS (Kottner et al., 2011), os dados nominais e ordinais podem ser avaliados pela porcentagem de concordância simples e específica. Os dados contínuos podem ser avaliados pelas análises supracitadas e também pelo erro padrão da medida (EPM), coeficiente de variação e pelos limites de acordo de Bland-Altman.

O COSMIN (Mokkink et al., 2010) define que o erro da medida, propriedade relacionada com a concordância, pode ser analisado pelo EPM, pela menor mudança detectável (MMD) e pelos limites de acordo de Bland-Altman.

O coeficiente de Kappa foi considerado pelo GRRAS (Kottner et al., 2011) e pelo COSMIN (Mokkink et al., 2010) como uma análise estatística de confiabilidade, pois sua análise indica a habilidade da medida para distinguir sujeitos em categorias adjacentes. No entanto, alguns estudos o consideram uma análise estatística de concordância, já que seu cálculo é baseado na concordância entre as medidas. Portanto, este capítulo apresenta as análises de concordância defendidas por ambos, GRRAS e COSMIN, e também o coeficiente de Kappa.

25.3 PORCENTAGEM SIMPLES DE CONCORDÂNCIA E COEFICIENTE DE KAPPA

Uma das possibilidades de verificar a concordância entre avaliações é o cálculo da porcentagem simples de concordância, que pode ser definida como o cálculo simples de concordância obtido através da análise de porcentagem de acordo entre as medidas obtidas por examinadores ou pelo mesmo examinador.

A porcentagem simples de concordância pode ser realizada para todos os tipos de medida, ou seja, para medidas de dados nominais, ordinais ou contínuos, sendo frequentemente utilizada para análises de dados dicotômicos. Embora forneça uma medida de concordância, esse cálculo não considera a concordância que poderia ser obtida por mero acaso. Se as medidas concordam ao acaso, não há acordo de fato, apenas o acordo além do esperado pelo acaso deve ser considerado "verdadeiro". Observe a fórmula para o cálculo da porcentagem simples de concordância:

$$Porcentagem\ simples\ de\ concordância = \frac{Concordância\ observada\ (Po)}{Total\ de\ observações\ (N)}$$

A Tabela 25.1 pode auxiliar no entendimento desses aspectos, sendo observada uma porcentagem de concordância de 30 casos em que ambos os fisioterapeutas concordaram de que havia protrusão de cabeça e cinco casos em que os fisioterapeutas concordaram quanto à ausência de protrusão de cabeça. No total teríamos uma porcentagem simples de concordância de 35/50 = 70%. Entretanto, é possível estimar quantos desses acordos ocorreram por mero acaso? Ou seja, quantas vezes os fisioterapeutas concordaram por mera coincidência? A resposta é não, e para resolver este problema uma das alternativas mais citadas na literatura é o coeficiente de Kappa.

Tabela 25.1 Contingência 2 × 2 demonstrando os resultados obtidos nas análises de dois fisioterapeutas quanto à presença ou não de protrusão de cabeça em uma amostra de 50 pacientes

Protrusão de cabeça	Fisioterapeuta 2		
Fisioterapeuta 1	Presente	Ausente	Total
Presente	$a = 30$	$b = 10$	$g1 = 40$
Ausente	$c = 5$	$d = 5$	$g2 = 10$
Total	$f1 = 35$	$f2 = 15$	$n = 50$

F1: soma da coluna 1; *f2*: soma da coluna 2; *g1*: soma da linha 1; *g2: soma da linha 2*.

O coeficiente de Kappa pode ser considerado como uma medida "verdadeira" de concordância, já que indica a proporção de concordância além da esperada pelo acaso, ou seja, considera o acordo além da concordância ao acaso como uma proporção do possível acordo ao acaso. Existem dois tipos de coeficiente de Kappa, sendo o Kappa simples utilizado para medidas de dados nominais (distingue apenas entre acordo e desacordo) e o Kappa ponderado, utilizado para dados ordinais. O Kappa também pode ser aplicado em categorias ordinais derivadas de dados contínuos, como por exemplo para ADM articular classificada em quatro categorias: sem restrição, levemente restrita, moderadamente restrita e altamente restrita.

A fórmula do coeficiente de Kappa simples é:

$$Kappa = \frac{Concordância\ observada - Concordância\ esperada}{1 - Concordância\ esperada}$$

Ou ainda:

$$Kappa = \frac{Po - Pc}{1 - Pc}$$

Onde:

Po = Proporção de acordo observado;

Pc = Proporção de acordo ao acaso ou esperado.

Tendo em vista o exemplo da Tabela 25.1, considerando-se o coeficiente de Kappa, o Po seria obtido pela soma de a + d/ n, assim: 35/50 = 0,7. Já o Pc seria obtido pela seguinte fórmula:

$$Pc = \frac{\left(\frac{f1 \times g1}{n}\right) + \left(\frac{f2 \times g2}{n}\right)}{n}$$

$$Pc = \frac{\left(\frac{35 \times 40}{50}\right) + \left(\frac{15 \times 10}{50}\right)}{50} = 0,62$$

Substituindo-se o *Po* = 0,70 e *Pc* = 0,62 na fórmula do coeficiente de Kappa, teremos:

$$Kappa = \frac{Po - Pc}{1 - Pc} = \frac{0,7 - 0,62}{1 - 0,62} = 0,21$$

Assim, a verdadeira concordância seria de K = 0,21 e não de 70% considerado na porcentagem simples de concordância. Os resultados do Kappa simples e da porcentagem simples de concordância podem ser contraditórios sempre que os valores nas células A e D são muito diferentes ou assimétricos, o que representa a influência da prevalência do atributo identificável nos valores de Kappa, explicado mais adiante.

O coeficiente de Kappa é uma medida da diferença e pode variar entre -1 e 1, no qual 1 significa concordância perfeita, 0 é a concordância que pode ser atribuída ao mero acaso e valores negativos significam que o acordo é menor do que seria obtido ao acaso. Um sistema de classificação comumente adotado (Landis; Koch, 1977) é o descrito a seguir:

K < 0 = concordância ruim

0,01 – 0,20 = concordância fraca

0,21 – 0,40 = concordância leve

0,41 – 0,60 = concordância moderada

0,61 – 0,80 = concordância substancial

0,81 – 0,99 = concordância quase perfeita

1 = concordância perfeita

Dessa forma, para o exemplo descrito na Tabela 25.1, a concordância entre ambos os fisioterapeutas (k = 0,21) seria considerada leve, de acordo com o uso do coeficiente de Kappa.

O coeficiente de Kappa pode ser utilizado quando o sistema de classificação tem duas categorias ou mais. No exemplo da Tabela 25.1, apenas a presença ou ausência de protrusão de cabeça foi considerada, assim trata-se de um sistema de classificação de duas categorias. Entretanto, se ampliarmos o sistema de classificação de protrusão da cabeça poderíamos, então, descrever três categorias: ausência de protrusão, protrusão leve e protrusão severa. Nesse caso, poderíamos determinar os seguintes valores para cada categoria: ausência de protrusão = categoria 1, protrusão leve = categoria 2 e protrusão severa = categoria 3.

Inferindo sobre as possíveis combinações neste sistema de categorias, é possível observar as seguintes combinações entre duas avaliações distintas de um mesmo examinador. É possível que o examinador atribua a categoria 1 para um dado paciente e após uma semana atribua a categoria 3. Também é possível que ele atribua a categoria 2 na primeira avaliação e a categoria 3 na segunda avaliação. Em suma, é possível identificar níveis piores de desacordos entre as duas combinações de avaliação descritas? A resposta é sim! Veja, se um examinador avalia a postura de cabeça de um paciente como normal – ausência de protrusão de cabeça (categoria 1) – em uma primeira avaliação e depois de uma semana avalia esta postura como protrusão leve (categoria 2), do ponto de vista clínico este desacordo é "pior" do que o desacordo entre protrusão severa (categoria 3) e protrusão leve (categoria 2), pois no primeiro caso o examinador atribuiu uma avaliação normal de postura ao paciente e após uma semana atribuiu um diagnóstico de alteração postural. Desta maneira, considerando-se a primeira avaliação, o paciente não precisaria ser submetido a um tratamento e na segunda, sim. Se considerarmos a segunda avaliação incorreta, o paciente seria tratado para uma alteração postural que não existe.

Assim, em resposta à necessidade de diferenciar o grau de desacordo entre as diferentes categorias como no exemplo, Cohen (1968) desenvolveu o Kappa ponderado (Kw). A passagem de um coeficiente K para um coeficiente Kw permite atribuir diferentes pesos aos desacordos, tornando-se esta a estatística mais adequada quando se pretende classificar um conjunto de dados em categorias ordinais. O Kappa ponderado pode ser linear ou quadrático, e sua fórmula é:

$$Kw = 1 - \frac{\sum proporção\ ponderada\ de\ desacordos\ observados\ (ppdo)}{\sum proporção\ ponderada\ de\ desacordos\ ao\ acaso\ (ppda)}$$

Análise de concordância

Na Tabela 25.2 é possível observar um exemplo em que o sistema de classificação de três categorias é demonstrado (situação hipotética 1). Neste caso seriam obtidos valores de 0,34 para o Kappa simples (concordância leve); 0,4 para o Kappa com ponderação linear (concordância leve); e 0,45 para o Kappa com ponderação quadrática (concordância moderada). Considerando este exemplo, a ponderação linear atribui peso 0 às células de acordo (a, e, i), peso 1 às células imediatamente ao lado da diagonal (b, d, f, h) e peso 2 para as células "c" e "g". Já a ponderação quadrática atribuiria peso $(0)^2 = 0$ às células diagonais ou de "acordo" (a, e, i), peso $(1)^2 = 1$ às células (b, d, f, h) e peso $(2)^2 = 4$ para as células "c" e "g", seguindo-se a mesma lógica na presença de mais categorias (Exemplo: $(3)^2$, para classificações com quatro categorias). Desta forma, tanto a ponderação linear quanto a quadrática atribuíram maior peso as combinações das células "c" e "g" que demonstram combinações clinicamente piores do que as demais combinações de desacordos. A ponderação quadrática intensificou os desacordos mais críticos (ausência de alteração *versus* alteração postural severa), por isso o valor do Kappa, considerando-se a ponderação quadrática, foi de $Kw_{quadrático} = 0,45$, sugerindo que apesar de as combinações contidas nas células "c" e "g" serem piores do ponto de vista clínico, mesmo com uma ponderação em escala quadrática, o nível de concordância aumenta do leve ($Kw_{linear} = 0,40$) para o moderado ($Kw_{quadrático} = 0,45$).

Tabela 25.2 Contingência 3×3 demonstrando os resultados obtidos na avaliação da protrusão de cabeça realizada por um fisioterapeuta (intraexaminador) entre duas avaliações distintas em uma amostra de 75 pacientes (situação hipotética 1)

Avaliação da coluna lombar	Fisioterapeuta 1 – 2ª avaliação			
Fisioterapeuta 1 – 1ª avaliação	Ausência de protrusão de cabeça	Protrusão de cabeça leve	Protrusão de cabeça severa	Total
Ausência de protrusão de cabeça	a = 10	b = 5	c = 5	g1 = 20
Protrusão de cabeça leve	d = 5	e = 5	f = 5	g2 = 15
Protrusão de cabeça severa	g = 5	h = 5	i = 30	g3 = 40
Total	f1 = 20	f2 = 15	f3 = 40	n = 75

Os valores de Kappa com ponderação linear e quadrática podem ser obtidos a partir da situação hipotética 1, através dos seguintes procedimentos (Di Fabio, 2013). Primeiramente, é preciso construir as tabelas das proporções de acordos observados (Tabela 25.2) e das proporções de acordos ao acaso (Tabela 25.3). Na tabela de proporções de acordos ao acaso, o valor da célula é obtido pela divisão do produto (total da coluna x total da linha no qual a célula se insere) pelo número total de observações. Exemplo para célula A: f1 x g1 / n = 20 x 20 / 75 = 5,33.

Depois, construir as tabelas de proporções ponderadas de acordos observados (*ppdo*) e acordos ao acaso (*ppda*) (Tabela 25.4). Os valores de cada célula são o produto entre o valor da célula na Tabela 25.2 ou 25.3 e o peso do desacordo (0,1,2 para o Kappa linear e 0^2, 1^2, 2^2 para o Kappa quadrático). Apresentamos na Tabela 25.4 os valores para a ponderação quadrática, sendo obtidos os valores de $\sum ppdo$ e $\sum ppda$, que devem ser incluídos na fórmula do Kappa ponderado. Então, para o Kappa de ponderação quadrática, temos:

$$Kw = 1 - \left(\frac{60}{109,6}\right) = 0,45$$

Tabela 25.3 Contingência 3×3 demonstrando as proporções de acordos ao acaso para a situação hipotética 1

Avaliação da coluna lombar	Fisioterapeuta 1 – 2ª avaliação			
Fisioterapeuta 1 – 1ª avaliação	Ausência de protrusão de cabeça	Protrusão de cabeça leve	Protrusão de cabeça severa	Total
Ausência de protrusão de cabeça	5,3	4	10,7	g1 = 20
Protrusão de cabeça leve	4	3	8	g2 = 15
Protrusão de cabeça severa	10,7	8	21,3	g3 = 40
Total	f1 = 20	f2 = 15	f3 = 40	n = 75

Tabela 25.4 Proporções ponderadas quadráticas de acordos observados (ppdo) e acordos ao acaso (ppda) para a situação hipotética 1

	Proporções ponderadas de acordos observados				Proporções ponderadas de acordos ao acaso			
Avaliação da coluna lombar	Fisioterapeuta 1 2ª avaliação				Fisioterapeuta 1 2ª avaliação			
Fisioterapeuta 1 – 1ª avaliação	Ausência de protrusão	Protrusão leve	Protrusão severa	Total	Ausência de protrusão	Protrusão leve	Protrusão severa	Total
Ausência de protrusão	10 x 0 = 0	5 x 1 = 5	5 x 4 = 20	25	5,33 x 0 = 0	4 x 1 = 4	10,7 x 4 = 42,8	46,8
Protrusão leve	5 x 1 = 5	5 x 0 = 0	5 x 1 = 5	10	4 x 1 = 4	3 x 0 = 0	8 x 1 = 8	12
Protrusão severa	5 x 4 = 20	5 x 1 = 5	30 x 0 = 0	25	10,7x4 = 42,8	8 x 1 = 8	21,33 x 0 = 0	50,8
Total			$\sum ppdo =$	60			$\sum ppda =$	109,6

Análise de concordância

Na Tabela 25.5, foi realizada uma modificação na Tabela 25.2 (situação hipotética 2) de modo a ilustrar como a frequência menor de combinações consideradas piores (ausência de alteração *versus* alteração postural severa) nas células "c" e "g" pode elevar os níveis da classificação do Kw_{linear} para 0,51 (de leve para moderado) e $Kw_{quadrático}$ para 0,65 (de moderado para substancial).

Tabela 25.5 Contingência 3×3 demonstrando os resultados obtidos na avaliação da protrusão de cabeça realizada por um fisioterapeuta (intraexaminador) entre duas avaliações distintas em uma amostra de 75 pacientes (situação hipotética 2)

Avaliação da coluna lombar	Fisioterapeuta 1 – 2ª avaliação			
Fisioterapeuta 1 – 1ª avaliação	Ausência de protrusão de cabeça	Protrusão de cabeça leve	Protrusão de cabeça severa	Total
Ausência de protrusão de cabeça	a = 10	b = 9	*c = 1*	g1 = 20
Protrusão de cabeça leve	d = 5	e = 5	f = 5	g2 = 15
Protrusão de cabeça severa	*g = 1*	h = 9	i = 30	g3 = 40
Total	f1 = 16	f2 = 23	f3 = 36	n = 75

Entretanto, há dois paradoxos relacionados ao uso do coeficiente de Kappa descritos na literatura. O paradoxo de prevalência, que é um paradoxo de "acordos", e o paradoxo de viés, que é um paradoxo de "desacordos". A estatística Kappa é fortemente dependente da prevalência do atributo identificável. Desta forma, os valores de K tendem a ser menores, especialmente quando a frequência de acordos em uma das células diagonais é maior que a outra ("a" > "d") (Tabela 25.6). Esse fenômeno é chamado de Paradoxo do Efeito de Prevalência, ou Desequilíbrio Simétrico, e ocorre quando a proporção de achados positivos é substancialmente diferente de 50% (*f1 > f2* e *g1 > g2*). Assim, o valor de Kappa para a concordância observada na Tabela 25.6 é de K = 0,32, denotando uma concordância leve, mas na presença de uma paradoxal verificação de uma porcentagem de concordância simples entre os examinadores de 85% (Tabela 25.6).

A influência da prevalência nos valores do Kappa pode ser expressa pelo índice de prevalência descrito a seguir. Valores menores de Kappa são esperados quando o índice de prevalência é alto. Em relação à Tabela 25.6, teríamos um índice de prevalência de 0,75 (80-5/100).

$$\text{Índice de prevalência} = \frac{|a-d|(valor\ absoluto)}{n}$$

Tabela 25.6 Contingência 2 × 2 demonstrando o paradoxo referente à prevalência ou desequilíbrio simétrico

Protrusão de cabeça	Fisioterapeuta 2		
Fisioterapeuta 1	Presente	Ausente	Total
Presente	a = 80	b = 10	g1 = 90
Ausente	c = 5	d = 5	g2 = 10
Total	F1 = 85	F2 = 15	n = 100

Já o segundo paradoxo é chamado de Paradoxo de efeito de viés, ou Desequilíbrio Assimétrico (Tabela 25.7). Esse paradoxo ocorre quando os examinadores diferem ou discordam na proporção de resultados positivos, ou seja, os valores de F1 e G1 são consideravelmente distintos. O índice de viés tem sido proposto para medir a magnitude do viés, como descrito a seguir, e valores maiores de Kappa são esperados quando o índice é alto. Em relação à Tabela 25.7, teríamos um índice de viés de 0,29 (35-5/105).

$$\text{Índice de viés} = \frac{|b-c|(valor\ absoluto)}{n}$$

Tabela 25.7 Contingência 2 × 2 demonstrando o paradoxo referente ao efeito de viés ou desequilíbrio assimétrico

Protrusão de cabeça	Fisioterapeuta 2		
Fisioterapeuta 1	Presente	Ausente	Total
Presente	a = 45	b = 5	g1 = 50
Ausente	c = 35	d = 20	g2 = 55
Total	f1 = 80	f2 = 25	n = 105

Para correção desses paradoxos, existem alguns recursos disponíveis na literatura, como o cálculo do PABAK (*Prevalence and Bias Adjusted Kappa*) proposto por Byrt et al. (1993) e Lantz e Nebenzahl (1996). No entanto, uma regra sugerida arbitrariamente é que quando qualquer um dos índices (de prevalência ou de viés) é maior que 0,40, indica que há uma distribuição distorcida das observações na tabela de contingência, que deve ser considerada como potencial desafio para a validade do Kappa (Di Fabio, 2013).

A interpretação do Kappa também deve ser associada ao relato do máximo valor que poderia ser obtido dos dados (K máx.) e os seus valores devem ser acompanhados do intervalo de confiança, que indica uma amplitude de valores de Kappa que podem ser reais na população. Maiores detalhes devem ser consultados em Sim e Wright (2005).

25.4 ERRO PADRÃO DA MEDIDA

O erro padrão da medida (do inglês *Standard Error of Measurement*) pode ser considerado o parâmetro básico para avaliação de concordância de medidas de dados contínuos (De Vet et al., 2006; Terwee et al., 2007).

Representa uma medida de erro absoluto, que fornece a amplitude do real valor da medida, e uma das vantagens para interpretação clínica é que sua expressão se dá na unidade da medida, ou seja, na avaliação de ADM em graus, o EPM fornece resultados em graus. Assim, quando um sujeito apresenta ADM = 130° e o instrumento de medida demonstra um EPM = 5°, o examinador pode ter a confiança de que a real ADM do sujeito está entre 125° e 135°. A magnitude do EPM também auxilia na determinação de qual instrumento é mais adequado para uma dada medida, ou seja, uma balança que apresenta um EPM de 400 g pode ser utilizada em adultos, mas não deve ser utilizada em bebês, pois essa variação do peso é relevante.

Existem dois tipos de EPM: o EPM de consistência (do inglês SEM *consistency*) e o EPM de concordância (do inglês SEM *agreement*). A diferença entre eles é que o EPM de consistência não considera a variância entre os examinadores, ou seja, desconsidera as diferenças sistemáticas entre os examinadores, enquanto o EPM de concordância considera esse tipo de variância. Terwee et al. (2007) defendem a utilização do EPM de concordância, pois as diferenças sistemáticas devem ser consideradas como parte do erro da medida, já que existe o interesse de distinguir essas diferenças da mudança real apresentada pelo sujeito.

O EPM é calculado como a raiz quadrada da variância do erro (σ^2 erro), ou seja, EPM = $\sqrt{\sigma^2}$ erro. Para o EPM de consistência, a variância do erro consiste na variância residual (σ^2 residual), que representa a variância obtida na interação entre os sujeitos e os examinadores e para o EPM de concordância, a variância do erro considera também a variância entre os examinadores (σ^2 ex). Assim, tem-se:

$$EPM\ de\ consistência = \sqrt{\sigma^2\ residual}$$

$$EPM\ de\ concordância = \sqrt{(\sigma^2 ex + \sigma^2\ residual)}$$

Nas fórmulas anteriores é preciso conhecer o valor das variâncias, o que nem sempre é possível. Assim, outra possibilidade é obter o EPM de consistência através do Coeficiente de Correlação Intraclasse – CCI (do inglês, *Intraclass Correlation Coefficient, ICC*) através da fórmula descrita a seguir, onde σ representa o desvio padrão agrupado da primeira e segunda avaliação e se utiliza o CCI tipo consistência. O EPM de concordância não pode ser obtido por esta fórmula. Além disso, o CCI deve ser obtido da mesma amostra ou de amostras com heterogeneidade similar, já que o CCI é fortemente influenciado pela característica de heterogeneidade da amostra.

$$EPM\ de\ consistência = \sigma\sqrt{(1 - CCI\ de\ consistência)}$$

Essa fórmula é comumente utilizada em estudos que testam as propriedades de medida de instrumentos utilizados na área de saúde. Segundo as recomendações do COSMIN (Mokkink et al., 2010), o EPM representa a propriedade de erro da medida do domínio de confiabilidade, ou seja, os estudos frequentemente apresentam os dados de confiabilidade em CCI juntamente com as medidas do EPM.

Neste tipo de estudo, o EPM é utilizado para analisar o erro associado a uma única aplicação do questionário, uma vez que ele fornece uma estimativa de quão confiável uma escala estima a real pontuação do indivíduo, ou seja, a pontuação que seria obtida se a ferramenta oferecesse medidas perfeitas, sem erro. Alguns estudos costumam substituir o CCI da fórmula pelo *Alpha* de *Cronbach*, mas as recomendações do COSMIN desencorajam a utilização do *Alpha* e também a utilização do desvio padrão de outra população. Além disso, o EPM obtido na fórmula apresenta um limite de confiança de 68% e os estudos geralmente multiplicam o EPM pelo valor de z associado ao nível de confiança de 90% (z = 1,65) ou 95% (z = 1,96).

Exemplo:

Um questionário com pontuação máxima de 100 pontos, confiabilidade teste-reteste avaliada através de um ICC = 0,95 e desvio padrão agrupado do teste e reteste da amostra total igual a 23,2 pontos, apresentará um EPM com nível de confiança de 90% de 10,2 pontos [1,96 x 23,2 √ (1 - 0,95)], ou seja, uma vez que o sujeito avaliado apresente pontuação de 60 pontos, a pontuação real corresponderá a valores de 49,8 a 70,2 pontos.

Uma terceira maneira de se obter o EPM é pela fórmula a seguir, onde DP representa o desvio padrão da diferença das médias entre duas medidas. Essa fórmula também não se aplica ao EPM de concordância, porque o erro sistemático não é incluído no desvio padrão:

$$EPM \ de \ consistência = \frac{DP}{\sqrt{2}}$$

Assim, considerando o Quadro 25.1 da avaliação da ADM de ombro por dois fisioterapeutas (A e B), tem-se um EPM de 14,18°.

Quadro 25.1 Avaliação da ADM de ombro por dois fisioterapeutas

Examinador A, ADM média (DP)	120° (10°)
Examinador B, ADM média (DP)	145° (15°)
Diferença das médias (DP)	25° (20°)

DP: desvio padrão.

Por fim, o EPM também é utilizado para obtenção da menor mudança detectável – MMD (do inglês *Smallest or Minimal Detectable Change*, SDC ou MDC), que representa a menor mudança da pontuação do sujeito detectada pela ferramenta de medida e que pode ser interpretada como uma mudança clínica real, ou seja, além do erro da medida. A fórmula é MMD = 1,96 x EPM x $\sqrt{2}$. No entanto, esta análise não será detalhada no capítulo, por não representar uma análise de concordância.

25.5 LIMITES DE CONCORDÂNCIA OU MÉTODO DE BLAND E ALTMAN

Quando se tem uma medida clínica como a mensuração da ADM que pode ser obtida por meio da Goniometria ou da Eletrogonomiometria, ou ainda de Inclinômetros, como saber qual dos equipamentos deve ser escolhido como o método que fornece a medida mais adequada? É preciso considerar alguns aspectos para se fazer essa escolha, tais como: erro da medida, variabilidade das medidas (desvio padrão, por exemplo) e diferença média entre as medidas obtidas. Além disso, uma diferença entre as medidas provenientes de instrumentos distintos é esperada, mas o problema consiste na magnitude dessa diferença.

O método de limites de concordância, ou método de Bland e Altman, é utilizado em medidas de dados contínuos para verificar o nível de concordância entre duas medidas clínicas obtidas por métodos de avaliação distintos e também para verificar a concordância entre dois examinadores distintos obtendo a mesma medida nas mesmas condições clínicas. Este método tem sido amplamente utilizado na literatura, já que há uma preocupação constante na atualidade com a substituição de alguns métodos de avaliação clínica por procedimentos menos invasivos, com menos efeitos adversos, mais rápidos ou ainda com menor custo ou que possam ser obtidos por instrumentos mais acessíveis ao clínico.

Assim, o método de limites de concordância auxilia na determinação da equivalência entre duas medidas, ou seja, se existe ou não concordância entre as mensurações. Este método faz uso de um gráfico no qual é plotada nos eixos a média das medidas obtidas e a diferença das medidas da população avaliada.

Em termos práticos, para se avaliar a concordância entre duas variáveis (x e y), deve ser construído um gráfico de dispersão no qual no eixo Y é alocada a diferença entre as duas variáveis (x - y) e no eixo X a média das duas (x + y)/2. Neste gráfico é possível visualizar o viés (o quanto as diferenças se afastam do valor zero no eixo y) e o erro (variabilidade das diferenças entre os dois métodos, ou seja, o desvio padrão da média da diferença). No gráfico é definido o limite de concordância de 95%, que representa a "média da diferença ± 1,96 DP" (em que "DP" é o desvio padrão das diferenças entre as duas medidas), sendo esperado que estes limites incluam 95% das diferenças entre os dois métodos.

Os limites de concordância superior e inferior (LCS e LCI) são calculados, pressupondo que a média e o desvio padrão das diferenças são constantes ao longo da amplitude da medida obtida e que estas diferenças têm distribuição normal. Além disso, este método não é muito sensível a valores extremos (*outliers*), sendo recomendado que não se excluam esses valores da análise.

A análise dos dados obtidos é visual e o limite de concordância é expresso na unidade da medida avaliada. Quanto menor a amplitude entre os dois limites, melhor a concordância entre as medidas obtidas. A avaliação final sobre a concordância entre os métodos deve ser baseada no julgamento clínico e não estatístico. Portanto, a interpretação dos resultados depende do conhecimento do indivíduo sobre a relevância clínica do intervalo obtido.

É possível também aplicar o logaritmo nos valores originais e então aplicar o método. A transformação logarítmica é sugerida quando se observa uma relação entre a diferença e a média das medidas obtidas, ou seja, quando as diferenças entre as medidas aumentam com o aumento da média. Também é possível utilizar a razão entre x e y (x/y) no lugar das diferenças ou o percentual das diferenças e avaliar a relação entre estes valores e as médias.

A Figura 25.2 ilustra uma situação em que a concordância entre dois instrumentos (Goniômetro Universal *versus* Eletrogoniômetro) para avaliação da ADM de flexão do quadril foi verificada. Observem que no eixo "y" foi plotada a diferença entre os valores obtidos dos instrumentos e no eixo "x" foi plotada a média dos valores obtidos. Para cálculo do limite de 95% de concordância (média das diferenças ± 1,96 DP), foi observado um dp = 20° e uma diferença média de -16° para a amostra considerada. Assim, têm-se os seguintes valores de 95% de limite de concordância: LCS = -16° + 1,96 x 20° = 23° e LCI = -16 -1,96 x 20° = -55°. Ou seja, há a possibilidade de diferenças de 23° até -55° entre as medidas obtidas por estes equipamentos. Assim, ao considerarmos a diferença de -55 graus (ADM$_{goniometria}$ − ADM$_{eletrogoniômetro}$), verificamos que a medida obtida através da eletrogoniometria pode ser até 55° maior que a medida de flexão de quadril obtida pelo goniômetro universal. Desta maneira, a diferença é considerada inaceitável para tomada de decisão clínica. Tendo em vista estes achados, considerando-se o grau de discordância entre os valores de amplitude de flexão de quadril entre os equipamentos, é possível considerar uma baixa concordância entre as mensurações de goniometria e eletrogoniometria para avaliação da flexão do quadril na amostra considerada.

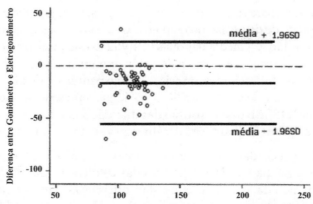

Figura 25.2 Gráfico ilustrando uma plotagem através do método de Limites de Concordância, ou Bland e Altman, para verificação de concordância entre os métodos de goniometria e eletrogoniometria na avaliação da flexão do quadril.

Legenda: SD: *standard deviation.*

REFERÊNCIAS BIBLIOGRÁFICAS

Altman DG, Bland JM. Measurement in medicine: the analysis of method comparison studies. J Royal Stat. 1983;32(3):307-317.

Bland JM, Altman D. Statistical methods for assessing agreement between two methods of clinical measurement. Lancet. 1986;327(8476):307-10.

Bland JM, Altman DG. A note on the use of the intraclass correlation coefficient in the evaluation of agreement between two methods of measurement. Comput Biol Med. 1990;20:337-40.

Bland JM, Altman DG. Measuring agreement in method comparison studies. Stat Methods Med Res. 1999;8:135.

Byrt T, Bishop J, Carlin JB. Bias, prevalence and Kappa. J Clin Epidemiol. 1993,46:423-9.

Cohen J. Weighted Kappa: Nominal scale agreement with provision for scaled disagreement or partial credit. Psychol Bulletin. 1968;70:213-20.

De Vet HC, Terwee CB, Knol DL, Bouter LM. When to use agreement versus reliability measures. J Clin Epidemiol. 2006;59:1033-9.

Di Fabio RP. Essentials of rehabilitation research: A statistical guide to clinical practice. Philadelphia: FA Davis Company; 2013.

Dunn G. Statistical evaluation of measurement errors: design and analysis of reliability studies. 2. ed. London: Arnold; 2004.

Feinstein AR, Cicchetti DV. High agreement but low Kappa: I. The problems of two paradoxes. J Clin Epidemiol. 1990;43(6):543-9.

Guyatt G, Walter S, Norman G. Measuring change over time: assessing the usefulness of evaluative instruments. J Chronic Dis. 1987;40:171-8.

Hirakata VN, Camey AS. Análise de concordância entre métodos de Bland-Altman. Rev HCPA. 2009;29(3):261-8.

Hoehler FK. Bias and prevalence effects on Kappa viewed in terms of sensitivity and specificity. J Clin Epidemiol. 2000;53(5):499-503.

Kottner J et al. Guidelines for Reporting Reliability and Agreement Studies (GRRAS) were proposed. J Clin Epidemiol. 2011;64(1):96-106.

Landis JR, Koch GG. The measurement of observer agreement for categorical data. Biometrics. 1977;33:159-74.

Lantz CA, Nebenzahl E. Behavior and interpretation of the Kappa statistic: resolution of the two paradoxes. J Clin Epidemiol. 1996;49(4):431-4.

Mokkink LB et al. The COSMIN checklist for assessing the methodological quality of studies on measurement properties of health status measurement instruments: an international Delphi study. Qual. 2010;19:539-49.

Myles PS, Cui J. Using the Bland-Altman method to measure agreement with repeated measures. Br J Anaesth. 2007;99(3):309-11.

Schuster C. A note on the interpretation of weighted Kappa and its relations to other rater agreement statistics for metric scales. Educ Psychol Meas. 2004;64:243-53.

Sim J, Wright CC. The Kappa statistic in reliability studies: use, interpretation, and sample size requirements. Phys Ther. 2005;85(3):257-68.

Terwee CB. Quality criteria were proposed for measurement properties of health status questionnaires. J Clin Epidemiol. 2007;60(1):34-42.

Vernon HL, Mior S. The Neck Disability Index: a study of reliability and validity. J Manipulative Physiol Ther. 1991;14(7):409-15.

Viera AJ, Garrett JM. Understanding interobserver agreement: the Kappa statistic. Fam Med. 2005;37(5):360-3.

Capítulo 26
Análise bivariada

Carla Malaguti
Carlos Alberto Mourão Júnior
Simone Dal Corso

26.1 INTRODUÇÃO

Toda análise estatística deve ser definida ainda na fase de delineamento do estudo. Nessa fase o investigador deve planejar quais procedimentos serão realizados para atender aos objetivos propostos, e como irá manejar e analisar os dados do estudo a partir das variáveis que irá medir.

A primeira abordagem analítica deve concentrar-se no estudo das variáveis individuais, conhecendo sua distribuição e seus valores de dispersão. Na sequência, deve-se escolher qual teste é capaz de analisar a relação entre as variáveis. No caso de haver apenas duas variáveis em jogo, deverá ser realizada uma análise bivariada, que é o objetivo do presente capítulo.

Existem diferentes testes estatísticos para análises bivariadas, dependendo do tipo de variável e do delineamento do estudo. Se o delineamento do estudo envolve comparações de pares comparáveis, como antes e depois, nos mesmos indivíduos, algum teste de significância estatística pareado deve ser elegido, como: o teste t pareado (para variáveis numéricas), o teste de Wilcoxon (para variáveis ordinais), ou ainda o teste de McNemar (para variáveis categóricas). Se o delineamento do estudo envolve comparação de grupos distintos de indivíduos, como um grupo de pacientes e um grupo controle de saudáveis, algum teste de significância estatística para dados independentes deve ser elegido, como: o teste t (para variáveis numéricas), ou o teste de Mann-Whitney (para variáveis ordinais), ou então, no caso de variáveis categóricas, o teste exato de Fisher ou o teste do qui-quadrado. A Tabela 26.1 resume a escolha do teste a ser adotado no caso da análise bivariada.

Tabela 26.1 Testes paramétricos e não paramétricos para análises bivariadas

	Teste paramétrico	Teste não paramétrico	
	Medidas escalares	Medidas ordinais	Medidas categóricas
Duas amostras independentes	Teste *t*	Mann-Whitney	Exato de Fisher e Qui-quadrado
Duas amostras relacionadas	Teste *t* pareado	Wilcoxon	McNemar

Na análise bivariada, além de realizar comparações entre duas variáveis, pode-se analisar também se há uma relação (associação) entre as variáveis e, ainda, se houver essa relação, se é linear, positiva ou negativa, e ainda quão forte ela é. Os testes apropriados para esse tipo de análise são: teste de Pearson (para variáveis numéricas) e testes de Spearman ou de Kendall (para variáveis ordinais).

26.2 ANÁLISE BIVARIADA PARA MEDIDAS NUMÉRICAS ESCALARES (TESTES PARAMÉTRICOS): OS TESTES *t*

Os testes *t* estão entre os testes estatísticos mais utilizados nas pesquisas clínicas. Neles são comparadas as diferenças entre as médias de uma variável contínua em duas amostras e é verificado se a diferença encontrada excede o acaso esperado para amostras aleatórias. Os testes t são conhecidos também como testes *t* de Student.[1]

Há autores que advogam que, para se aplicar o teste *t*, é condição necessária que as duas amostras populacionais tenham distribuições simétricas, aproximadamente normais (gaussianas), e que não tenham valores atípicos extremos. Segundo esses autores, quando as duas distribuições amostrais apresentam variâncias muito diferentes (amostras heterocedásticas) ou sua distribuição se afasta muito da distribuição normal, testes paramétricos como o teste *t* (que comparam médias) não deveriam ser aplicados, e, nesse caso, deveria se optar por usar testes não paramétricos, como o teste de Mann-Whitney, que comparam medianas (já que as medianas não são tão afetadas por valores extremos). Essa abordagem, entretanto, ultimamente tem sido fortemente questionada.

---

[1] Na verdade, *Student* era o pseudônimo do químico e matemático inglês William Sealy Gosset (1876 – 1937). Gosset foi funcionário de uma cervejaria. Um outro funcionário dessa cervejaria havia publicado um trabalho, em que mencionava alguns segredos da empresa. Para prevenir fugas de informação e futuras revelações dos segredos da marca, a cervejaria proibiu que os seus empregados publicassem quaisquer trabalhos, independentemente do conteúdo. Assim, Gosset teve que publicar seus importantes trabalhos adotando o pseudônimo Student, pelo qual ficou mundialmente conhecido até hoje. De agora em diante usaremos apenas o termo "teste *t*" em vez de "teste *t* de Student".

De fato, atualmente, a maioria dos autores admite que em praticamente qualquer conjunto de dados numéricos contínuos (medidas escalares), se a amostra for aleatória e de tamanho razoavelmente grande, pode ser usado o teste *t*, ainda que a distribuição não seja normal e que as amostras sejam heterocedásticas (isto é, com variâncias diferentes). Tal abordagem se justifica porque, de acordo com um famoso princípio matemático chamado *teorema central do limite*, se as amostras forem razoavelmente grandes (30 ou mais sujeitos em cada amostra), os testes paramétricos são *robustos*, ou seja, não são afetados pela assimetria na distribuição ou pela heterocedasticidade das amostras. Dessa maneira, hoje praticamente sempre utilizamos testes paramétricos (como o teste T) se as variáveis forem escalares. Assim, os testes não paramétricos (Mann-Whitney, Wilcoxon, Fisher, qui-quadrado etc.) ficam reservados para a análise de variáveis ordinais ou categóricas.

Falando de uma maneira mais formal, podemos dizer que a grande contribuição do teste t é sua capacidade de discriminar as "variáveis explicáveis" produzidas pelo fator de interesse das "variáveis inexplicáveis" (erro aleatório ou casual). A análise pelo teste t ajuda a distinguir um do outro pela força de sua comparação, ou seja, se a variação causada pelo fator de interesse é maior do que a variação causada por fatores aleatórios (acaso).

Os processos de análise do teste *t* e do teste *t* pareado são semelhantes, exceto em relação ao erro padrão, já que se as amostras forem relacionadas (pareadas) naturalmente, a variância (erro padrão) será bem menos, pois cada sujeito é comparado com ele mesmo, enquanto que nas amostras independentes cada sujeito é comparado com outro sujeito. Com efeito, no teste *t*, cada uma das distribuições comparadas (ex.: grupo controle e grupo tratado) contribui para a variação da diferença e as duas variâncias são incluídas. Em contrapartida, no teste *t* pareado, há somente uma distribuição, ou seja, no mesmo grupo é analisada a diferença antes e depois em cada indivíduo.

26.2.1 PARA DADOS INDEPENDENTES: TESTE *t*

Se compararmos um grupo de doentes com um grupo controle de saudáveis, por exemplo, o teste t é usado. Neste caso, as amostras são independentes, ou seja, uma amostra não tem influência sobre a outra. As mesmas variáveis serão medidas para ambos os grupos.

26.2.2 PARA DADOS PAREADOS: TESTE *t* PAREADO

Em muitos estudos clínicos, os pacientes são seguidos longitudinalmente, depois de um tempo avalia-se para ver se existe uma mudança nos valores das variáveis contínuas. Geralmente, estes experimentos envolvem análises antes e após alguma intervenção. Então, se as duas amostras vêm do mesmo grupo (por exemplo, valores pré-tratamento e pós-tratamento para os mesmos indivíduos estudados), o teste *t* pareado deve ser usado. Neste tipo de estudo, cada paciente serve como seu próprio controle. Quando se detecta qualquer variação no teste *t* pareado, ela é atribuída à intervenção.

26.2.3 INTERPRETAÇÃO DOS RESULTADOS

Se a análise do teste *t* resultar em um valor p de 0,05 ou menos, assume-se que existe uma diferença estatisticamente significante entre as médias. Assim, rejeita-se a hipótese nula da não existência de diferença entre as médias e aceita-se a hipótese alternativa, uma vez que um valor p < 0,05 indica que há apenas 5% de probabilidade da diferença encontrada ser devida ao acaso.[2]

É importante ressaltar que o valor de p é extremamente sensível ao tamanho da amostra. Quanto maior a amostra, maior a chance de encontrarmos um p estatisticamente significante. Isso acontece porque todos os testes estatísticos nada mais são do que testes de inferência. Em qualquer estudo, o que fazemos é tentar inferir o comportamento de uma população a partir de nossa amostra, já que o que temos em mãos é a amostra, mas o que nos interessa é generalizar nosso resultado para a população estudada.

O que a estatística faz, por intermédio do valor de p ou dos intervalos de confiança, é nos dizer qual é a probabilidade de nossa inferência ser devida ao mero acaso, e qual é a probabilidade de que a diferença encontrada em nossa amostra corresponda à diferença real existente na população. Naturalmente, quanto maior a amostra, mais nos aproximamos da população, e por esse motivo, quanto maior a amostra, mais provável que encontremos um p estatisticamente significante (menor que 5%). Isso não acontece somente nas análises bivariadas, mas em *todos* os testes estatísticos de inferência.

Vejamos um exemplo concreto da interferência do tamanho da amostra (n) no valor do p. Imaginemos um estudo hipotético que teve por objetivo comparar se a média da estatura de bebês recém-nascidos era diferente entre meninas e meninos. Observe as duas tabelas seguintes (Tabela 26.2 e Tabela 26.3), onde são mostrados os dados colhidos em duas maternidades diferentes (A e B). A única diferença entre as maternidades foi o tamanho da amostra (n). Na parte inferior das tabelas podemos ver os valores de p encontrados.

Analisando as Tabelas 26.2 e 26.3 podemos verificar facilmente que os resultados hipotéticos obtidos nas duas maternidades são exatamente os mesmos, porém com amostras de tamanho bastante diferentes. Em virtude dessa diferença no tamanho amostral, os valores de p foram totalmente diferentes, *apesar da diferença entre as médias ter sido exatamente a mesma*. Na maternidade A, o valor de p foi altamente significante (probabilidade menor que 1 em 1.000 para a diferença encontrada ter ocorrido devido ao acaso). Já na maternidade B há uma chance de 23% da diferença ter ocorrido por efeito do acaso. Assim, considerando o valor do p, confiamos fortemente na diferença encontrada na maternidade A e desprezamos a diferença encontrada na maternidade B, apesar de – repetimos – a diferença entre as médias ter sido a mesma (0,75 cm).

---

[2] O valor 0,05 para o p, apesar de ser largamente usado, é arbitrário. Dependendo das circunstâncias, o pesquisador pode aceitar uma probabilidade maior ou menor da diferença encontrada ser devida ao acaso, desde que justifique sua escolha por um valor de p diferente do convencional (5%).

Tabela 26.2 Dados da primeira maternidade (A)

Sexo	n	média	DP
Masculino	1.442	49,29	2,4
Feminino	1.361	48,54	2,5

Diferença entre as médias: 0,75 cm. Valor de p < 0,001 (obtido pelo aplicativo Graphpad Instat versão 3.06).
DP: desvio padrão

Tabela 26.3 Dados da segunda maternidade (B)

Sexo	n	média	DP
Masculino	35	49,29	2,4
Feminino	28	48,54	2,5

Diferença entre as médias: 0,75 cm. Valor de p = 0,23 (obtido pelo aplicativo Graphpad Instat versão 3.06).
DP: desvio padrão

Frente a esses achados, fica fácil concluir que a única informação que o valor de p nos dá é dizer qual a probabilidade da diferença encontrada ser ou não efeito do acaso. Nada mais. Apesar de ser erroneamente hipervalorizado nas pesquisas, o valor de p não nos diz nada acerca da magnitude da diferença encontrada. Além do mais, ele não nos informa se a diferença encontrada tem relevância prática. Por isso, é fundamental diferenciar *significância* de *relevância*.

Tudo o que a estatística pode fazer por nós é dizer se um dado resultado é estatisticamente *significante*, isto é, se ele provavelmente se deve ou não ao acaso. Mas, no caso dos resultados da maternidade A, fica uma pergunta: "Uma diferença de estatura de 0,75 cm (menos de 1 cm) é clinicamente *relevante*?" Essa pergunta só pode ser respondida pelo julgamento dos pesquisadores, que deverão avaliar e discutir esse resultado de acordo com o contexto e com os objetivos do seu estudo. A estatística não pode fazer absolutamente nada a esse respeito. Portanto, é mais importante analisar a magnitude das diferenças encontradas do que simplesmente emitir juízos com lastro unicamente no valor de p. Isso se aplica, repetimos, a *todos* os testes estatísticos usados na pesquisa quantitativa.

26.3 ANÁLISE BIVARIADA PARA MEDIDAS ORDINAIS (TESTES NÃO PARAMÉTRICOS)

26.3.1 TESTE PARA DADOS INDEPENDENTES: TESTE DE MANN-WHITNEY

Neste teste, todas as variáveis medidas em um estudo de duas amostras são ordenadas numericamente, do menor ao maior. Não é levado em consideração se as variáveis vêm da primeira amostra (por exemplo, o grupo controle) ou da segunda amostra (por exemplo, o grupo experimental). Na sequência, os dados das amostras são identificados e as suas posições são somadas determinando-se a média e a variância das posições de cada uma das amostras. Com efeito, os testes não paramétricos não analisam os valores absolutos dos dados, mas sim seus *ranks* ou postos, que são obtidos ordenando-se os dados do menor para o maior, como já foi dito. Tal abordagem se mostra muito pertinente em dados ordinais, já que nesses tipos de dados não existe um intervalo igual entre uma medida e outra.

Se o resultado do teste permitir ao investigador rejeitar a hipótese nula, o teste indica qual média das posições de uma amostra é consideravelmente maior ou menor do que a outra. Se o resultado do teste indicar que a hipótese nula é verdadeira, isso significa que as médias das duas amostras são "semelhantes" (isto é, que a diferença encontrada se deve provavelmente ao acaso).

26.3.2 TESTE PARA DADOS PAREADOS: TESTE DE WILCOXON

O teste de Wilcoxon é utilizado para medidas ordinais de dados pareados não paramétricos. Neste teste, todas as variáveis observadas são derivadas de uma única amostra.

Nessa análise, inicialmente, os dados das variáveis são ordenados numericamente do menor ao maior, sem considerar se as observações vieram das observações pré-tratamento ou pós-tratamento. Após a ordenação das variáveis, os dados pareados são identificados (ou seja, os dados pré e pós-tratamento são combinados) e a diferença de posição é determinada para cada par. Por exemplo, se um dado par apresentou um valor de 10 pontos a mais antes do que depois do tratamento, a diferença a ser registrada é de -10. Se em um outro par a variável antes da intervenção teve um escore de cinco pontos a menos do que a observação após a intervenção, a diferença a ser registrada é de +5. Dessa forma, é identificado o escore de diferença para cada par.

Se a média das diferenças entre os pares é considerável e distante de 0, a hipótese nula pode ser rejeitada. Em contrapartida, se a soma dos escores positivos e negativos se encontra próxima de 0, a hipótese nula é aceita (ou seja, a diferença encontrada se deve provavelmente ao acaso).

26.4 ANÁLISE BIVARIADA PARA MEDIDAS CATEGÓRICAS (COMPARAÇÃO DE PROPORÇÕES)

26.4.1 TESTES PARA DADOS INDEPENDENTES: TESTE EXATO DE FISHER E TESTE DO QUI-QUADRADO

O teste do qui-quadrado (χ^2) e o teste exato de Fisher são análises bivariadas de dados não paramétricos dicotômicos (binários). Esses testes são muito usados nos experimentos que envolvem duas variáveis categóricas, quando se pretende saber como se comportam os dados com variáveis cruzadas, ou seja, para determinar se a distribuição de uma variável é condicionalmente dependente (contingente) da outra. Por esse motivo, esses testes se prestam a avaliar a diferença entre proporções, medindo a força de associação entre variáveis dicotômicas (variáveis que admitem somente dois valores, como sim e não, masculino e feminino etc.).

Teste do qui-quadrado

O processo desta análise consiste em comparar frequências (contagens) observadas (O) com as frequências esperadas (E), isto é, comparar O com E e, assim, determinar o quanto as frequências se ajustam (teste da excelência do ajuste). Geralmente, o teste pressupõe que na hipótese nula há um bom ajustamento entre as duas variáveis e as diferenças são atribuídas ao acaso, sendo o valor do χ^2 pequeno. Por outro lado, se o valor do χ^2 é grande, os dados não se ajustam.

O teste do χ^2 reflete o tamanho das diferenças entre as frequências observadas e esperadas. Os dados devem ser arranjados numa tabela 2 × 2, ou seja, uma tabela que tem duas células em cada direção. Essa tabela é conhecida como tabela de contingência.

Nessa tabela, uma célula é uma localização específica na matriz criada pelas duas variáveis cuja relação está sendo estudada. Cada célula mostra a frequência observada, a frequência esperada e a porcentagem de indivíduos estudados em cada grupo. Uma vez que as frequências observadas e esperadas são conhecidas, o valor do χ^2 pode ser calculado. Embora atualmente todos esses testes sejam realizados por aplicativos de estatística (e existem vários deles no mercado), para efeito meramente ilustrativo, vamos mostrar passo a passo os procedimentos realizados no teste χ^2 de independência:

1. Numerar as células que representam cada uma das categorias e calcular as frequências esperadas (E) para cada uma, multiplicando os dois totais parciais relevantes para cada uma e dividindo pelo número total de sujeitos:

$$E = \frac{(total\ em\ linha\ da\ célula\ em\ estudo) \times (total\ em\ coluna\ da\ célula\ em\ estudo)}{total\ global}$$

2. Calcular χ^2:

$$\chi^2 = \sum \left[\frac{(O-E)^2}{E} \right]$$

3. Calcular os graus de liberdade:

    Observação: o termo "grau de liberdade" se refere ao número de observações que podem ser consideradas livres para variar. Numa tabela 2 × 2 só existe um grau de liberdade (GL). Os mesmos princípios se aplicam a tabelas com mais de duas linhas e colunas (chamadas tabelas R x C, onde R = número de linhas da tabela de contingência e C = número de colunas da tabela de contingência).

Exemplo: em uma tabela de dupla entrada 2 × 2,

$$GL = (n° \, de \, colunas - 1) \times (n° \, de \, linhas - 1) = 1 \times 1 = 1$$

Obtido o valor do χ^2, consulta-se uma tabela padrão de valores críticos do χ^2 e assim determina-se o valor do p correspondente. O valor de p indica a probabilidade de que um valor do χ^2 seja apenas o resultado do acaso.

Teste exato de Fisher

O teste do χ^2 tem várias limitações (cuja explicação foge ao escopo deste capítulo), e deve ser substituído pela prova exata de Fisher quando uma ou mais frequências esperadas nas células da tabela 2 × 2 são inferiores a 5. No entanto, devido à sua maior precisão, o teste de Fisher deve ser preferido em qualquer circunstância. A única exceção é quando analisamos tabelas com mais de duas linhas ou mais de duas colunas. Nesse caso, temos que lançar mão do teste do qui-quadrado, já que o teste de Fisher somente é capaz de analisar tabelas 2 × 2 (as quais, diga-se de passagem, são as mais comuns nas pesquisas).

A probabilidade exata de Fisher é trabalhosa de se calcular, por essa razão os programas estatísticos são muito oportunos para esta função. Atualmente, os aplicativos estatísticos disponíveis calculam automaticamente a probabilidade de Fisher em uma tabela 2 × 2. Em virtude de sua exatidão e precisão, e por ser realizado rapidamente pelos aplicativos de computador, o teste exato de Fisher deve sempre ser a primeira escolha para a análise de tabelas de contingência 2 × 2. Portanto, o teste de Fisher é mais adequado que o teste do qui-quadrado, devendo sempre ser preferido.

26.4.2 TESTE PARA DADOS PAREADOS: TESTE DE MCNEMAR

O teste de McNemar para a significância de mudanças é particularmente aplicável aos experimentos do tipo "antes e depois", em que cada sujeito é utilizado como seu próprio controle. Trata-se, na verdade, de um teste do qui-quadrado, porém aplicado a dados pareados.

Para testar a significância de qualquer mudança observável através desse teste, é necessário construir uma tabela de frequência 2 × 2 para representar o primeiro e o segundo conjunto de respostas dos mesmos indivíduos, e onde os valores + e – são utilizados para representar respostas diferentes. Vejamos a Tabela 26.4.

Tabela 26.4 Tabela 2 × 2 utilizada para testar a significância de mudanças no teste de McNemar

	Depois	
Antes	−	+
+	A	B
−	C	D

Observa-se que aqueles casos que mostram mudanças entre a primeira e a segunda resposta aparecem nas células A e D. Um sujeito é contado na célula A se ele muda de + para − e é contado na D se ele muda de − para +. Se nenhuma mudança ocorre, ele é contado nas células B (resposta + antes e depois) e C (resposta − antes e depois).

Como A + D representa o número total de elementos que mostraram alguma modificação, a hipótese de nulidade espera que ½ (A + D) mostre modificações em um sentido e ½ (A + D) no outro sentido.

Neste teste as células de interesse são somente a A e a D, produzindo a seguinte equação:

$$\chi^2 = \frac{(A-D)^2}{A+D} \text{ com grau de liberdade} = 1$$

Obtido o valor de χ^2, consulta-se a tabela padrão de valores críticos e assim determina-se o valor do p correspondente. Se o valor observado for maior ou igual ao crítico da tabela, rejeita-se H_0; se o valor observado for menor ao valor crítico da tabela, aceita-se H_0, onde H_0 [hipótese nula]: não existe diferença antes e depois do tratamento; Ha [hipótese alternativa]: existe diferença antes e depois do tratamento.

O cálculo mencionado é meramente ilustrativo, já que o teste de McNemar também é obtido rapidamente por aplicativos em computador. Convém lembrar que todas as observações feitas com relação às diferenças de médias no item 2.3 se aplicam integralmente às análises de diferenças de proporções feitas pelos testes do qui-quadrado, Fisher e McNemar.

26.5 COEFICIENTE DE CORRELAÇÃO SIMPLES

O coeficiente de correlação é a medida estatística de associação entre duas variáveis, o qual fornece a extensão pela qual a mudança em uma variável se acompanha de mudança em uma outra variável, sem que ocorra, necessariamente, relação de causa e efeito entre essas variáveis.

O conjunto de dados de duas variáveis pode ser colocado em um gráfico de distribuição conjunta, e esta distribuição, habitualmente, não forma uma linha reta perfeita, mas pode tender a cair em uma linha reta, onde todas ou a maioria das observações ficam bastante próximas à linha.

Como ilustrado na Figura 26.1, a correlação entre duas variáveis, rotuladas de X e Y, pode variar de não-existente para fraca, moderada ou forte. Se os valores de Y aumentam à medida que X aumenta, a correlação é dada como positiva. Se Y diminui à medida que X aumenta, a correlação é dada como negativa.

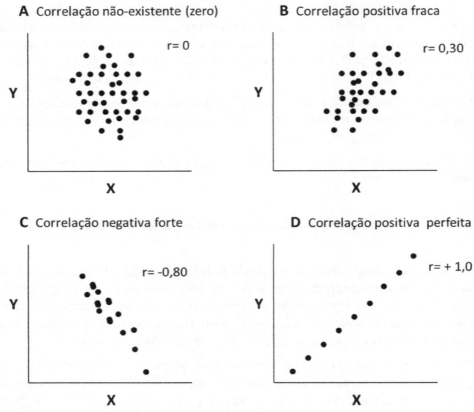

Figura 26.1 Representação gráfica de padrões de correlação entre duas variáveis contínuas, rotuladas como X e Y. A correlação pode variar de A (não existente), B (fraca), C (forte) e D (perfeita).

Embora a representação gráfica mostre a existência ou não de uma real relação à simples observação, não revela a probabilidade desta relação ter ocorrido ao acaso, pois o gráfico não revela a magnitude, ou seja, o quão forte é a associação. Tal fato implica sempre a necessidade de se utilizar a análise do coeficiente de correlação por meio de testes estatísticos de correlação. Dependendo da natureza das variáveis, lançamos mão de testes paramétricos ou não paramétricos.

Análise bivariada

26.5.1 COEFICIENTE DE CORRELAÇÃO PARAMÉTRICO – TESTE DE PEARSON

O coeficiente de correlação de Pearson é a forma de se calcular a força da associação entre variáveis. Ele é representado pelo símbolo "r" e é conhecido como o valor de r, que pode variar de -1 a +1.

Um r = -1 indica que as duas variáveis têm perfeita relação linear negativa; um r = +1 indica que as duas variáveis têm perfeita relação linear positiva; e r = 0 indica que as duas variáveis não apresentam associação, ou seja, são completamente independentes uma da outra. Encontrar associações perfeitas como r = -1 ou r = +1 entre as variáveis clínicas é bastante raro. Geralmente, os valores de r variam entre 0 e 1 ou entre 0 e -1.

Para efeitos de exemplo, podemos dizer que um coeficiente (r) menor ou igual a 0,30 sugere uma correlação fraca, enquanto um coeficiente maior ou igual a 0,70 sugere uma correlação forte. Valores intermediários entre esses sugerem uma correlação moderada. Entretanto, esses valores são arbitrários e variam na literatura especializada.

É importante ressaltar que o coeficiente de correlação de Pearson pode sofrer influências de valores extremos (*outliers*) da distribuição. Por isso, o teste de Pearson é mais preciso quando as variáveis apresentam uma distribuição normal ou próxima da normalidade. Entretanto, o teste permanece robusto mesmo que esse pressuposto seja violado.

Os programas estatísticos determinam se o valor de r é maior do que se esperaria pelo acaso, assim o valor de p de Pearson é apresentado. Como em todo teste estatístico, para um dado valor de r, quanto maior o tamanho amostral, maior a chance da significância estatística. No entanto, mesmo numa amostra grande, uma correlação fraca pode ser estatisticamente significante, mas talvez não clinicamente importante.

Para se estimar a importância clínica de uma associação, pode-se medir o valor do r^2, conhecido como *coeficiente de determinação*, ou seja, a proporção da variação de uma variável que pode ser explicada pela outra. Por exemplo, um coeficiente de determinação 0,82 significa que 82% da variação de uma dada variável pode ser explicada pela variação da outra variável, e que os 18% restantes são variações atribuída às outras variáveis ou fatores desconhecidos.

No entanto, o coeficiente de determinação só faz sentido se sabemos, *a priori*, que as variáveis têm de fato alguma relação clínica entre si. Essa observação é importante, pois muitas vezes podemos sair procurando correlações entre todas as variáveis possíveis, e isso pode nos levar a resultados desastrosos.

Para ilustrarmos os equívocos cometidos quando analisamos apressadamente e de maneira errônea os resultados de correlações, vejamos a transcrição do trecho de uma matéria publicada na revista *Superinteressante* (edição nº 312 de dezembro de 2012):

> Para mostrar o quão mal interpretadas as estatísticas podem ser, o físico britânico Robert Matthews se deu o trabalho de comparar, em 17 países europeus, os dados de observação de pares de cegonhas e o número de nascimentos.

Depois, estabeleceu o coeficiente de correlação entre os dois. O resultado foi surpreendente. Países europeus com mais cegonhas têm também mais bebês recém-nascidos. Bom, primeiro vamos entender o que é coeficiente de correlação. Quando duas variáveis não têm nenhuma correlação, o coeficiente é 0. Quando essa correlação é perfeita, o coeficiente é 1. No caso das cegonhas e dos bebês, o coeficiente foi 0,62. É uma correlação impressionante. Isso quer dizer que cegonhas e nascimento têm alguma relação de causa? É claro que não. Se tivesse, não haveria nascimentos nas Américas, que ficam fora da rota migratória das cegonhas. A pegadinha está em esquecer um mantra sagrado da estatística: correlação não é relação de causa. Por exemplo, as vendas de peru são maiores em meses quentes do que em frios. Mas isso não significa que o aumento de calor leve ao aumento de vendas de peru. São dados correlacionados porque, por acidente, o Natal cai no verão brasileiro. É o mesmo que acontece com as cegonhas – que não têm nada a ver com o que os pais fazem.

O que ocorreu neste caso foi confundir *associação* com *causalidade* (relação de causa e efeito). Quando dizemos que foi encontrada uma associação entre o número de cegonhas e o número de bebês, estamos apenas dizendo o seguinte: foi observado que quando o número de cegonhas aumentava, o número de bebês também aumentava. Isso pode ter ocorrido por duas razões: por simples coincidência ou então porque algum fator (conhecido ou desconhecido) contribuiu para o aumento tanto de cegonhas quanto de bebês. O que não podemos afirmar, em hipótese alguma, é que haja uma relação de causa e efeito, ou seja, que o aumento do número de cegonhas causa o aumento do número de bebês, ou vice-versa. A lição que fica é a seguinte: correlação mostra apenas associação entre duas variáveis. Se quisermos verificar uma relação matemática entre variáveis, tentando prever o comportamento de uma a partir da outra, a ferramenta estatística a ser utilizada não é a análise de correlação, mas sim a *análise de regressão*, que não será tratada neste capítulo.

Outras confusões semelhantes, e ainda mais esdrúxulas, foram relatadas na revista Galileu, de 12 de maio de 2014, em um artigo que relata as seguintes correlações: a) correlação positiva de 0,99 entre os gastos de pesquisa científica, tecnológica e espacial dos Estados Unidos e a taxa de suicídios no mesmo país; b) correlação positiva de 0,66 entre o número de pessoas afogadas em piscinas e o número de filmes do ator Nicolas Cage; c) correlação positiva de 0,95 entre o consumo de queijo *per capita* e o número de pessoas que morreram enroscadas nos próprios lençóis.

Nesse caso, o que aconteceu foi que quaisquer dados foram pegos dois a dois e foi feita uma análise de correlação entre eles. Qualquer aplicativo de estatística faz isso com muita facilidade, bastam alguns cliques e ele fornece o coeficiente de correlação. Acontece que, se não houver um bom motivo para testar a correlação entre os dados, resultados absurdos como esses podem acontecer, pois o que tais resultados mostram é tão somente o seguinte: quando uma variável aumenta, a outra também aumenta, mesmo não havendo absolutamente relação nenhuma entre elas. Então aqui a lição é a seguinte: só teste a correlação entre variáveis cuja relação faça, *a priori*, algum sentido. Se você infringir essa regra, dar alguns cliques e mandar o computador sair correlacionando tudo o que ver pela frente, ele cumprirá suas ordens, mas seus resultados poderão fazer sentido nenhum e impossíveis de serem interpretados e discutidos.

É importante também ficar atento para o fato de que, muitas vezes, a aparente associação entre duas variáveis pode estar sendo causada por uma variável interveniente (variável de confusão) que sequer foi considerada. Vejamos um exemplo. Há alguns anos foi publicado um famoso estudo que mostrou uma forte associação entre consumo de café e incidência de câncer de pâncreas. Concluiu-se que o hábito de tomar café poderia aumentar a chance de alguém ter câncer pancreático. Anos depois, outro grupo de pesquisadores, reavaliando os dados do estudo, verificaram que, na verdade, os sujeitos que consumiam mais café eram, em sua maioria, fumantes. Portanto, o que realmente tinha relação com o câncer de pâncreas era o hábito de fumar, que neste caso atuou como variável de confusão, não considerada no estudo inicial, levando os pesquisadores do primeiro estudo a formularem conclusões incorretas.

26.5.2 COEFICIENTES DE CORRELAÇÃO NÃO PARAMÉTRICOS – TESTES DE SPEARMAN E KENDALL

O coeficiente de correlação de Spearman, às vezes designado por ρ (letra grega "rho") e geralmente representado por r_s, é uma medida de associação com base em postos, ou seja, exige que as duas variáveis sejam medidas ordinais, e assim podem ser ordenadas, isto é, determinadas por postos ou *ranks*.

Inicialmente, para se calcular o coeficiente de correlação por postos de Spearman, dois conjuntos de dados devem ser colocados em duas séries de postos, juntamente com as diferenças entre eles e as diferenças ao quadrado. O valor das diferenças fornece uma ideia do relacionamento entre as variáveis. Se a relação entre os dois conjuntos de postos fosse perfeita, todos os valores de diferença seriam zero. Quanto maiores os valores de diferença, menor será a associação entre as duas variáveis.

Eventualmente, podem ocorrer empates entre os escores de dois indivíduos, quando isso ocorre é atribuído à cada um deles a média dos postos que seriam observados caso o empate não ocorresse. Se a proporção de empates não é grande, seu efeito sobre o coeficiente de correlação de Spearman é desprezível. Quando o empate é grande, é necessário utilizar um fator de correção. O teste de Spearman nos fornece ainda o valor de p, que indica qual é a probabilidade de a correlação encontrada ter sido devida ao acaso. Os aplicativos de estatística executam todas essas tarefas rapidamente e com facilidade.

Outro teste não paramétrico de correlação que pode ser utilizado é o teste de Kendall, que fornece o coeficiente de correlação τ (letra grega "tau"). O poder estatístico dos testes de Spearman e de Kendall é semelhante, e ambos apresentam um poder cerca de 10% menor que o seu correlato paramétrico (teste de Pearson).

Na verdade, existem algumas diferenças estatísticas sutis entre os testes de Spearman e Kendall, porém tais diferenças configuram filigranas estatísticas conceituais que fogem totalmente ao escopo de nossa discussão. Para efeitos práticos, qualquer um dos dois pode ser utilizado. Alguns autores sugerem que, para amostras pequenas, o teste de Kendall deve ser preferido, porém ninguém diz exatamente o que seriam "amostras pequenas".

A fim de fazermos uma discussão final sobre tudo o que foi apresentado neste capítulo, passemos a uma seção de perguntas e respostas, que envolvem questões de ordem eminentemente prática.

26.6 PERGUNTAS E RESPOSTAS

PERGUNTA: Os testes não paramétricos têm a mesma capacidade de detectar diferenças estatísticas que os testes paramétricos?

RESPOSTA: Não. Os testes não paramétricos têm 95% do poder dos testes paramétricos. Por isso, os testes paramétricos devem, sempre que possível, ser preferidos.

PERGUNTA: Devo realizar testes unicaudais ou bicaudais?

RESPOSTA: Bicaudais, pois assim podemos avaliar a diferença em ambos os sentidos (maior ou menor). Os testes unicaudais partem do pressuposto de que já sabemos que uma média é maior ou menor que a outra, e isso raramente ocorre.

PERGUNTA: Antes de aplicar testes paramétricos, preciso submeter minha amostra a testes de normalidade (Shapiro-Wilk, Kolmogorov-Smirnov ou D'Agostino-Pearson) ou de homocedasticidade (Levene ou Bartlett)?

RESPOSTA: Não. O teste t é robusto. Isso significa que ele é capaz de detectar diferenças mesmo quando a distribuição amostral não é normal, e mesmo que as variâncias das amostras testadas sejam diferentes. Além disso, se a distribuição dos dados for muito assimétrica (distante da distribuição normal), podemos tentar normalizar os dados usando transformadas (logarítmica, arco-seno etc.). Se as variâncias forem muito heterogêneas (heterocedasticidade), podemos aplicar o teste t com a correção de Welch. Os aplicativos de estatística realizam todos esses procedimentos com poucos cliques.

PERGUNTA: O que é homocedasticidade e heterocedasticidade?

RESPOSTA: Quando comparamos dois grupos, dizemos que há homocedasticidade quando as variâncias são equivalentes, ou seja, se há homogeneidade das variâncias. Quando as variâncias dos dois grupos são muito diferentes, ocorre heterocedasticidade.

PERGUNTA: Posso utilizar o teste t ou o teste de Mann-Whitney para comparar duas amostras de tamanhos diferentes?

RESPOSTA: Sim. O número de sujeitos dos dois grupos não precisa necessariamente ser igual.

PERGUNTA: Qual é a diferença entre o teste *t* e a ANOVA (análise de variância)?

RESPOSTA: A ANOVA é um procedimento para comparar médias entre mais de dois grupos. O teste *t* nada mais é do que uma ANOVA aplicada a apenas dois grupos. De fato, o valor de *t* (obtido no teste *t*) nada mais é do que a raiz quadrada do valor F (obtido na ANOVA). Portanto, o teste *t* é um caso particular da ANOVA. Estruturalmente, eles são o mesmo teste.

PERGUNTA: Em experimentos animais, geralmente os grupos têm bem menos do que 30 sujeitos. Ainda assim posso usar o teste *t*?

RESPOSTA: Sim, pois o teste *t* é robusto. Além disso, em experimentos animais, normalmente a variância dentro dos grupos é bem pequena, e isso permite que usemos testes paramétricos mesmo que as amostras sejam pequenas.

PERGUNTA: Afinal, como decidir se uso testes paramétricos ou não paramétricos?

RESPOSTA: De um modo geral, para dados escalares, use sempre testes paramétricos. Deixe os testes não paramétricos para dados ordinais ou categóricos.

PERGUNTA: Ao descrever o resultado de um teste de diferença de médias ou proporções, o que é mais adequado, relatar o valor de p ou o intervalo de confiança (IC 95%) da diferença encontrada?

RESPOSTA: O valor de p só nos diz a probabilidade de a diferença encontrada ter sido obra do acaso. Já o intervalo de confiança nos dá uma ideia de qual seria a magnitude da diferença real encontrada na população. Portanto, o IC 95% oferece mais informações. O ideal é relatar os dois, mas sempre tendo em mente que ambos são extremamente afetados pelo tamanho da amostra.

PERGUNTA: Ao usar um teste de correlação não paramétrico, devo utilizar o teste de Spearman ou o teste de Kendall?

RESPOSTA: Ambos são muito semelhantes, mas, para amostras pequenas, o teste de Kendall é ligeiramente mais preciso. O problema é que a literatura estatística não entra em acordo sobre o que seria uma "amostra pequena".

PERGUNTA: Qual é a diferença entre análise de correlação e análise de regressão?

RESPOSTA: A correlação avalia apenas a associação entre variáveis. Já a regressão avalia como prever o comportamento de uma variável a partir de outra(s). Por isso, a regressão envolve relação de causa e efeito.

PERGUNTA: Na análise de correlação, o que é o coeficiente de determinação (r^2)?

RESPOSTA: O coeficiente de determinação é obtido elevando-se ao quadrado o coeficiente de correlação de Pearson. Ele nos diz o quanto da variância de um grupo é explicada pela variância do outro. Portanto, ele já pressupõe uma possível relação de causalidade entre as variáveis, por isso ele é muito utilizado nas análises de regressão. Em geral, não devemos utilizá-lo nas análises de correlação, a não ser que já saibamos de antemão que uma variável interfere na outra.

PERGUNTA: Todas as respostas dadas anteriormente representam consenso na literatura estatística ou entre os estatísticos?

RESPOSTA: Não. Em estatística existe tudo, menos consenso. As respostas anteriores representam uma compilação do que a maior parte da literatura atual preconiza, mas as controvérsias permanecem e existem argumentos também bons para que elas existam.

REFERÊNCIAS BIBLIOGRÁFICAS

Altman DG. Practical statistics for medical research. London: Chapman & Hall; 1991.

Armitage P, Berry G, Matthews JN. Statistical methods in medical research. 4. ed. Malden: Blackwell Science; 2002.

Bailar JC, Mosteller F. Medical uses of statistics. 2. ed. Boston: NEJM Books; 1992.

Bolfarine H, Sandoval MC. Introdução à inferência estatística. Rio de Janeiro: IMPA/SBM; 2001.

Conover WJ. Practical nonparametric statistics. 2. ed. New York: John Wiley & Sons; 1980.

Glantz SA. Primer of biostatistics. 6. ed. New York: McGraw-Hill; 2005.

Jekel JF, Katz DL, Elmore JG. Epidemiologia, bioestatística e medicina preventiva. 2. ed. Porto Alegre: Artmed; 2005.

Massad E, Menezes RX, Silveira PS, Ortega NR. Métodos quantitativos em medicina. Barueri: Manole; 2004.

Moore DS. A estatística básica e sua prática. 3. ed. Rio de Janeiro: LTC; 2005.

Motulsky H. Intuitive biostatistics: a nonmathematical guide to statistical thinking. 2. ed. New York: Oxford University Press; 2010.

Sokal RR, Rohlf FJ. Biometry. 3. ed. New York: W.H. Freeman; 2003.

Tanur JM et al. Statistics: a guide to the unknown. 3. ed. Belmont: Duxbury Press; 1989.

Wallis WA, Roberts HV. Curso de estatística. Rio de Janeiro: Fundo de Cultura; 1964.

Zar JH. Biostatistical analysis. 3. ed. New Jersey: Prentice-Hall; 1996.

Capítulo 27
Normalidade dos dados: suposições, transformações e valores atípicos

Tiago Magalhães
Márcio Diniz

27.1 INTRODUÇÃO

O estudo de um fenômeno é sempre conduzido de forma que a sua observação possa ser traduzida a partir de variáveis observadas em uma população de interesse. Como estudar toda a população de interesse é uma tarefa comumente impraticável, recorremos a uma boa amostra que represente a população.

Por exemplo, Faintuch et al. (2014) conduziram um estudo sobre achados endoscópicos a fim de determinar fatores clínicos que poderiam dar indicativos de dispepsia funcional entre pacientes com dispepsia não esclarecida, já que o padrão-ouro, endoscopia, não é financeiramente viável para ser aplicado a todos os pacientes. Para tanto, os autores analisaram 282 pacientes diagnosticados segundo os critérios de *Roma III*, no período de setembro de 2008 a setembro de 2011, em um hospital terciário, e avaliaram as variáveis idade, etnia, gênero, presença de *Helicobacter Pylori*, hábito de fumar, perda de peso, intensidade e duração dos sintomas e classificação da dispepsia por meio da endoscopia.

Toda característica associada a uma unidade amostral é desconhecida antes da amostra ser coletada, porém há uma coleção de possíveis valores ou categorias que tal característica pode assumir, sendo que cada possível valor apresenta uma probabilidade em ser observado. Toda característica é associada a um número, para o exemplo anterior, poderíamos definir que se o paciente fuma, ele assume o valor 1, caso contrário, o valor é 0. Essa associação é o que denominamos como variável aleatória (VA). Note que é aleatória porque não sabemos, *a priori*, se o paciente fuma.

A partir de algumas suposições, a Estatística define modelos matemáticos (regras) para descrever a aleatoriedade inerente a determinada característica de interesse. Essas regras, denominadas distribuições de probabilidade, podem surgir por meio da descrição de um experimento ou de mecanismos matemáticos, para que apresentem boas propriedades.

As distribuições de probabilidade são frequentemente caracterizadas pelas quantidades de média e variância. Tais quantidades, quando são calculadas a partir dos dados, são denominadas média amostral e variância amostral. Já a média e a variância dadas pelas distribuições de probabilidade são denominadas média populacional e variância populacional. Geralmente, essas duas últimas quantidades são desconhecidas e somente é possível conhecer as quantidades amostrais.

Outra característica de uma distribuição de probabilidade é dada pela natureza dos valores que uma variável aleatória pode assumir: discreta ou contínua. Desta forma, podemos separar as distribuições de probabilidade em discretas e contínuas.

Uma variável aleatória é dita discreta se for definida como a contagem de um evento de interesse, por exemplo o número de indivíduos com doença celíaca em uma amostra, o número de aplicações de quimioembolização necessárias para o controle do tumor e o número de rejeições a um transplante dentro de um período de tempo.

Já a variável aleatória é caracterizada como contínua se for definida como uma medição de uma determinada quantidade, por exemplo o tempo na fila de espera de atendimento hospitalar, a razão entre o número de linfonodos acometidos pelo número de linfonodos dissecados, os níveis de vitamina D e de ferro no sangue.

As distribuições de probabilidade para variáveis aleatórias discretas mais comuns são: a distribuição binomial, que conta o número de realizações de um evento de interesse em um experimento no qual somente é possível observar dois resultados; a binomial negativa, que conta o número de repetições até a ocorrência de r eventos de interesse; e a Poisson, que conta o total de eventos de interesse em um intervalo contínuo ou região especificada.

Exemplos de distribuições de probabilidade para variáveis aleatórias contínuas são: a distribuição exponencial, que descreve o tempo até a ocorrência de um evento; a beta, utilizada para dados que assumem valores entre 0 e 1; e a distribuição normal, a mais famosa entre todas as distribuições – a que será analisada neste texto.

27.2 DISTRIBUIÇÃO NORMAL

A distribuição normal foi proposta por Gauss (1809), em um de seus trabalhos sobre astronomia. Essa proposição, também conhecida como distribuição gaussiana, revolucionou a estatística, pois aproximou a teoria da prática (Hald, 2008). Ainda existe uma discussão sobre a paternidade da distribuição normal, para mais detalhes sobre a origem da distribuição, consulte Hald (2008).

Uma variável aleatória contínua X, com média μ e variância σ^2, notação: $N(\mu, \sigma)$ é dita com distribuição normal se sua distribuição tiver a seguinte forma:

$$f(x)=\frac{1}{\sqrt{2\pi\sigma^2}}e^{-\frac{3}{2}\left(\frac{x-\mu}{\sigma}\right)}.$$

O suporte da distribuição normal, isto é, os valores que X pode assumir varia de $-\infty$ a $+\infty$, sendo que e a variância é sempre maior que zero.

O comportamento da curva do gráfico de uma variável normalmente distribuída é descrito totalmente por sua média e sua variância. O gráfico tem formato de um sino, é simétrico em torno da média e sua largura depende do valor da variância. A média, a mediana e a moda são iguais. Apresentamos na Figura 27.1 o gráfico da distribuição normal para três pares de média e variância.

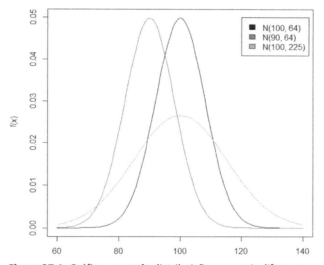

Figura 27.1 Gráfico para três distribuições normais diferentes.

A função de distribuição acumulada (FDA) nos dá a probabilidade de uma variável aleatória ser menor ou igual a um valor especificado X, isto é,

$$\Phi(X)=P(X\leq X).$$

Na distribuição normal, temos que 68% dos possíveis valores de X estão entre $(\mu - \sigma, \mu + \sigma)$, 95% estão entre $(\mu - 2\sigma, \mu + 2\sigma)$ e 99,7% entre $(\mu - 3\sigma, \mu + 3\sigma)$. Na Figura 27.2 temos a representação gráfica dessas propriedades.

Um exemplo de distribuição normal bastante utilizada é a distribuição normal com média igual a 0 e variância igual a 1, denominada distribuição normal padrão. Qualquer variável aleatória com distribuição normal pode ser transformada para que apresente distribuição normal padrão, desde que se faça:

$$Z = \frac{X - \mu}{\sigma},$$

isto é, uma variável normal é padronizada quando subtraímos a média e dividimos por seu desvio padrão. A variável aleatória Z é o número de desvio padrão entre X e a sua média. Na Figura 27.3 apresentamos o gráfico de uma distribuição normal padrão.

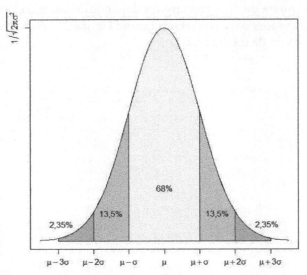

Figura 27.2 Probabilidades relacionadas à média e ao desvio padrão.

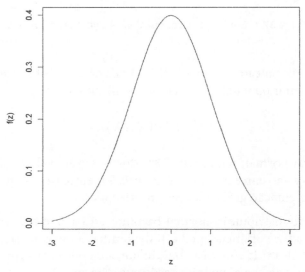

Figura 27.3 Gráfico de uma N (0,1).

A distribuição normal padrão foi bastante importante no passado, pois todos os valores da sua função de distribuição acumulada foram tabelados. Dessa maneira, não seria necessário calcular probabilidades de interesse para uma normal específica, o que não é trivial por envolver o cálculo de integrais.

Atualmente, a padronização é aplicada em ferramentas de diversas áreas, como, por exemplo, em nutrição. Nesta área, há a padronização das medidas de peso por altura, peso por idade e altura por idade como indicadores de desnutrição ou sobrepeso (Gorstein et al., 1994). Na área da neuropsicologia há a padronização das pontuações resultantes dos testes de habilidade, a fim de ajustá-las, por variáveis sociodemográficas (Shirk et al.,, 2011).

27.3 IMPORTÂNCIA DA NORMAL

A distribuição normal é tão popular que podemos encontrar menções a ela em programas de televisão e livros não relacionados à estatística. No livro de ficção O parque dos dinossauros (Crichton, 2009), o personagem Ian Malcolm utiliza a distribuição gaussiana para justificar que o parque não estava funcionando de maneira correta. O personagem argumenta que a distribuição das alturas dos procompsógnatos seguia uma distribuição gaussiana, como se espera de uma população em equilíbrio. Mas isso não deveria ocorrer em uma população artificial, como a criada pelo parque. No decorrer da história, vemos que o argumento de Ian estava correto.

27.3.1 IMPORTÂNCIA PRÁTICA

A distribuição gaussiana é tão popular porque muitos fenômenos da natureza e muitas características populacionais podem ser aproximados por ela.

27.3.2 IMPORTÂNCIA TEÓRICA

Na parte inferencial da estatística, aquela que conecta as quantidades amostrais com as quantidades populacionais, a qualidade das técnicas mais comuns e disponíveis nos programas básicos de estatística dependem da suposição de normalidade da distribuição dos dados ser satisfeita, ou de quão próxima ela está da normal, para que as conclusões sejam precisas e não viciadas.

Entre as diversas técnicas que necessitam da suposição de normalidade para funcionar, podemos citar: o teste t para comparar médias entre dois grupos de estudo; os intervalos de confiança de 95% para as médias; o coeficiente de correlação de Pearson para mensurar a relação linear entre duas características; a ANOVA para comparação entre diversos grupos; o teste de Tukey para comparações dois a dois entre múltiplos grupos; e a regressão linear simples e múltipla para explicar uma variável de principal interesse em função de diversas outras variáveis.

27.3.3 TEOREMA CENTRAL DO LIMITE

Trata-se de um resultado muito importante na teoria estatística, pois permite que a distribuição normal seja utilizada nas técnicas descritas anteriormente, entre outras.

Definimos como estatística qualquer quantidade que seja função de uma amostra. A média amostral, definida por

$$\bar{X} = \frac{X_1 + X_2 + \cdots + X_n}{n},$$

é uma estatística. Note que $\bar{X}$ é uma variável aleatória, pois seu valor não é conhecido *a priori*. Se cada $X_1, X_2, \ldots, X_n$ é uma observação de uma população X, de média μ e variância σ^2 então $\bar{X}$ é uma VA com média μ e variância σ^2/n.

Esse teorema diz que, para um tamanho amostral "grande", a distribuição da variável é aproximadamente normal, não importando qual é a distribuição original da população. Se a população é normalmente distribuída, então a média amostral tem distribuição exatamente normal.

27.4 VERIFICAÇÃO DA SUPOSIÇÃO DE NORMALIDADE

Como já mencionamos, muitos métodos estatísticos necessitam que a suposição de normalidade dos dados seja verdadeira, então se faz necessário fazer esta verificação antes de começarmos qualquer procedimento que dependa desta suposição.

27.4.1 INSPEÇÃO GRÁFICA

Um método simples para observamos que a suposição de normalidade está sendo satisfeita é por meio de gráficos. Os gráficos construídos na parte exploratória dos dados também podem servir para verificar a normalidade dos dados.

O histograma é a representação gráfica da distribuição de frequências, utilizado para resumir os dados em classes. Esperamos que o histograma de dados provenientes de uma distribuição normal seja aproximadamente simétrico, ou levemente assimétrico. Um histograma com um comportamento fortemente assimétrico nos dá indícios de que os dados não são normalmente distribuídos.

Como ilustração, simulamos dois conjuntos de dados com 100 observações cada. O primeiro conjunto de dados (conjunto de dados A) é uma amostra de uma população com distribuição normal. O segundo (conjunto de dados B) é uma amostra de uma população com distribuição exponencial.

Na Figura 27.4 apresentamos os histogramas para o conjunto de dados A e para o conjunto de dados B. Nessa figura podemos perceber claramente o comportamento assimétrico dos dados amostrados da distribuição exponencial. O histograma dos dados normais apresenta um comportamento mais próximo da simetria.

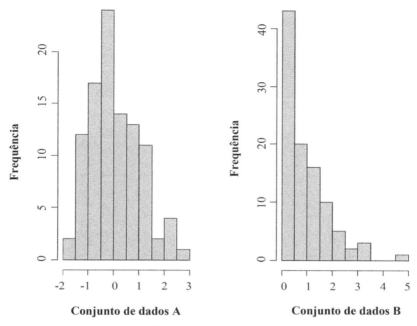

Figura 27.4 Histogramas.

Os *box-plots* representam os dados desde uma caixa construída a partir dos quartis dos dados. No *box-plot* de dados normalmente distribuídos, é esperado que a linha da mediana fique no meio da caixa, caso contrário a suposição de normalidade pode não estar sendo satisfeita.

Na Figura 27.5 construímos os *box-plots* para o conjunto de dados A e para o conjunto de dados B. No conjunto A percebemos uma pequena fuga da simetria, enquanto no B vemos com clareza que os dados são assimétricos.

Uma terceira opção para testarmos a normalidade de um conjunto de dados por métodos gráficos é o gráfico quantil-quantil (gráfico Q-Q). Nele é feita uma comparação dos quantis presentes nos dados amostrados com os quantis esperados de uma distribuição normal padrão. Se os dados observados forem oriundos de uma distribuição gaussiana, o gráfico Q-Q mostrará todos os pontos em uma linha reta crescente.

Na Figura 27.6 o gráfico quantil-quantil representa os conjuntos A e B. Os dados do conjunto A se acomodaram bem em torno da reta esperada em caso de normalidade. O gráfico Q-Q para os dados do conjunto B nos dá fortes indícios de que os dados não são normais: os pontos quase formam uma curva.

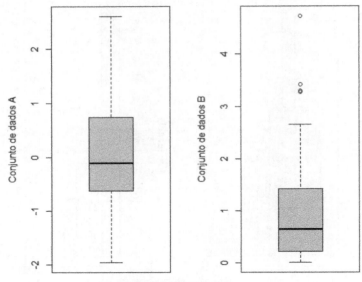

Figura 27.5 Box-plots.

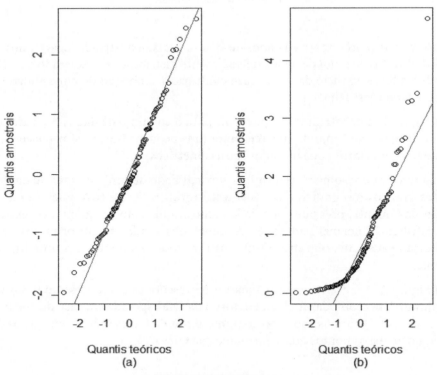

Figura 27.6 Gráficos Q-Q.

27.4.2 TESTE DE NORMALIDADE

A maneira mais formal de verificar se a suposição de normalidade dos dados está sendo satisfeita é por meio de testes estatísticos. Para não tornar a leitura cansativa por conta das fórmulas, apenas comentaremos os principais testes de normalidade existentes.

O teste de Shapiro-Wilk (Shapiro; Wilk, 1965) é um dos mais populares. A hipótese nula do teste é se a amostra foi tirada de uma distribuição normal, e valores pequenos da estatística do teste dão indícios que há uma fuga da normalidade. O teste de Shapiro-Wilk é recomendável para tamanho de amostra menor que 50. Uma versão modificada, para tamanho de amostra entre 50 e 100, foi proposta por Shapiro e Francia (1972).

O teste de Kolmogorov-Smirnov (teste K-S) tem como hipótese nula se os dados em teste foram retirados de uma distribuição específica. O teste de Lilliefors (Lilliefors, 1967) é uma modificação do teste K-S para testar, especificamente, a normalidade. Na hipótese nula do teste de Lilliefors, não especificamos a média nem a variância, apenas que os dados foram retirados de uma distribuição normal.

O teste de Anderson-Darling (Anderson; Darling, 1952) é mais uma opção para verificação da normalidade dos dados. Como hipótese nula, temos a distribuição que acreditamos ter gerado os dados amostrais. O teste supõe o conhecimento dos parâmetros da distribuição em teste, necessário para a construção da distribuição da estatística do teste. Devido ao trabalho de alguns autores, já é possível aplicá-lo em situações em que não conhecemos os parâmetros da distribuição em teste.

27.5 TRANSFORMAÇÕES

Uma vez observado que a suposição de normalidade não foi respeitada, podemos, por meio de transformações dos valores observados, tornar a suposição plausível.

Entender a causa da não normalidade dos dados é importante para encontrar uma transformação adequada. Por exemplo, se os dados são assimétricos, as transformações logarítmica e recíproca ($1/X$) podem resolver esse problema. Se os dados são de contagens, a transformação raiz quadrada poderá resolver o problema da não normalidade.

Na Tabela 27.1, apresentamos exemplos das transformações mais utilizadas na literatura (sendo μ a média e λ uma quantidade qualquer).

Para ilustrar algumas transformações, geramos uma amostra tamanho 25, de uma distribuição beta de parâmetros 5 e 4 (conjunto de dados C). Na Figura 27.7 apresentamos o histograma para esta amostra.

Pela Figura 27.7, os dados parecem ter uma pequena fuga da simetria. Para corrigir isso, tentaremos duas transformações: (a) $\log\frac{x}{1-x}$ e (b) $\sin^{-1}\sqrt{x}$. Na Figura 27.8 apresentamos os histogramas para essas duas transformações.

A Figura 27.8 mostra que as transformações (a) e (b) deixaram as observações mais simétricas, porém a transformação (a) parece se ajustar melhor a uma distribuição normal do que a (b). Note que a primeira apresenta apenas uma classe mais frequente.

Tabela 27.1 Exemplos de transformações

Transformação	Situação apropriada		Exemplo
	Suporte	Característica	
$\sqrt{x}$	$X \geq 0$	Variância proporcional à média	Distribuições gama e Poisson
log X	$X \geq 0$	Desvio padrão proporcional à média	-
$\log \dfrac{x}{1-x}$	$0 \leq X \leq 1$	Var = $\lambda^2 \mu (1-\mu)$ ou Var = $\lambda^2 \mu^2 (1-\mu)^2$	Distribuição beta
$\sin^{-1}\sqrt{x}$	$0 \leq X \leq 1$	Var = $\lambda^2 \mu (1-\mu)$	Distribuições binomial e beta
$\dfrac{1}{2}\log\dfrac{1+X}{1-X}$	$-1 \leq X \leq 1$	Var = $\lambda^2 (1-\mu^2)^2$	-

Adaptado de Natrella, 1963, p. 20-5.

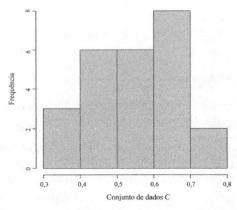

Figura 27.7 Histograma para 25 observações de uma distribuição beta (5,4).

Algumas transformações são agrupadas em famílias de transformação, úteis em situações em que a transformação não é óbvia. Uma família de transformações é uma coleção de transformações indexadas por um ou mais parâmetros.

Seja uma variável estritamente positiva, uma família de transformações é dita família de potência (Tukey, 1957) se puder ser definida como:

$$Y = X^\lambda.$$

A nova variável é uma transformação de definida a partir da potência, que é escolhida a partir de tentativas sucessivas com os valores entre -2 e 2. A raiz quadrada

($\lambda = 1/2$) e a cúbica ($\lambda = 1/3$) são membros desta família, assim como a transformação recíproca. Definimos $\lambda = 0$ como a transformação logarítmica e $\lambda = 1$ como a variável sem transformação.

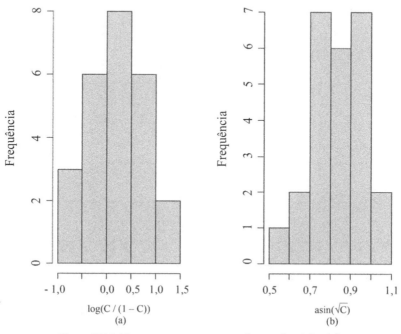

Figura 27.8 Histogramas para as transformações (A) e (B).

A família de transformações Box-Cox (Box; Cox, 1964) é uma modificação da família potência. A transformação é definida da seguinte forma: $X_1, X_2, \ldots, X_n$ são observações de X, uma v.a. estritamente positiva, admitimos que $X_i^\lambda \sim N(\mu, \sigma^2)$, $i = \ldots, n$, e definimos uma quantidade de tal forma que a função

$$l(x) = \frac{n}{2}\log(2\pi\sigma^2) - \frac{1}{2}\sum\left\{\left[\frac{\lambda^{-1}(x_i^\lambda - 1) - \mu^2}{\sigma}\right] + (\lambda - 1)\log x_i\right\}$$

tenha valor máximo. A variável transformada terá a seguinte forma:

$$Y = X^{(\lambda)} = \begin{cases} (X^\lambda - 1)/\lambda, & \lambda \neq 0 \\ \log X, & \lambda = 0 \end{cases}$$

Transformações para dados negativos podem ser feitas de duas formas: a primeira é a transformação para $X + \gamma$, em que $X + \gamma$ é um valor que torna todas as observações positivas, ou podemos utilizar a transformação proposta por Yeo e Johnson (2000), que é uma generalização da transformação de Box e Cox. Uma boa revisão do método de Box-Cox é feita por Sakia (1992).

Para ilustrar o método, simulamos um conjunto de dados com 100 observações de uma distribuição assimétrica (conjunto de dados D). Apresentamos na Figura 27.9(A) o histograma para este conjunto de dados simulados.

Em pacotes estatísticos, é possível encontrar facilmente o valor de λ que maximiza a função $l(\lambda)$. Esse conjunto de dados está representado na Figura 27.10.

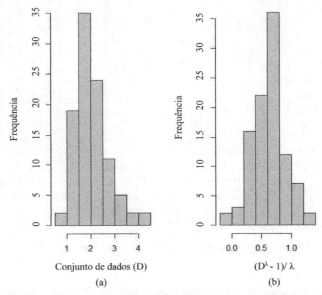

Figura 27.9 Histogramas para o conjunto de dados D e para os dados transformados.

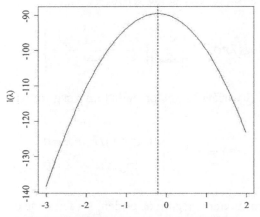

Figura 27.10 Maximização da função $l(\lambda)$.

A partir da Figura 27.10, observamos que a função l(λ) tem valor máximo quando λ = -0,21. Se um programa estatístico não estiver disponível, um outro caminho seria a utilização de um programa para planilha de dados.

Desta forma, podemos definir um conjunto de possíveis valores de λ e a função l(λ) deve ser calculada para cada valor de λ, por exemplo, para λ = -2, -1, 0, 1, 2. Na Tabela 27.2 temos os valores de l(λ) para λ = -2, -1, 0, 1, 2.

Tabela 27.2 Grade entre -2 e 2 para λ

λ	L(λ)
-2	-110,43
-1	-93,713
0	-89,853
1	-99,852
2	-123,42

Observe que a função l(λ) é crescente até o valor λ = -1 e decrescente a partir do valor λ = 0. Portanto, poderíamos assumir que λ = 0 é o valor que maximiza a função l(λ). Contudo, essa aproximação pode ser grosseira. Desta forma, uma solução seria refinar a grade de possíveis valores entre -1 e 0, como mostra a Tabela 27.3.

Tabela 27.3 Grade entre -1 e 0 para λ

λ	L(λ)
-1	-93,713
-0,9	-92,724
-0,8	-91,867
-0,7	-91,141
-0,6	-90,548
-0,5	-90,09
-0,4	-89,767
-0,3	-89,581
-0,2	-89,533
-0,1	-89,623
0	-89,853

Portanto, o valor de λ que maximiza a função l(λ) pode ser aproximado por λ = -0,2, que é bastante próximo do valor encontrado por meio de um procedimento automático.

A etapa seguinte é considerar as observações transformadas pela transformação de Box-Cox com λ = -0,21. O histograma dos dados transformados segue na Figura

27.9(B), observe que os dados transformados estão muito mais próximos da distribuição normal do que os dados apresentados na Figura 27.9(A).

Cabe ressaltar que a aplicação de qualquer transformação apresenta desvantagens: a alteração da escala da variável original, isto é, o acréscimo de uma unidade na variável original X não corresponde ao acréscimo de uma unidade na variável transformada Y; há perda da interpretação dos dados, por exemplo, a média da variável original X é 2,03, enquanto a média da variável transformada Y é 0,60.

27.6 VALORES DISCREPANTES

Dizemos que uma observação é discrepante (atípica, discordante, aberrante) quando ela se diferencia muito das demais.

Podemos identificar um valor atípico por meio do *box-plot*, pontos acima ou abaixo dos bigodes poderão ser identificados como aberrantes. Uma segunda maneira é admitir, se não for o caso, que as observações foram retiradas de uma população com distribuição normal e calcular a probabilidade dessa suposta observação atípica; se a probabilidade obtida for muito pequena, a observação é considerada aberrante.

Em situações mais simples, o valor atípico foi originado de um erro humano, por exemplo, uma medição malfeita ou uma tabulação errada. Se o erro foi humano, não há dúvidas que devemos excluir a observação ou, se possível, substituir pelo valor correto. O problema surge quando a observação considerada atípica não surgiu de um erro humano.

Era comum no início do século XX remover valores discordantes, o que resultou em muitos estudos inválidos. Existem na literatura critérios para a remoção de observações, porém todos são criticados. A justificativa para exclusão é que será menos prejudicial perder uma informação correta do que adicionar uma informação errada ao estudo.

Os melhores métodos para tratamento de valores aberrantes são aqueles que definem peso para as observações. Não discutiremos esses métodos, pois são específicos para cada área da estatística: inferência bayesiana, modelos de regressão, séries temporais, entre outros.

Um valor atípico também pode ser uma indicação de que o modelo está mal ajustado, por exemplo, se admitirmos que a distribuição da população é normal, quando na realidade não é. Esse indicativo ficará mais evidente quando tentarmos aplicar uma transformação e ainda assim o valor discrepante permanecer ou a distribuição dos dados não se aproximar da distribuição gaussiana.

27.7 CONSIDERAÇÕES FINAIS

A distribuição normal é extremamente importante para a estatística e demais áreas do conhecimento. Muitas teorias foram construídas a partir do pressuposto da normalidade dos dados. Esse é o motivo que nos leva a transformar os dados quando eles parecem não se ajustar.

Os valores discrepantes são aqueles que se destacam por serem diferentes dos demais. Eles são ocasionados por uma falha na obtenção ou transcrição das observações, mas também podem ser uma característica associada aos dados – à distribuição dos dados.

Importantes teorias estatísticas foram construídas baseadas na suposição de normalidade, porém elas não conseguem resolver todos os problemas. Felizmente, já existem diversas técnicas que englobam outras distribuições de probabilidades. Por exemplo, temos os modelos lineares generalizados (Nelder; Wedderburn, 1972), que estenderam toda a teoria dos modelos de regressão normal para outras distribuições.

REFERÊNCIAS BIBLIOGRÁFICAS

Anderson TW, Darling DA. Asymptotic theory of certain goodness-of-fit criteria based on stochastic process. Annals Mathemat Stat. 1952;23:193-212.

Box GEP, Cox DR. (1964) An analysis of transformations. J Royal Stat Soc. 1964;26:211-52.

Crichton M. O parque dos dinossauros. Porto Alegre: Rocco/L&PM; 2009.

Faintuch JJ, Silva FM, Navarro-Rodriguez T, Barbuti RC, Hashimoto CL, Rossini AR, et al. Endoscopic findings in uninvestigated dyspepsia. BMC Gastroenter. 2014;14:19.

Gauss CF. Theoriamotuscorporumcoelestium: in sectionibusconicissolemambientium. Hamburgi: Sumtibus F. PerthesetI. H. Besser; 1809.

Gorstein J, Sullivan K, Yip R, De Onis M, Trowbridge F, Fajans P, et al. Issues in the assessment of nutritional status using anthropometry. Bull World Health Org. 1994;72,73.

Hald A. A history of parametric statistical inference from Bernoulli to Fisher, 1713-1935. New York: Springer; 2008.

Lilliefors H. On the Kolmogorov-Smirnov test for normality with mean and variance unknown. J Am Stat Association. 1967;62:339-402.

Natrella MG. Experimental Statistics. National Bureau of Standards; 1963.

Nelder JA, Wedderburn RW. Generalized linear models. J Royal Stat Soc, 135,370-84.

Sakia RM. The Box-Cox transformation techinique: a review. Statistician. 1992;41,169-78.

Shapiro SS, Francia RS. An approximate analysis of variance test of normality. J Am Statistical Association. 1972;67,215-6.

_____. Wilk MB. An analysis of variance test for normality (complete samples). Biometrika; 1965;52,591-611.

Shirk SD, Mitchell MB, Shaughnessy LW, Sherman JC, Locascio JJ, Weintraub S, et al. A web-based normative calculator for the uniform data set (UDS) neuropsychological test battery. Alzheimer Res Therapy; 2011;3;32.

Tukey JW. The comparative anatomy transformations. Annals of Mathemat Stat, 1957;28:602-32.

YeoI, Johnson R. An new Family of power transformations to improve normality or symmetry. Biometrika, 2000;87,954-9.

Capítulo 28
Análises multivariadas: ANOVA

Eanes Pereira

28.1 ANÁLISE DE VARIÂNCIA

Análise de variância (ANOVA) é um procedimento estatístico que, apesar de seu nome, tem como finalidade comparar médias. O nome "análise de variância" origina-se porque a técnica de comparação é feita utilizando fontes de variância para determinar se existe diferença entre as médias.

Não é recomendável realizar múltiplos testes *t*, pois inflaciona o erro alfa.

Para exemplificar, considere a situação em que se pretende avaliar a eficácia de um novo medicamento para tratar asma por meio da administração de três tratamentos diferentes: o novo medicamento, um medicamento existente no mercado e um placebo. Portanto, temos três grupos e três comparações. Considerando um α = 0,05 por comparação, então teremos α = 0,14 para todas as comparações.

$$\text{Fórmula} = 1 - (0,95)^n$$

Onde: n = número de comparações.

Isso quer dizer que a probabilidade de cometer um erro tipo I aumentou de 5% para 14%. Um valor maior que o critério estabelecido de 0,05.

Vamos considerar novamente o exemplo anterior, neste caso queremos testar se o novo medicamento reduz o número de exacerbações nos pacientes asmáticos. As observações provêm de grupos classificados por meio de um só fator (tratamento); então fala-se em análise de variância com um fator (*one-way* ANOVA). Neste caso vamos observar se existem diferenças significativas entre os níveis dos fatores (três tratamentos diferentes).

Assim, temos:

1) *g* grupos: 3;
2) *n* observações em cada grupo: 15;
3) Total de n = gn observações: 45.

Inicialmente, para realizarmos a ANOVA, devemos atender aos seguintes pressupostos:

1) Temos *g* grupos de observações independentes, sendo eles independentes entre si.
2) Cada grupo de observações deve provir de uma população com distribuição normal.
3) A variância das *g* populações deve ser a mesma (*homogeneidade das variâncias*).

Na realização do procedimento, vamos testar as seguintes hipóteses:

1) Todas as médias são iguais:

$$H_0 = \mu_A = \mu_B = \mu_C$$

2) Pelo menos uma das médias é diferente das demais.

Para testar essas hipóteses, recorre-se a uma análise das variâncias dos vários grupos. Portanto, ao conduzirmos uma ANOVA, queremos saber quanto da variabilidade dos nossos resultados é devido ao **tratamento** (variância **entre** grupos) e quanto é devido ao **erro** (variância **dentro** dos grupos).

Então, teremos o seguinte:

a) variabilidade das observações entre grupos: SSE (soma dos quadrados entre os grupos);
b) variabilidade das observações dentro dos grupos: SSD (soma dos quadrados dentro dos grupos).

Primeiro, vamos entender como calculamos a SSE e a SSD.

Vejamos este exemplo: uma amostra de nove pacientes divididos em três grupos de três é testada para três medicamentos A, B e C. Uma semana após o experimento, é avaliada a dispneia em uma escala de 0 a 10. Vejamos a tabela:

	Grupo A	Grupo B	Grupo C
Variável A	1	5	8
Variável B	2	6	9

(*continua*)

Análises multivariadas: ANOVA

(*continuação*)

	Grupo A	Grupo B	Grupo C
Variável C	3	7	10
Média	2	6	9
Desvio padrão	1	1	1
Variância	1	1	1
Soma dos quadrados	2	2	2
Grande média = 5,6.			

Para calcularmos a SSE, primeiro calculamos a diferença entre a média de cada grupo e a grande média, elevamos ao quadrado cada uma dessas diferenças, multiplicamos cada resultado pelo número de indivíduos de cada grupo e, finalmente, adicionamos os valores:

$$SSE = 3(2-5,6)^2 + 3(6-5,6)^2 + 3(9-5,6)^2 = 38,88 + 0,48 + 34,68 = 74,04$$

Definimos ainda:

$MSE = \dfrac{SSE}{g} - 1$ (graus de liberdade): média da soma dos quadrados entre grupos.

No exemplo anterior temos três grupos, portanto dois graus de liberdade.

Assim, temos: $\dfrac{74,04}{2} = 37,02$.

$MSD = \dfrac{SSD}{N} - g$ (graus de liberdade): média da soma dos quadrados dentro dos grupos.

No exemplo anterior temos nove observações e três grupos, portanto seis graus de liberdade.

Assim, temos: $\dfrac{6}{6} = 1$.

A razão das variâncias segue uma distribuição F.

$$F \cdot observado = \dfrac{MSE}{MSD}$$

No exemplo anterior, o F observado = 37,02.

Assim, quando a hipótese H_0 for verdadeira, esses valores devem ser próximos e, consequentemente, a razão MSE/MSD terá um valor próximo a 1. Se a H_0 não for verdadeira, então o valor de MSE será significativamente superior ao de MSD. Assim, a hipótese H_0 será rejeitada para valores elevados de MSE/MSD.

A lógica da ANOVA é que se o tratamento surtir efeito (por exemplo, H_0 rejeitada), o F observado deve ser significantemente maior do que o esperado (crítico).

O F crítico representa a distribuição de Fisher com $g - 1$ e $N - g$ graus de liberdade.

No caso anterior, o F crítico = 5,14.

Vamos ver outro exemplo:

78 pacientes com DPOC divididos em três grupos de 26 pacientes.

Três tipos de intervenções: grupo um (fisioterapia respiratória); grupo 2 (orientação para realizar exercício físico); grupo 3 (acompanhamento ambulatorial).

Observar a distância percorrida no teste da caminhada um mês após a intervenção.

Podemos começar observando a localização relativa dos três grupos por meio da construção de *box-plots* paralelos, como mostra a Figura 28.1.

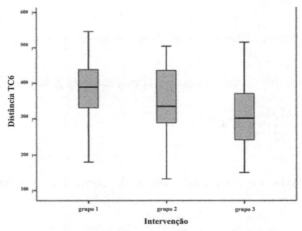

Figura 28.1 *Box-plots* das amostras do exemplo.

Utilizando o SPSS, um quadro deste tipo e *box-plots* paralelos, podem ser obtidos, simultaneamente, por meio da *Analyze – Descriptive Statistics* – Explore, colocando a variável teste da caminhada em *"Dependent List"* e a variável intervenção em *"Factor List"* e selecionando, em *Plots*, *"Normality plots with tests"*.

Agora, vamos analisar se cada uma das três amostras pode ser considerada proveniente de uma população normal. Existem dois testes: o teste Shapiro-Wilk e o teste Kolmogorov-Smirnov. A análise dos valores de p presentes no quadro da Tabela 28.1 permite-nos aceitar as hipóteses correspondentes ao nível de significância de 0,05.

Análises multivariadas: ANOVA

Tabela 28.1 Teste de normalidade para as amostras do exemplo

	Intervenção	Kolmogorov-Smirnov			Shapiro-Wilk		
		Estatística	df	Sig.	Estatística	df	Sig.
Distância TC6	Grupo 1	0,068	36	0,200	0,983	36	0,834
	Grupo 2	0,164	19	0,190	0,949	19	0,382
	Grupo 3	0,090	24	0,200	0,981	24	0,913

Para conseguir os resultados da análise de variância, seguimos os seguintes passos: *Analyze – Compare Means – One way ANOVA*.

Em *Options*, devemos selecionar *Homogeneity of Variances*, que fornece o valor p da hipótese H_0: as variâncias das *g* populações são iguais "contra a hipótese H1: haja pelo menos duas variâncias diferentes".

A aceitação da hipótese H_0 permite validar o pressuposto da homogeneidade de variâncias (Tabelas 28.2 e 28.3).

Tabela 28.2 Teste de homogeneidade de variâncias

Distância TC6

Levene Statistic	df1	df2	Sig.
0,602	2	75	0,550

Tabela 28.3 Análise de variância

ANOVA

Distância TC6

	Soma dos quadrados	df	Quadrado médio	F	Sig.
Entre grupos	78269,158	2	39134,579	4,887	0,010
Nos grupos	608588,994	75	8007,750		
Total	686858,152	78			

O valor de p da primeira tabela (0,550) permite-nos considerar que as variâncias das populações subjacentes aos três grupos em análise são iguais.

O valor de p da segunda tabela (0,01) leva-nos à rejeição da hipótese da igualdade das médias (ao nível de significância 0,05), concluindo-se que os grupos têm distância percorrida pelo teste da caminhada distintos no que diz respeito à intervenção efetuada:

$$F(g-1;N-g) : F_{(2;75)} = 4,88; \alpha=0,01$$

O F observado = 4,88.

O F crítico obtido por meio de uma tabela de distribuição:

$$F = F_{(2;75)} = 2,76.$$

Portanto:

F observado ≥ F crítico; então rejeita H_0

28.1.1 COMPARAÇÕES MÚLTIPLAS

São testes usados para mostrar onde estão as diferenças entre as médias, após o cálculo de F da ANOVA, mas só devem ser feitos após se encontrar um F significante. Os programas estatísticos oferecem alguns: Bonferroni, Tukey, LSD, Scheffé, Dunnett. A escolha depende do tipo de comparação que se quer realizar.

Para todos os métodos apresentados, o SPSS fornece os intervalos de confiança e também os testes correspondentes. Se usarmos um nível de significância para os testes, então os intervalos de confiança terão grau de confiança $\gamma = 1 - \alpha$. O nível α é especificado pelo pesquisador.

O trajeto para obter os resultados no SPSS é:

Analyze - Compare Means - One way ANOVA - Post Hoc.

Existe diferenças entre os grupos no que diz respeito à distância percorrida pelo teste da caminhada (F(2,75) = 4,88; p = 0,01). Um teste *post hoc* de Tukey mostrou que os pacientes que realizaram fisioterapia respiratória melhoraram a distância percorrida pelo teste da caminhada em relação ao grupo com acompanhamento ambulatorial (nenhuma intervenção). Os grupos que receberam apenas acompanhamento ambulatorial e orientação sobre exercício físico não diferiram entre si.

Tabela 28.4 Comparações múltiplas

Variável dependente: Distância TC6

Tukey HSD

(I) Intervenção	(J) Intervenção	Diferença média (I-J)	Modelo padrão	Sig.	Intervalo de confiança 95%	
					Limite inferior	Limite superior
Nenhuma	Orientação	35,795	25,375	0,341	-24,86	96,45
	Fisioterapia	73,444*	23,582	0,007	17,07	129,82

(continua)

Tabela 28.4 Comparações múltiplas (*continuação*)

Variável dependente: Distância TC6

Tukey HSD

(I) Intervenção	(J) Intervenção	Diferença média (I-J)	Modelo padrão	Sig.	Intervalo de confiança 95% Limite inferior	Limite superior
Orientação	Nenhuma	-35,795	25,375	0,341	-96,45	24,86
	Fisioterapia	37,649	27,479	0,362	-28,04	103,34
Fisioterapia	Nenhuma	-73,444*	23,582	0,007	-129,82	-17,07
	Orientação	-37,649	27,479	0,362	-103,34	28,04

*A diferença média é significativa no nível de 0,05.

28.1.2 ANOVA NÃO PARAMÉTRICA: TESTE DE KRUSKAL-WALLIS

Em muitas situações, não podemos usar os modelos de análise de variância descritos nas seções anteriores. Então usamos o teste de Kruskal-Wallis, que é um método não paramétrico usado para testar se um conjunto de amostras que provêm da mesma distribuição. Enquanto a ANOVA depende da hipótese de que todas as populações em confronto são independentes e normalmente distribuídas, o teste de Kruskal-Wallis não coloca nenhuma restrição sobre a comparação. Portanto, este teste é utilizado quando os dados contrariam fortemente a hipótese de normalidade ou da igualdade de variâncias.

Hipótese a testar:

H_0: $\mu_1 = \mu_2 = \ldots = \mu_g = \mu$ *versus* H_1: $\mu_i \neq \mu$ pelo menos para um i, onde μ_i representa a mediana do grupo i.

Para efetuar o teste de Kruskal-Wallis no SPSS, seguimos os passos:

Analyse - Nonparametric Tests - K Independent Samples.

Exemplo:

Um grupo de pesquisadores avaliaram pacientes com DPOC e os classificaram quanto à presença de comorbidades. Grupo 1: sem comorbidade cardiovascular; grupo 2: com uma comorbidade cardiovascular; grupo 3: com mais de uma comorbidade cardiovascular. Foi anotada a idade dos pacientes.

Será que os três grupos diferem significativamente quanto à idade?

A resposta requer uma análise de variância.

Em primeiro lugar, vejamos se as três amostras apresentam uma distribuição normal.

Tabela 28.5 Testes de Normalidade

	comorbidade	Kolmogorov-Smirnov			Shapiro-Wilk		
		Estatística	df	Sig.	Estatística	df	Sig.
Idade - Entrevista	nenhuma	0,124	36	0,176	0,953	36	0,130
	apenas 1	0,217	19	0,019	0,896	19	0,041
	mais 1	0,133	24	0,200	0,950	24	0,265

Como se pode observar, os valores de p sugerem a rejeição das hipóteses de normalidade, pelo menos em relação ao grupo 2 (apenas uma comorbidade). Assim, vamos realizar uma ANOVA não paramétrica.

Tabela 28.6 Classificações

	Comorbidade	N	*Mean Rank*
Idade - Entrevista	Nenhuma	36	34,93
	Apenas 1	19	45,21
	Mais 1	24	43,48
	Total	79	

Tabela 28.7 Testes Estatísticos[a,b]

	Idade - Entrevista
Qui-quadrado	3,299
df	2
Significância Assintótica	0,192

[a.] Teste de Kruskal-Wallis;
[b.] Variável de agrupamento: comorbidade.

Com o valor de p apresentado no segundo quadro (0,192), concluímos que os pacientes apresentam idades semelhantes ao serem classificados quanto às comorbidades. O *Mean Rank* dos grupos parece não diferir muito.

28.1.3 ANOVA DE MEDIDAS REPETIDAS

Técnica de análise que tem como objetivo avaliar se a variabilidade observada ao longo de um fator (geralmente tempo) pode ou não ser explicada pelo acaso. Frequentemente é utilizada para comparar a evolução de medidas seriadas entre dois (ou mais) grupos.

Exemplo: o efeito do programa de cessação de tabagismo no consumo de cigarros. Desta forma, teremos três medidas: o consumo de cigarros antes do programa; com um mês e três meses após o programa.

As hipóteses a serem avaliadas são:

$$H_0 = \mu_1 = \mu_2 = \mu_3$$

H_1 = Pelo menos uma das médias é diferente das demais,

$$F_{observado} = \frac{MSE_{(\text{média da soma dos quadrados entre os grupos})}}{MSD_{(\text{média da soma dos quadrados entre os grupos})}}$$

A lógica da ANOVA de medidas repetidas é semelhante à ANOVA entre grupos de indivíduos. No início do capítulo escrevemos esta fórmula para a estatística F:

$$F_{observado} = \frac{MS_{\substack{condição \\ tempo}}}{MS_{erro}}$$

Na ANOVA com medidas repetidas, a variância dentro dos grupos é definida como variância devido ao erro.

Inicialmente, temos que observar as seguintes suposições:

- As observações para cada unidade experimental devem ser expressas em unidades comparáveis;
- A variável dependente deve ser contínua;
- A distribuição da variável dependente nos grupos relacionados deve seguir uma distribuição normal;
- A variável independente representa pelo menos dois grupos relacionados (o mesmo indivíduo está presente no mesmo grupo)
- Esfericidade: igualdade das variâncias das diferenças entre níveis de tratamento.

Se tivermos três grupos (A, B, C), então a esfericidade irá se manter quando:

$$\text{Variância}_{A-B} = \text{variância}_{A-C} = \text{variância}_{B-C}$$

Se a esfericidade for violada, então devemos ser cautelosos com as razões F produzidas pelo computador. No SPSS o teste da esfericidade é calculado utilizando o teste de Mauchly.

Vamos observar o seguinte exemplo: 38 pacientes submetidos à transplante de fígado. Foi medida a função pulmonar (VEF_1 em litros) imediatamente antes da cirurgia, no quinto pós-operatório e com um mês após a cirurgia.

Para realizar a análise no SPSS: Analyze > General Linear Model > Repeated Measures.

Inicialmente, temos a estatística descritiva.

Tabela 28.8 Estatísticas descritivas

	Média	Desvio padrão	n
VEF_1L pré-operatório	2,5574	0,66760	38
VEF_1L 5 dias PO	1,2055	0,37814	38
VEF_1L 1 mês	2,4837	0,64828	38

A Tabela 28.8 nos mostra as médias dos diferentes momentos.

Na Tabela 28.9 podemos observar o valor F para o fator "tempo", o nível de significância e o tamanho do efeito (Eta parcial quadrado).

Como os nossos dados violaram a esfericidade (p = 0,000), então vamos considerar o ajustamento com **Greenhouse-Geisser**. Podemos escrever nossos resultados da seguinte maneira: utilizando a ANOVA com medidas repetidas com a correção de Greenhouse-Geisser, as diferenças entre os escores médios do VEF_1 foram estatisticamente significantes (F(1,66; 61,4) = 204,5, p = 0,000).

Os resultados mostrados na Tabela 28.9 mostram que nós tivemos uma diferença nas médias do VEF_1, mas não sabemos em que momento essas diferenças ocorreram. Com a Tabela 28.10 podemos ver que houve uma diferença nas médias do VEF_1 entre o tempo pré-operatório e o quinto PO (p < 0,001) e entre o quinto PO e um mês após a cirurgia (p < 0,001). Mas não houve diferença significativa entre o pré-operatório e um mês após a cirurgia (p = 0,19).

Tabela 28.9 Testes de efeitos entre assuntos
Medida: MEASURE_1

Fonte		Tipo III Soma dos Quadrados	df	Quadrado Médio	F	Sig.	Eta parcial quadrado
VEF$_1$ litros	Esfericidade considerada	43,910	2	21,955	204,537	0,000	0,847
	Greenhouse-Geisser	43,910	1,661	26,439	204,537	0,000	0,847
	Huynh-Feldt	43,910	1,729	25,392	204,537	0,000	0,847
	Limite inferior	43,910	1,000	43,910	204,537	0,000	0,847
Erro (VEF$_1$ litros)	Esfericidade considerada	7,943	74	0,107			
	Greenhouse-Geisser	7,943	61,450	0,129			
	Huynh-Feldt	7,943	63,983	0,124			
	Limite inferior	7,943	37,000	0,215			

Tabela 28.10 Comparações de pares
Medida: MEASURE_1

(I) VEF$_1$ litros	(J) VEF$_1$ litros	Diferença média (I-J)	Modelo padrão	Sig.[b]	Intervalo de confiança de 95% para a diferença[b]	
					Limite inferior	Limite superior
1	2	1,352*	0,086	0,000	1,178	1,525
	3	0,074	0,056	0,197	-0,040	0,187
2	1	-1,352*	0,086	0,000	-1,525	-1,178
	3	-1,278*	0,080	0,000	-1,441	-1,115
3	1	-0,074	0,056	0,197	-0,187	0,040
	2	1,278*	0,080	0,000	1,115	1,441

Baseado em médias marginais estimadas.

* A diferença média é significativa no nível de 0,05.

[b] Ajustamento para comparações múltiplas: diferença menos significativa (equivalente a nenhum ajustamento).

Finalmente, temos a visualização do gráfico.

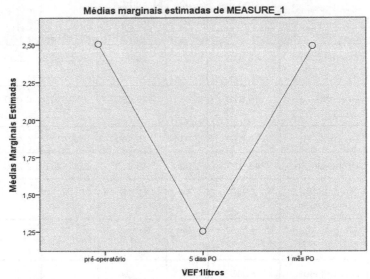

Figura 28.2 Comparação entre o VEF$_1$ no pré-operatório, 5º. dia pós-operatório e 1 mês após a cirurgia. VEF$_1$ = Volume Expiratório Forçado no 1º. segundo. PO = pós-operatório.

Descrevendo os resultados:

A ANOVA com medidas repetidas utilizando a correção de Greenhouse-Geisser mostrou que houve diferença estatisticamente significante entre as médias do VEF$_1$ ao longo do tempo (pré-operatório, quinto PO e um mês após a cirurgia): (F(1,66;61,45) = 204,53, p < 0,001). Um teste *post hoc* de Bonferroni mostrou que a diferença da média do VEF$_1$ entre pré-operatório e um mês após a cirurgia não apresentou significância estatística (p = 0,19). No entanto, o VEF$_1$ medido no quinto PO reduziu para 1,2 ± 0,37 L, o qual foi significativamente diferente do pré-operatório (p < 0,001) e após um mês de cirurgia (p < 0,001). Então, podemos concluir que a cirurgia de transplante de fígado reduz a função pulmonar no quinto PO e ocorre uma recuperação para os níveis do pré-operatório após um mês de cirurgia.

28.1.4 OUTROS TIPOS DE ANOVA MAIS COMPLEXOS

Análise de covariância

A Análise de Covariância (ANCOVA) é uma extensão da ANOVA. Diferentemente da ANOVA, a ANCOVA pode incluir uma ou mais variáveis contínuas relacionadas ao desfecho de interesse. Essas variáveis são incluídas na análise devido à influência que possuem sobre a variável dependente e são conhecidas como covariáveis.

Para realizar a ANCOVA é necessário seguirmos as suposições: a variável dependente deve ter distribuição normal; deve existir relação linear entre a covariável e a variável dependente; deve existir homogeneidade de variâncias entre os grupos e deve haver homogeneidade de coeficientes de regressão da covariavel sobre a variável dependente entre os grupos.

ANOVA Fatorial

Esta é uma análise que realizamos quando controlamos para dois fatores (*two-way* ANOVA). Se controlamos para múltiplos fatores, então realizamos uma ANOVA fatorial

O propósito desta análise é entender se existe uma interação entre duas variáveis independentes com a variável dependente. Por exemplo, queremos saber se existe uma interação entre a presença de comorbidades (nenhuma, apenas uma e mais que uma) e o sexo (masculino, feminino) na distância percorrida através do teste da caminhada. Então, fazemos a seguinte pergunta: "O efeito das comorbidades sobre a distância caminhada pelos pacientes com DPOC é influenciado pelo gênero?".

Análise de Variância Multivariada

A análise de variância multivariada (MANOVA) é uma forma generalizada da ANOVA. É utilizada em casos onde existem duas ou mais variáveis dependentes simultaneamente.

REFERÊNCIAS BIBLIOGRÁFICAS

Anderson D, Sweeney D, Willians T. Estatística aplicada à administração e economia. 2. ed. São Paulo: Pioneira Thomson Learning; 2003.

King BM, Minium EM. Statistical reasoning in psychology and education. 4. ed. New Jersey: John Wiley & Sons, Inc.; 2003.

Field AP. Discovering statistics using IBM SPSS Statistics. 4. ed. London: Sage; 2013.

Pagano M, Gauvreau K. Principals of biostatistics. 2. ed. Duxbury: Thomson Learning, 2000.

SPSS. Statistics base 17.0 User's guide. Chicago: SPSS; 2007

Capítulo 29
Análises multivariadas: regressões e análise de sobrevivência

Ilka Lopes Santoro
Suzana Erico Tanni Minamoto

29.1 MODELOS DE REGRESSÕES

Os modelos de regressões são amplamente utilizados por serem ferramentas fáceis de interpretar. As regressões mostram a variação do desfecho (resposta) do estudo em função de diferentes valores da variável explanatória, ou seja, esses modelos produzem estimativas da associação média entre a variável resposta e a variável explanatória dentro de uma população. Esses modelos servem para três propostas: descrição, controle e predição.

Dentro destas análises podemos encontrar os modelos de regressão linear, logística e Poisson. Cada tipo de variável de desfecho requer diferentes formas de modelos de regressão, ou seja, para variáveis de resposta contínua (por exemplo, a idade em anos), indica-se usar o modelo de regressão linear. Para variáveis de resposta binária (por exemplo, a presença ou ausência da doença), é apropriado utilizar o modelo de regressão logística. Quando a variável resposta for contagem discreta, pode ser empregada a regressão de Poisson.

29.1.1 REGRESSÃO LINEAR

A análise de regressão linear foi inicialmente desenvolvida por Francis Galton, no final do século XIX, quando ele estudou a relação entre pais e filhos. Ele notou que a altura dos filhos de ambos os pais altos ou baixos regrediam para a média do grupo. Assim, desenvolveu um modelo matemático que descrevia a tendência da regressão, o qual foi precursor dos modelos de regressão atuais.

O termo "regressão" descreve relações estatísticas entre variáveis e também dois ingredientes essenciais na relação estatística: (1) a tendência da variável resposta Y varia com a variável preditora X de uma forma sistemática; (2) há dispersão de pontos ao longo da curva de relação estatística. Ambas as características postulam que há uma probabilidade da distribuição de Y para cada valor de X, e a média das distribuições de probabilidades varia de forma sistemática com o X. Entretanto, não importa o quão forte é a associação mútua de X e Y, isso não implica necessariamente uma relação de causa e efeito dentro do modelo.

Nos modelos de regressão linear, podemos ilustrar a associação da variável resposta com a explanatória por meio de figuras que plotem a variação das medidas observadas durante o estudo. Assim, a equação linear pode ser construída por meio de dois números, ou seja: $y = b_0 + b_1x$ (Figura 29.1). Quando o valor de x for zero, o valor de y será b_0, que é chamado de intercepto da equação de reta. Já b_1 é chamado de *slope*, ou também o ângulo da inclinação da reta, que significa a variação média da distribuição de probabilidade em y que corresponda ao aumento em uma unidade de x. Além disso, esta variação em y possui o mesmo valor na linha inteira (Figura 29.2). Portanto, o *slope* nos dá a informação da magnitude e a direção da associação de x com y. Quando b_1 = zero, podemos perceber que não há associação entre x e y. Quando b_1 > zero, a associação entre x e y é positiva; e quando b_1 < zero, a associação é negativa.

Assim, o modelo de regressão linear apresenta X como variável explanatória (independente), que pode ser utilizada para predizer ou explicar a variável Y de resposta (dependente). O modelo de regressão linear então assume a seguinte característica: $E[Y \mid X = x] = \beta 0 + \beta 1x + \varepsilon$, ε $N(0,\sigma^2)$. Onde $E[Y \mid X=x]$ representa a estimativa da variável de desfecho da população quando a variável dependente X for = x (que corresponde aos valores da variável x mensurada). O componente sistemático se forma pela equação $E[Y \mid X = x] = \beta 0 + \beta 1x$ e o componente randômico da equação se caracteriza pela variância (Var $[Y \mid X = x] = \sigma^2$), que não depende de x.

No exemplo a seguir observamos a plotagem dos valores de volume expiratório forçado no primeiro segundo em porcentagem ($VEF_1\%$) em relação à variação da idade em anos (Figura 29.3). A linha em vermelho exemplifica a associação linear média da idade com o $VEF_1\%$. Para a construção da melhor estimativa capaz de explicar o conjunto de dados, temos a seguinte equação: VEF_1 = 63,9 – 0,06* idade. Assim, o aumento em um ano na variável idade tem variação média de VEF_1 de 63,9 - 0,06%.

Dentro do modelo de regressão linear, as variáveis independentes podem ser contínuas ou categóricas e ainda conter mais do que uma variável independente, o que corresponde aos modelos múltiplos. Para a construção de modelos exploratórios, deve-se ter cuidado na escolha das variáveis independentes, pois elas devem carregar algum sentido para o efeito de análise. Uma consideração importante ao fazer a escolha da variável independente é o grau em que ela contribui para reduzir a variação restante em Y. Ainda, deve-se avaliar a contribuição da adição da variável independente dentro do conjunto de variáveis do modelo. Esta avaliação pode ser verificada pela análise da variação do coeficiente de correlação ao quadrado (R^2). Além disso, a escolha da variável independente pode ser realizada pelo conhecimento científico prévio, como um agente causal no processo de análise, pelo efeito confundidor ou de efeito modificador, pelo grau em que as observações de maior precisão, de menor custo ou de forma mais fácil são coletadas. Muitas vezes os modelos múltiplos são construídos com número de variáveis preditoras além da quantidade de observações do estudo, ou seja, se a população do estudo corresponde a 100 observações, devo ter o cuidado de construir o modelo múltiplo que não ultrapasse uma variável preditora para cada 10 observações.

Para avaliar se o modelo apresenta validade interna, precisamos obedecer algumas premissas, que podem ser resumidas no mnemônico LINE: linearidade, independência entre os pares das variáveis X e Y, normalidade das variáveis e variância igual de Y para todos os valores de X.

A linearidade deve ser avaliada a partir da plotagem dos resíduos de X e de Y, verificando se há alguma tendência não linear. O resíduo pode ser entendido como a diferença entre os valores de Y mensurados e os esperados em função dos valores de X (Figura 29.4).

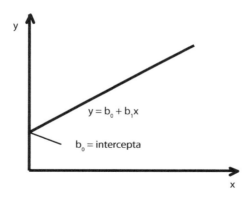

Figura 29.1 Equação de regressão linear $y = \beta_0 + \beta_1 x$.

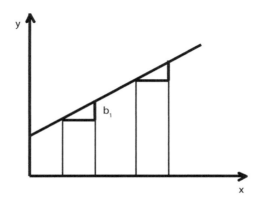

Figura 29.2 Equação de regressão linear $y = \beta_0 + \beta_1 x$ com *"slope"* de b_1 constante.

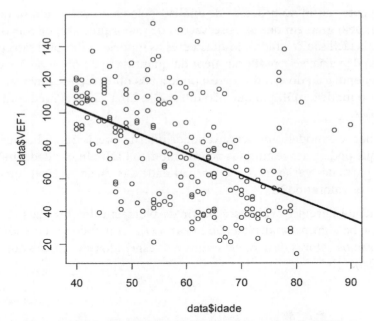

Figura 29.3 Equação de regressão linear de VEF_1 = 63,9 – 0,06* idade. VEF_1 = volume expiratório forçado no primeiro segundo.

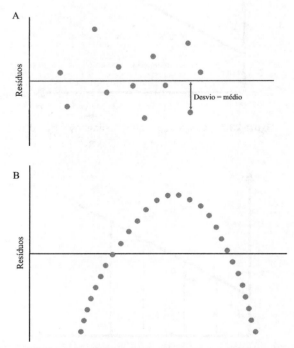

Figura 29.4 Avaliação da linearidade pela plotagem dos resíduos do modelo de regressão linear $y = \beta_0 + \beta_1 x$. (A) Linearidade dos resíduos da equação de regressão linear. (B) Não linearidade dos resíduos da equação de regressão linear.

A independência entre os pares das variáveis X e Y deve ser avaliada pelo conhecimento científico na área, na qual cada observação de X-Y deve ser independente das outras observações X-Y da população de estudo.

A normalidade das variáveis pode ser verificada por meio da plotagem dos resíduos nos gráficos de Q-Q ou de histograma (Figura 29.5). Quando esta plotagem mostrar dispersão dos pontos de resíduos muito distantes da equação de reta da regressão, não há normalidade das variáveis. Assim, é muito comum utilizar métodos de transformação matemática para normalizar os valores de Y.

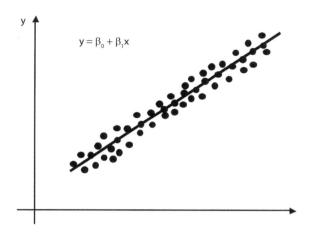

Figura 29.5 Avaliação da normalidade pela plotagem dos resíduos em gráfico Q-Q da equação $y = \beta_0 + \beta_1 x$.

Por fim, a avaliação da variabilidade de Y deve ser constante para cada valor de X, que também pode ser chamada de homocedasticidade, e também pode ser analisada pela plotagem dos resíduos de X e de Y, verificando se seguem o mesmo padrão ao longo de todos os incrementos.

O modelo de regressão linear também deve ser avaliado pelo R^2. Geralmente, modelos que apresentam valores baixos de R^2 não são adequados, por outro lado, valores altos de R^2 também não significam que são adequados se o gráfico de associação entre as variáveis não for avaliado, pois podem apresentar correlação exponencial e não linear (Figura 29.6). Assim, a construção do modelo de regressão linear pode ser construída utilizando alguns passos, descritos no fluxograma da Figura 29.6.

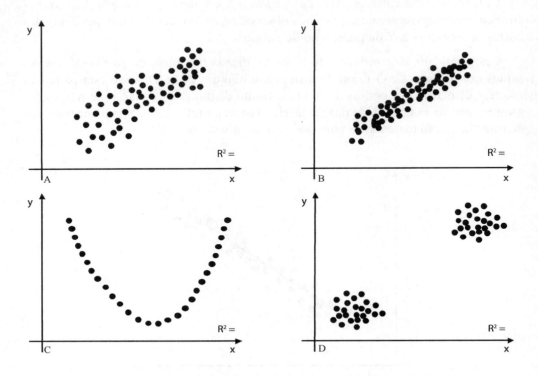

Figura 29.6 Avaliação dos coeficientes de correlação ao quadrado (R^2).

29.1.2 REGRESSÃO LOGÍSTICA

Os modelos de regressão logística são utilizados quando a minha variável dependente é de resposta binária, ou seja, morte *versus* vivo, doença *versus* não doença, evento *versus* não evento de desfecho. Para variáveis de desfecho de distribuição binária, utilizamos a distribuição de Bernoulli. Nestes modelos o interesse está na probabilidade de ocorrência do evento dado por $Pr(Y = 1) = p$ e da razão de chance (*odds*) do evento dado por $O = p/(1 - p)$. A palavra *odds* significa a probabilidade de o evento acontecer sobre a probabilidade de o evento não acontecer. Nessa grandeza, quanto maior o valor de *odds*, maior a probabilidade de o evento acontecer.

O modelo de regressão logística é dado pela seguinte equação: $\log(p|1 - p) = \log(O(X)) = \beta 0 + \beta 1 x = e^{\beta 0 + \beta 1 x}$. O $\log(p|1 - p)$ também é chamado de "logito" de p, que vai apresentar valores entre 0 e 1, portanto este modelo recebe o nome de regressão logística. O significado de *p* é a probabilidade do evento, que pode ser escrita pela fórmula matemática $p = \frac{e^{\beta 0 + \beta 1 x}}{1 + e^{\beta 0 + \beta 1 x}} = odds/(1 + odds)$.

Na equação de regressão logística temos que quando X = 0 ou *odds* nulo [O(0) = nulo], este vai ser exp($\beta 0$). Quando o X = x, o valor de *odds* vai ser O(x) = E, quando aumentar em uma unidade o valor de x e tiver X = x + 1, o valor de *odds* será O(x+1) =. Assim, quando há a comparação da probabilidade x + 1 em relação à probabilidade x, terei a razão de *odds* (x + 1)/ *odds* (x) = e(β1). Portanto, a razão de *odds* (*odds ratio*) do modelo de regressão logística é dada pela probabilidade de o evento acontecer entre dois grupos que se diferem em uma unidade.

Supondo que a questão do estudo é avaliar a razão de chance de óbito em pacientes com doença pulmonar obstrutiva crônica (DPOC), seguidos por três anos, em relação à variação da oximetria de pulso da avaliação basal. Neste modelo, ao codificar os pacientes que morreram nos três anos de seguimento como óbitos = 1 (evento em análise) e não óbitos como zero (que será o nível de referência), os desfechos serão binários. A variação da oximetria de pulso é uma variável contínua, que varia a cada porcentagem (uma unidade de grandeza) e que será a variável independente do modelo. Feita a análise, o valor de razão de chance é de 1,02. Qual o seu significado? A interpretação pode ser feita da seguinte forma: para cada diferença em uma unidade da oximetria de pulso, a razão de chance em favor de óbito é de 1,02 (ou de 2%) nos pacientes com DPOC seguidos por três anos do estudo.

A escolha das variáveis preditoras do modelo deve obedecer às mesmas regras da regressão linear. Além disso, os diferentes *softwares* disponíveis no mercado apresentam saídas diversas do modelo de regressão logística, assim, é preciso saber se os resultados apresentados estão em logaritmo ou exponencial da razão de chance.

Assim, os modelos de regressões podem ser utilizados para responder várias hipóteses; entretanto, deve se ter conhecimento adequado para interpretar esses modelos.

29.2 ANÁLISE DE SOBREVIVÊNCIA

Para medir a duração da sobrevivência em estudos longitudinais, os métodos como tempo médio de sobrevivência, taxas de mortalidade, número de mortes por cada 100 indivíduos, ano de observação, entre outros, não são adequados por duas razões principais. Primeiro, a análise dos dados pode estar sendo realizada antes que todos os indivíduos da amostra tenham morrido ou se tenha perdido o seguimento de outros. Assim, alguns sujeitos do estudo podem estar vivos, e não se sabe por quanto tempo ainda continuarão vivos, o que é definido como **observações sujeitas à crítica** (censurados). A segunda razão importante a ser considerada é que o momento de admissão no estudo não é simultâneo, assim alguns indivíduos ainda estão no estudo quando a análise é realizada. Os dados referentes a esses indivíduos são chamados **progressivamente sujeitos à crítica** (Figura 29.7).

Em estudos de análise de sobrevivência, o problema-chave é o dado considerado censurado, ou seja, quando o evento não ocorreu quer seja porque o estudo terminou antes da ocorrência do evento ou porque se perdeu o acompanhamento do caso, então não sabemos o que aconteceu com esse indivíduo. Na Figura 29.7 os dados censurados são marcados por asterisco. A maioria dos dados, em análise de sobrevivência, é censurado à direita, assim não sabemos o tempo de sobrevida real, porque o acompanhamento foi interrompido quer seja porque o estudo terminou antes de o evento ocorrer ou por perda de acompanhamento (Figura 29.8).

A análise de sobrevivência consiste de procedimentos estatísticos nos quais a variável de interesse é o tempo necessário para um evento ocorrer, ao contrário de se comparar a porcentagem de indivíduos que desenvolveram o evento, ao fim de determinado tempo. Na definição de tempo de sobrevivência, está implícito que a sobrevida está sendo mensurada de um ponto de início bem definido até a data da ocorrência de um evento. Assim, o período do início do acompanhamento pode ser considerado, por exemplo, a data do resultado de uma biópsia ou de uma cirurgia, ou da randomização do estudo. Por evento, entende-se qualquer ocorrência clínica (morte, progressão da doença, remissão da doença após tratamento), ou evolução do tratamento (alta hospitalar; descontinuidade da medicação de estudo por qualquer causa, ou desenvolvimento de efeitos colaterais).

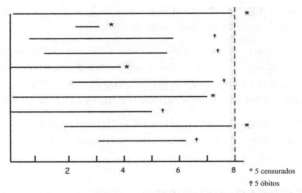

Figura 29.7 Exemplo de uma amostra de 10 indivíduos com observações progressivamente sujeitas à crítica.

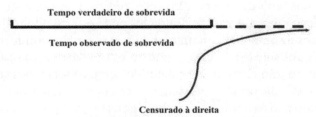

Figura 29.8 Estudo longitudinal com dados censurados à direita.

A análise de sobrevivência tem sua indicação para estudos do tipo coorte ou estudos clínicos, ou seja, o mesmo grupo de indivíduos é acompanhado durante um intervalo de tempo preestabelecido pelo pesquisador. A grande vantagem nesse tipo de análise é que se permite utilizar informações de todos os participantes até o momento da ocorrência do evento ou quando são censurados.

Neste capítulo abordaremos os dois métodos utilizados para determinar as curvas de sobrevivência (quadros atuariais e procedimento de Kaplan-Meier) e o modelo de risco proporcional de Cox.

29.3 CURVAS DE SOBREVIVÊNCIA

29.3.1 ANÁLISE ATUARIAL E MÉTODO DE KAPLAN-MEIER

Na análise atuarial, o tempo é dividido em intervalos iguais, previamente arranjados, e calcula-se a probabilidade de cada indivíduo que chegou ao início do intervalo; é necessário desenvolver o evento até o final desse intervalo. Já o método Kaplan-Meier consiste em dividir o tempo em intervalos, cujos limites correspondem ao tempo de seguimento em que os eventos ocorreram. Por utilizar a data do evento como referência de intervalo de tempo, o método de Kaplan-Meier é o mais utilizado.

Para uma melhor compreensão, será demonstrado um exemplo simplificado desse método. Para fins de análise, consideremos que os 10 indivíduos da Figura 29.7 tivessem entrado no estudo no mesmo momento, como apresentado na Figura 29.9, e a partir do tempo zero vamos construir passo a passo o quadro vital.

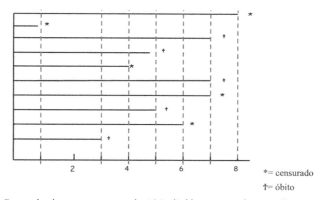

*= censurado
†= óbito

Figura 29.9 Exemplo de uma amostra de 10 indivíduos com observações sujeitas à crítica.

O primeiro passo é listar as observações da amostra em ordem crescente de observação: no dia 1 tem uma observação censurada, no dia 3 tem um óbito, no dia 4 tem novamente uma observação censurada, no intervalo até o dia 5 tem dois óbitos, e assim por diante. Pode-se expressar a seguinte anotação: 1*, 3, 4*, 5, 5, 6*, 7*, 7, 7, 8*. Por convenção, quando no mesmo espaço de tempo coexistem observações censuradas (*) e óbitos, anota-se primeiro a observação censurada (como no dia 7 do exemplo).

O quadro vital é composto basicamente das seguintes variáveis: tempo; número de indivíduos expostos ao risco (que corresponde ao número de indivíduos vivos ao início de cada intervalo, ajustado de acordo com as censuras e mortes que ocorreram no período anterior); número de mortes no período; proporção de indivíduos em investigação (que corresponde ao número de indivíduos expostos ao risco menos o número de mortes dividido pelo número de indivíduos expostos ao risco); a função de sobrevivência acumulativa (que é uma probabilidade condicional de viver no intervalo i desde que tenham sobrevivido a todos os intervalos anteriores, expressa pela multiplicação da proporção de indivíduos em investigação nesse intervalo pela função de sobrevivência do intervalo anterior). Note que a probabilidade de sobrevivência nos diferentes períodos é independente.

Na Tabela 29.1 há a demonstração do quadro ou tabela atuarial, em que devem ser anotados apenas os intervalos de tempo em que o evento aconteceu. Portanto, a linha inicial, por convenção, deve ser completada da seguinte forma: no tempo t = 0, o número de indivíduos era 10, o número de mortes era zero e a proporção de indivíduos em investigação (igual ao número de indivíduos menos o número de mortes dividido pelo número de indivíduos), ou seja, 10 - 0/10 = 1; função sobrevivência é também 1, e assim por diante nos períodos seguintes.

Tabela 29.1 Quadro atuarial da amostra de 10 indivíduos

Tempo	Nº de indivíduos (n)	Nº de mortes (r)	n-r/n	Função de sobrevivência
0	10	0	1	1
3	9	1	0,89	0,89
5	7	2	0,71	0,64
7	4	2	0,50	0,32

Assim, qual seria a probabilidade de um indivíduo dessa amostra viver cinco ou mais dias? A resposta seria 64%, ou seja, a cada 10 indivíduos pelo menos seis sobreviveriam.

A curva de Kaplan-Meier (Figura 29.10) expõe os dados de função de sobrevivência acumulativa calculados para cada intervalo. Observa-se que a curva é na forma de degraus, os quais correspondem à ocorrência de um novo evento. Os traços transversais no meio do intervalo representam o dado censurado naquele intervalo. Quanto maior o tamanho amostral, menor será o tamanho do degrau.

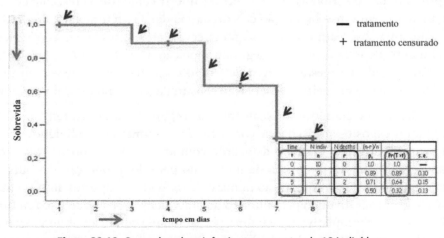

Figura 29.10 Curva de sobrevivência para amostra de 10 indivíduos.

29.3.2 COMPARANDO DUAS CURVAS DE SOBREVIVÊNCIA

Na maioria dos estudos clínicos, há necessidade de comparar a sobrevivência entre duas ou mais amostras. Vários métodos podem ser aplicados quando houver observações sujeitas à crítica, embora o teste mais utilizado seja a estatística do *lo-grank*.

O teste do *lo-grank* compara o número de eventos observados em cada grupo com o número de eventos que seriam esperados, com base no total de eventos dos dois grupos, ou seja, é usado um teste do qui-quadrado para avaliar a significância.

É interessante observar que pela estatística do *lo-grank* pode-se calcular também a razão de risco, ou seja, o risco de o evento ocorrer. Pressupõe-se que o risco ou a probabilidade de o evento ocorrer seja igual durante toda a duração do estudo, para que esta análise seja realizada. Quanto à interpretação desta estatística, pode-se afirmar que se a razão de risco for maior que 1, aumenta a probabilidade de o evento ocorrer, enquanto que se for menor que 1, diminui a probabilidade de ocorrência do evento (efeito protetor). Finalmente, se a razão de risco for igual a 1, não há influência sobre a ocorrência do evento.

29.3.3 REGRESSÃO DE RISCO PROPORCIONAL DE COX

Trata-se de um estudo longitudinal no qual os grupos não são iguais no seu início devido ao tamanho amostral pequeno ou à ausência de randomização (seria necessário ajustar o modelo para covariáveis). Por outro lado, se os pesquisadores desejam avaliar o efeito simultâneo de diversas variáveis, fatores de prognóstico, sobre a duração da sobrevivência, há também a necessidade de ajustar aos fatores de prognóstico já conhecidos para determinar o efeito independente do outro. Nestes casos citados a análise a ser realizada é multivariada, que no caso, devido à presença de observações sujeitas à crítica, seria a regressão de risco proporcional de Cox. Este modelo permite que as covariáveis (variáveis independentes), numéricas e nominais variem com o tempo.

O modelo de Cox fornece riscos relativos ajustados, por meio de cálculos matemáticos complicados, que fogem do escopo deste capítulo. O nosso foco será a aplicação e a interpretação do modelo de regressão.

Neste momento se faz necessária a introdução de um novo conceito, o de função de risco. A função de risco é uma condicional, pois se trata de um potencial instantâneo por unidade de tempo (i a $i + 1$) para o evento ocorrer, dado que o indivíduo tenha sobrevivido até o início do dado intervalo (ti). Portanto, o foco da função de risco é na ocorrência do evento, enquanto que o foco da função de sobrevivência é na não ocorrência do evento. Em algum senso, a função de risco pode ser considerada como o lado negativo da informação fornecida pela função de sobrevivência, de forma que à medida que a função de sobrevivência aumenta, a função de risco diminui.

A função de risco desempenha um papel importante no modelo de Cox. É importante ressaltar que a pressuposição para este modelo é que a razão de risco permanecerá constante ao longo do tempo, isto não quer dizer que ela seja a mesma ao longo do tempo.

O modelo de Cox pode ser expresso na seguinte fórmula:

$$\lambda(t \mid X_1, X_2, ..., X_k) = \lambda_0(t) e^{\beta_1 X_1 + \beta_2 X_2 + ... + \beta_k X_k}$$

Em outras palavras, multiplica-se o risco basal (λ_0) pelo logaritmo natural elevado à potência da combinação linear das variáveis independentes.

Para uma melhor compreensão, veremos um exemplo simplificado desse método, pela interpretação do resultado fornecido pelo programa estatístico SPSS. Nesse caso, a pergunta do estudo é: "Existe associação em ser do sexo feminino e morrer em uma amostra de 300 doentes com câncer de pulmão de células não pequenas (CPCNP)?"

Tabela 29.2 Modelo do risco proporcional de Cox para uma amostra de 300 doentes com câncer de pulmão de células não pequenas pelo SPSS

	B	SE	Wald	df	Sig	Exp(B)	IC 95,0% para Exp(B)	
							Inferior	Superior
Sexo	-0,484	0,237	-2,05	1	0,041	0,616	0,388	0,979
Idade	0,040	0,009	4,54	1	0,000	1,041	1,023	1,059

legenda: B = Beta; SE = Erro padrão; df = grau de liberdade; Sig = significância estatística; Exp(B) = Exponencial de beta; IC = intervalo de confiança.

A primeira coluna da Tabela 29.2 representa as variáveis incluídas no modelo. A segunda coluna (B) representa o coeficiente de regressão de cada variável. A terceira coluna dá o erro padrão do coeficiente de regressão. A quarta coluna dá o resultado da estatística Wald de cada variável, que testa a significância da variável. A seguir estão expressos o grau de liberdade e o valor de significância do coeficiente. A sétima coluna expressa o exponencial do coeficiente, que é a razão de risco (risco relativo) de cada variável ajustada para as outras variáveis do modelo. Finalmente, o intervalo de confiança de 95% dá a razão de risco.

Pode-se afirmar que em uma amostra de 300 pacientes com CPCNP, os de sexo feminino têm menor risco de morte que os do sexo masculino, após ajustar para a idade. A razão de risco estimada foi 0,61 indicando que pacientes do sexo feminino tiveram 39% menos risco de morrer que os do sexo masculino. Considerando a variabilidade da amostra, a diminuição do risco de morte para pacientes do sexo feminino variou de 61 a 2% (IC 95% = 0,39 – 0,98). Nessa amostra, após ajustar para o sexo, cada um ano de aumento na idade é associado a 4% de aumento no risco de morte. Em outras palavras, se compararmos dois grupos de pessoas que diferem em um ano sua idade, o grupo mais velho terá 4% mais risco de morte que o grupo mais jovem, após ajustar para o sexo.

REFERÊNCIAS BIBLIOGRÁFICAS

Dawson B, Trapp RG. Bioestatística básica e clínica. 3. ed. Columbus: McGraw Hill; 2003.

Kasza J, Wolfe R. Interpretation of commonly used statistical regression models. Respirology. 2014;(19):14-21.

Kutner MH. Applied linear statistical models. 5. ed. Columbus: McGraw-Hill; 2015.

Matthews DE, Farewell VT. Using and understanding medical statistics. 3. ed. Karger; 1996.

Capítulo 30
Tamanho do efeito

Karen Barros Parron Fernandes
João Paulo Manfré dos Santos
Marcos Tadeu Parron Fernandes
Mayra Campos Frâncica dos Santos
Rubens Alexandre da Silva Júnior
Regina Célia Poli-Frederico

A significância estatística é a parte menos importante dos resultados. Os autores devem descrever nos resultados medidas de magnitude do efeito, apresentando não só que o tratamento afeta as pessoas, mas como as afeta.
Gene V. Glass

30.1 CONCEITUAÇÃO E RELEVÂNCIA CLÍNICA

Normalmente, os pesquisadores da área da saúde objetivam testar hipóteses e analisar o significado estatístico destes resultados (Ellis, 2010). Em um estudo clínico, a significância estatística demonstra se o efeito da terapia é confiável o suficiente para não ser atribuída ao acaso. Entretanto, a análise dos resultados pode fornecer informações suplementares, muito além do nível de significância. Nakagawa e Cuthill (2007) afirmam que a abordagem centrada no teste de hipóteses vem sendo progressivamente marginalizada, uma vez que não fornece duas informações essenciais: estimativa da magnitude do efeito de interesse (ou do parâmetro estudado) e a precisão dessa estimativa (intervalo de confiança do tamanho do efeito).

Nesse contexto, Cohen (1990) destaca que o objetivo principal de uma investigação científica deveria ser a apresentação de uma ou mais medidas do tamanho do efeito (*effect size*), e não somente a significância estatística por meio dos valores de p.

Conceitualmente, o tamanho do efeito refere-se a um conjunto de medidas ou índices capazes de demonstrar a magnitude do efeito de um tratamento, comparação entre grupos ou associação entre variáveis em uma população (Ellis, 2010). A utilização rotineira do tamanho do efeito tem sido geralmente limitada às meta-análises. Contudo, tanto em estudos isolados como em meta-análises, as medidas de magnitude do efeito são ferramentas úteis (Lipsey, 2001), com mais de 70 diferentes fórmulas para seu cálculo (Kirk, 1996).

A utilização das medidas de magnitude, ou tamanho do efeito (*effect size*), amplia o conceito de significância estatística ao fornecer informações sobre as implicações clínicas desses resultados (Conboy, 2003), representando uma evolução frente à necessidade do uso de métodos alternativos na bioestatística inferencial (Kendall, 1999). Por outro lado, é fundamental a compreensão dos leitores desses conceitos, para que possam julgar se os resultados apresentados pelo estudo são relevantes o suficiente para justificar a utilização deste tratamento na prática clínica.

Atualmente, a apresentação de uma medida de tamanho do efeito representa uma abordagem que vem sendo progressivamente estimulada por periódicos científicos (Huberty, 2002), por apresentar três vantagens principais.

Primeiramente, essas medidas permitem que os autores apresentem a magnitude dos efeitos relatados em uma métrica padronizada, que pode ser compreendida de forma independente da escala de medida utilizada para quantificação da variável dependente. Em segundo lugar, o tamanho do efeito permite que os pesquisadores possam delinear conclusões meta-analíticas pela comparação do tamanho do efeito de diferentes estudos. Finalmente, o tamanho do efeito observado em estudos prévios pode ser usado para planejar um novo estudo. Uma análise *a priori* do poder do teste fornecerá indicações sobre o tamanho da amostra necessário para se observar um efeito desejável na população (Lakens, 2013).

Os pesquisadores podem focar na capacidade de generalização desta estimativa do tamanho do efeito, uma vez que essa métrica padronizada permite a comparação de diferentes estudos, independentemente do seu desenho (Maxwell e Delaney, 2004), além de poderem enfatizar a significância estatística usando o tamanho do efeito (e seus respectivos intervalos de confiança) para refletir as conclusões e implicações clínicas do estudo (Lakens, 2013).

Entretanto, tópicos específicos sobre cálculo do tamanho do efeito são raramente apresentados em livros sobre metodologia de pesquisa e bioestatística. Muitos pesquisadores não estão habituados a utilizar estes índices e a falha no relato do tamanho do efeito foi apontada como um dos erros mais comuns observados pelos editores nos manuscritos submetidos (Conboy, 2003).

30.2 PRINCIPAIS ÍNDICES RELACIONADOS AO TAMANHO DO EFEITO

O tamanho do efeito pode tanto apresentar diferentes nomes quanto ser calculado de várias formas, dependendo do tipo do estudo. Diferentes *softwares* estatísticos podem ser utilizados, entre eles G Power, SPSS, S-Plus, SAS, Stata, Statistica e programa

R. Além disso, há também *sites* disponíveis para estes cálculos, tais como ES Calculator, Effect Size e ESCI (Nakagawa; Cuthill, 2007).

Segundo Huberty (2002), embora seja usualmente caracterizado como o resultado de tratamentos na comparação entre grupos (diferença entre os resultados do grupo tratado *versus* o grupo controle), o tamanho do efeito pode também ser descrito como o grau de associação entre variáveis (Ellis, 2010).

Normalmente, o tamanho do efeito pode ser classificado nas seguintes categorias: diferenças entre os grupos (d), correlação/regressão (r) e tamanho do efeito de variáveis dicotômicas (OR). O cálculo e a apresentação de um destes índices no estudo facilitarão sua inclusão futura em uma meta-análise (Hunter; Schmidt, 2004).

30.2.1 DIFERENÇAS PADRONIZADAS – TAMANHO DO EFEITO TIPO *d*

A estimativa do tamanho de efeito mais básica em comparações de amostras independentes é a diferença entre as médias. No entanto, comparar as médias sem considerar a variabilidade dos dados pode mascarar características importantes (Lindenau; Guimarães, 2012). Nesse contexto, a análise da magnitude do efeito nesse tipo de pesquisa ocorre por meio da diferença padronizada entre os dois valores médios observados na variável dependente em termos de unidades de desvio padrão (Sullivan; Feinn, 2012).

Desta forma, a magnitude do tamanho do efeito pode ser estimada por (Sullivan; Feinn, 2012):

$$d = \frac{ME - MC}{\sigma}$$

Nesta fórmula, *d* representa a magnitude do tamanho do efeito. Destaca-se que *ME* e *MC* representam os valores médios observados nos grupos experimentais e controle, respectivamente, e σ representa o desvio padrão observado.

Há essencialmente três fórmulas diferentes (Cohen, Glass e Hedges) para o cálculo do tamanho do efeito a partir de diferenças entre grupos. Estas fórmulas apresentam particularidades, considerando as discussões sobre qual seria a melhor medida de dispersão a ser utilizada, uma vez que poderia ser considerado o desvio padrão do grupo controle, o desvio padrão do grupo experimental ou ainda uma combinação de ambos.

Cohen (1988) foi o primeiro a sugerir uma medida de tamanho de efeito denominada *d* de Cohen, na qual uma das médias das distribuições é subtraída da outra e o resultado é dividido pelo desvio padrão comum às duas populações, o qual pode ser estimado pelos desvios padrões amostrais.

Desta forma, a magnitude do tamanho do efeito pode ser estimada pela seguinte fórmula (Sullivan; Feinn, 2012):

$$d = \frac{ME - MC}{\sigma}$$

Cohen (1988) sugere que, como medida de variabilidade, seja utilizado o desvio padrão estimado comum às duas populações, considerando o desvio padrão dos dois grupos (DP_1 e DP_2) e sua amostra (n_1 e n_2):

$$\sigma = \frac{\sqrt{(n_1 - 1)DP_1^2 - (n_2 - 1)P_2^2}}{n_1 + n_2 - 2}$$

Assumindo que o desvio padrão da população é desconhecido, Glass propôs uma alternativa para o cálculo do tamanho do efeito (Δ), a qual considera o desvio padrão do grupo controle (σ *Cont.*) (Ferguson, 2009):

$$\Delta = \frac{ME - MC}{\sigma_{cont.}}$$

Posteriormente, Glass e Hopkins (1996) sugerem uma correção na sua fórmula inicial, propondo a utilização de uma estimativa para o cálculo do desvio padrão do grupo controle, uma vez que a intervenção poderia alterar não só a média, mas também o desvio padrão do grupo experimental. Desta forma, o desvio padrão do grupo controle poderia ser estimado por (Conboy, 2003):

$$e\sigma c = \left[\frac{\sum (xi - Mc)^2}{N - 1} \right]^{\frac{1}{2}}$$

O *eσc* representa a estimativa não enviesada do desvio padrão da população da qual foi retirada a amostra do grupo controle; o valor observado do indivíduo *i* no grupo controle; *Mc* o valor médio observado no grupo controle; e *N* representa o número de indivíduos no grupo controle (Glass; Hopkins, 1996).

Hedges (1981) propôs outra maneira de calcular o tamanho do efeito (g), por meio da estimativa do desvio padrão dos dois grupos:

$$g = \frac{ME - MC}{Sw}$$

Para esse cálculo, deve ser determinada a diferença entre as médias (*ME*: média do grupo experimental e *MC*: média do grupo controle), e o desvio padrão dos dois grupos (*Sw*) pode ser estimado com base nas variâncias das amostras dos grupos experimental (*SE*) e controle (*SC*) pela fórmula (Conboy, 2003):

$$Sw = \left[\left(\frac{SE^2 + SC^2}{2}\right)\right]^{\frac{1}{2}}$$

Embora nessa fórmula seja observado o pressuposto de homogeneidade das variâncias, a qual pode não ser confirmada (Norman; Streiner, 2008), há autores que sugerem o cálculo do tamanho do efeito pela fórmula de Hedges (G) como o mais apropriado para amostras pequenas (Lakens, 2013).

Em estudos com delineamento pré-teste/pós-teste, a magnitude do efeito (*d*) pode ser estimada a partir da diferença entre a média pós-teste (*Mpós*) e a média pré-teste (*Mpré*) em relação ao desvio padrão (*DP* ou σ) (Conboy, 2003):

$$d = \frac{Mpós - Mpré}{DP}$$

Todavia, aqui permanece a polêmica sobre qual seria o desvio padrão mais adequado a ser utilizado. Considerando que a intervenção poderia afetar também o desvio padrão da condição pós-teste, Glass sugere sua utilização da condição pré-teste como medida de variabilidade, neste caso (Conboy, 2003).

A análise da magnitude do tamanho do efeito serve para mostrar se há benefício observado em decorrência da intervenção estudada. O tamanho do efeito *d* de Cohen é o mais utilizado, o qual pode ser classificado como efeito pequeno (d = 0,2), médio (d = 0,5), grande (d ≥ 0,8) e muito grande (≥ 1,3) (Ferguson, 2009).

Segundo Cohen (1990), um efeito médio já é passível de ser clinicamente notado, embora essas designações baseadas nos cálculos não levem em consideração a acurácia da avaliação e a variabilidade na população de estudo (Sullivan; Feinn, 2012). Entretanto, existem críticas em relação a este quadro de referência e o próprio autor faz ressalvas quanto ao uso arbitrário destes termos (Cohen, 1988). De acordo com Glass e Hopkins (1996), se os custos de uma determinada intervenção forem muitos baixos, mas os benefícios forem importantes, um efeito observado *d* = 0,2 pode ter grande significância clínica. Por outro lado, a demonstração de um efeito *d* = 0,6 pode não ter significância prática se os custos forem muito elevados (Glass; Hopkins, 1996).

Vale ressaltar que não existe magnitude do efeito que traduza automaticamente a significância clínica do estudo, a qual deve ser avaliada individualmente, por meio de uma análise custo-benefício, ou ainda baseada em efeitos previamente observados nesta área temática (Cohen, 1990). Os principais índices relativos ao tamanho do efeito em estudos de comparações entre grupos, sua utilização e valores de referência são apresentados na Tabela 30.1.

Tabela 30.1 Principais índices para cálculo do tamanho do efeito em delineamentos de comparações entre grupos, sua utilização e valores de referências

Índice	Utilização	Valores de referência – Tamanho do efeito*
d de Cohen	2 grupos dependentes ou independentes	Pequeno – 0,2 Médio – 0,5 Grande – 0,8 Muito grande – 1,3
g de Hedge	2 grupos independentes ou dependentes com amostras pequenas	Pequeno – 0,2 Médio – 0,5 Grande – 0,8
Δ de Glass	2 grupos independentes com variâncias desiguais ou quando a intervenção pode afetar o desvio padrão	Pequeno – 0,2 Médio – 0,5 Grande – 0,8

* Adaptado de Norman; Streiner, 2008; Sullivan; Feinn, 2012; Maher et al., 2013.

30.2.2 MEDIDAS DE VARIÂNCIA CONTABILIZADA – MAGNITUDE DE EFEITO TIPO r

A magnitude da associação entre variáveis para estudos de correlação pode ser expressa por diferentes índices: r^2/R^2, η^2 e ômega² (ω^2) (Ferguson, 2009).

O índice mais frequentemente usado como medida de associação é o coeficiente r, que indica o grau de associação linear entre duas variáveis, enquanto R^2 (coeficiente de determinação) nos diz qual seria a proporção da variância explicada por uma relação linear entre uma variável dependente e um conjunto de variáveis independentes (Richardson, 2011). Nesse contexto, como valores de referência, pode-se adotar que um $r \geq 0,2$ indica um efeito pequeno, $r \geq 0,5$ indica um efeito moderado e $r \geq 0,8$ indica um grande efeito. Além disso, $R^2 \geq 0,04$ indica um efeito pequeno, $R^2 \geq 0,25$ indica um efeito moderado e $R^2 \geq 0,64$ indica um grande efeito (Sullivan; Feinn, 2012; Ferguson, 2009).

Embora o valor de r seja representado em uma escala de –1 a +1, é possível estabelecer uma equivalência ao valor de d de Cohen, segundo a fórmula (Cohen, 1990):

$$d = \frac{2r}{\sqrt{1-r^2}}$$

Na Análise de Variância (ANOVA), a medida frequentemente relatada é o *eta* quadrado (η^2), uma vez que esta taxa de correlação indica associações lineares e não lineares entre as variáveis preditoras e a variável dependente (Richardson, 2011). O valor de η^2 pode ser obtido por meio da relação entre a soma quadrada dos efeitos das variáveis independentes (SS$_{efeito}$) e a soma total dos quadrados (SS$_{total}$) pela seguinte fórmula (Lakens, 2013):

$$\eta^2 = \frac{SS_{efeito}}{SS_{total}}$$

O *eta* quadrado não se apresenta como uma estratégia confiável para comparação do tamanho do efeito em diferentes estudos, visto que a variabilidade do estudo pode ser influenciada pelo seu delineamento (Lakens, 2013). Desta forma, vários autores sugerem que os pesquisadores deveriam apresentar somente o *eta* quadrado parcial (ηp²), o qual permitiria a comparação entre diferentes estudos (Lakens, 2013; Huberty, 2002).

O *eta* quadrado parcial pode ser calculado a partir da soma quadrada dos efeitos das variáveis independentes (SS$_{efeito}$) em relação ao erro associado a este efeito (SS$_{erro}$) (Lakens, 2013):

$$\eta^2 = \frac{SS_{efeito}}{SS_{efeito} + SS_{erro}}$$

Segundo Lakens (2013), um η² de 0,01 representa um efeito pequeno, η² de 0,06 representa um efeito moderado e η² de 0,14 representa um efeito grande.

Vários índices estatísticos foram desenvolvidos para estimar o tamanho do efeito de determinada população e não da amostra do estudo. Em delineamentos de análise de variância, a medida do tamanho do efeito mais apropriada é o ômega quadrado (Levine; Hullet, 2002) (ω²), que pode ser calculado a partir da variância do fator (SS$_{fator}$) e pelo erro da variância populacional (Fritz et al., 2012):

$$\omega^2 = \frac{SS_{fator}}{SS_{fator} + SS_{erro}}$$

Em modelos de análise de variância com medidas repetidas, o *f* de Cohen é uma medida adequada de tamanho do efeito, o qual representa a razão entre o desvio padrão da média da amostra em relação ao desvio padrão populacional estimado (Maher et al., 2013). Para o cálculo do desvio padrão da média, devem ser considerados os seguintes parâmetros: a média de um dos grupos de intervenção (m_i) em relação à média dos grupos (*m*) e *k* (número dos grupos) (Maher et al., 2013):

$$f = \frac{\sigma_m}{\sigma}$$

$$\sigma_m = \sqrt{\frac{\sum(m_i - m)^2}{k}}$$

Os principais índices para cálculo do tamanho do efeito em delineamentos de associação entre variáveis estão apresentados na Tabela 30.2.

Tabela 30.2 Principais índices para cálculo do tamanho do efeito em delineamentos de associação entre variáveis, sua utilização e valores de referências

Índice	Utilização	Valores de referência – Tamanho do efeito*
r	Associação linear entre duas variáveis quantitativas.	Pequeno: 0,2 Médio: 0,5 Grande: 0,8
R^2	Análise de regressão (estimativa da proporção de variância da variável dependente, que pode ser explicada pela variável preditora).	Pequeno: 0,04 Médio: 0,25 Grande: 0,64
η^2	ANOVA, ANCOVA	Pequeno: 0,01 Médio: 0,06 Grande: 0,14
ω^2	ANOVA, ANCOVA	Pequeno: 0,06 Médio: 0,15 Grande: > 0,15
f	ANOVA de medidas repetidas.	Pequeno: 0,10 Médio: 0,25 Grande: 0,40

* Adaptado de Norman; Streiner, 2008; Sullivan; Feinn, 2012; Maher et al., 2013.

30.2.3 MAGNITUDE DO EFEITO PARA DADOS CATEGÓRICOS

Em muitos estudos na área de saúde, as variáveis dependentes são representadas de forma qualitativa (categórica). Dados categóricos são geralmente comparados por meio do teste do *qui*-quadrado (χ^2). Entretanto, este teste não representa a magnitude do efeito da associação entre estas variáveis, cujo resultado pode ser complementado por medidas de tamanho do efeito, como o coeficiente Phi (ϕ) e o coeficiente V de Cramér (Cramér, 1946).

O coeficiente *Phi* (ϕ) representa o grau de associação entre duas variáveis dicotômicas, cujo resultado varia de -1 a +1, podendo ser calculado a partir de uma relação com o resultado do teste do *qui*-quadrado (χ^2) e o tamanho da amostra (N) (Norman; Streiner, 2008; Cramér, 1946):

$$\phi = \sqrt{\frac{\chi^2}{N}}$$

Posteriormente, Cramér (1946) ampliou o conceito da correlação de *Phi* ao realizar uma correção na fórmula, permitindo sua utilização como magnitude de efeito para resultados apresentados em tabelas de contingência de dados qualitativos não dicotômicos (por exemplo, em tabelas 2×3) (Conboy, 2003; Cramér, 1946). Esse índice, chamado de V de Cramér (ϕ_c), pode assumir valores na faixa de 0 a +1 e é calculado de forma similar ao coeficiente *Phi*, a exceção pela inclusão do menor número de linhas ou colunas presentes na tabela de contingência (*k*) (Cramér, 1946):

$$V = \sqrt{\frac{\chi^2}{N(k-1)}}$$

Por outro lado, em muitas pesquisas científicas envolvendo dados qualitativos ou categóricos, índices de estimativa de risco são particularmente úteis, visto que estimam a diferença no risco para a ocorrência de um desfecho. Nesse contexto, destacam-se medidas como risco relativo (RR), razão de chances (*odds ratio*: OR) e número necessário para tratar (NNT).

O Risco Relativo, também chamado de Razão de Risco, é um índice particularmente usado em estudos prospectivos[15]. Pode ser compreendido como a razão da incidência do desfecho entre o grupo tratado (ou exposto ao fator de risco) em relação ao grupo controle (ou não exposto ao fator de risco) (Debasi et al., 2013). Um risco relativo igual a 1 indica que a incidência do desfecho é igual nos dois grupos. Quando o risco relativo for maior que 1, a exposição ao fator de risco aumenta a chance da ocorrência do desfecho, e quando o risco relativo for menor que 1, a exposição ao fator de risco reduz a ocorrência do desfecho, manifestando-se como um fator protetor (Debasi et al., 2013).

Segundo Sullivan e Feinn (2012), um RR 2 apresenta um tamanho de efeito pequeno, enquanto um RR 3 apresenta-se como um efeito moderado e valores superiores a 4 representam um grande tamanho de efeito.

Como um índice complementar ao RR, em estudos de intervenção como ensaios clínicos controlados aleatorizados, pode-se também calcular o NNT, que representa o número de indivíduos que precisariam receber o tratamento para que se evite um evento (Debasi et al., 2013). Segundo Kraemer e Kupfer (2006), um NNT 8,9 representaria um pequeno tamanho de efeito, enquanto um NNT 3,6 representaria um efeito moderado e um NNT 2,3 representaria um grande tamanho de efeito.

A Razão de Chances, também chamada OR, representa um índice similar ao RR, particularmente usado em estudos retrospectivos (coorte retrospectivo e caso-controle). Este índice representa a chance dos pacientes do grupo controle (ou grupo não exposto ao fator de risco) desenvolverem a doença em comparação aos indivíduos do grupo experimental (ou exposto ao fator de risco) (Ferguson, 2009). Segundo Sullivan e Feinn (2012), um OR 1,5 apresenta um tamanho de efeito pequeno, enquanto um OR 2 apresenta-se como um efeito moderado e valores superiores a 3 representam um grande tamanho de efeito.

Os principais índices para cálculo do tamanho do efeito em delineamentos com dados categóricos estão apresentados na Tabela 30.3.

Tabela 30.3 Principais índices para cálculo do tamanho do efeito em delineamentos com dados categóricos, sua utilização e valores de referência

Índice	Utilização	Valores de referência – Tamanho do efeito
Coeficiente φ	Associação entre variáveis qualitativas dicotômicas (tabelas 2 × 2).	Pequeno: 0,1 Médio: 0,3 Grande: 0,5
V de Cramér	Associação entre variáveis qualitativas.	Pequeno: 0,1 Médio: 0,3 Grande: 0,5
RR	Medida de associação entre variáveis em estudos prospectivos.	Pequeno: 2 Médio: 3 Grande: 4
Razão de Chances (OR)	Medida de associação entre variáveis em estudos retrospectivos.	Pequeno: 1,5 Médio: 2,0 Grande: 3
NNT	Medida de relação custo-benefício de um tratamento.	Pequeno: 8,9 Médio: 3,6 Grande: 2,3

* Adaptado de Norman; Streiner, 2008; Sullivan; Feinn, 2012; Maher et al., 2013; Kraemer; Kupfer, 2006.

30.3 TAMANHO DO EFEITO EM ESTUDOS DE META-ANÁLISE

As revisões sistemáticas representam um tipo de artigo planejado para sintetizar o conjunto de informações de diversos estudos relacionados a uma questão clínica específica. A metodologia de uma revisão sistemática inclui a identificação, avaliação e a seleção crítica dos estudos, além da combinação de seus resultados por meio de meta-análise (Martinez, 2007).

Vale ressaltar que revisões sistemáticas com meta-análise não deveriam ser realizadas quando se objetiva analisar muitos desfechos ou intervenções diferentes, ou quando os estudos apresentam alto risco de viés, os quais poderiam gerar síntese inapropriada dos resultados (Atallah; Castro, 1998).

Essencialmente, a meta-análise de uma revisão sistemática fornece não só uma síntese de uma questão que tem o poder de embasar e fundamentar decisões clínicas, mas também a magnitude do tamanho do efeito desta conduta ou intervenção específica. A medida do tamanho do efeito em uma meta-análise é comumente apresentada por meio do OR (Martinez, 2007).

A partir deste conceito, vários métodos são utilizados para o cálculo do tamanho do efeito em uma meta-análise. Deve-se considerar o tipo de variável estudada e o grau de heterogeneidade entre os diferentes estudos selecionados para a análise estatística. Quando se assume um modelo denominado fixo, admite-se que o efeito observado nos estudos agrupados é único, ou seja, os estudos são homogêneos. Por outro lado, o modelo de efeitos aleatórios admite heterogeneidade entre os estudos, resultante da presença de mais de um efeito clínico observado (Baena, 2014).

O perfil das variáveis de desfecho indica o método mais apropriado para cálculo do tamanho do efeito na meta-análise. Para as variáveis contínuas, o tamanho do efeito pode ser calculado pela diferença média ponderada, quando os estudos apresentam resultados na mesma escala ou pela diferença média padronizada, quando os estudos apresentam os resultados em escalas diferentes (Baena, 2014).

No caso das variáveis dicotômicas, o tamanho do efeito é comumente apresentado por meio do OR meta-analítico. O OR meta-analítico de Mantel-Haenszel representa a média do OR de cada estudo ponderado pelo peso deste estudo dentro da meta-análise. O peso está relacionado à amostra do estudo (n) e ao número de eventos observados. Contudo, quando o evento em questão não ocorre no grupo controle em um dos estudos incluídos, o OR meta-analítico de Mantel-Haenszel não pode ser calculado. Nestes casos, deve ser utilizado o OR meta-analítico de Peto (Martinez, 2007).

A meta-análise das revisões sistemáticas demonstra não só o tamanho do efeito combinado, mas também outras medidas, como o peso de cada estudo e as medidas de heterogeneidade. A heterogeneidade dos estudos pode ocorrer em decorrência de diversidade clínica (caracterizada por variações na intervenção ou nas características dos participantes) ou metodológica (observada pela presença ou ausência de cegamento e ocultação de alocação nos diferentes estudos), a qual pode ser calculada por meio do teste Q de Cochran e da estatística I quadrado (I^2) (Martinez, 2007).

30.4 CONCLUSÃO

A medida do tamanho do efeito é um parâmetro que deve ser apresentado independentemente do tipo de delineamento do estudo, objetivando demonstrar a dimensão de um resultado observado. Embora muitos pesquisadores ainda considerem que o cálculo do tamanho do efeito seria o último estágio de análise dos dados, este cálculo é tão essencial quanto os estágios preliminares, uma vez que representa as implicações clínicas do estudo, constituindo uma ferramenta auxiliar na tomada de decisões clínicas.

REFERÊNCIAS BIBLIOGRÁFICAS

Atallah NA, Castro AA. Revisão sistemática da literatura e metanálise. Medicina baseada em evidências: fundamentos da pesquisa clínica. São Paulo: Lemos-Editorial; 1998. p. 42-8.

Baena CP. Revisão sistemática e metanálise: padrão ouro de evidência? Rev Med UFPR 2014;1(2):70-3.

Cohen J. Statistical power analysis for the behavioral sciences. Hillsdale: Erlbaum; 1988.

Cohen J. Things I have learned so far. Am Psychol. 1990;1304-12.

Conboy JE. Algumas medidas típicas univariadas da magnitude do efeito. Análise Psicol. 2003;21(2):145-158.

Cramér H. Mathematical methods of statistics. Princeton: Princenton University Press; 1946.

Debasi M, Duarte DW, Stefani SD, Duncan BB. Bioestatística e Epidemiologia Clínica. In: Stefani SD, Barros, D. (org.). Clínica Médica: consulta rápida. 4. ed. Porto Alegre: Artmed; 2013.

Ellis PD. The essential guide to effect sizes: statistical power, meta-analysis and the interpretation of research results. Cambridge: Cambridge University Press; 2010.

Ferguson CJ. An effect size primer: a guide for clinicians and researchers. Professional Psychology: Res Practice. 2009;40(5):532-8.

Fritz CO, Morris PE, Richler JJ. Effect size estimates: current use, calculations and interpretation. J Experimental Psychol. 2012;141(1):2-18.

Glass G, Hopkins K. Statistical methods in education and psychology. 3. ed. Needham Heights: Allyn & Bacon; 1996.

Hedges L. Distributional theory for Glass' estimator of effect size and related estimators. J Educ Stat. 1981;6:107-28.

Huberty C. A history of effect size indices. Educ Psychol Measurement. 2002;62(2):227-240.

Hunter JE, Schmidt FL. Methods of Meta-Analysis: correcting error and bias in research finding. 2. ed. Thousand Oaks: Sage; 2004.

Kendall P. Clinical significance [Special section]. J Consulting Clinical Psychol. 1999;67:283-339.

Kirk RE. Practical significance: a concept whose time has come. Educ Psychol Measurement. 1996;56:746-59.

Kraemer HC, Kupfer DJ. Size of treatment effects and their importance to clinical research and practice. Biol Psychiatry. 2006;59:990-6.

Lakens D. Calculating and reporting effect sizes to facilitate cumulative science: a practical primer for t-tests and ANOVAs. Frontiers Psychol. 2013;4:1-12.

Levine T, Hullet C. Eta squared, partial eta squared and misreporting of effect size in communication research. Human Communication Res. 2002;28:612-25.

Lindenau JD, Guimarães LS. Calculando o tamanho do efeito no SPSS. Rev HCPA. 2012;32(3):363-81.

Lipsey M, Wilson D. Practical meta-analysis. Applied Social Res Methods Series. Thousands Oaks: Sage; 2001.

Maher JM, Markey JC, Ebert-May D. The other half of the story: effect size analysis quantitative research. CBE Life Science Educ. 2013;12:345-51.

Martinez EZ. Metanálise de ensaios clínicos controlados aleatorizados: aspectos quantitativos. Medicina. 2007;40(2):223-35.

Maxwell SE, Delaney HD. Designing experiments and analyzing data: a model comparison perspective. 2. ed. Malwah: Erlbaum; 2004.

Nakagawa S, Cuthill IC. Effect size, confidence interval and statistical significance: a practical guide for biologists. Biological Rev. 2007;82:591-605.

Norman GR, Streiner DL. Biostatistics: the bare essentials. 3. ed. Shelton: PMPH/USA; 2008.

Richardson JT. Eta squared and partial eta squared as measures of effect size in education research. Educ Res Rev. 2011;6:135-47.

Sullivan GM, Feinn R. Using effect size: or why the p value is not enough. J Grad Medical Educ. 2012;279-82.

Capítulo 31
Análise discriminante e de agrupamento

Clarice Gameiro da Fonseca Pachi
Isabel de Camargo Neves Sacco

31.1 PREMISSAS PARA UMA ANÁLISE MULTIVARIADA

A discussão sobre a diferença entre dados e informação não é recente, mas foi a partir do uso do *Big Data* que se tornou possível entender com clareza que, a partir de um conjunto de dados aglomerados e organizados, é possível obter informações que permitam gerar conhecimento.

Assim, o uso de ferramentas para extrair informações a partir de um grande volume de dados acumulados ganhou fundamental importância em todos os campos da sociedade atual e, embora avanços tecnológicos tenham ocorrido, há ainda muitos desafios para se conhecer mais sobre os vários aspectos dessas rotinas do trabalho de extração de informações relevantes.

As expectativas em relação aos profissionais e pesquisadores da área de saúde também têm aumentado significativamente, pois se espera, cada vez mais, que sejam capazes de revolucionar os processos de decisão, gerenciamento e desempenho das práticas em saúde.

Nesse contexto, as técnicas estatísticas multivariadas[1] ganharam destaque nos últimos anos e sua utilização em busca de conhecimento já faz parte da rotina de muitos desses profissionais e pesquisadores da área da saúde.

---

[1] Na Estatística multivariada, por definição, todas as variáveis devem ser aleatórias e inter-relacionadas de maneira que seus diferentes efeitos não possam ser interpretados de forma significativa separadamente. Em geral, as técnicas multivariadas podem ser aplicadas considerando dois aspectos distintos:

Contudo, uma das primeiras tarefas que um pesquisador interessado em utilizar alguma dessas técnicas deverá realizar é avaliar se é possível classificar as variáveis envolvidas no estudo como variáveis dependentes ou variáveis independentes. Além disso, é preciso decidir quantas variáveis dependentes serão tratadas em uma única análise e, principalmente, verificar como são as medidas dessas variáveis.

Essa classificação inicial das variáveis definirá a utilização de *técnicas de dependência* ou *independência*.

Nas *técnicas de dependência*, uma variável ou o conjunto delas é capaz de ser explicada ou predita por outras variáveis, chamadas independentes. A Análise de Discriminante é uma dessas técnicas e seu objetivo principal é separar subgrupos dentro de um conjunto de dados observados. Em termos matemáticos, dizemos que essa técnica busca determinar funções das m variáveis observadas que discriminem os n indivíduos observados pertencentes a subgrupos ou classes. Empregada em casos onde a variável dependente é categórica, essa análise pode ser utilizada tanto para situações onde ocorra uma única variável dependente (Análise de Discriminante Linear de Fischer), como em casos de diversas variáveis dependentes e independentes (Análise Discriminante Múltipla).

As *técnicas de independência*, por sua vez, são aquelas que não apresentam qualquer variável ou grupo de variáveis classificadas como dependentes ou independentes. Nesse caso, os procedimentos utilizados consideram a análise simultânea de todas as variáveis ou indivíduos do conjunto. Nesse grupo de técnicas, há a Análise de Agrupamentos que se mostra útil para fins exploratórios e de classificação de objetos/sujeitos, além de permitir a simplificação[2] de dados e a identificação de relações entre as observações.

Neste capítulo iremos discutir a utilização da Análise de Discriminante e de Agrupamentos como técnicas úteis na tentativa de buscar soluções a situações-problema na área da saúde.

31.2 PROBLEMA DA ÁREA DA SAÚDE A SER ANALISADO

Exemplificaremos a aplicação das técnicas da Análise Discriminante e de Agrupamentos a dados obtidos em um estudo realizado no Laboratório de Biomecânica do Movimento e Postura Humana do Departamento de Fisioterapia, Fonoaudiologia e Terapia Ocupacional da Faculdade de Medicina da Universidade de São Paulo.

Nesse estudo, a atividade eletromiográfica de superfície – sEMG (bipolar) dos músculos tibial anterior (TA), vasto lateral (VL) e gastrocnêmio medial (GM) foram adquiridas durante o ciclo da marcha em indivíduos diabéticos diagnosticados com a neuropatia periférica e em indivíduos-controle não diabéticos. O objetivo desse estudo foi investigar o efeito da neuropatia diabética na geração e manifestação da ação muscular de membros

---

com o objetivo de medir, explicar e prever o grau de relacionamento entre múltiplas variáveis estatísticas ou, ainda, de combinações múltiplas de variáveis (verdadeiramente multivariadas).

2 Redução no número de dados para que se considerem apenas aqueles mais relevantes à análise da situação-problema.

inferiores durante uma atividade muito comum da vida diária, que garante a independência do paciente: o andar. Análises de variáveis eletromiográficas discretas extraídas de envoltórios lineares não respondiam mais aos interesses deste grupo de pesquisadores, já que nos últimos 10 anos a literatura não avançou ao responder a esta questão. Para isso, foi utilizada uma análise de Wavelets aos sinais da sEMG para explorar a Energia e a Frequência dos músculos estudados em determinados momento do ciclo do andar.

Por meio da análise de *Wavelets*, foi possível construir um conjunto de dados com 174 sinais dos músculos investigados, divididos entre os dois grupos de sujeitos. Foram consideradas as variáveis: Frequência (Hz) e Energia (ENERG) de cada músculo, as fases do ciclo da marcha, além do *status* "diabético" ou "controle" para cada indivíduo.

Nosso objetivo será testar quais são as variáveis independentes importantes para classificar os indivíduos como Diabéticos ou Controle. Assim, ao analisar o valor assumido por essa variável importante, seremos capazes de afirmar à qual grupo o sujeito pertence.

31.3 ANÁLISE DE DISCRIMINANTE
31.3.1 DEFINIÇÃO E CONCEITOS BÁSICOS

Como já mencionado anteriormente, essa técnica multivariada é adequada para estudos onde temos uma variável dependente categórica (qualitativa) e variáveis independentes do tipo quantitativas (métricas). A hipótese que ela permite testar é se os perfis de escore médio de um conjunto de variáveis independentes de dois ou mais grupos definidos *a priori* são estatisticamente diferentes.

No nosso problema estudado neste capítulo, a variável dependente está classificada em Grupo Diabético (D) e Grupo Controle (C) e as variáveis independentes escolhidas são os valores de Energia do sinal eletromiográfico (ENERG) e Frequência (Hz) de cada um dos três músculos estudados, entre os dois grupos de sujeitos.

Como o objetivo é testar as variáveis independentes importantes para classificar os sujeitos em Diabéticos ou Controles, nossa *Hipótese nula* que se espera *negar* é que a variável em questão *não* é importante para definir a situação do sujeito.

A Análise de Discriminante determinará a combinação linear de todas as variáveis independentes do estudo que melhor diferenciem os grupos estabelecidos *a priori*, no caso, Diabéticos e Controles.

Essa discriminação é feita ao se definirem os pesos de cada variável obtidos pela combinação linear delas buscando maximizar a variância entre os grupos, bem como minimizá-la dentro dos grupos. Em outras palavras, entre as possíveis combinações lineares das variáveis observadas, buscamos escolher aquela em que os indivíduos de cada grupo se tornam mais homogêneos entre si, e ao mesmo tempo os diversos grupos tornam-se mais heterogêneos entre si.

Essa combinação linear também recebe o nome de *função discriminante* e é representada pela equação:

$$Z_{jk} = a + B_i X_{jk} + B_2 X_{2k} + \cdots + B_n X_{nk}$$

Onde:

Z_{jk} = escore discriminante da função discriminante j para o objeto k;

a = intercepto;

B_i = peso discriminante para a variável independente i;

X_{jk} = variável independente i para o objeto k.

Podemos observar que essa *função discriminante* encontrada é conceitualmente semelhante a uma equação de regressão múltipla porque, afinal, ambas desejam fazer predições para as variáveis dependentes em função das variáveis independentes.

Contudo, a grande diferença entre essas duas técnicas está no fato de que na *função discriminante* é possível determinar quais as características que distinguem os indivíduos de cada grupo ou subgrupo e podemos utilizá-las para estimar a qual grupo cada indivíduo pertence.

A partir da *função discriminante*, esta análise de discriminante multiplica cada variável independente por seu respectivo peso e soma desses produtos. O resultado desse processo é um escore Z discriminante composto para cada indivíduo da análise.

Assim, calculando a média dos escores discriminantes para todos os indivíduos de um grupo, conseguimos uma média do grupo chamada de centroide.

O número de centroides depende da quantidade de grupos de cada análise em questão. No caso do estudo deste capítulo, a análise envolve dois grupos de sujeitos (Diabéticos e Controles) e, por isso, teremos duas médias centroides.

Os centroides são importantes por indicarem o local mais característico de qualquer indivíduo de um grupo em particular, e ao comparar os centroides dos grupos, é possível quantificar a distância existente entre eles.

A *função discriminante* utiliza um teste de significância estatística baseado numa medida generalizada da distância entre os centroides dos grupos. Essa medida generalizada é encontrada comparando-se as distribuições dos escores discriminantes dos grupos e analisando as sobreposições destas distribuições. Nos casos onde há pequena sobreposição nas distribuições, considera-se que a *função discriminante* separa bem os grupos e, caso contrário, a função é considerada um discriminador fraco (Figura 31.1).

As áreas onde observamos a sobreposição das curvas representam a probabilidade dos indivíduos estarem mal classificados, ou seja, os elementos do grupo A estão sendo considerados como do grupo B, ou vice-versa.

Na Figura 31.1 à esquerda podemos notar uma pequena sobreposição. Contudo, na Figura 31.1 à direita, a sobreposição é maior, fato que indica que a função discriminante não separa bem os grupos em estudo.

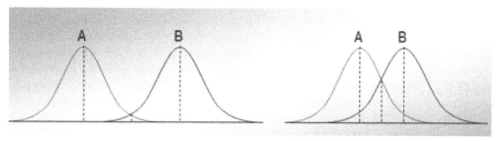

Figura 31.1 Dois tipos de sobreposição na representação de escores Z discriminantes.

31.3.2 ETAPAS DO PROCESSO DE ANÁLISE APLICADAS AO PROBLEMA ESCOLHIDO

Seleção das variáveis

Com o objetivo de ilustrar a utilização da técnica Análise de Discriminante, iremos analisar os dados referentes ao estudo apresentado no início deste capítulo, visando buscar diferenças estatisticamente significativas entre os perfis de escore médio das variáveis independentes Frequência (GM (Hz)), TA (Hz) e VL (Hz) e Energia (GM ENERG, TA ENERG e VL ENERG), de modo que seja possível definir os dois grupos estabelecidos pela variável dependente categórica classificada previamente (Diabéticos ou Controles). Em outras palavras, a ideia é que se os dois grupos são significativamente diferentes com relação às variáveis medidas pelas EMG, então essas variáveis podem ser usadas em um modelo de previsão ou classificação de um determinado sujeito em um dos dois grupos categóricos.

Tamanho da amostra

Há uma relação muito importante entre o tamanho da amostra e o número de variáveis independentes (preditoras) já que, dependendo desta proporção, os resultados podem ser instáveis. Vários estudos recomendam um número mínimo de 20 observações para cada variável preditora, para que a proporção de cinco observações por variável independente estudada seja conservada. O pesquisador deve ter em mente que essa proporção deve considerar todas as variáveis da análise, até mesmo aquelas que foram excluídas da *função discriminante*.

Na prática, o pesquisador deve considerar o tamanho da amostra de cada grupo, além do tamanho da amostra total. Nesse caso, é necessário que o menor grupo exceda o número de variáveis independentes e, na prática, sugere-se que cada grupo tenha no mínimo 20 observações para cada uma delas.

Divisão da amostra

É recomendável aos pesquisadores dividirem a amostra em duas subamostras, uma utilizada para estimar a função discriminante e a outra para validação do modelo. A *cross validation* é um dos procedimentos mais usados para validação do modelo e consiste em dividir a amostra total de observações aleatoriamente em dois conjuntos. O conjunto que será utilizado para criar o modelo da função discriminante é chamado *amostra da análise,* e deve ter no mínimo 60% do total de elementos da amostra (observações). Os 40% restantes formam um segundo conjunto amostral, chamado *amostra teste,* e será utilizado para testar a função do modelo encontrado.

Destacamos que, em muitas situações, os pesquisadores preferem utilizar outras estratificações proporcionais, por exemplo, 75 por 25%, que tem sido muito empregada.

De qualquer forma, a recomendação dada é que o pesquisador deve ter pelo menos uma amostra total mínima de 100 observações para pensar numa estratificação proporcional.

> Porém, caso o pesquisador tenha uma amostra menor que o recomendável, o procedimento sugerido é que se desenvolva a função com toda a amostra e a utilize para classificar o mesmo grupo, sem a utilização de uma amostra teste. Muitos estudos mostram que pelo fato da validação ser uma etapa imprescindível, o uso desse tipo de procedimento deve ser feito, mesmo podendo criar um viés ascendente. (Hair et al., 2005).[3]

Uso de recursos computacionais

A ampla utilização das técnicas estatísticas multivariadas se tornou possível apenas após a criação dos pacotes estatísticos. Esses *softwares* tornaram factível a solução de elaborados sistemas de equações e, dessa forma, possibilitaram a análise de situações-problema envolvendo grande volume de dados. Dessa forma, recomendamos aos pesquisadores que, ao procurarem por um pacote estatístico apropriado para suas análises, considerem também a versatilidade destes em dialogar com os principais pacotes de *software* de planilhas eletrônicas e de banco de dados.

O recurso computacional escolhido neste capítulo foi o *software* STATISTICA,[4] por atender às necessidades de armazenamento e de processamento estatístico interativo de um grande número de dados e responder favoravelmente às nossas necessidades.

Dessa forma, cada um dos dados foi inserido no módulo de administração de dados do *software* e foi possível aplicar os procedimentos para verificar qual deles contribui mais ou menos para a discriminação entre os grupos do estudo-problema.

---

3   Viés ascendente é um erro sistemático que desvia o ponto central da distribuição do estimador. Ele representa uma tendência de aumentar o valor do parâmetro.
4   STATISTICA 64 - versão 10 para ambiente operacional Microsoft Windows da StatSoft Inc. (2011) de Tulsa – EUA.

Em seguida, a variável de maior relevância (poder explicativo) foi incluída no modelo e a de menor valor foi excluída e a análise interativa dos dados foi executada.

Finalmente, após as devidas interações, obtivemos as variáveis que mais discriminam grupos de sujeitos.

31.4 PROCESSOS PARA OBTENÇÃO DOS RESULTADOS RELEVANTES À ANÁLISE DE DISCRIMINANTE

As suposições fundamentais para aplicar as técnicas estatísticas multivariadas são importantes para obter sucesso na análise de discriminante, assim é fundamental observar a suposição de normalidade multivariada para as variáveis independentes, pois existem evidências de que essa técnica é sensível a não normalidade dos dados. Da mesma forma, a matriz de covariância deve ser igual para todos os grupos porque matrizes desiguais prejudicam o processo de classificação e, ainda, é fundamental observar se há colinearidade entre as variáveis.

Dessa forma, no estudo deste capítulo, analisamos previamente todas as variáveis independentes para a utilização adequada da técnica. Para maiores detalhes sobre os processos de ajustes e ações corretivas que podem ser aplicados aos dados, consulte os capítulos anteriores deste livro.

Uma função discriminante pode ser determinada por dois métodos computacionais conhecidos: a *estimação simultânea* e a *estimação stepwise*.

A *estimação simultânea* é aquela em que todas as variáveis independentes são consideradas simultaneamente, de modo que a função discriminante é computada sem consideração do poder discriminatório de cada variável. Esse método é aconselhável quando o pesquisador está interessado em analisar o comportamento de todas as variáveis sem se preocupar com os resultados baseados nas variáveis mais discriminantes.

De forma oposta, temos a *estimação stepwise*, em que as variáveis independentes são incluídas na função discriminante com base em seu poder discriminatório. Neste caso, o pesquisador deseja considerar um grande número de variáveis independentes para compor a função discriminante e passa a ser importante eliminar as variáveis que não são úteis (poder de distinção menor) em cada passo. É importante destacar que esse método perde a estabilidade e a capacidade de generalização se a proporção entre o tamanho de amostra e a variável independente for menor do que 20 observações por cada variável independente.

No estudo apresentado neste capítulo, optamos pela estimação *stepwise*, porque nosso interesse se concentrou em descobrir a importância discriminatória de cada variável eletromiográfica (ENERG e HZ) por músculo (variáveis independentes) para compor a função discriminante que distinguiria os dois grupos de sujeitos, e nossa amostra tem tamanho favorável para esse método.

A próxima etapa consiste em avaliar o nível de significância dessa função discriminante, e para isso há vários critérios estatísticos. Em geral, o critério convencional de 0,05 é o mais utilizado, porém, salientamos que há algumas discussões entre pesquisadores sobre a escolha de valores acima ou abaixo disso.

As medidas de *lambda de Wilks*, *traço de Hotelling* e *critério de Pillai* são utilizadas para avaliar a significância estatística do poder discriminatório da função discriminante e a maior *raiz característica de Roy* avalia apenas a primeira função discriminante. A Tabela 31.1 apresenta esses valores relativos aos níveis de significância de nosso estudo e podemos observar que GM ENERG, VL (Hz) e VL ENERG são as variáveis significativas para compor a nossa função discriminante (p < 0,05), ou seja, são as variáveis mais importantes que devem entrar na análise de discriminante.

Tabela 31.1 Teste de significância multivariada para as variáveis Frequência (Hz) e Energia (Energ) dos músculos tibial anterior (TA), vasto lateral (VL) e gastrocnêmio medial (GM) no ciclo da marcha dos pacientes em estudo. São apresentadas as medidas de lambda de Wilks, traço de Hotelling, critério de Pillai e raiz característica de Roy

	Test	Value	F	Effect	Error	p
GM (Hz)	Wilks	1,000000		0		
	Pillai's	0,000000				
	Hotelling	0,000000				
	Roy's	0,000000				
GM ENERG	Wilks	0,974631	4,4249	1	170	0,036889
	Pillai's	0,025369	4,4249	1	170	0,036889
	Hotelling	0,026029	4,4249	1	170	0,036889
	Roy's	0,026029	4,4249	1	170	0,036889
TA (Hz)	Wilks	1,000000		0		
	Pillai's	0,000000				
	Hotelling	0,000000				
	Roy's	0,000000				
TA ENERG	Wilks	1,000000		0		
	Pillai's	0,000000				
	Hotelling	0,000000				
	Roy's	0,000000				
VL (Hz)	Wilks	0,959173	7,2360	1	170	0,007858
	Pillai's	0,040827	7,2360	1	170	0,007858
	Hotelling	0,042565	7,2360	1	170	0,007858
	Roy's	0,042565	7,2360	1	170	0,007858

(*continua*)

Tabela 31.1 Teste de significância multivariada para as variáveis Frequência (Hz) e Energia (Energ) dos músculos tibial anterior (TA), vasto lateral (VL) e gastrocnêmio medial (GM) no ciclo da marcha dos pacientes em estudo. São apresentadas as medidas de lambda de Wilks, traço de Hotelling, critério de Pillai e raiz característica de Roy (*continuação*)

	Test	Value	F	Effect	Error	p
VL ENERG	Wilks	0,955274	7,9594	1	170	0,005354
	Pillai's	0,044726	7,9594	1	170	0,005354
	Hotelling	0,046820	7,9594	1	170	0,005354
	Roy's	0,046820	7,9594	1	170	0,005354

Destacamos que no caso de estudos com três ou mais grupos, o pesquisador deverá decidir não apenas se a discriminação entre grupos é estatisticamente significante, mas também se cada função discriminante estimada é estatisticamente significante. Lembramos que todos os pacotes estatísticos disponíveis são capazes de oferecer ao pesquisador as informações fundamentais para verificar o número de funções necessárias para obter significância estatística, sem incluir funções discriminantes que não aumentem o poder discriminatório significativamente.

No caso do uso de um *método stepwise* para estimar a função discriminante, as medidas de distância generalizada, D^2 *de Mahalanobis* e *V de Rao*, são mais adequadas.

O procedimento D^2 *de Mahalanobis* é o preferido quando o pesquisador deseja utilizar o máximo de informações disponíveis, e é baseado na distância euclidiana quadrada generalizada por se adaptar a variâncias desiguais. Esse procedimento executa uma *análise discriminante stepwise* de forma semelhante a uma *análise de regressão stepwise*, e a regra de seleção neste procedimento é maximizar o D^2 *de Mahalanobis* entre grupos.

A Tabela 31.2 apresenta o resumo do método *stepwise*, em que é possível observar o poder discriminante das variáveis e a seleção daquelas com maior poder discriminante. Observe que a variável VL ENERG foi escolhida primeiro porque apresenta maior poder discriminante e, a seguir, aparecem as variáveis VL (Hz) e GM ENERG. Note que após a seleção dessas três variáveis, as demais não contribuem mais para discriminar os grupos.

Na próxima etapa apresentamos o cálculo dos *escores Z discriminantes* e a avaliação de diferenças entre grupos. Esse é um caminho para avaliar o ajuste geral do modelo, pois é determinada a magnitude de diferenças entre os membros de cada grupo em termos dos *escores Z discriminantes*. Essa avaliação pode ser feita por meio da comparação dos centroides dos grupos, ou seja, o *escore Z discriminante médio* para todos os membros dos grupos.

Utilizamos o *escore de corte*, que é o critério em relação ao qual o escore discriminante de cada sujeito é comparado, para determinar em qual grupo esse sujeito deve ser classificado (Tabela 31.3).

Tabela 31.2 Resumo do método *stepwise*, em que é possível observar o poder discriminante das variáveis e a seleção daquelas com maior poder discriminante

Effect	Steps	Degr. of	F to	P to	F to	P to	Effect
TA ENERG	Step Number 1	1			0,001123	0,973305	Out
GM (Hz)		1			0,864554	0,353770	Out
GM ENERG		1			3,217628	0,074606	Out
TA (Hz)		1			0,983463	0,322738	Out
VL (Hz)		1			6,142613	0,014161	Out
VL ENERG		1			7,952540	0,005366	Entered
VL ENERG	Step Number 2	1	7,952540	0,005366			In
GM (Hz)		1			1,902424	0,169608	Out
GM ENERG		1			3,288044	0,071540	Out
TA (Hz)		1			1,604217	0,207029	Out
VL (Hz)		1			6,096952	0,014524	Entered
TA ENERG		1			0,000539	0,981497	Out
VL ENERG	Step Number 3	1	7,896256	0,005532			In
VL (Hz)		1	6,096952	0,014524			In
GM ENERG		1			4,424930	0,036889	Entered
TA (Hz)		1			0,952708	0,330418	Out
GM (Hz)		1			1,009546	0,316440	Out
TA ENERG		1			0,055287	0,814390	Out
VL ENERG	Step Number 4	1	7,959386	0,005354			In
VL (Hz)		1	7,236045	0,007858			In
GM ENERG		1	4,424930	0,036889			In
TA (Hz)		1			0,411495	0,522081	Out
GM (Hz)		1			0,336402	0,562686	Out

Em nosso caso, por termos grupos de mesmo tamanho, o escore de corte para dois grupos de mesmo tamanho é definido como:

$$z_{corte} = \frac{z_A + z_B}{2}$$

Onde:

z_{corte} = valor do escore e de corte crítico;

z_A = centroide do grupo A;

z_B = centroide do grupo B.

Assim, temos:

$$Z_{corte} = \frac{(-0{,}332352) + (0{,}332352)}{2} = 0$$

No caso de grupos de tamanho diferente definimos como:

$$z_{corte} = \frac{N_B z_A + N_A z_B}{N_A + N_B}$$

Onde:

z_{corte} = valor do escore e de corte crítico;

z_A = centroide do grupo A;

z_B = centroide do grupo B;

N_A = número de elementos do grupo A;

N_B = número de elementos do grupo B.

Tabela 31.3 Escores discriminantes para os grupos

Root	D	C
1	-0,332352	0,332352

A seguir, é possível observar a Figura 31.2, que mostra o conceito do escore de corte ótimo (z_{corte}) para nosso caso em estudo, em que os grupos possuem o mesmo número de elementos.

As observações com os escores discriminantes menores que o z_{corte} se classificam no grupo Diabético (D). Os escores com valores maiores se classificam no grupo Controle (C).

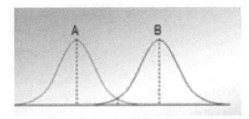

Figura 31.2 Representação do escore de corte ótimo para indicar o caso em estudo, no qual os grupos possuem o mesmo número de elementos (A – diabéticos, B – controles).

Apresentamos também o emprego do D^2 *de Mahalanobis*, que representa justamente essa diferença entre os centroides e que deve mostrar se as diferenças são estatisticamente significantes por meio de testes disponíveis nos pacotes estatísticos (Tabelas 31.4 e 31.5).

Tabela 31.4 Valores da diferença entre os centroides – medida D2 de Mahalanobis

Class	D	C
D	0,000000	0,441832
C	0,441832	0,000000

Tabela 31.5 Teste de significância da medida D2 de Mahalanobis

Class	D F	D p	C F	C p
D			6,332066	0,000427
C	6,332066	0,000427		

A Tabela 31.6 nos informa o valor da razão de sucesso por elemento de estudo, comparando o escore de corte com o escore discriminante de cada um dos grupos (Root 1), a probabilidade de sucesso da classificação correta e, finalmente, mostra se o indivíduo foi classificado de forma correta em relação ao modelo.

Tabela 31.6 Mostra o valor da razão de sucesso por elemento de estudo comparando o escore de corte com o escore discriminante de cada um dos grupos (Root1), informa o valor da *probabilidade de classificação correta* e a mostra quais pacientes estariam com a classificação incorreta

Estatística por caso
Classificação incorreta são marcadas com *
Amostra analisada N = 174

Caso	Observado	Escore discriminante	Escore de corte	Probabilidade de discriminação	Probabilidade de corte	Probabilidade maior	Segunda maior	Root
1	D	2,19237	3,07394	0,608446	0,391554	D	C	-0,66313
2	D	13,39187	16,61576	0,833681	0,166319	D	C	-2,42506
*3	D	1,12470	0,95200	0,478425	0,521575	C	D	0,12991
4	D	1,96025	2,27299	0,539012	0,460988	D	C	-0,23524
*5	D	2,00248	1,35368	0,419604	0,580396	C	D	0,48804
*6	D	2,00248	1,35368	0,419604	0,580396	C	D	0,48804
7	D	1,96427	2,50149	0,566752	0,433248	D	C	-0,40411
8	D	0,34879	0,87958	0,565962	0,434038	D	C	-0,39927
9	D	0,61286	1,02657	0,551530	0,448470	D	C	-0,31120
10	D	3,84529	5,86292	0,732788	0,267212	D	C	-1,51769
*11	D	2,78491	1,70355	0,368028	0,631972	C	D	0,81342
*12	D	0,97513	0,74848	0,471699	0,528301	C	D	0,17049
*13	D	1,82510	1,34225	0,439936	0,560064	C	D	0,36320
14	D	0,79879	2,18659	0,666834	0,333166	D	C	-1,04393
15	D	0,10653	0,74395	0,579011	0,420989	D	C	-0,47948
16	D	0,50108	1,78375	0,655055	0,344945	D	C	-0,96484
17	D	3,05207	3,66116	0,575553	0,424447	D	C	-0,45817
*18	D	2,48114	1,60784	0,392539	0,607461	C	D	0,65691
19	D	0,29966	0,76860	0,558350	0,441650	D	C	-0,35274
*20	D	2,74672	1,84726	0,389425	0,610575	C	D	0,67659
*21	D	0,97251	0,84928	0,484601	0,515399	C	D	0,09270
*22	D	1,38524	0,67481	0,412119	0,587881	C	D	0,53439
23	D	0,30614	0,41923	0,514133	0,485867	D	C	-0,08507
*24	D	3,31445	2,09826	0,352493	0,647507	C	D	0,91484
25	D	4,28101	5,22236	0,615543	0,384457	D	C	-0,70810

* n = 174 (continua)

Tabela 31.6 Mostra o valor da razão de sucesso por elemento de estudo comparando o escore de corte com o escore discriminante de cada um dos grupos (Root1), informa o valor da *probabilidade de classificação correta* e a mostra quais pacientes estariam com a classificação incorreta (*continuação*)

Estatística por caso

Classificação incorreta são marcadas com *

Amostra analisada N = 174

Caso	Observado	Escore discriminante	Escore de corte	Probabilidade de discriminação	Probabilidade de corte	Probabilidade maior	Segunda maior	Root
26	D	4,10573	6,22752	0,742862	0,257138	D	C	-1,59605
27	D	1,16813	2,36906	0,645763	0,354237	D	C	-0,90336
*28	D	1,63765	0,73271	0,388773	0,611227	C	D	0,68071
29	D	1,60383	2,99560	0,667274	0,332726	D	C	-1,04691
30	D	2,12734	2,97861	0,604831	0,395169	D	C	-0,64034
*31	D	0,89884	0,57529	0,459644	0,540356	C	D	0,24338
*32	D	0,71426	0,21454	0,437858	0,562142	C	D	0,37589
*33	D	2,59989	1,72064	0,391831	0,608169	C	D	0,66138
*34	D	0,43322	0,10068	0,458528	0,541472	C	D	0,25014
35	D	3,43657	4,67115	0,649602	0,350398	D	C	-0,92867
*36	D	3,01037	2,94084	0,491309	0,508691	C	D	0,05231
37	D	0,52948	0,64739	0,514735	0,485265	D	C	-0,08870
*38	D	3,41801	2,14515	0,346053	0,653947	C	D	0,95747
39	D	0,53277	1,05344	0,564719	0,435281	D	C	-0,39166
40	D	6,11653	7,10172	0,620716	0,379284	D	C	-0,74107
*41	D	2,73048	1,83861	0,390328	0,609672	C	D	0,67087
42	D	3,46649	3,55693	0,511303	0,488697	D	C	-0,06803
*43	D	1,06704	0,47418	0,426431	0,573569	C	D	0,44595
*44	D	11,32233	10,91680	0,449482	0,550518	C	D	0,30504
*45	D	11,32233	10,91680	0,449482	0,550518	C	D	0,30504
*46	D	1,49196	1,05978	0,446187	0,553813	C	D	0,32509
47	D	0,39787	1,51056	0,635606	0,364394	D	C	-0,83698
*48	D	11,32233	10,91680	0,449482	0,550518	C	D	0,30504
49	D	0,76440	1,45350	0,585295	0,414705	D	C	-0,51835
50	D	2,06655	3,86652	0,710947	0,289053	D	C	-1,35396

* n = 174

(*continua*)

Tabela 31.6 Mostra o valor da razão de sucesso por elemento de estudo comparando o escore de corte com o escore discriminante de cada um dos grupos (Root1), informa o valor da *probabilidade de classificação correta* e a mostra quais pacientes estariam com a classificação incorreta (*continuação*)

Estatística por caso
Classificação incorreta são marcadas com *
Amostra analisada N = 174

Caso	Observado	Escore discriminante	Escore de corte	Probabilidade de discriminação	Probabilidade de corte	Probabilidade maior	Segunda maior	Root
51	D	0,61406	0,68752	0,509181	0,490819	D	C	-0,05526
52	D	1,09439	1,65281	0,569352	0,430648	D	C	-0,42005
*53	D	0,61299	0,30160	0,461155	0,538845	C	D	0,23423
*54	D	2,96397	1,31735	0,305061	0,694939	C	D	1,23861
55	D	6,77161	8,06126	0,655844	0,344156	D	C	-0,97010
56	D	0,73121	2,08150	0,662654	0,337346	D	C	-1,01571
57	D	2,96707	3,76183	0,598058	0,401942	D	C	-0,59783
58	D	3,86146	6,19133	0,762228	0,237772	D	C	-1,75256
*59	D	22,06997	19,29342	0,199684	0,800316	C	D	2,08856
60	D	1,01430	1,49790	0,560157	0,439843	D	C	-0,36377
61	D	1,07280	1,21962	0,518344	0,481656	D	C	-0,11044
*62	D	1,24456	0,34483	0,389393	0,610607	C	D	0,67679
63	D	17,89766	19,83810	0,725164	0,274836	D	C	-1,45963
*64	D	2,36373	0,80770	0,314748	0,685252	C	D	1,17047
65	D	4,31316	6,84851	0,780344	0,219656	D	C	-1,90713
66	D	2,30098	4,10613	0,711479	0,288521	D	C	-1,35786
67	D	0,82165	2,37082	0,684512	0,315488	D	C	-1,16531
*68	D	3,32218	2,29674	0,374556	0,625444	C	D	0,77135
*69	D	3,30095	1,82726	0,323694	0,676306	C	D	1,10853
70	D	1,09375	2,19743	0,634563	0,365437	D	C	-0,83021
*71	D	0,61848	0,23028	0,451627	0,548373	C	D	0,29201
*72	D	2,94906	2,81978	0,483846	0,516154	C	D	0,09724
73	D	0,58557	0,63029	0,505590	0,494410	D	C	-0,03364
74	D	0,24376	0,26044	0,502085	0,497915	D	C	-0,01255
75	D	4,83282	5,65558	0,601419	0,398581	D	C	-0,61889

* n = 174 (*continua*)

Tabela 31.6 Mostra o valor da razão de sucesso por elemento de estudo comparando o escore de corte com o escore discriminante de cada um dos grupos (Root1), informa o valor da *probabilidade de classificação correta* e a mostra quais pacientes estariam com a classificação incorreta (*continuação*)

Estatística por caso

Classificação incorreta são marcadas com *

Amostra analisada N = 174

Caso	Observado	Escore discriminante	Escore de corte	Probabilidade de discriminação	Probabilidade de corte	Probabilidade maior	Segunda maior	Root
76	D	0,69217	1,08916	0,549462	0,450538	D	C	**-0,29862**
77	D	0,88958	1,64614	0,593458	0,406542	D	C	**-0,56909**
78	D	1,43731	1,77247	0,541797	0,458203	D	C	**-0,25211**
*79	D	1,46595	0,64600	0,398918	0,601082	C	D	**0,61678**
80	D	5,25190	8,43598	0,830903	0,169097	D	C	**-2,39511**
81	D	13,88113	18,24876	0,898787	0,101213	D	C	**-3,28540**
*82	D	1,10782	0,94881	0,480133	0,519867	C	D	**0,11961**
83	D	0,69620	1,07644	0,547387	0,452613	D	C	**-0,28602**
84	D	14,34634	18,94843	0,908964	0,091036	D	C	**-3,46176**
85	D	36,65816	42,33653	0,944757	0,055243	D	C	**-4,27135**
86	D	1,26202	2,61750	0,663234	0,336766	D	C	**-1,01961**
87	D	1,54751	2,29679	0,592580	0,407420	D	C	**-0,56362**
*88	C	0,12653	0,19467	0,508517	0,491483	D	C	**-0,05126**
*89	C	0,86118	1,58029	0,588933	0,411067	D	C	**-0,54093**
*90	C	0,89966	2,50296	0,690327	0,309673	D	C	**-1,20602**
91	C	1,31868	0,93783	0,452537	0,547463	C	D	**0,28648**
*92	C	1,27741	1,79129	0,563885	0,436115	D	C	**-0,38655**
*93	C	0,98831	1,25460	0,533237	0,466763	D	C	**-0,20031**
94	C	3,16754	1,58630	0,312035	0,687965	C	D	**1,18944**
95	C	1,31198	0,94890	0,454739	0,545261	C	D	**0,27312**
96	C	5,55094	4,09264	0,325382	0,674618	C	D	**1,09695**
97	C	1,46157	1,22598	0,470586	0,529414	C	D	**0,17721**
*98	C	0,58370	0,75383	0,521253	0,478747	D	C	**-0,12797**
99	C	1,51413	1,01599	0,438052	0,561948	C	D	**0,37471**
*100	C	0,73465	1,09550	0,544984	0,455016	D	C	**-0,27143**

* n = 174

(*continua*)

Tabela 31.6 Mostra o valor da razão de sucesso por elemento de estudo comparando o escore de corte com o escore discriminante de cada um dos grupos (Root1), informa o valor da *probabilidade de classificação correta* e a mostra quais pacientes estariam com a classificação incorreta (*continuação*)

Estatística por caso
Classificação incorreta são marcadas com *
Amostra analisada N = 174

Caso	Observado	Escore discriminante	Escore de corte	Probabilidade de discriminação	Probabilidade de corte	Probabilidade maior	Segunda maior	Root
101	C	1,26135	0,42942	0,397482	0,602518	C	D	0,62579
102	C	1,45283	0,35321	0,365909	0,634091	C	D	0,82715
103	C	1,10911	0,92768	0,477337	0,522663	C	D	0,13647
104	C	0,53062	0,07648	0,443475	0,556525	C	D	0,34161
*105	C	4,24024	5,21603	0,619611	0,380389	D	C	-0,73401
*106	C	1,61230	3,12330	0,680377	0,319623	D	C	-1,13660
*107	C	1,38028	1,42441	0,505516	0,494484	D	C	-0,03320
108	C	3,07758	1,63642	0,327265	0,672735	C	D	1,08406
109	C	2,42249	0,91376	0,319870	0,680130	C	D	1,13489
110	C	1,51957	0,62946	0,390537	0,609463	C	D	0,66955
111	C	3,49897	2,19245	0,342256	0,657744	C	D	0,98278
112	C	0,41385	0,13883	0,465676	0,534324	C	D	0,20688
113	C	1,64573	0,73780	0,388419	0,611581	C	D	0,68296
114	C	4,70869	2,52059	0,250856	0,749144	C	D	1,64592
*115	C	0,98797	2,74084	0,706083	0,293917	D	C	-1,31854
*116	C	1,98683	3,06022	0,631044	0,368956	D	C	-0,80742
117	C	2,90136	1,09968	0,288877	0,711123	C	D	1,35525
*118	C	0,64920	0,91559	0,533249	0,466751	D	C	-0,20038
119	C	3,50611	2,09587	0,330678	0,669322	C	D	1,06080
120	C	0,85653	0,67776	0,477669	0,522331	C	D	0,13447
*121	C	0,27147	0,96052	0,585290	0,414710	D	C	-0,51832
122	C	1,14205	0,71130	0,446363	0,553637	C	D	0,32402
*123	C	1,34323	1,46287	0,514951	0,485049	D	C	-0,09000
*124	C	3,53866	3,58623	0,505946	0,494054	D	C	-0,03578
125	C	5,36208	4,39960	0,381959	0,618041	C	D	0,72399

* n = 174 (*continua*)

Tabela 31.6 Mostra o valor da razão de sucesso por elemento de estudo comparando o escore de corte com o escore discriminante de cada um dos grupos (Root1), informa o valor da *probabilidade de classificação correta* e a mostra quais pacientes estariam com a classificação incorreta (*continuação*)

Estatística por caso

Classificação incorreta são marcadas com *

Amostra analisada N = 174

Caso	Observado	Escore discriminante	Escore de corte	Probabilidade de discriminação	Probabilidade de corte	Probabilidade maior	Segunda maior	Root
*126	C	0,70498	1,59414	0,609350	0,390650	D	C	-0,66884
*127	C	0,56080	1,91195	0,662750	0,337250	D	C	-1,01635
*128	C	2,01452	2,26082	0,530748	0,469252	D	C	-0,18527
129	C	4,36702	2,81268	0,314930	0,685070	C	D	1,16920
130	C	2,75823	1,55847	0,354372	0,645628	C	D	0,90247
131	C	14,24604	10,67559	0,143659	0,856341	C	D	2,68575
*132	C	3,17207	3,63550	0,557672	0,442328	D	C	-0,34860
133	C	1,83060	1,09790	0,409424	0,590576	C	D	0,55114
134	C	3,62986	1,93183	0,299640	0,700360	C	D	1,27728
*135	C	0,57555	0,62942	0,506732	0,493268	D	C	-0,04052
136	C	5,45023	2,89038	0,217563	0,782437	C	D	1,92555
137	C	3,02709	1,54242	0,322494	0,677506	C	D	1,11679
*138	C	7,56948	10,95348	0,844487	0,155513	D	C	-2,54549
139	C	0,71328	0,67487	0,495200	0,504800	C	D	0,02889
140	C	0,24349	0,02966	0,473296	0,526704	C	D	0,16085
141	C	1,03858	0,29103	0,407629	0,592371	C	D	0,56232
142	C	2,07226	0,62682	0,326794	0,673206	C	D	1,08728
143	C	1,24120	0,83561	0,449474	0,550526	C	D	0,30509
144	C	7,88576	5,82182	0,262703	0,737297	C	D	1,55252
145	C	4,77831	2,57105	0,249060	0,750940	C	D	1,66033
146	C	3,81765	1,96694	0,283868	0,716132	C	D	1,39213
*147	C	0,61948	0,82344	0,525472	0,474528	D	C	-0,15342
*148	C	0,40767	1,44168	0,626447	0,373553	D	C	-0,77780
149	C	4,20449	2,18676	0,267202	0,732798	C	D	1,51777
*150	C	5,73803	6,86988	0,637822	0,362178	D	C	-0,85139

* n = 174

(*continua*)

Tabela 31.6 Mostra o valor da razão de sucesso por elemento de estudo comparando o escore de corte com o escore discriminante de cada um dos grupos (Root1), informa o valor da *probabilidade de classificação correta* e a mostra quais pacientes estariam com a classificação incorreta (*continuação*)

Estatística por caso
Classificação incorreta são marcadas com *
Amostra analisada N = 174

Caso	Observado	Escore discriminante	Escore de corte	Probabilidade de discriminação	Probabilidade de corte	Probabilidade maior	Segunda maior	Root
151	C	1,47125	0,77516	0,413857	0,586143	C	D	0,52361
152	C	0,95017	0,22062	0,409805	0,590195	C	D	0,54877
153	C	0,62096	0,08985	0,433999	0,566001	C	D	0,39951
154	C	9,05334	6,87634	0,251901	0,748099	C	D	1,63757
*155	C	0,37040	0,58414	0,526692	0,473308	D	C	-0,16078
156	C	1,18241	0,51007	0,416740	0,583260	C	D	0,50574
157	C	5,23791	2,71821	0,221000	0,779000	C	D	1,89535
*158	C	1,01186	1,31849	0,538253	0,461747	D	C	-0,23065
159	C	1,34235	1,07013	0,466026	0,533974	C	D	0,20476
*160	C	0,39310	0,78463	0,548785	0,451215	D	C	-0,29451
161	C	1,23436	1,19221	0,494733	0,505267	C	D	0,03170
162	C	3,66912	2,21693	0,326052	0,673948	C	D	1,09236
163	C	1,42496	0,48005	0,384035	0,615965	C	D	0,71078
164	C	1,10361	0,42251	0,415676	0,584324	C	D	0,51233
165	C	1,89383	0,59803	0,343463	0,656537	C	D	0,97472
166	C	2,03921	1,27943	0,406153	0,593847	C	D	0,57152
167	C	3,13049	2,98703	0,482075	0,517925	C	D	0,10791
168	C	3,85969	2,52765	0,339388	0,660612	C	D	1,00198
*169	C	0,81729	0,83410	0,502101	0,497899	D	C	-0,01264
*170	C	3,77762	6,12897	0,764170	0,235830	D	C	-1,76872
171	C	1,65195	0,42158	0,350877	0,649123	C	D	0,92550
*172	C	2,89108	3,02915	0,517252	0,482748	D	C	-0,10386
*173	C	9,44689	12,45397	0,818102	0,181898	D	C	-2,26197
174	C	39,52502	35,37705	0,111651	0,888349	C	D	3,12016

* n = 174

Interpretação dos resultados da análise de discriminante

Há muita semelhança entre a interpretação dos pesos discriminantes com os pesos Beta da análise de regressão, desta forma é fundamental que os testes de ajuste sejam realizados cuidadosamente e a análise feita com parcimônia (Tabela 31.7).

Tabela 31.7 Pesos discriminantes das variáveis independentes, o intercepto, além do autovalor e a proporção acumulada

Efeito	Coeficientes de função discriminante canônica bruta – Parametrização Sigma-restrita
	Função 1
Intercepto	0,000000
TA ENERGIA	0,000000
GM (Hz)	0,000000
GM ENERGIA	0,509934
TA (Hz)	0,000000
VL (Hz)	-0,652222
VL ENERGIA	-0,680700
Autovalor	0,111742
Proporção acumulada	1,000000

Na Tabela 31.8 é possível encontrar os coeficientes discriminantes das variáveis independentes, o intercepto, além do *autovalor e a proporção acumulada*.

Tabela 31.8 Valores dos coeficientes discriminantes das variáveis independentes, o intercepto, além do autovalor e a proporção acumulada

Efeito	Coeficientes de Função Discriminante Canônica Padronizada (Plano 1 na etapa 1 novamente) – Parametrização Sigma-restrita
	Função 1
Intercepto	0,000000
TA ENERGIA	0,000000
GM (Hz)	0,506696

(*continua*)

Tabela 31.8 Valores dos coeficientes discriminantes das variáveis independentes, o intercepto, além do autovalor e a proporção acumulada (*continuação*)

	Coeficientes de Função Discriminante Canônica Padronizada (Plano 1 na etapa 1 novamente) – Parametrização Sigma-restrita
GM ENERGIA	0,000000
TA (Hz)	0,000000
VL (Hz)	-0,642739
VL ENERGIA	-0,667421
Autovalor	0,111742
Probabilidade acumulada.	1,000000

A função discriminante com pesos padronizados pode ser escrita na seguinte forma:

$$Z = 0{,}506696 \cdot \text{GM (Hz)} - 0{,}642739 \cdot \text{VL (Hz)} - 0{,}667421 \cdot \text{VL ENERG}$$

As cargas discriminantes medem a correlação linear entre cada variável independente e a função discriminante e são consideradas mais válidas do que os pesos como meio de interpretação do poder discriminatório de variáveis independentes por sua natureza correlacional (Tabela 31.9).

Tabela 31.9 Cargas discriminantes medem a correlação linear entre cada variável independente e a função discriminante

	Coeficientes de estrutura fatorial – Parametrização Sigma-restrita
Efeito	Função 1
Intercepto	
TA ENERGIA	0,033741
GM (Hz)	-0,077690
GM ENERGIA	0,409162
TA (Hz)	-0,074356
VL (Hz)	-0,565332
VL ENERGIA	-0,643250

Assim, se até agora a função discriminante é estatisticamente significante e a precisão de aceitação é razoável, é hora de o pesquisador fazer o exame das funções discriminantes para determinar a importância relativa de cada variável independente na discriminação dos grupos.

De forma prática, para estabelecer a diferença entre os grupos, usa-se um autovalor (raiz característica) associado a cada função discriminante, bem como o teste Lambda de Wilk. Ambas as estatísticas são usadas para avaliar a diferença entre os grupos Diabético e Controle. A estatística do qui-quadrado revela se essa diferença é significativa. Além disso, o R canônico pode ser interpretado como ajuste da função discriminante e seu valor elevado ao quadrado explica certa porcentagem da variância na variável independente (Tabela 31.10).

Tabela 31.10 Resultado do teste de significância do modelo

Removido	Autovalor	Correlação Canônica	Wilk's	Qui-quadrado	graus de liberade	p
0	0,111742	0,317035	0,899489	18,06080	3,000000	0,000427

Testes de qui-quadrado com raízes sucessivamente removidas – Parametrização Sigma-restrita

Finalmente, para obtermos uma avaliação da previsão preditiva de pertinência de grupo devemos fazer uso da *matriz de classificação*, que nos informa o valor da *razão de sucesso* ou *percentual de classificação correta*.

A Tabela 31.11 mostra a Matriz de Classificação e podemos observar que, por utilizarmos tamanhos de amostras iguais nos dois grupos, a determinação da classificação por chances[5] é definida por $\frac{1}{2} = 0,5000$. Em casos de grupos de mesmo tamanho, sempre utilizamos a fórmula $C = \frac{1}{(\text{número de grupos})}$.

Ao observarmos a matriz, encontramos um resumo do percentual de classificação correta dos sujeitos nos dois grupos, de acordo com os dados observados e preditos pelo modelo. É possível ter uma visão global da classificação que o modelo oferece de forma resumida, com as respectivas comparações úteis à análise do pesquisador.

---

5 No caso de grupos de tamanhos diferentes, pode ser utilizado o *critério da chance máxima*, que é determinado considerando-se o percentual da amostra total representada pelo maior dos grupos. Contudo, esse critério deve ser usado quando o objetivo da análise de discriminante é maximizar o percentual classificado corretamente.
Porém, se o pesquisador desejar identificar corretamente os membros dos grupos em estudo, o *critério das chances proporcionais* deve ser utilizado. Salientamos que na maioria dos casos esse é o método escolhido e que seu uso se dá somente quando são consideradas amostras de teste (partição da amostra). Os pacotes estatísticos possuem formas de escolha do critério desejado e cabe ao pesquisador ficar atento ao melhor método para cada caso.

Tabela 31.11 Matriz de classificação com os respectivos percentuais de classificação correta do modelo

Classe	Percentual correto	Discriminante p = 0,5000	Corte p = 0,5000
D	59,77011	52,00000	35,00000
C	63,21839	32,00000	55,00000
Total	61,49425	84,00000	90,00000

31.5 VALIDAÇÃO DOS RESULTADOS – *CROSS VALIDATION*

Nesta fase do trabalho, o pesquisador deve estar atento ao objeto de seu estudo e de que forma os resultados obtidos estão de fato representando o comportamento real de seus dados. Aqui é necessário observar a validade interna e externa da função discriminante, ou seja, se a classificação das observações apresentada é satisfatória ao comparar com a *amostra de validação*.

Os pacotes estatísticos, nesse sentido, são fortes aliados nessa tarefa, porque ao facilitarem o processo de obtenção dos resultados da análise, tornam possível uma avaliação mais ampla e completa.

Nosso modelo mostrou que no conjunto de dados dos pacientes foi possível detectar que as variáveis independentes VL ENERG, VL (Hz) e GM ENERG são as mais importantes para classificar os indivíduos do estudo.

Esse resultado é compatível com outros estudos publicados pela mesma equipe no laboratório e permitiram mostrar os padrões de distribuição de energia e as propriedades espectrais dos principais músculos de membro inferior de diabéticos neuropatas durante a marcha.

Além disso, embora nossos sujeitos tenham sido classificados em Diabéticos e Controles de acordo com protocolos clínicos, a medida de energia e frequência nos músculos desses indivíduos pode ter sido alterada na obtenção dos sinais durante a marcha. Essa conclusão corrobora com os resultados de outros trabalhos desenvolvidos no laboratório, que mencionam a necessidade de melhorar a captação dos sinais por EMG.

31.6 ANÁLISE DE AGRUPAMENTOS
31.6.1 DEFINIÇÃO E CONCEITOS BÁSICOS

Essa técnica multivariada tem como finalidade agregar objetos/observações/sujeitos considerando as características que eles possuem e o resultado desse processo apresenta grupos que mostram a máxima homogeneidade de objetos dentro de grupos e, simultaneamente, a máxima heterogeneidade entre os grupos.

A análise de agrupamentos é uma técnica utilizada para fins exploratórios e classificação de objetos, como por exemplo a descrição taxonômica. Além disso, pode ser usada na simplificação de dados, nos casos onde as observações são vistas como membros de um agrupamento e definidas por suas características gerais.

Seu uso também é constante para a identificação e relação entre elementos de um conjunto de dados. Nesse caso, os agrupamentos permitem revelar relações entre as observações, o que talvez não fosse possível somente a partir das observações individuais.

Como já mencionado no início deste capítulo, essa técnica multivariada não faz distinção entre variáveis dependentes e independentes, mas é capaz de examinar relações de interdependência entre todo um conjunto de variáveis.

Assim, podemos dizer que seu objetivo principal é classificar objetos em grupos relativamente homogêneos, a partir das variáveis consideradas importantes para a análise. Os objetos de um grupo são relativamente semelhantes em termos dessas variáveis e diferentes de objetos de outros grupos.

Em geral, os dados consistem em *n* medidas de diferentes propriedades (variáveis) executadas sobre *m* amostras (objetos), formando uma matriz A definida por *m* x *n* elementos. No caso do estudo proposto neste capítulo, as *m* linhas são os objetos/sujeitos avaliados e as *n* colunas correspondem às variáveis, que são a Energia e a Frequência de cada um dos músculos estudados.

Assim, cada objeto é representado por um ponto no espaço n dimensional e, portanto, pode ser agrupado com outros que estejam próximos e mais se assemelham a ele.

Os critérios de associação podem ser por distâncias/similaridades ou por correlação/covariância, e o dendograma é o gráfico que ilustra o agrupamento hierárquico das variáveis (Figura 31.3).

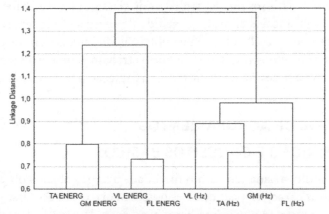

Figura 31.3 Dendrograma representando a formação de grupos para avaliar as diferenças entre os padrões eletromiográficos de diabéticos e controles.

As medidas de distâncias/similaridades são as mais usadas e se concentram nas observações obtidas das variáveis estudadas. Concentram-se na magnitude dos objetos, representando casos similares que estão próximos, mas que podem ter padrões muito diferentes.

De forma contrária, as medidas de correlação/covariância se concentram na análise da variável estatística de agrupamento e, assim, representam padrões observáveis dessas variáveis muito mais do que as magnitudes das observações, e agrupam-se por similaridade (distância) entre os padrões de correlação.

31.6.2 ETAPAS DO PROCESSO DE ANÁLISE APLICADAS AO PROBLEMA ESCOLHIDO

Padronização dos dados

Por se tratar de um método que busca uma estrutura de agrupamento, a análise de agrupamentos é muito sensível à inclusão de variáveis irrelevantes (como nos casos da multicolinearidade), bem como à presença de *outliers* (objetos atípicos).

Os *outliers* são aquelas observações "absurdas", que não representam a população geral em estudo ou formam uma subamostra de grupos reais na população, fato que provoca uma subrepresentação dos grupos na amostra.

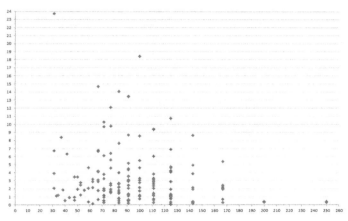

Figura 31.4 Representação da frequência (Hz) no eixo das abscissas e a energia no eixo das ordenadas, referente ao músculo gastrocnêmio medial (GM) em sujeitos do grupo controle.

Assim, após a primeira análise individual dos dados, é necessário definir um critério para a formação dos grupos. Um critério razoável e comumente usado é considerar a proximidade entre os pontos. Pontos próximos representam regiões com comportamentos semelhantes no que se refere às variáveis do gráfico, ou seja, regiões que podem fazer parte de um mesmo grupo.

A Figura 31.5 mostra que os sinais dos músculos TA e GM dos sujeitos estudados formam regiões mais próximas no gráfico. É possível notar que a maioria dos sujeitos está num grupo, porém há formação de outros grupos mais distantes e, ainda, alguns pontos mais isolados. Esse tipo de análise mostra que essas regiões do gráfico devem ter um comportamento semelhante e, em outras palavras, é possível imaginar que esses sujeitos devem estar num mesmo conjunto e devem ter um padrão semelhante no sinal de EMG para esses músculos.

Ao observar o gráfico, um leitor mais atento vai perceber que há muitas maneiras de agrupar esse conjunto de dados e, consequentemente, há várias maneiras de calcular as distâncias entre essas diferentes regiões.

Outra questão para notar é que há distâncias entre os pontos nas direções vertical e horizontal, fato que reflete a variabilidade entre as variáveis. No nosso caso, os dados não estão muito distantes porque estão padronizados e as variáveis estão sendo consideradas com importância equivalente.

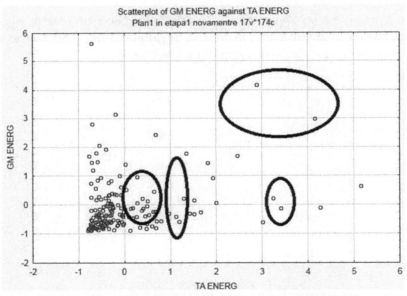

Figura 31.5 Distribuição dos sujeitos diabéticos e controles em relação à variável energia (ENERG) dos músculos tibial anterior (TA) e gastrocnêmio medial (GM).

Tamanho da amostra

A análise de agrupamentos é um método tão bom quanto a representatividade da amostra e é muito difícil uma pesquisa considerar o censo de uma população para usar numa análise. Portanto, a primeira preocupação do pesquisador é garantir que a amostra seja representativa e que os resultados sejam generalizáveis para a população de interesse. Para isso, um cálculo amostral real é sempre recomendável.

Efeito da multicolinearidade

A análise de agrupamento é um processo muito afetado pelo grau em que uma variável pode ser explicada pelas outras variáveis na análise e, nesse caso, a solução é reduzir a quantidade de variáveis do estudo.

31.6.3 PROCESSOS PARA EXECUÇÃO DA ANÁLISE DE AGRUPAMENTO

Escolha do critério de semelhança

É fundamental avaliar se as variáveis devem ou não ser padronizadas e qual é o critério que deverá ser utilizado na determinação dos grupos. As medidas de semelhança têm um papel central nos algoritmos de agrupamentos e, por meio delas, são definidos critérios para avaliar se dois pontos estão próximos e, portanto, podem fazer parte de um mesmo grupo.

Há dois tipos de medidas de semelhança: medidas de similaridade (quanto maior o valor, maior a semelhança entre os objetos) e medidas de dissimilaridade (quanto maior o valor, mais diferentes são os objetos). As distâncias são as medidas de dissimilaridade mais utilizadas no estudo de variáveis quantitativas.

A. Distância Euclidiana: o tipo de distância mais frequentemente escolhido.

B. Distância de *City-block* (Manhattan): os resultados obtidos são semelhantes à distância Euclidiana, com a vantagem de que grandes diferenças são reduzidas por não se elevarem os resultados ao quadrado.

C. Distância de Chebychev: essa distância deve ser usada em casos que se deseja definir dois objetos como "diferentes" se eles são diferentes a qualquer uma das dimensões.

D. Distância potencial: quando se quer ponderar progressivamente, de forma crescente ou decrescente, objetos que são muito diferentes quando alocados em certas dimensões.

E. Percentual de dissemelhança: é uma boa opção se os dados para as dimensões incluídas na análise forem categóricos.

F. Medida de correlação inversa: a medida de correlação é uma medida de similaridade e o pacote usado nesse estudo utiliza como medida de dissimilaridade.

Definição do número de grupos

O número de grupos pode ser definido *a priori*, por meio de algum conhecimento que se tenha sobre os dados, conveniência de análise ou ainda pode ser definido *a posteriori*, com base nos resultados da análise.

Formação dos grupos

Nesta fase é definido o algoritmo que será utilizado na identificação dos grupos: métodos hierárquicos, não hierárquicos, ou ainda um método que combine os dois anteriores (Figura 31.6).

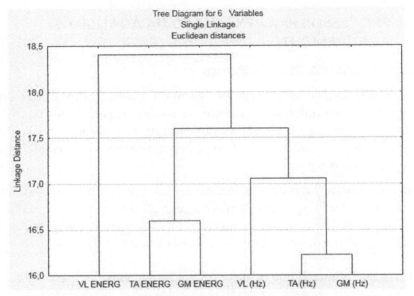

Figura 31.6 Dendograma representando a formação de grupos para avaliar a diferença da atividade eletromiográfica de diabéticos e controles: método hierárquico – aglomerativo – método do vizinho mais próximo (*single linkage*).

A. **Métodos hierárquicos:** os agrupamentos são formados a partir de uma matriz de semelhança, no qual se deseja identificar os objetos que mais se parecem. A seguir os objetos são agrupados e passam a ser consideramos como um único objeto, dessa forma define-se uma nova matriz de semelhança. Os procedimentos hierárquicos envolvem a construção de uma hierarquia e há basicamente dois tipos de procedimentos hierárquicos de agrupamento: *aglomerativos* e *divisivos*.

1. **Métodos aglomerativos:** nesse caso, cada observação começa com o seu próprio grupo. Nos passos seguintes, esses agrupamentos (ou indivíduos) mais próximos são combinados em um novo grupo, reduzindo sempre um agrupamento a cada passo.

    a) *Método do vizinho mais próximo (single linkage):* a distância entre os grupos é definida considerando a distância entre os elementos mais próximos (menor distância) dos dois grupos.

b) *Método do vizinho mais longe (complete linkage)*: a distância entre dois grupos é definida considerando a distância entre os elementos mais distantes dos dois grupos (distância máxima).

c) *Método do centroide*: nesse caso se define a coordenada de cada grupo como sendo a média das coordenadas de seus objetos. Uma vez obtida essa coordenada, denominada centroide, a distância entre os grupos é obtida a partir do cálculo das distâncias entre os centroides.

d) *Método de Ward*: aqui se busca unir objetos que tornem os agrupamentos formados os mais homogêneos possíveis. A medida de homogeneidade utilizada está baseada na partição da soma de quadrados total de uma análise de variância. Esse método é interessante por se tratar de uma medida com forte apelo estatístico e por gerar grupos que, assim como os do método do vizinho mais longe, possuem alta homogeneidade interna.

2. **Métodos divisivos:** o processo de agrupamento começa considerando todas as observações contidas num único e grande agrupamento. A partir daí, as observações mais diferentes são separadas sucessivamente e transformadas em agrupamentos menores.

B. **Métodos não hierárquicos:** nesse caso a análise de agrupamento é a divisão de um conjunto de dados em grupos. Esses grupos criados são mutuamente exclusivos, e assim cada indivíduo pertence a um único grupo.

Nessa classe de método está o algoritmo de *k-means*, que é um dos mais utilizados entre os tipos de particionamento. Nesse caso, é necessário que o pesquisador determine o número *k* de agrupamentos que se deseja formar e, nesse caso, essa decisão deve estar baseada em conhecimento teórico prévio, que possa determinar o número de agrupamentos. Esse método é utilizado quando o número de amostras é muito grande, pois a capacidade computacional fica prejudicada para aplicar os métodos hierárquicos.

Validação do agrupamento e interpretação dos grupos

Esse procedimento é fundamental para garantir que as variáveis tenham comportamento diferenciado nos diversos grupos. É comum, então, que cada grupo seja uma amostra aleatória de alguma subpopulação e técnicas inferenciais são usadas para compará-las. Após a formação de grupos, é importante caracterizá-los e, nesse caso, o uso de estatísticas descritivas é recomendado para esta fase da análise (Figura 31.7).

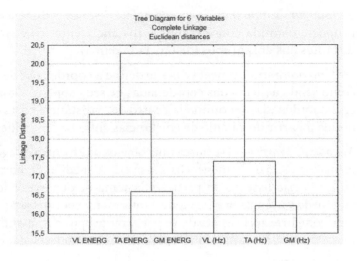

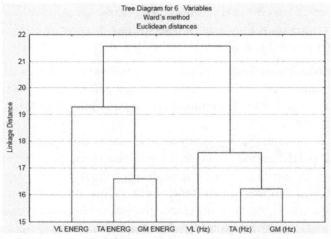

Figura 31.7 Dendogramas representando a formação de grupos para avaliar a diferença da atividade eletromiográfica de diabéticos e controles: método hierárquico – aglomerativo – (superior) método do vizinho mais longe (complete *linkage*), (inferior) método de Ward.

31.6.4 INTERPRETAÇÃO DE RESULTADOS

Pelo fato de haver muitos algoritmos para formar os agrupamentos, o pesquisador deverá escolher aquele que estiver mais adequado para o estudo em questão.

Apresentaremos a seguir os resultados de alguns métodos de agrupamentos hierárquicos aglomerativos, nos quais os objetos mais similares são agrupados formando um único grupo.

Os resultados obtidos com o auxílio de pacotes estatísticos resumem todas as etapas de um algoritmo geral utilizado para criar os agrupamentos hierárquicos aglomerativos com *n* objetos. Veja os passos:

1) Inicie o agrupamento com *n* grupos, cada um com um único elemento, e com uma matriz simétrica *nxn* de distâncias D={d_{hi}};

2) Procure na matriz D o par de grupos mais similares (com menor distância) e faça a distância entre os grupos mais similares U e V igual a d_{uv};

3) Reúna os grupos U e V, formando um novo grupo UV, recalculando e rearranjando as distâncias na matriz D. Nessa etapa é preciso primeiramente eliminar as linhas e colunas correspondentes a U e V e, depois, acrescentar uma linha e coluna com as distâncias entre o grupo UV e os demais grupos;

4) Repita as etapas 2 e 3 num total de *n-1* vezes, até que todos os objetos estejam em um único grupo. Anote a identidade dos grupos que se formam e as respectivas distâncias nas quais isso ocorre.

Os dendogramas apresentados a seguir são as representações gráficas construídas após a aplicação dos passos descritos anteriormente, para cada um dos métodos hierárquicos aglomerativos citados.

No eixo horizontal estão marcadas as variáveis, no caso os músculos do estudo, na ordem em que são agrupados, e as linhas verticais que partem dos pontos desses músculos representam a altura correspondente ao nível de distância destes.

A. Métodos hierárquicos: os agrupamentos são formados a partir de uma matriz de semelhança, no qual se deseja identificar os objetos que mais se parecem.

A seguir os objetos são agrupados e passam a ser consideramos como um único objeto, dessa forma define-se uma nova matriz de semelhança.

Os procedimentos hierárquicos envolvem a construção de uma hierarquia e há basicamente dois tipos de procedimentos hierárquicos de agrupamento: aglomerativos e divisivos.

1. Métodos aglomerativos: nesse caso, cada observação começa com o seu próprio grupo. Nos passos seguintes, esses agrupamentos (ou indivíduos) mais próximos são combinados em um novo grupo, reduzindo sempre um agrupamento a cada passo.

a) *Método do vizinho mais próximo (single linkage)*: a distância entre os grupos é definida considerando a distância entre os elementos mais próximos (menor distância) dos dois grupos.

b) *Método do vizinho mais longe (complete linkage)*: a distância entre dois grupos é definida considerando a distância entre os elementos mais distantes dos dois grupos (distância máxima).

c) *Método do centroide*: nesse caso se define a coordenada de cada grupo como sendo a média das coordenadas de seus objetos. Uma vez obtida essa coordenada, denominada centroide, a distância entre os grupos é obtida a partir do cálculo das distâncias entre os centroides.

d) *Método de Ward:* aqui se busca unir objetos que tornem os agrupamentos formados os mais homogêneos possíveis. A medida de homogeneidade utilizada está baseada na partição da soma de quadrados total de uma análise de variância. Esse método é interessante por se tratar de uma medida com forte apelo estatístico e por gerar grupos que, assim como os do método do vizinho mais longe, possuem alta homogeneidade interna.

2. **Métodos divisivos:** o processo de agrupamento começa considerando todas as observações contidas num único e grande agrupamento. A partir daí, as observações mais diferentes são separadas sucessivamente e transformadas em agrupamentos menores.

B. **Métodos não hierárquicos:** nesse caso a análise de agrupamento é a divisão de um conjunto de dados em grupos. Esses grupos criados são mutuamente exclusivos, e assim cada indivíduo pertence a um único grupo.

Nessa classe de método está o algoritmo de k-means, que é um dos mais utilizados entre os tipos de particionamento. Nesse caso, é necessário que o pesquisador determine o número k de agrupamentos que se deseja formar e, nesse caso, essa decisão deve estar baseada em conhecimento teórico prévio, que possa determinar o número de agrupamentos. Esse método é utilizado quando o número de amostras é muito grande, pois a capacidade computacional fica prejudicada para aplicar os métodos hierárquicos..

Análise discriminante e de agrupamento

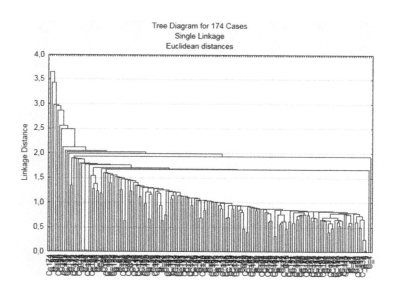

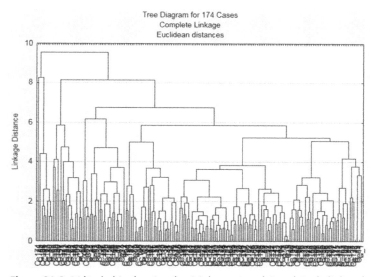

Figura 31.8 Método hierárquico do vizinho mais próximo (*single linkage*) com o uso da distância euclidiana e linha de corte em 70%.

A Figura 31.9 mostra o método do vizinho mais longe (*complete linkage*), seguido pelo método de ward, considerado interessante por gerar grupos que, assim como os do método do vizinho mais longe, possuem alta homogeneidade interna.

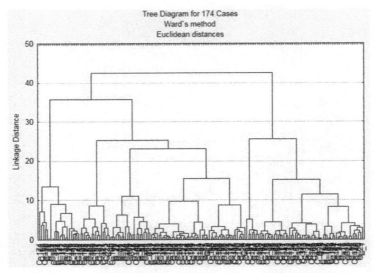

Figura 31.9 Método hierárquico do vizinho mais longe (*complete linkage* – figura superior) e método de Ward (figura inferior) com o uso da distância euclidiana.

De forma análoga, mostramos na Figura 31.9 como se apresenta o dendograma quando consideramos o agrupamento dos objetos, no caso os sinais obtidos pelos 174 sinais dos músculos investigados nos dois grupos de pacientes previamente descritos.

É possível notar também que o método hierárquico do vizinho mais próximo (*single linkage*) com o uso da distância euclidiana não foi um bom método por não conseguir distinguir os grupos de forma correta e, dessa forma, ter causado sobreposição entre alguns grupos. Quando isso ocorre, não há dúvidas de que o método utilizado não foi eficiente para formar grupos aceitáveis ao estudo.

A sequência de agrupamentos mostrados anteriormente teve por objetivo ilustrar os resultados dos diferentes tipos de métodos hierárquicos discutidos neste capítulo.

Contudo, é evidente que poderíamos mostrar também como seria a configuração desses agrupamentos se considerarmos os outros tipos de distâncias de dissimilaridade que existem.

Acreditamos, porém, que este resumo é um bom começo para adquirir certo grau de entendimento dessa ferramenta, dessa forma esperamos que este texto o auxilie em futuros trabalhos na área de saúde.

REFERÊNCIAS BIBLIOGRÁFICAS

Sacco ICN et al. Motor strategy patterns study of diabetic neuropathic individuals while walking. A wavelet approach. J Biomechanics. 2014;47(10):2475-82.

Weiderpass HA et al. Time-frequency analysis methods for detecting effects of diabetic neuropathy. Int J Numerical Methods Biomedical Engineering. 2013;29(9):1000-10.

Pachi C, Weiderpass H, Yamamoto J, Sacco I, Hamamoto A, Onodera A. Wavelet approach for studying motor strategy patterns of diabetic neuropathic individuals in gait cycle. In: Tavares JM, Jorge, RM. (Org.). Computational vision and medical image processing IV. 4. ed. Londres: CRC Press; 2013. p. 51-54.

López-Alonso V, Hermosilla-Gimeno I, López-Campos G, Mayer MA. Future challenges of biomedical informatics for translational medicine. Stud Health Technol Inform. 2013;192:942.

Hair Jr Jf, Anderson Re, Tatham Rl, Black Wc. Multivariate data analysis. 5. ed. Bookman; 2005.

Sobre os autores

Adriana Claudia Lunardi
Professora do Programa de Mestrado e Doutorado em Fisioterapia da Universidade Cidade de São Paulo. Fisioterapeuta e orientadora no Programa de Ciências da Reabilitação do Departamento de Fisioterapia, Fonoaudiologia e Terapia Ocupacional da Faculdade de Medicina da Universidade de São Paulo (USP).

Adriano Pezolato
Mestre em Saúde pelo Departamento de Biomecânica, Medicina e Reabilitação da Faculdade de Medicina da USP-Ribeirão Preto. *Fellow* em Fisioterapia Ortopédica e Traumatológica pelo The Orthopedics Specialty Hospital (TOSH), Salt Lake City, USA. Coordenador do Setor de Fisioterapia do Centro Especializado em Coluna e Dor.

Alexandre Dias Lopes
Professor Associado do Departamento de Fisioterapia da University of Massachusetts Lowell, EUA. Professor colaborador dos Programas de Mestrado e Doutorado em Fisioterapia da Universidade Cidade de São Paulo (UNICID).

Altay Lino de Souza
Doutor em Psicologia Experimental pela USP. Pós-doutor na Universidade Federal do ABC e na Universidade Federal de São Paulo (UNIFESP). Período pós-doutoral na Universidade de Toronto, Canadá. Pesquisador associado ao Departamento de Psicobiologia da UNIFESP.

Amélia Pasqual Marques
Professora-associada do Departamento de Fisioterapia, Fonoaudiologia e Terapia Ocupacional da Faculdade de Medicina da USP. Bolsista de Produtividade em Pesquisa do Conselho Nacional de Desenvolvimento Científico e Tecnológico (CNPq).

Ana Maria Siriani de Oliveira
Professor-associado do Departamento de Fisioterapia, Fonoaudiologia e Terapia Ocupacional da Faculdade de Medicina da USP. Bolsista de Produtividade em Pesquisa do CNPq.

Bruno Tirotti Saragiotto
Doutorando na Universidade de Sydney e no The George Institute for Global Health, Austrália. Mestre em Fisioterapia pela Universidade Cidade de São Paulo.

Camila Torriani-Pasin
Professora adjunta na Escola de Educação Física e Esporte da USP. Coordenadora do Grupo de Estudos e Pesquisa em Comportamento Motor nas Doenças Neurológicas (GEPENEURO) na EEFE-USP.

Carla Malaguti
Professora adjunta do Departamento de Fisioterapia da Universidade Federal de Juiz de Fora. Doutora em Ciências pela UNIFESP.

Carlos Alberto Mourão Júnior
Professor-associado das Disciplinas de Biofísica e Fisiologia, e Filosofia e Neurociências da Universidade Federal de Juiz de Fora.

Celso Ricardo Fernandes de Carvalho
Professor-associado do Departamento de Fisioterapia, Fonoaudiologia e Terapia Ocupacional da Faculdade de Medicina da USP. Bolsista de Produtividade em Pesquisa do CNPq.

Cibele Berto Marques da Silva
Mestre em Ciências da Reabilitação pela Faculdade de Medicina da USP. Fisioterapeuta do Departamento de Fisioterapia, Fonoaudiologia e Terapia Ocupacional da Faculdade de Medicina da USP.

Clarice Gameiro da Fonseca Pachi
Doutora em Ciências em Modelagem Matemática de Fenômenos Biológicos pela Faculdade de Medicina da USP. Pesquisadora colaboradora na Faculdade de Medicina da USP. Docente e co-coordenadora do curso de Gestão Comercial do Centro Universitário SENAC-SP.

Cláudio Antônio da Silva Júnior
Mestre e doutor em Ciências da Saúde/Biomedicina pelo Instituto de Ensino e Pesquisa da Santa Casa de Belo Horizonte.

Cristina Cabral
Professora do Programa de Mestrado e Doutorado em Fisioterapia da Universidade Cidade de São Paulo. Doutora em Ciências pela USP.

Cristina dos Santos Cardoso de Sá
Professora adjunta no Curso de Fisioterapia da UNIFESP. Doutora em Neurociências e Comportamento pela USP.

David Gonzalez-Chica
Professor adjunto Nível 2 no Departamento de Nutrição da Universidade Federal de Santa Catarina, Centro de Ciências da Saúde – Campus Universitário Florianópolis.

Denise de Moraes Paisani
Doutora e mestre em Ciências pelo Departamento de Pneumologia da UNIFESP. Pós-doutora pela Faculdade de Medicina da USP.

Eanes Pereira
Professora-associada na Faculdade de Medicina da Universidade Federal do Ceará.

Elaine Cristine Lemes Mateus de Vasconcelos
Mestre em Ciências pela USP. Doutoranda na Faculdade de Medicina da USP-RP. Fisioterapeuta no Hospital das Clínicas da Faculdade de Medicina da USP-RP. Professora adjunta da Organização Educacional Barão de Mauá.

Elinaldo Conceição dos Santos
Doutor em Fisioterapia pela Universidade Cidade de São Paulo. Professor adjunto na Universidade Federal do Amapá.

Érika Costa de Alvarenga
Doutora em Ciências pela UNIFESP. Pós-doutora em Fisiologia e Biofísica e em Bioinformática pela Universidade Federal de Minas Gerais.

Everaldo Encide de Vasconcelos
Mestre em Bioengenharia pela USP. Coordenador e docente do Curso de Graduação em Fisioterapia do Centro Universitário Barão de Mauá.

Fabiana Stanzani
Doutora em Ciências pelo Departamento de Pneumologia da UNIFESP.

Fabio Pitta
Professor-associado do Departamento de Fisioterapia da Universidade Estadual de Londrina. Bolsista de Produtividade em Pesquisa do CNPq.

Frederico Leon Arrabal Fernandes
Médico assistente da Disciplina de Pneumologia do Hospital das Clínicas da Faculdade de Medicina da USP. Médico coordenador da Disciplina de Pneumologia no Instituto do Câncer do Estado de São Paulo.

Gianna Waldrich Bisca
Mestre em Ciências da Saúde pela Universidade Estadual de Londrina. Doutoranda em Ciências da Reabilitação na Universidade Estadual de Londrina/Universidade Norte do Paraná. Pesquisadora colaboradora do Laboratório de Pesquisa em Fisioterapia Pulmonar da Universidade Estadual de Londrina.

Ilka Lopes Santoro
Doutora em Ciências pelo Departamento de Pneumologia pela UNIFESP. Médica da UNIFESP. Professora-orientadora da UNIFESP.

Isabel Fialho Fontenele Garcia
Mestranda em Fisioterapia na Universidade Cidade de São Paulo. Especialista em Terapia Intensiva. Fisioterapeuta no Hospital das Clínicas da Faculdade de Medicina da USP.

Isabel de Camargo Neves Sacco
Professora-associada do Departamento de Fisioterapia, Fonoaudiologia e Terapia Ocupacional da Faculdade de Medicina da USP. Bolsista de Produtividade em Pesquisa do CNPq.

Jaqueline Martins
Mestre pelo Programa de Ciências da Saúde Aplicadas ao Aparelho Locomotor pela Faculdade de Medicina da USP-RP. Especialista em Laboratório no Departamento de Biomecânica, Medicina e Reabilitação do Aparelho Locomotor da Faculdade de Medicina da USP-RP.

João Paulo Manfré dos Santos
Doutor e mestre pelo Programa Associado UEL/UNOPAR em Ciências da Reabilitação.

João Paulo Pereira Rosa
Mestre em Ciência pela UNIFESP. Doutorando em Ciência do Esporte pela Universidade Federal de Minas Gerais.

Juliana Carvalho Ferreira
Professora colaboradora da disciplina de Pneumologi no Instituto do Coração do Hospital das Clínicas (InCor/HC) da Faculdade de Medicina da USP.

Karen Barros Parron Fernandes
Doutora e mestre em Farmacologia pela Faculdade de Medicina de Ribeirão Preto da USP-RP. Professora titular do Programa de Doutorado e Mestrado Associado UEL/UNOPAR em Ciências da Reabilitação. Professora adjunta da Escola Medicina da Pontifícia Universidade Católica do Paraná, Campus Londrina.

Leandro Heleno Guimarães Lacerda
Mestre em Ciências da Saúde pelo Instituto de Ensino e Pesquisa do grupo Santa Casa de Belo Horizonte. Doutorando no Programa de Pós-graduação em Biologia Celular do Instituto de Ciências Biológicas da Universidade Federal de Minas Gerais.

Ligiana Pires Corona
Professora doutora do Curso de Nutrição da Universidade Estadual de Campinas. Doutora em Saúde Pública pela USP.

Liria Yuri Yamauchi
Professora adjunta no Curso de Fisioterapia da UNIFESP. Doutora em Ciências pela Faculdade de Medicina da USP.

Luciana Dias Chiavegato
Professora do Programa de Mestrado e Doutorado em Fisioterapia da Universidade Cidade de São Paulo. Fisioterapeuta e coordenadora do Programa de Residência Multiprofissional da UNIFESP.

Luciana Correia Alves
Professora doutora do Departamento de Demografia do Instituto de Filosofia e Ciências Humanas da Universidade Estadual de Campinas. Doutora em Saúde Pública pela Fundação Oswaldo Cruz.

Lucíola da Cunha Menezes Costa
Professora do Programa de Mestrado e Doutorado em Fisioterapia da Universidade Cidade de São Paulo. Doutora em Medicina pela The University of Sydney, Austrália.

Luiz Gonzaga Chiavegato Filho
Professor adjunto da Universidade Federal de São João Del-Rei. Doutor em Psicologia pela USP.

Marcio Diniz
Professor adjunto da Universidade Federal de São Carlos. Doutor em Estatística pela USP.

Marcos Tadeu Parron Fernandes
Doutor e mestre pelo Programa Associado UEL/UNOPAR em Ciências da Reabilitação. Médico titular do Serviço de Anestesiologia de Londrina.

Maria do Socorro Simões
Mestre em Ciências da Reabilitação pela Faculdade de Medicina da USP. Fisioterapeuta do Departamento de Fisioterapia, Fonoaudiologia e Terapia Ocupacional da Faculdade de Medicina da USP.

Maria Stella Peccin da Silva
Professora adjunta da UNIFESP. Orientadora nos Programas de Pós-graduação em Saúde Baseada em Evidências e Interdisciplinar em Ciências da Saúde da UNIFESP. Pesquisadora do Centro Cochrane do Brasil.

Mayra Campos Frâncica dos Santos
Mestre do Programa Associado UEL/UNOPAR em Ciências da Reabilitação. Professora-assistente da Faculdade de Apucarana.

Nidia Aparecida Hernandes
Professora adjunta do Departamento de Fisioterapia da Universidade Estadual de Londrina. Pesquisadora do Laboratório de Pesquisa em Fisioterapia Pulmonar da Universidade Estadual de Londrina.

Regina Célia Poli-Frederico
Doutora em Genética pela Universidade Estadual "Júlio de Mesquita Filho" (UNESP). Mestre em Genética e Biologia Molecular pela Universidade Estadual de Londrina. Professora Titular do Programa de Doutorado e Mestrado Associado UEL/UNOPAR em Ciências da Reabilitação.

Richard Liebano
Professora do Programa de Mestrado e Doutorado em Fisioterapia da Universidade Cidade de São Paulo. Bolsista de Produtividade em Pesquisa do CNPq.

Roberto Gimenez
Professor da Universidade Nove de Julho. Coordenador do Curso de Educação Física da Universidade Cidade de São Paulo. Doutor em Educação Física pela USP.

Rodrigo Daminello Raimundo
Doutor e mestre em Ciências da Saúde pela Faculdade de Medicina do ABC. Professor e pesquisador da Faculdade de Medicina do ABC.

Rosimeire Simprini Padula
Professora do Programa de Mestrado e Doutorado em Fisioterapia da Universidade Cidade de São Paulo. Doutora em Fisioterapia pela Universidade Federal de São Carlos.

Rubens Alexandre da Silva Júnior
Pós-doutor em Envelhecimento e Desempenho Motor pela University of Ottawa, Canadá. Mestre e Doutor em Reabilitação pela Université de Montréal-Canadá. Professor titular do Programa de Doutorado e Mestrado Associado UEL/UNOPAR em Ciências da Reabilitação e do Programa de Mestrado Profissional em Exercício Físico na Promoção da Saúde.

Sandra Regina Alouche
Professora do Programa de Mestrado e Doutorado em Fisioterapia da Universidade Cidade de São Paulo. Doutora em Neurociências e Comportamento pela USP.

Simone Dal Corso
Professora do Programa de Pós-graduação em Ciências da Reabilitação da Universidade Nove de Julho. Bolsista de Produtividade em Pesquisa do CNPq.

Suzana Erico Tanni Minamoto
Médica da UNESP. Doutora em Fisiopatologia em Clínica Médica pela UNESP. Orientadora no Programa de Pós-Graduação em Fisiopatologia em Clínica Médica da UNESP.

Talita Dias da Silva
Doutoranda em Cardiologia pela UNIFESP. Pesquisadora no Grupo de Estudos e Pesquisas em Capacidades e Habilidades Motoras na Escola de Artes, Ciências e Humanidades da USP e no Laboratório de Delineamento de Estudos e Escrita Científica da Faculdade de Medicina do ABC.

Thaís Chaves
Professora adjunta no Departamento de Neurociências e Ciências do Comportamento da Faculdade de Medicina da USP-RP.

Thomas Pesavento
Mestrando no Programa de Medicina Interna e Terapêutica da UNIFESP. Especialista em Atuação Multiprofissional em Medicina do Exercício Físico e do Esporte pela UNESP.

Tiago Magalhães
Mestre e doutor em Estatística na USP.

Tiago da Silva Alexandre
Professor adjunto do Curso de Gerontologia da Universidade Federal de São Carlos. Doutor pelo Departamento de Epidemiologia da Faculdade de Saúde Pública da USP. Pesquisador do Grupo de Saúde Pública e Envelhecimento da USP.

Tiê Parma Yamoto
Doutorando na Universidade de Sydney e The George Institute for Global Health, Austrália. Mestre em Fisioterapia pela Universidade Cidade de São Paulo.

Vanessa Suziane Probst
Professora adjunta da Universidade Estadual de Londrina. Professora titular da Universidade Norte do Paraná. Coordenadora e orientadora do Mestrado e Doutorado Associado UEL-UNOPAR em Ciências da Reabilitação. Bolsista Produtividade em Pesquisa da Fundação Araucária, Paraná.